KB214658

복 있는 사람

오직 여호와의 율법을 즐거워하여 그 율법을 주야로 묵상하는 자로다.
저는 시냇가에 심은 나무가 시절을 좇아 과실을 맺으며 그 잎사귀가 마르지 아니함 같으니
그 행사가 다 형통하리로다. (시편 1:2-3)

슐라이어마허가 신학자와 철학자, 플라톤 번역자이기 이전에 무엇보다도 설교자였듯이, 유진 피터슨도 성경 번역자와 영성 신학자이기 이전에 한평생 강단에서 하나님의 말씀을 인간의 언어로 옮긴 설교자였다. 이 책에 담긴 설교문은 그의 여느 글과 마찬가지로 읽고 깨닫는 차원에만 그치지 않고, 말씀을 읽고, 묵상하고, 기도하고, 일상 속에서 삶으로 살아내도록 우리를 이끌어 준다. 가정과 일터에서, 벤치와 카페에서, 우리의 모든 일상 가운데 "육신이 되신 말씀요 1:14이 우리의 육신과 사지와 눈이 되는 복음"을 이 설교집을 통해 체험하게 될 것이다. 말씀과 삶의 '겹침', 삶과 믿음의 일치를 추구하는 모든 그리스도인에게 일독을 권한다.

강영안 미국 칼빈신학대학원 철학신학 교수, 서강대학교 철학과 명예교수

저자의 화두는 투명성이다. 욕망에 휘둘리지 않는 삶, 은혜를 고이 품고, 그 은혜를 자기 몸으로 우려내는 삶, 하나님이 주신 자기다움을 선명하게 드러내는 삶이다. 자연에게는 자연스런 현실이겠지만, 에덴을 상실한 우리에게는 싸워 탈환해야 할 고지다. 이 싸움의 무기는 성경이다. 성경 앞에서 우리는 차분한 돌아봄과 신중한 선택, 그리고 힘겨운 나아감을 배운다. 이 책에 담긴 설교들은 말씀 앞에 선 한 노병의 전투 기록이다. 여기서 우리는 자기 삶에서 말씀을 떠올리고, 말씀 속에서 자기 일상을 발견할 줄 알았던, 마치 시인과도 같은 한 투명한 설교자를 만난다. 그의 설교들은 '읽는 나'를 나 자신에게 돌려보낸다. 그리고 하나님이 주신 나의 불로 타오르고 나의 빛으로 반짝이는 삶을 열망하게 만든다. 이 설교들이 본래 청중에게 가졌던 '기적의 잠재성'은 열린 마음으로 책을 펴는 오늘의 독자들에게도 여전히 유효할 것이다.

권연경 숭실대학교 기독교학과 교수

중력에 이끌리듯 땅의 현실에 몰두하느라 영혼이 납작해진 사람들이 휘청거리며 길을 걷는다. 어깨에 얹힌 삶의 무게가 버겁기만 한 것이다. 우리는 누구이고, 왜 이 세상에 온 것일까? 설교자들은 이 질문을 진지하게 던져야 한다. 유진 피터슨은 "설교는 하나님에 대한 말을 하나님으로부터 오는 말"로 바꾸는 것이라고 말한다. '그 말'이 우리를 비본래적 삶으로부터 건져낸다. 햇살을 받은 물총새의 날개가 불이 붙은 것처럼 보이듯, 우리의 잿빛 일상 속에 영원의 광휘가 얼비칠 때 돌연 삶의 무게는 가벼워진다. 저자는 그런 자유의 길로 독자를 초대한다.

김기석 청파교회 담임목사

설교자에게 설교 준비와 선포 과정은 영적 탐구와 영적 형성의 과정이어야 한다. 이 설교집을 읽으면서 유진 피터슨이 그렇게 설교해 왔다는 사실을 확인했다. 목회 사역 후반기에 수많은 저서에서 피력한 피터슨의 영성 신학이 그의 설교문에서 형성되고 발아되고 있었던 것이다. 그는 한 사람의 신앙인으로서 긴 호흡으로 성경본문을 깊게 들여다보고, 그 눈으로 일상을 관조하며 참되고 바른 길을 찾는다. 그 과정을 통해 그의 영성과 사상이 형성되고 숙성되어 온 것이다. 분주하고 파편화된 내면에 평안과 안식이 들어차면서 얼굴에 미소가 번지게 하는 영성 설교의 진면목을 만나는 기쁨이 매우 크다.

김영봉 와싱톤사귐의교회 담임목사

유진 피터슨은 저 유명한 『메시지』를 지은 사람이다. 그가 성경을 일상의 언어로 풀어낸 것은, 성경이 다만 권위로 보존되고 기억되는 책이 아니라 오늘도 임재하시는 하나님의 생생한 말씀이라는 점을 드러내고 싶었기 때문일 것이다. 이 설교집도 그의 전작에서처럼 모호한 명분과 타성에 도전하며, 기독교 신앙에서만 답을 얻을 수 있고 길을 찾아야 할 구체적 질문과 갈증을 토로한다. 하나님은 창조와 부활의 주인으로서의 권능, 그리고 우리를 사랑하는 진정성으로 역사와 인생에 간섭하신다. 그분의 일하심을 법칙이나 보상과 같은 것으로 단순화해 버린다면 하나님의 약속, 십자가, 성령은 그저 종교적 명분에 불과해질 것이다. 유진 피터슨은 이런 경향에 도전하여, 우리 모두를 살아 계신 하나님 앞에 세우고 지금 나에게 일어나는 현실적 기적을 보라고 지적한다. 사실 그의 지적은 주로 분노와 비판으로 표현된다. 하나님을 향한 사랑 때문에 그는 타성에 젖은 시원찮은 기독교 현실을 질타하는 것이다. 그래서 이 설교집은 어떤 이들, 특히 나 같은 사람에게는 통쾌하면서 눈물도 자아내는 책이 된다. 이 책이 성숙한 믿음의 길로 나아가는 데 성도들에게 귀한 선물이 되기를 소망한다.

박영선 남포교회 원로목사

이 책은 기독교 영성의 모든 것을 포괄한다. 이것은 책 이상이요, 한 방향으로 꾸준히 순종한 사람만이 가질 수 있는 지혜로 가득한 선물이다! 고마워요, 유진!

마크 배터슨 내셔널커뮤니티 교회 대표목사

나의 '목회적 상상력'을 형성하는 데 유진 피터슨만큼 영향을 미친 사람은 없다. 이제 이 탁월한 책을 통해서 우리는 어떻게 언어가 목회가 되는지를 보게 된다. 성경 해석가이면서 시인인 피터슨은, 성경 텍스트뿐 아니라 그 세계를 우리에게 열어 주며 모세, 다윗, 이사야, 솔로몬, 베드로, 바울 그리고 요한과 함께 걸을 것을 청한다. 그렇게 걸으면서 우리는 예수님과 동행하게 된다. 마음을 다해 읽고, 거룩하게 이야기하기에 대한 연구서로 읽고, 예수의 길을 따라가며 살기 위해서 읽기를 권한다.

글렌 파키암 뉴라이프 교회 협동선임목사

세심하게 기록한 이 책은 매 장마다 유진 피터슨의 따뜻하면서도 진지한 목소리가 들리는 듯하다. 이 말씀이 전해지던 특정한 시간과 장소에 그리고 그 사람들과 함께 나도 있었으면 하는 아쉬움이 있지만, 이 책을 읽는 것은 그에 버금가는 경험이다. 성경본문과 신학적 문제에 집중하는 동시에 실제적 적용에도 주의를 기울이는 피터슨의 특징은 그가 쓴 다른 많은 저서에서도 볼 수 있다. 각 부의 서문만 읽는 것으로도 충분히 유익하지만, 여러분이 거기에서 멈추지 않게 될 것이라 확신한다.

댄 바움가트너 할리우드 제일 장로교회 선임목사

강단을 벗어나는 경우가 거의 없는 다른 많은 설교들과 달리, 피터슨의 설교는 처음부터 끝까지 강단을 뛰어넘어 우리를 끌어들인다. 구어체로 쓰여진 이 책은 확신에 차 있고 친밀하며 신뢰감을 준다.

『퍼블리셔스 위클리』

물총새에
불이 붙듯

Eugene H. Peterson

As Kingfishers Catch Fire

A Conversation on the Ways of God Formed by the Words of God

물총새에
불이 붙듯

말씀으로 형성된 하나님의 길에 관한 대화

유진 피터슨

양혜원 옮김

물총새에 불이 붙듯

2018년 6월 27일 초판 1쇄 발행
2023년 9월 26일 초판 8쇄 발행

지은이 유진 피터슨
옮긴이 양혜원
펴낸이 박종현

(주) 복 있는 사람
주소 서울특별시 마포구 연남동 246-21(성미산로23길 26-6)
전화 02-723-7183(편집), 7734(영업·마케팅)
팩스 02-723-7184
이메일 hismessage@naver.com
등록 1998년 1월 19일 제1-2280호

ISBN 979-11-7083-021-4 03230

이 도서의 국립중앙도서관 출판예정도서목록(CIP)은
서지정보유통지원시스템 홈페이지(http://seoji.nl.go.kr)와 국가자료공동목록시스템
(http://www.nl.go.kr/kolisnet)에서 이용하실 수 있습니다. (CIP 제어번호: 2018018436)

As Kingfishers Catch Fire
by Eugene H. Peterson

평생의 글쓰기에

신실하고 탁월한 동료가 되어 준

리클리와 데비 크리스천,

그리고

존과 셰릴 스타인에게

독자들을 위한 편지

유진 피터슨. 대대적 성공을 거둔 『메시지』*The Message* 성경, 그리고 『주와 함께 달려가리이다』*Running with the Horses* 와 『한 길 가는 순례자』*A Long Obedience in the Same Direction* 같은 영성 고전을 집필한 그는 탁월한 목사이자 시인입니다. 그러나 그가 29년간 메릴랜드 주 벨 에어에 있는 한 교회에서 매주 일요일에, 그리고 일요일과 일요일 사이의 날들에 회중과 성실하게 자신의 마음을 나누며 목회를 했다는 사실을 모르는 독자들도 있을 것입니다.

그 29년 동안 파리처럼 벽에 붙어서 혹은 예배당의 그 긴 의자에 앉아서 피터슨이 "하나님의 뜻을 다"행 20:27 설명하는 것을 들었다면 얼마나 좋았겠습니까? 여러분 손에 있는 이 책 『물총새에 불이 붙듯』*As Kingfishers Catch Fire* 은 바로 그것을 실현하려는 책입니다.

이 결정판을 통해서 피터슨은 의도적으로 한 가지 핵심을 반복해서 강조합니다. 그는 우리가 그리스도인으로서 '일치'의 삶을 살아야 한다고 말합니다. 다시 말해 겉과 속이 서로 일치해야 한다는 뜻이고, 좀 더 익숙한 말로 표현하면 말과 행동이 일치해야 한다는 뜻입니다.

여기저기 약간의 편집을 한 것 외에는 특별히 내용을 바꾸지 않고 원래의 설교 그대로 이 책에 실었습니다. 다시 말해, 달 착륙 사건을 언급한 것도 그대로이고, 피터슨의 회중에게 특수했던 상황에 대한 언급도 있고, "오늘 설교 본문은……"과 같은 문구도 그대로 있습니다. 그렇게 하는 것이 그의 평소 소신에도 더 부합하는 것이라고 우리는 생각합니다. 원래의 맥락을 존중하는 가운데 어떻게 하면 "자신도 모르는 사이에 그리스도의 방식으로 그리스도의 삶을 살게" 되는지를 보여주는 게 시대의 흐름을 타려 하는 것보다 더 책임 있는 방식이라고 생각합니다. 여러분도 같은 생각이기를 바랍니다.

워터브룩 멀트노마 편집부

머리말

60년 전, 저는 집중할 수가 없었습니다. "온갖 교훈의 풍조"^{엡 4:14}에 이리저리 휩싸이는 것 같았습니다. 그러나 저를 집중하지 못하게 하는 것은 교훈의 풍조가 아니라 시대의 풍조였습니다. 때는 1960 년대였고 많은 일들이 있었습니다. 존 F. 케네디^{John F. Kennedy}와 마틴 루터 킹^{Martin Luther King Jr.}과 같은 카리스마 있는 인물들이 있었고, 남부의 민권 혁명이 있었으며, 티모시 리어리^{Timothy Leary}와 마약 문화, 지구의 날과 꽃으로 상징되는 히피들 그리고 베트남 전쟁이 있었습니다. 세상과 문화와 교회에 많은 일들이 일어나고 있었습니다. 참여해야 하는 중요한 일들이 많았고, 이러저런 일들을 해야 한다고 촉구하는 긴박한 목소리들이 있었습니다. 필요한 게 한 가지가 아니라 여러 가지가 있었고, 모두가 저의 주의를 끌려고 소리를 지르고 있었습니다.

당시 저는 볼티모어에서 30킬로미터 정도 떨어진 작은 도시에서 살고 있었습니다. 빠르게 교외 지역으로 개발되고 있는, 식민지 시대에 세워진 지루한 도시였습니다. 저는 교단으로부터 이 지역에 사역을 시작하라는 임무를 받았고, 어느 정도의 자신감과 많은 열정을 가지고 시작했습니다. 조직 면에서나 재정 면에서나 교단의 후원을 많이 받았습니다. 개인적인 격려도 많이 받았습니다. 제가 부름받은 사명은 분명했습니다.

그러나 시간이 지나면서 교회 개척을 자문해 주는 사람들과 방법 면에서 갈수록 많이 어긋나게 되었습니다. 그들은 교회의 수적·재정적 자립을 보장해 주는 방법들을 제안했지만, 영혼을 키우는 일에 대해서는 조금도 말하지 않았습니다. 인구학과 사회학에 대한 책들을 읽어야 했고, 세속적 성향의 교외 지역 사람들에게 매력이 있는 프로그램을 짜는 세미나에 가야 했습니다. 그리고 교회의 리더십은 거의 전적으로 비즈니스와 소비자 중심 모델을 따르고 있었습니다.

얼마 지나지 않아 저는 위기에 빠졌습니다. 제가 강단에서 설교하는 방식과, 목사가 된다는 것의 의미에 대한 저의 깊은 확신 사이에 간극이 생기기 시작했습니다. 제가 회중으로 불러 모으는 남자와 여자들에 대한 저의 태도는 생명의 떡으로 이 영혼들을 섬길 생각은 별로 없이, '새 교회를 시작하는 목사로서 성공하기 위해서 어떻게 그들을 사용할 것인가' 하는 계획의 영향을 은연중에 받고 있음을 저는 감지했습니다. 그 지역 안에 있는 다른 교회들을 경쟁자로 생각하고, 숫자 게임에서 내가 그들을 이길 수 있는 방법을 생각하는 저 자신을 발견했습니다.

그때 세 가지 일이 거의 동시에 일어나면서 제가 무슨 일을 하고 있는지도 모르고 있었음을 자각하게 해주었습니다. 시작은 강단에서 일어났습니다. 제가 설교를 할 줄 모른다는 사실을 깨달은 것입니다. 저는 설교자가 아니었습니다. 제가 주일마다 강단에서 하는 것은 설교가 아니었습니다. 그것은 설교와 아무런 상관이 없었습니다. 저는 교인들을 흥분시키는 데 집중하고 있었습니다. 우리가 해야 하는 일이 무엇인지 설명하면서 임의로 성구를 제 핵심 주장에 맞게 끼워 넣었습니다. 예배의 장소를 폭군의 강단으로 사용하고 있었던 것입니다. 수단과 방법 면에서 저는 매우 미국인다운 행동을 하고 있었습니다. 제 신학적 신념은 결코 흔들린 적이 없었지만, 교회가 제대로 돌아가게 해야 한다는 임무가 주어졌기 때문에 수단과 방법을 가리지 않으려 했습니다. 그래서 사람들의 소비주의 본능에 호소한다거나, 열정을 한데로 모으기 위해 추상적인 원칙을 제시한다거나, 입에 잘 붙는 표어를 골라 목표를 정해 준다거나, 기분을 좋게 해주는 홍보 이미지를 만들어 내고 있었습니다.

제가 설교를 할 줄 모른다는 사실을 깨달음과 거의 동시에 두 가지 일이 일어났습니다. 강의 하나를 듣고 시 하나를 읽은 것입니다. 이 강의와 시의 조합이 모든 것을 바꾸어 버렸습니다. 이 두 사건은 제가 복음을 따르는 목사가 되려면 무엇을 알아야 하는지를 가르쳐 주었습니다. 강의는 스위스의 의사 폴 투르니에Paul Tournier의 강의였고, 시는 오래전에 죽은 예수회 사제 제라드 맨리

홉킨스^{Gerard Manley Hopkins}의 시였습니다.

폴 투르니에는 중년의 나이에 자신의 의료 현장을, 진찰하고 실험하고 수술하는 진료실에서 벽난로가 있는 자신의 거실로 옮겼습니다. 그리고 목에 청진기를 두르는 대신 손에 파이프 담배를 들었습니다. 여생 동안 그는 자신의 치유 소명을 이행하는 수단으로 개인적 관계에서 주고받는 말을 사용했습니다. 그는 몸에 우선적으로 집중하는 의료활동을 떠나 전인을, 곧 몸과 영혼과 정신이 통합된 존재를 다루는 의료활동을 펼쳤습니다. 그는 많은 책을 썼고 저는 그것을 전부 다 읽었습니다.

그 강의가 있었던 존스 홉킨스 병원에서 집까지 30킬로미터를 운전해 가면서 아내와 저는 투르니에의 강의에 대해 호의적인 감상을 주고받았는데, 그때 아내가 "그 통역가 대단하지 않았어요?"라고 말했습니다. 그리고 저는 "통역가? 통역가는 없었는데"라고 응수했습니다. 그러자 아내가 "유진, 그 사람 불어로 강의했는데, 당신 불어는 하나도 모르잖아요. 통역가가 당연히 있었죠." 그제야 저는 투르니에 또래의 여자가 약간 뒤쪽에 서서 불어를 영어로 통역했던 것이 떠올랐습니다. 말의 흐름을 끊지 않으면서 존재감 없이 너무도 겸손하게 그 일을 하고 있어서 그가 거기에 있는 것을 의식하지 못했고, 강의가 끝난 지 십 분 정도 지났을 때는 그가 거기에 있었다는 사실조차 기억해 내지 못했던 것입니다.

그 외에도 또 한 가지가 있었습니다. 바로 폴 투르니에 자신이었습니다. 강의를 들으면서 저는 그의 존재와 그가 하는 말이 서로 완전히 일치한다는 것을 점점 더 강하게 느꼈습니다. 그는 스위스에서 오랫동안 살았습니다. 그런데 그가 살아온 방식과 지금 볼티모어에서 말하는 내용이 그가 지금까지 살아온 삶과 써온 글들의 정확하고도 성숙한 표현으로 그대로 전달되었습니다. 그 통역가가 강사에게 동화되었던 것처럼, 그의 영어가 그가 말하는 불어의 의미뿐만 아니라 정신도 전달한 것처럼, 투르니에의 말은 그의 삶과 하나였습니다. 단지 그가 아는 것과 하는 일과 하나가 아니라 그의 됨됨이와 하나였습니다.

투르니에의 그러한 투명성은 기억에 남을 만한 경험이었습니다. 말과 정신 사이에 어떠한 불협화음도 허세도 없었습니다. 그리고 그에 상응하는 그 통역가의 투명성. 두 사람 모두 자만심도 자의식도 없었습니다. 나중에 나는 T. S. 엘리엇T. S. Eliot이 찰스 윌리엄스Charles Williams에 대해서 한 말이 기억났습니다. "어떤 사람은 자기 말만 못하고, 어떤 사람은 자기 말보다 낫다. 찰스 윌리엄스는 그중 어디에도 속하지 않는다. 그 사람을 아는 것만으로도 충분하고, 그 사람의 책을 아는 것만으로도 충분하다.……그는 삶에서나 말에서나 같은 사람이었다."[1]

그날 제가 폴 투르니에에 대해서 받은 인상이 바로 그런 것이었습니다. 그는 자신이 살아온 대로 썼고 자신이 쓴 대로 살았습니다. 그날 볼티모어에서 강의한 그는 스위스에서 자신이 쓴 책과 같은 사람이었습니다. 자신이 하는 말과 자신이 사는 방식에 어긋남이 없는 한결같은 '일치'의 삶, 그것은 제 목회에 필요한 것이 무엇인지를 묘사하는 제게 떠오른 가장 적합한 단어입니다.

저는 허먼 멜빌Herman Melville의 말이 생각났습니다. "그렇다. 이 세상은 항해를 떠나는 배이지, 완성된 항해가 아니다. 그리고 강단은 그 배의 머리다."[2] 배와 뱃머리, 그것은 서로 다른 게 아니라 같은 것이었습니다.

그리고 두 주가 채 되지 않아 다음의 시를 만나게 되었습니다.

물총새에 불이 붙고, 잠자리 날개가 빛과 하나 되듯,
우물 안으로 굴러든 돌이 울리고,
켜진 현들이 저마다 말하고, 흔들리는 종이
자신의 소리를 널리 퍼뜨리듯,
모든 피조물은 한 가지 같은 일을 한다.
각자 내면에 거주하는 제 존재를 밖으로 내보낸다.
자기 스스로를 발현한다. 그것이 '나'라고 명시한다.
'내가 하는 것이 나이며, 그 때문에 내가 왔다'고 외친다.

더 있다. 의로우신 그분은 의를 행하고,
은혜도 지키시니 그 모든 행위가 은혜롭다.
하나님이 보시는 대로 하나님 앞에서 행하시는 그분,
그리스도. 그리스도는 수만 곳을 다니시며,
아름답게 노니시기 때문이다. 자기 눈이 아닌
사람들의 얼굴에 나타나는 아버지에게 아름답게.[3]

그리스도인의 삶은 그리스도인다움에 일치하고자 하는 평생의 노력입니다. 목적과 수단 사이의 일치, 우리가 하는 일과 하는 방법 사이의 일치, 성경에 쓰인 것과 쓰인 그것을 사는 우리 삶의 일치, 배와 뱃머리의 일치, 설교하는 것과 사는 것의 일치, 설교 내용과 목사 및 회중의 삶의 일치, 예수 안에서 육신이 되신 말씀과 우리가 육신으로 하는 일의 일치.

자신이 처한 조건에 정확하고 우아하게 반응하는, 그리고 전적으로 순응하는 운동선수의 몸을 보고 우리가 감탄하는 것도 바로 그 일치입니다. 코트, 경기, 농구공, 동료 선수들과 하나가 된 마이클 조던Michael Jordan. 혹은 모차르트Wolfgang Amadeus Mozart의 곡과 스트라디바리Antonio Stradivari가 만든 현악기와 펄먼Itzhak Perlman의 연주가 하나가 되어 서로 구분이 안 되는 공연도 있습니다. 일치는 또한 조금 더 소박한 형태로도 종종 나타납니다. 놀이에 푹 빠져 있는 아이, 매끄러운 발레 동작처럼 모든 아름다움과 진리와 선함이 묻어나는 대화, 훈훈한 분위기 속에서 조용히 서로의 애정과 즐거움을 인식하는, 그래서 마치 성만찬을 하는 것 같은 친구들과의 저녁식사처럼 말입니다.

「물총새에 불이 붙듯」As Kingfishers Catch Fire이 우리에게 말하는 것도 일치입니다. 이 시는 제게 목회의 특징을 규명해 주는 은유가 되었습니다. 홉킨스는 존재와 행위의 일치를 이해할 때 인식하게 되는 올바름 혹은 온전함에 대한 감각에 우리가 집중할 수 있도록 여러 가지 멋진 이미지들을 나열합니다. 밝은 햇살을 반사하는 물총새와 잠자리, 우물 안으로 굴러 떨어지는 돌, 활로 켜지는 바이

올린 현, 뎅뎅 울리는 종소리. 이 일들과 그것이 일어나는 방식은 이음새 없이 매끈합니다. 홉킨스는 이어서 '모든 것'이 자신의 존재를 구현하는 일치의 모습을 보여줍니다. 그러나 물총새와 떨어지는 돌멩이와 울리는 종소리가 아무런 노력 없이도 할 수 있는 일을 우리가 하려면 연습이 필요합니다. 우리의 진정한 모습을 형성하고, 우리가 사는 수단과 목적이 서로 들어맞기까지는 노력이 필요합니다. 그러나 홉킨스의 마지막 이미지는 잠자리와 켜진 현이 생물학과 물리학적으로 결정되었기 때문에 해내는 일을 우리도 마침내 해내는 이미지가 아닙니다. 그의 마지막 이미지는 그리스도입니다. 우리 안에서 살고 행동하셔서 우리의 삶이 겉과 속의 일치를 드러나게 하시는 그리스도. 그 일치는 목적과 수단의 일치입니다. 수단이자 목적이신 그리스도께서 우리의 사지와 눈을 통해서 일하시고, 우리의 얼굴을 통해 나타난 아버지를 위해 그 일을 하셔서, 우리가 자신도 모르는 사이에 그리스도의 방식으로 그리스도의 삶을 살게 하십니다.

투르니에의 증언과 홉킨스의 은유가 함께 작용하여 저는 비로소 이해하기 시작했습니다. 설교는 그리스도의 **존재**와 그분이 우리 안에서 하시는 **일** 사이의 본질적 일치를 말로 매주 증언하는 것입니다. 설교뿐 아니라 병상 곁에서의 기도, 노인들과의 대화, 길모퉁이에서의 담소 등 목회자의 삶을 구성하는 모든 상황과 관계가 그 일치의 증언입니다. 사상이나 목표나 원칙이나 추상적인 그 어떠한 것도 아닌, "육신이 되신 말씀"요 1:14, KJV이 **우리**의 육신과 사지와 눈이 되는 복음입니다. 갈 길이 멀었지만, 적어도 이제는

밤새 깨어서 전략을 짜거나 비전을 만들어 내는 일을 하는 대신에
제대로 목사가 되어 가고 있었습니다.

✑

(나중에 돌이켜 보고서야 알아차리게 된) 이러한 일의 의도하지
않은 결과는 제가 이전보다 회중을 훨씬 더 존엄하게 대하게 되었
다는 것입니다. 조바심이 사라지기 시작했고, 얕보는 일이 서서히
없어졌습니다. 회중을 제가 원하는 대로가 아니라 그들의 모습 그
대로 받아들이는 것을 배우고 있었습니다. 그들이 제 설교의 핵심
이 되었습니다. 설교가 공동의 작업이 된 것입니다. 노래하고 기도
하고, 세례를 주고 성만찬을 하고, 침묵하고 축복하는 공예배가 그
작업이 일어나는 배경이 되었습니다. 그러나 일요일에 드리는 우
리의 공예배에서 멈추지 않고 그것이 가정과 일터, 가벼운 대화와
거리에서의 우연한 만남에까지 퍼져 나가고 있다는 것을 저는 곧
알게 되었습니다.

개인보다 훨씬 더 깊고 넓은 어떤 것 안에서 우리의 삶을 서
로 연결시켜 주는 이야기를 개발할 수 있는 상상력을 저는 발견
하고 있었습니다. 제게 맡겨진 영혼들을 해결해야 하는 문제 혹은
이용할 수 있는 자원으로 규정하는 비인격적 전형화를 제거하기
시작했습니다. 그들이 알든 모르든, 심지어 원하든 원하지 않든,
함께 예배하는 이 모든 사람이 서로 엮여 있는 소설 비슷한 것으
로 발전해 가는 이야기가 그들과의 대화를 통해서 나왔습니다. 회
중은 개인들의 모임이라기보다는, 서로 다른 부분을 가졌지만 그

모든 부분이 머리이신 그리스도와 함께 유기적으로 움직이는 몸에 더 가깝습니다.

❧

여기에 모은 설교들은 메릴랜드 주 하트포드 카운티에 있는 그리스도 우리 왕 장로교회(UPCUSA 교단)에서 29년간(1962-1991) 예배와 삶을 함께한 목사와 회중의 합작입니다. 저의 "베스트"를 모아 놓은 것이기보다는, 30여 년간 저와 회중의 협업을 가장 잘 대변한다고 생각하는 것들을 뽑았습니다.

칼 바르트Karl Barth에게서 배운 친구 하나가, 강단에서 선포한 것을 책으로 정확하게 전달하는 것은 불가능하다고 바르트가 종종 말했다는 이야기를 제게 해주었습니다. 그것은 마치 날갯짓을 하고 있는 물총새를 그리려 하거나, 태풍이 지나간 뒤 번개를 설명하려는 것과 같습니다. 책으로 옮긴 설교는 그런 것입니다. 설교할 때에 있었던 많은 것, 어쩌면 대부분의 것들이 책에서는 빠져 있습니다. 설교자의 음성, 설교를 듣는 회중, 노래와 기도와 침묵으로 드리는 예배, 예배당 건물의 구조와 같은 것들 말입니다. 그래서 저는 여기에 있는 설교들을 '물총새 설교'라고 부릅니다. 그러나 읽으면서 기도하는 마음으로 상상력을 발휘한다면 책에 담지 못한 것들을 더러는 복원할 수 있지 않을까도 생각합니다.

여기에 실린 설교는 일곱 개의 그룹으로 모아서 각각 모세, 다윗, 이사야, 솔로몬, 베드로, 바울, 밧모섬의 요한으로 이름을 붙였습니다. 각각의 이름은 "하나님의 뜻을 다"행 20:27에 포함되어야 하는, 그래서 제 회중이 익숙하게 알기를 바랐던 서로 다른 접근법들입니다. '다'를 한 번 더 강조하기 위해서 저는 각 그룹에 일곱 개의 설교를 두었습니다. 한 그룹에 일곱 개의 설교가 있는 일곱 그룹의 설교, 곧 합해서 마흔아홉 개의 설교입니다.

저는 설교자의 원형과 같은 이 이름들과 함께 작업하면서 그들이 성령의 인도를 받아 발전시킨 전통을 따르고자 했습니다. 설교를 준비하고 전할 때, 제가 풍성하고 다양한 계보를 가진 무리의 일부임을 계속해서 기억해야 했습니다. 저는 맨땅에서 시작하는 게 아닙니다. 새로운 것을 만들어 내지도 않습니다. 저는 회중과 함께 일관되고 연결된 성경적 상상력을 발전시키고 싶은 것이지, 여기저기 중고품 가게에서 가져온 버려진 물건들로 가득한 여행 가방에 의지해 살고 싶은 게 아닙니다.

일러두기

이 책에 인용된 성경구절은 기본적으로 RSV(Revised Standard Version Bible) 성경을 따랐으며, 그 외의 번역본은 따로 표기했다(AMP[Amplified Bible], DRA[Douay-Rheims Bible], ESV[English Standard Version Bible], HCSB[Holman Christian Standard Bible], JB[Jerusalem Bible], KJV[King James Version Bible], KNOX[Knox Bible], NASB[New American Standard Bible], NEB[New English Bible], NIV[New International Version Bible], NKJV[New King James Version Bible], NRSV[New Revised Standard Version Bible], 메시지[The Message 한국어판]). 도서출판 복 있는 사람에서 출간한 『메시지』를 제외한 모든 성경구절은 역자가 번역했다. 지명, 인명은 대한 성서공회에서 발행한 『개역개정』『새번역』성경의 원칙을 따랐다.

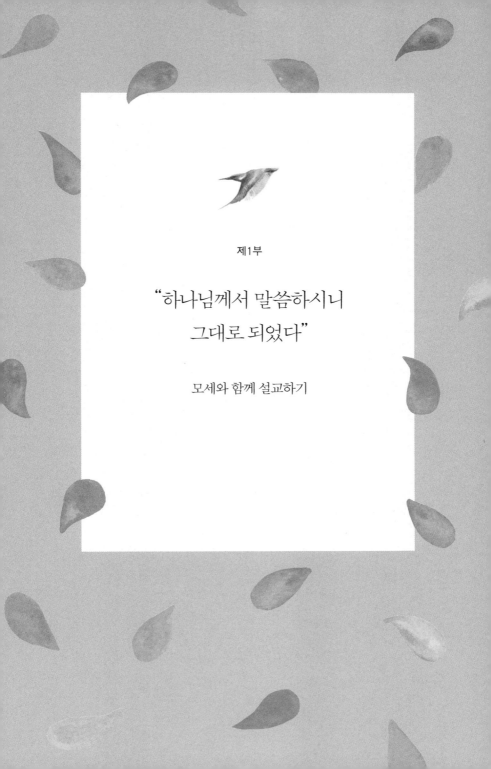

제1부

"하나님께서 말씀하시니
그대로 되었다"

모세와 함께 설교하기

서문

전통적으로 '모세오경'이라고 불리는 성경의 처음 다섯 책은 수세기에 걸쳐 엄청난 권위와 위엄을 인정받아 왔습니다. 오랜 세월 동안 실로 방대한 분량의 읽기와 쓰기, 연구와 기도, 가르침과 설교의 재료가 되었으며, 지금도 그러합니다.

이 다섯 책의 주된 관심사는 하나님입니다. 그래서 권위와 위엄이 있습니다. 하지만 하나님에 대한 책만은 아닙니다. 여기에는 '우리'도 포함이 되어 있습니다. 그래서 그토록 많은 사람들이 그토록 큰 관심을 가지는 것입니다. 우리는 이해하고 싶어 합니다. 우리가 왜 이 세상에 존재하는지 알고 싶어 합니다. 그냥 모르고 넘어가고 싶어 하지 않습니다.

모세오경은 대부분 이야기와 이정표들로 구성되어 있습니다. 이야기들은 여러 가지 다양한 상황에서 하나님이 사람들과 함께 일하시고 그들에게 말씀하시는 것을 보여줍니다. 사상이나 주장이 아니라, 우리 각 사람들과 연관된 사건과 행위들 속해서 하나님을 소개하는 것입니다. 이정표들은 우리가 사는 특정한 장소와 시간에 어울리는 인간다운 태도와 하나님께 영광이 되는 태도를 가지고 살도록 직접적이고 실제적인 지침들을 제시해 줍니다.

이 다섯 책에 등장하는 이야기와 이정표는 너무나 단순해서 어른들뿐만 아니라 아이들도 쉽게 이해할 수 있지만, (많은 단순한 것들이 그러하듯) 여기에서의 단순성은 또한 심오하기도 해서, 우리를 구원하시는 하나님과 평생을 함께하며 자라 가도록 우리를 초대합니다.

설교를 하기 위해서는 이야기와 이정표가 담겨 있는 모세다운 상상력을 개발해야 합니다. 이 책들에 모세의 이름이 붙는다고 해서 모세가 그것을 썼다는 것은 아닙니다. 예언자의 정신을 가진 이름 없는 많은 히브리 사람들이 들려주고 쓴 것을 이렇게 모아서 필사한 것이 모세오경입니다. 모세는 따라서 성경에 나오는 나머지 모든 것의 기조가 되는 삶의 방식과 언어 사용 방식을 대변합니다. 이 다섯 책은 나머지 육십일 권 책의 기초입니다. 모세와 함께 설교함으로써 우리는 (하나님이 하시는 일인) 창조의 깨끗한 공기와 (하나님이 우리를 참여시키시는 방식인) 언약의 공기를 마시는 동시에, 개인적이고도 현장감 있게 말씀을 전할 수 있게 됩니다.

신약성경에서 모세는 다른 어떤 구약성경의 인물보다도 많이 언급이 됩니다. 총 78회나 나옵니다. 그의 영향력은 곳곳에서 나타납니다. 그가 중요하다는 것은 아무리 강조해도 지나치지 않습니다. 그는 이 땅의 거인입니다. 1세기의 그리스도인들(그리고 설교자들!)은 예수 그리스도 안에서 믿음으로 살고 다른 사람들도 그렇게 살도록 가르치면서 늘 모세를 말했고 그를 모범으로 삼았습니다.

성경과 탈무드의 자료를 섞어서 모세의 이야기를 기록한 엘리 위젤Elie Wiesel은 이렇게 썼습니다. "모세는 성경 역사에서 가장 고독하면서도 가장 능력 있는 영웅이었다. 그의 임무의 막중함과 경험의 폭에 우리는 감탄하고 경외감을 느낀다. 역사의 진로를 바꾼 남자, 모세……그의 등장이 결정적 전환점이 되었다. 모세 이후로 모든 것이 달라졌다."[1]

모세가 우리에게 처음 가르쳐 준 언어 사용의 방식은 이야기의 언어라고 하는 게 가장 정확하다고 저는 생각합니다. 하나님 말씀의 영향을 받아 생명을 주고받는 언어, 예배하는 회중에서 발전되는 언어, 하나님을 부르고 난 다음 듣고 기도하는 언어입니다. 이 언어는 고민하는 죄인들과 실수하는 성도들, 설교자와 선생들, 가정주부와 사업가들, 곧 순례의 길을 가며 자신의 가정사를 들려주고 하나님의 교훈과 약속을 후대에 전하는 다양한 사람들이 쓰는 언어입니다. 모세와 함께 설교하면, 우리의 설교를 듣는 사람들의 일상적 현실에 근거한 설교를 할 수 있는 이야기의 상상력이 개발됩니다.

❧

그러나 이 다섯 권의 책 곧 토라Torah와 동일시되던 이 모세의 이름은 지난 300년 동안 서서히 사라지게 되었습니다. 마치 세월이 지나면서 묘비에 새겨진 이름이 희미하게 지워지듯 말입니다. 그러나 이 경우에는 바람과 비, 눈과 진눈깨비가 그 이름을 지운 게 아니라, 성경을 새롭게 읽는 방식인 역사 비평이 지웠습니다.

그래서 많은 동료 목사들은 오랫동안 성경을 신앙의 책으로 읽어 오던 습관을 뒤로하고 역사서로 그것을 읽게 되었습니다. 이야기—실천하는 신앙의 서사—가 모호해지거나 아예 사라져 버린 것입니다. (모두가 그런 것은 아니지만) 이러한 방식으로 성경을 읽는 사람은 성경의 문학적 맥락은 무시하고 그것을 분해해서 역사적 변화 과정을 추적하려 합니다. 그들은 토대가 되는 사건들의 역사성에 도전하고 저자에 대한 전통적 인식에 도전하며 역사를 재구성합니다. 그러고는 성경을 여러 시간과 장소의 사건들을 아무런 연결성 없이 모아 놓은 책으로 만들어 버립니다. 그들은 성경의 문학적이고 신학적인 일관성에는 관심이 없습니다. 이러한 비평을 하는 사람들은 모세오경을 이렇게 파헤치는 게 더 나은 혹은 더 진실된 진리를 전하는 것이라고 생각합니다. 그러나 자신이 쓴 책보다 쓰레기통에 버린 글이나 자료함에 있는 글에 사람들이 더 관심을 가진다면 대부분의 작가들은 매우 불쾌해할 것입니다. "제발 책을 보세요!" 의미는 책에 있지 책에 대한 정보에 있지 않기 때문입니다.

제가 열두 살이 되던 1944년에 아버지께서 세간의 평이 좋지 않던 1936년산 플리머스 자동차를 사서 집 뒤에 있는 골목에 주차해 두셨습니다. 그 후로 그 차는 다시 움직이지 않았습니다.

그 자리에서 죽은 것입니다. 아버지는 단 한 번도 다시 나가서 그 차를 보신 적이 없는 것으로 기억합니다. 그러나 저는 그 차를 잘 이용했습니다. 두 해만 지나면 운전면허를 딸 수 있는 나이였던 저는 방과 후에 거의 매일 한 시간씩 그 낡은 자동차의 운전석에 앉아서 기어를 1단에서 2단 그리고 3단으로 옮겼다가 다시 1단으로 내리면서 기어 변환을 연습했고, 브레이크와 클러치 페달 사용하는 법을 익혔고, 운전대에 손을 얹고 산길로 그리고 눈보라를 뚫고 운전하는 저 자신을 상상했습니다.

그렇게 몇 달이 지나자 자동차 작동법을 다 익힐 수 있었습니다. 그러나 죽은 기계에 앉아서 하던 상상력이 바닥나자, 무엇이 차를 움직이게 하는지 찾아보고 싶은 마음이 들었습니다. 제가 이 차를 다시 굴릴 수도 있지 않을까 하는 막연한 생각을 했었던 것 같습니다. 그리고 부품 하나하나를 다 해체하면서 기화기, 냉각기, 변속기, 브레이크 드럼 등을 연구했습니다. 몇 달 후 저는 마당에 늘어놓은 대부분의 부품을 다 알게 되었지만, 무엇이 차를 움직이게 하는지는 알아내지 못했습니다. 물론 저의 탐구가 끝난 뒤에는 이 차가 다시 달릴 가능성은 전혀 없게 되었습니다.

❧

모세가 성경의 첫 다섯 책의 저자라는 사실을 (완전히는 아니더라도) 어느 정도 부인하는 역사 비평의 작업을 받아들이면서도, 오랫동안 유대인과 그리스도인들이 이 다섯 책에서 하나의 줄거리를 파악할 수 있도록 응집력 있고 개인적인 저자의 음성을 부여해 준 모세 저자설의 관점을 유지하는 방법은 없을까요? 역사적으로 토라를 해체한 뒤 다시 신학적·문학적 의미를 가진 신앙의 책으로 조립할 수는 없을까요? 할 수 있다고 저는 생각합니다. 할 수 있을 뿐만 아니라 그렇게 하기 위해 모든 노력을 들일 가치가 있습니다. 그리고 목사는 교회에서 그 일을 할 수 있는 중요한 자리에 있습니다.

성경에서 우리가 읽는 세계는 비록 문자로 많이 정착되기는 했지만, 구어의 세계였습니다. 언어 자체도 그 기원과 실제 사용 방식은 입의 언어입니다. 우리는 쓰고 읽기 한참 전에 먼저 **입으로** 말합니다. 오늘날 우리가 사는 세계도 여전히 구어가 지배적입니다. 구어는 원시적이지 않습니다. 입으로 하는 말이 문자로 쓰는 글보다 먼저 있었고 본질적으로 우월합니다. 심지어 문맹률이 가장 낮은 문화에서도 마찬가지입니다.

우리의 히브리 선조들은 여러 세대에 걸쳐서 구전된 전통을 발전시켰고, 그것이 하나님의 백성으로서 가지는 그들의 기억에 영향을 미쳤습니다. 여기저기에, 이따금씩, 그 말은 기록되고 보존되었으며, 필사되고 수집되고 귀히 여겨지고 읽혔습니다. 모세는 그러한 말들을 기록한 사람 중 하나로 기억되고 있습니다 출 24:4; 34:27-28, 신 31:9, 24. 그 말이 책이 되었습니다. 사람들이 입으로 말하거나 노래하거나 기록한 모든 것을 엮는 줄거리를 모세의 기억과 말이 제공해 주었습니다. 시간이 지나면서 그러한 말하기와 글쓰기가 모세오경이 되었습니다.

ᕲᕱ

　　모세의 존재감은 대단했습니다. 그의 지도력, 성실성, 이집트의 노예생활에서 벗어나 하나님을 섬기도록 인도받은 하나님 백성의 지도자로 임명받은 그의 권위, 시내에서 그가 전한 하나님의 계시, 사람들의 삶을 다시 예배로 집중시킨 그의 규정과 가르침, 광야에서의 세월 동안 자기 양 떼를 돌본 그의 목회는 서로 달라 보이던 이야기와 지침과 방향들을 일관성 있게 하나로 연결시켜 주었습니다. 모세는 지금도 토라, 오경, 혹은 이스라엘의 신앙과 기독교의 복음에 기초가 되는 이 방대한 문서의 집을 구축한 건축가로 그 뒤에 서 있습니다. 토라는 유대인이든 그리스도인이든 하나님의 백성을 위해서 기록된 하나님의 계시입니다. 엄격하게 문자적인 의미에서 저자author라기보다는 포괄적인 문학적 의미와 성령의 영감이라는 의미에서 권위authority입니다.

　　글을 남기지 않으신 예수님과 그분의 이야기를 기록한 사람들은 모두 토라('율법')를 그냥 '모세'라고 칭했습니다. 초대 교회에서 모세는 하나님 백성의 지도자로서든 토라를 통해 하나님의 계시를 드러낸 사람으로서든 선조 중에서 가장 두드러지는 이름이었습니다. 유대교에서나 교회에서나 '토라'와 '모세'는 사실상 동의어였습니다.

　　모세와 함께 설교하면 우리는 이처럼 이야기로 풀어 주는 상상력을 키우게 될 것입니다.

1

"태초에 하나님이 창조하시니라"

창세기 1:1–2:4
요한복음 1:1–3

일 년 정도 전에 세 명의 남자가 우주선을 타고 달을 돌고 있었습니다. 때는 크리스마스 이브였고, 그들은 성경의 첫 장인 창세기 1장을 돌아가며 읽었습니다. "태초에 하나님이 천지를 창조하시니라." 크리스마스 이브를 위한 가장 탁월한 선택이었지요.

아폴로 8호는 그 순간 유대교/기독교의 강단으로 바뀌었습니다. 이제까지 이룩한 인간의 기술적 업적 중에서 가장 인상적이었던 그 사건이 하나님의 창조 행위에 대한 선언에 흡수가 되었습니다. 그리스 신화의 신 중에서 가장 위풍당당한 아폴로가 "하나님, 전능하신 아버지, 하늘과 땅의 창조주"[2] 앞에 머리를 숙이고 예배한 셈이지요. 그 우주비행사들이 한 일은 깨어 있는 정신과 경외하는 마음이 합해질 때 많은 사람들이 자발적으로 하게 되는 일이었습니다. 즉 경배를 한 것입니다.

한 사람이 그들의 이러한 행위에 대해 거세게 항의했습니다. 자칭 무신론자인 매덜린 머레이 오헤어Madalyn Murray O'Hair가 국가의 우주 프로그램이 소수파 종교의 증진에 이용당했다고 크게 불평을 했습니다. 수백만 명의 세금이 소수의 기독교 신앙을 선전하기 위해 사용됨으로써 무신론자의 권리가 침해당했다고 그는 말했습니다. 국가의 재산이 기독교를 증언하기 위해 사용된 것에 무신론자가 불쾌감을 느낀 것입니다.[3]

오헤어는 물론 옳았습니다. 그건 정말 불공평한 일이었습니다. 충격적이라고 말할 수도 있을 것입니다. 휴스턴에 있는 통제실과 지구와 달을 도는 우주비행사들 사이의 대화를 듣는 것에 우리는 익숙해졌습니다. 그들의 대화는 명확한 수학적·과학적 용어를 사용하는 매우 전문적인 대화입니다. 복잡하고 정교한 우주비행 기계를 작동하며 남자들이 나누는 그러한 냉정하고 차분한 대화를 우리는 존경스럽게 듣기도 합니다. 그들이 아름다운 지구를 보며 소년처럼 탄성을 지를 때에야 비로소 그들도 인간임을 기억해 내곤 합니다. 이따금씩 그들이 감정적으로 폭발하거나 욕을 내뱉을 때는 그들도 죄인임을 상기하기도 하지요. 그들의 아내들과 한 인터뷰를 읽고 그들의 집을 찍은 사진을 보면서 그들도 우리와 같은 인간임을 우리는 재차 확인합니다. 그러나 그러한 것들은 큰 그림에서 잠깐 벗어나는 일화 같은 것에 불과합니다. 우주비행사들은 과학의 정점에 있는, 탁월한 통제력을 가지고 있고 빈틈없이 훈련을 받았으며 힘과 기술로 이 세상을 지배하는 현대인을 대변합니다.

이러한 사람들이 아무런 예고도 없이 고대의 신앙고백을 암송할 때, 자신은 우주의 정복자일 뿐 아니라 동시에 하나님도 예배하는 사람임을 공개적으로 인정할 때, 그것은 정말로 이상한 일입니다. 오헤어가 화를 낼 만도 했습니다.

사실 그 우주선은 교육의 현장이었습니다. 수백만의 사람들이 텔레비전으로 그것을 보았고 그 대화를 들었습니다. 우주비행사들이 한 말은 크게 기사화되었고 그 영향력도 컸습니다. 인간 역사에서 교육의 하이라이트 중 하나였습니다. 온 세상이 교실이 되었지요. 하이젠베르크Werner Heisenberg나 아인슈타인Albert Einstein과 같은 사람들이 한 말이 인용되었고, 온 세계가 그것을 반복해서 들었으며, 그 반복을 통해서 수백만의 생각 속에 분명한 흔적을 남겼습니다.

그런데 그 우주비행사들이 수천 년도 더 된 창세기에 나오는 본문을 읽은 것입니다. 이것은 과학을 가르칠 절호의 기회를 놓친 것이며, 묵은 상처를 다시 파헤치는 행위 아닙니까? 왜냐하면 오랫동안 창세기와 지질학, 에덴과 진화 사이에 치열한 논쟁이 있었기 때문입니다. 그리고 전선이 형성되었습니다. 하나님을 변호하는 사람들은 총알 대신에 성경을 사용했습니다. 다윈을 변호하는 사람들은 턱뼈 조각들과 지질층의 바위를 그들의 무기로 수집했습니다. 한쪽은 에덴 동산에서 창조의 시작을 찾으려 했고, 또 한쪽은 갈라파고스 섬의 탐험에서 배울 게 훨씬 더 많다고 확신했습니다. 그 어느 쪽도 상대에게 주의를 별로 기울이지 않았습니다.

그러나 최근에는 적어도 어느 정도 공존하는 분위기가 형성되었습니다. 옛날처럼 논쟁이 많지는 않습니다. 그러나 대화 또한 많지 않지요. 각자 자기 갈 길을 가면서 한쪽은 창세기를 읽고, 다른 한쪽은 과학 전문지를 읽고 있습니다. 그렇다면 우주비행선에서 창세기를 읽은 사건이 가라앉은 옛 과학-종교 논쟁에 다시 불을 붙이게 될까요?

이 사건은 사실상 모든 사람이 성경본문을 정확하게 듣게 된 아주 드문 사건 중 하나였습니다. 인류 역사에서 매우 극적인 순간에 성경이 읽혔고, 그것은 누구도 무시할 수 없는 사건이었습니다. 사람들은 성경말씀이 하나님의 말씀으로, 신앙의 선포로, 창조주로 활동하시는 하나님에 대한 선언으로 읽힌 것을 들은 것입니다. 그리고 그 말이 제대로 전달되었다는 증거는, 훈련받은 우주비행사들은 거기에 아무런 위협도 느끼지 못한 반면 무신론자는 위협을 느꼈다는 것입니다.

갈릴레오의 시대부터 창세기 1장은 논쟁의 대상이었습니다. 그러나 그 논쟁은 과학과 신앙, 혹은 다윈Charles Darwin을 읽는 사람과 칼뱅Jean Calvin을 읽는 사람 사이의 논쟁이 아니었습니다. 이에 대한 논쟁이 일어날 때마다 그 초점은 늘 어긋나 있었습니다. 마치 한 여자를 놓고 두 형제가 싸움을 벌였는데 알고 보니 그 여자가 자기들의 누이였던 것과 같은 상황이었습니다.

ଓ

저는 논쟁을 먹고 자라는 교회에서 자랐습니다. 우리는 작은 종파였고 우리가 '세상'이라고 부르는 것과 분리되어 살았습니다. 여기에서 세상이란 하나님을 믿지 않는 사람들, 혹은 우리가 이해하는 방식대로 하나님을 믿지 않는 사람들, 혹은 우리가 성경을 읽는 방식과 다르게 성경을 읽는 사람들을 일컬었습니다.

학교 친구들은 구원받지 못했다는 것을 저는 어느 정도 당연시했고, 따라서 그들에게 증언하고 그들을 위해 기도하는 것이 제게 주어진 예수님의 사명이라고 생각했습니다. 그리고 저와 친구들을 구분해 주는 많은 금기들을 받아들였습니다. 욕이나 험한 말을 하지 않는 것, 영화를 보지 않는 것, 춤을 추지 않는 것들이 그에 속했습니다. 제가 청소년기에 이르렀을 무렵에는 저와 학교 친구들 사이에는 "커다란 간극"눅 16:26, NASB이 생겨 버렸습니다. 그 간극이란 지하 어둠에 있는 부자와 아브라함의 품에 안긴 걸인 나사로 사이에 놓인 간극과 같은 것이었습니다.

우리 교회의 작은 무리를 종종 방문했던 순회 전도자들은 우리 주변의 위험에 대해서 경고했습니다. 제가 고등학교에 다닐 때는 생물학을 가르치던 라이더 선생님의 무신론적 진화론에 대해서 자주 경고를 받았습니다. 저는 그 선생님을 제법 좋아했지만 이내 그 선생님 때문에 제 신분이 드러났습니다. 그로부터 25년 전에 테네시 주의 어느 고등학교 생물 선생이었던 존 스콥스가 바로 진화론을 가르쳤다는 이유로 체포되어 재판을 받고 유죄 판결을 받았다는 사실을 저는 전혀 모르고 있었습니다. 저는 수업 토론에서 그 선생님이 인용하는 다윈의 글들에 맞서 창세기의 본문들을 제시하는 것으로 저의 주변적 지위를 대담하게 보상하려 했습니다. 서로 다른 견해의 차이는 서서히 학교 친구들과의 논쟁으로 번졌고, 이내 악의에 찬 모욕적 발언으로 퇴화해 버렸습니다. 저는 성경을 이용해서 진화론자 및 무신론자들과 싸우는 것을 즐겼습니다.

시간이 지나면서 저는 적이 있는 것을 제법 좋아하게 되었습니다. 제 정체성을 보다 분명하게 해주었기 때문입니다. 우리 교회를 방문하는 전도자들은 자유주의자, 가톨릭 신자, 칼뱅주의자, 진화론자, 환경운동가, 민주당원, 공산주의자 등 제가 대적할 수 있는 적을 많이 제시해 주었습니다. 그리고 그들 중 일부를 적그리스도의 앞잡이로 지적하기도 했습니다.

✋

성인이 되면서 저는 과학을 좋아하는 그리스도인 친구들을 만났고 그들의 글을 읽기 시작했습니다. 그들 중 일부는 과학자이기도 했습니다. 여기에 앉은 많은 분들처럼 그들은 기독교 신앙과 과학의 발견을 서로 통합시키는 데 아무런 갈등을 느끼지 않는 것 같아 보였습니다. 몇 달 전에 친구 하나가 과학과 종교는 마치 엄지와 검지가 맞서는 것처럼 서로 맞서는 힘이라고 했습니다. 무엇을 집으려면 그 두 손가락이 다 필요하다는 것이지요.

이미 시간을 많이 낭비한 뒤인 그때부터 저는 창세기를 그것이 기록된 의도대로 읽기 시작했고, 그러면서 그것이 놀라운 신학 예술임을 알게 되었습니다. 창조세계와 그것을 창조하신 하나님을 창세기는 아름답게 환기시키고 있었습니다.

성경의 이 첫 페이지는 칼 바르트가 "성경에 있는 새롭고 이상한 세계"라고[4] 부른 것으로서, 천천히 그리고 조용히 경외하며 들어갈 수 있도록 상상력을 준비시켜 주는 탁월한 글임을 깨닫게 되었습니다. 저는 무지한 청소년기의 확신을 가지고 그토록 열렬하게 주장했던 것을 뒤로하고 하나님이 당신의 존재와 실존을 제게 말씀하시게 했습니다. 하나님이 누구시고 어떤 방식으로 일하시는지 하나님이 제게 알려 주시게 했습니다.

저는 하나님을 증명하려는 노력을 그만두고 대신에 하나님이 제게 말씀하시는 것을 들으려 했습니다. 하나님에 대한 선언을 하는 게 아니라 듣고, 듣고, 또 듣는 것입니다. 친구들을 제압하거나 놀라게 할 진리를 찾아 성경을 뒤지는 대신에, 하나님의 창조세계 안에서 그들 곁에 나란히 서서 하나님이 제 안에서 그리고 제 주변에서 창조하시는 것 안으로 들어갔습니다.

그리고 서두르지 않았습니다. 창세기의 이 첫 장은 여유롭습니다. 반복이 많습니다. 주어이신 하나님(서른다섯 번 언급됩니다), 그리고 행동하시는 하나님('창조하셨다', '말씀하셨다', '만드셨다', '부르셨다', '보셨다', '정하셨다', '축복하셨다', '마치셨다', '쉬셨다', '있으라', '그리되었다')이 반복해서 묘사됩니다. 그러고 나서 최종 판결처럼 모든 창조 항목에 인증 도장이 찍힙니다. '좋다'가 여덟 번 나오고, 마지막 '좋다'가 '심히 좋다'로 강조됩니다.

첫째 날부터 일곱째 날까지 순서가 매겨진 이 날들은 리듬과 질서 있는 구조를 마련해 줍니다. 모든 것이 질서가 있었고, 의도하지 않은 뜻밖의 일은 없었습니다.

창세기의 첫 주는 노동의 주입니다. 하나님이 창조하십니다. 하나님은 힘, 에너지, 개념, 원칙, 추상으로 묘사되지 않습니다. 그냥 일을 하십니다.

그러나 일곱 번째 날은 따로 주목을 받습니다. 엿새간의 날은 그냥 숫자만 매겨져 있습니다. 그러나 마지막 날은 세 번 반복이 됩니다. "하나님이 **일곱째 날**에 일을 마치셨다.······**일곱째 날**에 쉬셨다.······하나님이 **일곱째 날**에 복을 주셨다"창 2:2-3. 그리고 나서 새 동사가 소개됩니다. "하나님이······그날을 **거룩하게** 하셨다. 그날 하나님이 창조의 모든 일로부터 쉬셨기 때문이다"창 2:3.

이 동사를 어디에서 들어 보셨습니까? 맞습니다. 예수님이 가르쳐 주신 기도에서입니다. 첫 번째 간구가 "이름이 거룩히 여김을 받으시고"마 6:9입니다. 혹은 "아버지의 이름이 거룩한 것으로 인식되게 하소서"입니다. 영어에는 '거룩'에 상응하는 동사가 없습니다. '거룩하게 여기다'hallowed는 우리가 일상적으로 쓰는 말이 아닙니다. 따라서 이 말은 "아버지의 이름이 공경받게 해주십시오"에 더 가깝습니다.

일곱째 날은 이렇게 하나님을 경외하기 위해서 따로 떼어 놓은 날, 하나님이 창조 때에 하신 모든 일을 생각하며 조용히 그것을—빛, 땅과 바다, 해와 달과 별, 물고기와 새, 모든 종류의 동물, 그리고 창조의 절정인 남자와 여자를—받아들이는 날입니다. 우리는 생명으로 움트는 실존을 살며, 우리 자신이 그 생명의 중요한 부분입니다.

　　그리고 그다음에 이 일이 있었습니다. 하나님이 자기 백성을 이집트의 노예생활에서 구하시고 시내산에 그들을 모으셨을 때, 모세는 그들에게 이 새로운 자유의 삶의 지침이 되는 헌장을 주었습니다. 바로 십계명입니다. 이 계명 중에서 네 번째는 창세기에서 온 것입니다. "안식일을 기억하여 거룩하게 지켜라"출 20:8. 하나님이 그들을 위해서 하신 모든 일을 생각하는 날로 사용하라는 것입니다. 그 어느 것도 당연하게 받아들일 수 없습니다. 그리고 그것을 매주 하라는 것입니다. 40년 후에 모세는 모압평야에서 자기 회중을 향해 마지막 설교를 했습니다. 거룩한 땅으로 들어갈 준비를 하는 그들에게 모세는 이 열 개의 계명을 반복했는데, 그들이 창조와 구원의 삶을 사는 방식을 이 계명이 정의해야 했습니다. 여기에도 그 네 번째 계명이 그대로 있습니다. "안식일을 기억하여 거룩하게 지켜라"신 5:12, HCSB.

　　창세기에서 하나님이 하신 모든 일을 그들이 그 모든 것을 살아내야 하는 방식과 연결시켰던 시내산에서의 모세의 첫 설교와, 그들이 새로운 땅 가나안에서 계속해서 살아야 하는 방식과 창세기가 연결되어 있음을 강조하는 모압평야에서의 모세의 마지막 설교가 서로 책꽂이의 양 끝을 이루는 모습을 그려 보는 것을 저는 무척 좋아합니다. 그 핵심은 **기억하라**는 것입니다. 일주일에 하루는 하던 일을 멈추고 하나님이 해오신 일과 하시는 일에 주의를 기울여라. 우리가 살고 있는 창세기의 세계에 대해 감사와 경배와 예배의 마음을 가져라. 감사하고 흠모하며 기억하여라. 그날을 거룩하게 하여라. 그날을 거룩하게 지켜라.

∾

여러분의 목사로 살면서 저는 창세기의 이 첫 페이지를 우리의 일상적이고 평범한, 노동하고 예배하는 삶을 예수님을 따르는 순종과 경외의 삶으로 만들어 가는 도약대로 보게 되었습니다. 기억하시는 분들이 있을지 모르겠습니다만, 몇 년 전 저는 바빌론에 유배를 가 있는 자신의 회중을 향해 이사야가 예루살렘에 대해서 한 설교 한 대목을 마주하고 바로 우리를 위해 쓴 것 같다는 생각을 했습니다. 여러분에게도 말씀드렸습니다. 그런데 여러분의 목사로 있는 세월이 길어지면서 그 말이 더 중요하게 여겨졌습니다. 그때 제가 여러분에게 말한 것은 우리가 미국에서 목사와 성도로 사는 문화적·영적 상황이 바빌론에 있던 히브리 사람들의 유배 상황과 매우 비슷하다는 것이었습니다. 다들 여기가 고향이 아니고(우리 회중 가운데 이 지역에서 태어난 사람은 서너 가정밖에 안 됩니다), 예배 전통도 이어가지 못하며(장로교인으로 자란 분은 소수입니다), 낯선 이방인의 사회에서 살고 있다는 느낌을 가지고 있습니다(현대 미국에서는 공통된 도덕 원칙도 없고, 공동의 기억도 없으며, 대부분의 사람들이 자신이 나고 자란 지역을 떠납니다).

그러나 최근에 제 눈에 들어온 것은 '창조하다', '창조하였다', '창조주'라는 단어가 성경의 그 어느 곳보다 이사야의 유배 설교에 더 많이 나온다는 사실입니다. 창조 서사의 본원지인 창세기 1-2장에는 '창조하였다'가 여섯 번 나오는 반면, 이사야에는 열여섯 번이 나옵니다.

　　이사야의 영향을 받아 저는 이 강단에서 병실과 거실로, 카페와 지역사회 모임으로 자리를 옮겨 가며 권태와 절망에 빠진 남자와 여자들의 이야기를 듣거나 그들과 함께 기도하면서 이 '창조하다'라는 단어가 오래전 가나안과 이집트와 바빌론의 상황에서 튀어나와 지금 이곳으로 와 있는 것을 보게 되었습니다. 그것은 유배 간 백성, 곧 우리를 위해서 오늘 하나님이 하시는 일을 선언하는 적극적인 복음의 단어였습니다.

　　'창조하다'는 성경에서 오직 하나님만을 주어로 씁니다. 사람은 창조하지 못하고 창조할 수 **없습니다**. 그러나 하나님은 창조하십니다. 우리가 하는 일이 아무런 변화를 가져오지 않아 영문을 모른 채 빈손으로 서 있을 때가 바로 하나님이 무엇을 창조하시는지를 알아볼 준비가 된 때입니다. 단지 '태초에'만이 아니라 지금, 오늘 말입니다. 우리가 사는 조건이 삶과 구원과는 완전히 동떨어져 보일 때, 하나님이 무엇을 하시는지 둘러보게 됩니다.

　　그리고 바로 거기가 창조의 일곱째 날이 들어오는 자리입니다. 창조의 일을 다 마치셨을 때('마치셨다'가 두 구절에 두 번 나옵니다), 하나님은 "쉬셨습니다"(마찬가지로 두 번 쓰셨습니다). 그래서 "안식일을 거룩하게 지키라"는 명령이 (출애굽기와 신명기에) 두 번 주어진 것일까요? 저는 그렇다고 생각합니다. 현재, **지금**, 우리가 주의를 기울이고 경배하는 가운데 하나님과 함께하는 것입니다.

　　창조의 의미를 이해하는 단서로 창세기가 일곱째 날을 가리키는 것 같지 않습니까? 창조에는 **그때의 창조**보다 더 큰 의미가 있습니다. **지금의 창조**가 있는 것입니다. 우리가 창조의 실재와 의미를 살아내려면 안식일을 지키는 것에 주의를 기울어야 한다는 증거들이 많습니다. 창세기가 하나님의 창조 사역에 우리를 참여시키고 동참시키는 책이라면, 안식일이 바로 그 시작입니다.

아멘.

2

"하나님의 친구"

창세기 12:1-4
요한복음 15:13-15

아브라함은 성경에서 "하나님의 친구"라는 소리를 세 번 들었습니다. 첫 번째로 그렇게 언급이 된 사례는, 아브라함이 죽고 천 년 이상이 흐른 뒤에 누가 드린 기도에서였습니다. 히브리의 왕 여호사밧이 침략군의 위협을 받고 있었습니다. 그때 그는 하나님께 도와달라는 기도를 하면서 자신을 "주님의 친구 아브라함"과 동일시했습니다대하 20:7, KJV. 그로부터 몇백 년 후 바빌론 유배 시절에 이사야가 하나님의 말씀을 백성에게 전했는데, 그때 그 회중은 "나의 종 이스라엘……나의 친구 아브라함의 자손"사 41:8으로 칭함을 받았습니다. 세 번째 언급은 신약성경 야고보서에 나오는데, "아브라함은 하나님을 믿었고 그것이 그에게 의로운 일로 여겨졌다. 그리고 그는 하나님의 친구라 불리었다"약 2:23, NRSV고 아브라함을 근거로 제시하면서 믿음과 행위의 하나됨을 주장합니다.

우리가 오늘날 이스라엘/팔레스타인에 간다면, 아브라함의 생애 동안 그와 가장 많이 연관되었던 헤브론이라는 도시를 무슬림들이 '엘칼릴'*El Khalil* 곧 '친구'라는 뜻의 아랍어로 부르는 것을 듣게 될 것입니다.

그리고 예수님은 십자가에 달리시기 전날 밤 제자들과 하셨던 감동적인 대화에서 이렇게 말씀하셨습니다. "사람에게 이보다 더 큰 사랑이 없는데, 그것은 자기 친구를 위해서 죽는 것이다. 내가 명하는 것을 행하면, 너희는 내 친구가 된다. 나는 너희를 더 이상 종이라 부르지 않겠다. 종은 주인이 무엇을 하는지 모르기 때문이다. 내가 너희를 친구라 부르는 것은 내가 아버지께 들은 것을 모두 너희에게 알려 주었기 때문이다"요 15:13-15. 세 개의 문장에 '친구'가 세 번 나옵니다.

아브라함의 인격과 삶은 하나님과 관계를 맺는다는 것이 무엇을 의미하는지를 이해하는 데 결정적인 단서입니다. 그리고 그의 삶을 정의하는 데 '친구'라는 단어가 사용되었다는 것은 매우 중요합니다. 또한 육신이 되신 하나님이신 예수님이 자신을 따르는 사람들과 맺는 관계를 정의하기 위해서 바로 이 단어를 택했다는 것도 매우 중요합니다.

온전하고 만족스러운 삶을 살기 위해서는 건강한 자존감을 형성하는 게 중요하다는 이야기를 우리는 많이 들으며 자랐습니다. 그리고 '정체성의 위기'라는 용어가 자기이해의 핵심 요소로 등장했습니다. '나는 누구인가? 내가 나라는 것은 무엇을 의미하

는가?'

　　이러한 문화를 저는 이해하고 그에 대한 관심도 타당하다고
생각합니다. 그러나 저는 교육가와 정신분석가와 심리학자들이
쓰는 전문 용어를 단순하지만 훨씬 더 정확하고 포괄적인 말로 바
꾸고 싶습니다. 그리고 여러분이 "하나님의 친구"라는 말에 대해
깊이 생각해 보고 그 단어에 담겨 있는 복음을 진지하게 받아들이
기를 바랍니다.

〜

　　아브라함의 이야기는 성경에서 처음으로 하나님에 대한 살
아 있는 신앙으로 평생을 산 사람의 여정을 길게 추적한 이야기
입니다. 창세기의 첫 열한 장은 기초를 놓습니다. 우리가 사는 지
역을 안내하는 지도와 같은 역할을 하면서 방향을 제시합니다. 그
러나 12장의 아브라함을 주인공으로 하는 이야기는, 하나님의 친
구라는 정체성을 가지고 사는 것의 의미를 이해하고, 가족과 공동
체와 하나님을 인식하며 개인적 관계를 맺으며, 신앙의 언어를 배
우고, 창조와 언약의 세상에 익숙해져 가는 삶이란 어떤 것인지를
우리가 깊이 이해하게 해줍니다.

　　이 아브라함의 모범은 '내가 나'라는 것을 이해하는 데 가장
중요한 핵심은 이 '친구'라는 단어라는 것을 말해 줍니다.

〜

　　친구가 되는 것은 적이 되는 것의 반대입니다. 아브라함의

경우 이 간단한 대조가 무엇보다도 두드러지게 나타납니다. 아브라함은 하나님을 아무런 의심이나 두려움 없이 대할 수 있는 관계에 있었습니다. 아브라함은 하나님이 자기편이라는 것을 알았고, 자기를 위하시며 자기와 함께하신다는 것을, 곧 하나님이 자신의 친구라는 것을 알았습니다.

아브라함이 살았던 나라와 문화에서 지배적인 감정은 신들에 대한 공포였습니다. 잘 구성된 제사장 계급이 신들의 악의적인 변덕, 하늘이 부리는 성질, 예측할 수 없이 폭발하는 분노, 혹은 이유 없는 냉담으로부터 사람들을 보호하기 위해서 밤낮으로 일을 했습니다. 그들은 정교한 의식을 행하고, 금기를 신중하게 지키고, 희생제사를 드렸습니다. 중동에서는 이 일이 가장 잘나가는 사업이었는데, 신들은 신비롭고도 믿을 수 없는 어둠의 세력이었기 때문입니다.

사천 년의 세월이 흘러도 크게 달라지지 않았습니다. 우리에게 신은 이제 세속화되었지만, 그래도 오늘날 대부분의 사람들이 신에 대해서 느끼는 일차적 감정은 불안, 죄책감 그리고 무관심일 것입니다. 암이나 사고나 총기와 같이 예상하거나 통제할 수 없는 어둠의 세력 속에서 사는 우리는 아브라함이 함께 자랐던 갈대아 사람들만큼이나 경계심을 안고 있습니다.

현대 서구의 사회는 고대 근동 사회와 마찬가지로 두려움을 은연중에 안고 삽니다. 신경증적인 혹은 심리를 조작하는 종교는 그러한 두려움을 부추기고 그 결과 하나님을 적으로 경계하게 만듭니다.

이것은 **잘못된** 것입니다. 그리고 여러분의 목사로서 저의 임무 중 하나는 그것이 왜 잘못된 것인지를 말해 주는 것입니다. 이 세상에는 두려워할 것들이 많고 우리의 안전을 위협하는 사람들도 많지만 하나님은 그들 중 하나가 아닙니다. 그래서 우리는 아브라함의 상상력을 개발해야 합니다. 아브라함은 자기가 살던 시대에 만연했던 공포를 떨치고 하나님의 친구로 살았던 사람이기 때문입니다. 아브라함은 하나님이 자신의 친구라는 것을 알았습니다. 그는 거룩한 선함 가운데서 살았습니다.

아브라함은 선생님의 총애를 받는 학생처럼 특별히 하나님의 자비로운 관심을 받았기 때문에 하나님의 친구라 불린 것이 아닙니다. 그는 그렇게 화려한 인생을 살지 않았습니다. 그가 하나님의 친구라 불린 이유는 그가 하나님을 정확하게 그리고 진실되게 경험했기 때문입니다. 그는 하나님의 친구로 **살았습니다.** 하나님을 친구로 대했습니다. 그는 하나님이 자기편이라는 것을 믿었고, 그렇게 살았습니다.

☙

하나님의 친구가 된다는 것은 하나님과 여러분 사이에 모든 것이 마냥 좋다는 게 아닙니다. 누군가의 친구가 된다는 것은 그를 마냥 응석받이로 만드는 게 아닙니다. 우정은 갈등과 상실, 긴장과 요동도 포함합니다. 제가 좋아하는 잠언 중 하나는 "감정 상하게 하는 친구의 말은 신실하다"잠 27:6입니다. 친구가 정직하고 진실하다면, 여러분이 듣고 싶어 하지 않는 말도 할 것입니다. 여러분을 매우 진지하게 생각하는 친구라면, 여러분이 아파할 일도 할 것입니다. 친구들이 그렇게 하는 이유는 우리의 존엄성과 고유함을 존중하기 때문입니다.

하나님은 아브라함의 친구였지만 그에게 가족과 고향을 떠나 서쪽으로 길고도 불확실한 여정을 떠나라고 말씀하셨습니다. 하나님이 "가라"고 하셨기 때문에 아브라함은 우르와 하란의 안정적이고 편안하고 풍요로운 삶을 떠났습니다. 그는 편안한 삶을 살지 못했습니다. 아브라함의 생애에 할애된 창세기 12장을 오늘 오후에 쉬면서 읽어 보시고 거기에 얼마나 많은 어려움이 있었는지 한번 생각해 보시기 바랍니다. 그는 자기 아내 사라와 함께 무자녀로 수십 년을 인내하며 살았고, 가나안의 기근과 이집트에서의 위험을 감내했고, 하갈과 이스마엘을 집에서 내쫓는 아픔을 겪었고, 이삭을 희생제사로 드릴 뻔한 트라우마를 감당했고, 소돔에 사는 자기 조카 롯을 위해서 고통스러운 중보를 했습니다.

하나님과의 우정은 아브라함에게 오아시스에서 야자나무에 해먹을 걸고 낮잠을 즐기고, 낮잠 사이사이 수영을 하면서 기분전환을 하는 삶을 주지 않았습니다. 그 우정은 그에게 집을 떠나고, 긴 여행을 하고, 위험한 일을 겪고, 의심스러운 일을 행하고, 어려운 순종을 하는 것을 의미했습니다. 성경의 이야기에 대한 뛰어난 통찰력을 지녔던 칼 바르트는 아브라함에 대해서 이렇게 썼습니다. "그는 익숙한 과거를 떠나 이제 갓 시작된 미래로 **가야만** 했다."[5] 이러한 모든 일을 겪으면서도 아브라함은 하나님이 자신을 위하시고 자신과 함께하신다는 것을 알았습니다.

아브라함에게 일어났던 일을 이해하는 데 중요한 문장이 있습니다. "당시에는 가나안 사람들이 그 땅에 있었다"창 12:6. 아브라함이 길고도 어려운 여정 끝에 드디어 도착한 나라에는 이미 거주민들이 있었습니다. 그곳은 개척지도 아니고, 새로운 삶의 방식이 만들어지기를 기다리는 미개척지도 아니었습니다. 이미 활발하게 돌아가는 도시 국가들과, 성장하는 예배당과, 무역 협정이 자리 잡은 곳이었습니다. 한 주석가는 이렇게 말했습니다. "구원의 문은 하나님이 이 땅을 아브라함에게 주실 것이라는 엄숙한 선언과 함께 활짝 열리지 않는다. 오히려 이 약속은 가나안 사람들이 당시에 거기에 살고 있었다는 선언과 특이하게 공존한다. 따라서 아브라함은 하나님에 의해 가나안 사람들과 전혀 설명되지 않은 관계 속으로 들어가게 되는데, 야웨께서는 역사를 이끄시는 분답지 않게 이러한 불투명한 소유 관계를 서둘러 해결하거나 설명하려 하시지 않는다."[6]

෴

또 한 가지 '친구'라는 말이 담고 있는 뜻은 그것이 관계이지 기능이 아니라는 것입니다. 거기에는 일상성과 평범함이 있습니다. 우리는 사람들이 우리를 위해서 무엇을 해줄 수 있어서가 아니라 단지 그들이기 때문에 친구가 됩니다. 그리고 우리가 상대에게 무언가를 해줄 수 있다는 것 때문에—사회적 지위, 경제적 이익 등—그가 우리를 친구 삼은 것 같다는 생각이 들면 기분이 나쁘고, 그렇게 기분이 나쁜 게 당연합니다. 하나님은 아브라함과 네트워킹을 하기 위해서 친구가 되신 게 아닙니다. 그리고 아브라함이 하나님과의 우정을 유명인사들의 세계로 들어가는 길로 여겼다는 말도 없습니다. 아브라함은 일상적이고 실제적으로 하나님을 기꺼워하고 하나님께 충성을 표했고, 하나님도 일상적이고 실제적으로 아브라함을 기꺼워하고 그에게 신실하셨습니다. 아브라함은 어떤 꿈과 사랑에 빠진 게 아니고 이상을 좇은 게 아니었습니다. 그는 하나님의 친구였고, 그게 다였습니다. 그 증거는 무엇입니까? 여행을 하고 우물을 파는 가운데 계속 이어지는 관계였다는 게 그 증거입니다.

그리고 제단도 마찬가지입니다. 고대 사회의 건축학적 특징 중 하나는 거대한 석상과 성전 건물이었습니다. 거대한 신들의 석상이 있었고, 화려한 성전, 탑, 피라미드가 신들을 위해 세워졌습니다. 아브라함은 가는 곳마다 제단을 쌓았습니다. 자신의 두 손으로 자신이 찾은 돌을 가지고 만들었습니다. 그가 제단을 쌓은 것에 대한 묘사는 언제나 지리적이고 상세합니다. "아브람은 그 땅을 지나서 세겜 땅 모레의 참나무가 있는 곳에 이르렀다.……그러자 주께서 아브람에게 나타나셔서 말씀하셨다. '내가 이 땅을 네 자손에게 주겠다.' 그래서 아브람은 자신에게 나타나신 주를 위해 그곳에 제단을 쌓았다"창 12:6-7. 모든 것이 땅과 연관이 있고 묘사는 별다른 감정 없이 담담합니다. 아브라함에게 종교는 위안을 얻고자 안고 다니는 감정이 아니었습니다. 그에게 종교는 자신의 여행의 일상과 같았습니다. "저기 세겜 바로 밖에 있는 그 참나무 있지? 내가 바로 거기서 하나님의 말씀을 들었고, 하나님도 내가 하는 말을 들어 주신 거야."

단지 세겜에서만이 아닙니다. 아브라함과 하나님의 우정은 한 장소에 감상적으로 고정되어 있지 않았습니다. "아브람이 그곳을 떠나 벧엘 동쪽에 있는 산지로 가서 장막을 쳤다. 서쪽으로는 벧엘이 있었고 동쪽으로는 아이가 있었다. 그는 그곳에 제단을 쌓고 주의 이름을 불렀다"^{창 12:8}. 아브라함은 하나님과 만나고 싶을 때 세겜으로 계속 돌아가지 않았습니다. 자신이 가게 되는 곳마다 제단을 쌓았습니다. 그렇게 여행의 각 단계마다 우정은 새로워지고 더 자랐습니다. 믿음은 우르와 하란에서 시작한 어떤 것에 대한 기억이 아니었습니다. 이 땅의 모든 가족이 복을 받을 때까지 완성되지 않을 무엇에 대한 소망이 아니었습니다. 그에게 믿음은 근처에서 찾을 수 있는 아무 돌이나 가져다가 그 자리에 표시를 하는 일상적이고 정기적이고 반복되는 것이었습니다.

이것이 바로 우정입니다. 친구들이 서로를 기억하는 방식은 흔하기도 하고 흔하지 않기도 합니다. 예고 없이 서로를 찾아가기도 하고 특별한 날을 기억하기도 합니다. 그저 상대와 함께 있는 게 좋아서 찾아갑니다. 우정에서는 무엇을 해낼 필요가 없습니다. 우정은 무엇을 성취하는 게 아니라 상대와 함께 있는 것이고, 그럼으로써 우리 자신의 고유한 모습을 더 찾아가는 것입니다.

우정에 대한 이러한 이해와 함께 저는 이것 또한 중요하다고 생각합니다. 아브라함의 생애에는 딱히 성취라고 할 만한 게 없었습니다. 그는 소돔을 위해 간구한 것 외에는, 자기 친구인 하나님께 무엇을 요구하지 않았습니다. 하나님에 대한 그의 관계는

제1부 "하나님께서 말씀하시니 그대로 되었다"

거래가 아니었고 실용적인 것도 아니었습니다. 좋은 유산을 물려받을까 하여 억지로 하나님과 좋은 관계를 유지한 게 아닙니다. 그가 제단을 계속 쌓았다고 해서 재난으로부터 보호받은 것도 아닙니다. 그의 제단은 우정과 고마움에서 우러나오는 자발적 행동이었고 존경의 표현이었습니다.

☙

　그리고 또 한 가지가 있습니다. 하나님의 친구라고 해서 아브라함이 영웅적이라거나, 특별히 덕이 있다거나, 죄가 없었던 것은 아닙니다. 아브라함은 우리가 흔히 존경하는 뛰어난 자질의 소유자가 아닙니다. 그는 자기 하나 살겠다고 거짓말을 해서 아내의 위신에 해를 입혔습니다. 하나님의 약속이 터무니없다고 생각했을 때는 하나님을 비웃었습니다. 그리고 아비멜렉 앞에서는 겁쟁이가 되었습니다.

　우정이란 두 사람이 서로 관계가 있고 중요한 관심사를 공유하는 것입니다. 그리고 그것이 바로 하나님과 아브라함의 우정이었습니다. 아브라함은 하나님과 계속 관계했고, 하나님도 아브라함과 계속 관계했습니다. 아브라함은 자신에게 하나님이 관심을 가지신다는 것을 그대로 받아들였고, 하나님을 자기 인생의 중심으로 만듦으로써 거기에 보답했습니다. 그는 순종했고, 여행했고, 기도했고, 믿었고, 제단을 쌓았습니다. 그 어느 것도 완벽하게 하지는 못했습니다. 그러나 '완벽'은 우정을 설명하는 단어가 아닙니다. 완벽은 무생물을 묘사할 때나 쓰는 말입니다. 예를 들어,

'완벽한 원' 혹은 '완벽한 직선'이라고 할 때처럼 말입니다. 사람에 대해서는 그 대신에 '반응', '성장', '듣기', '행하기'라는 말을 씁니다. 아브라함은 그 모든 것을 자신에게 좋은 친구가 되기로 결의하셨다고 확신하는 하나님과의 관계에서 했습니다.

❧

아브라함이 우리에게, 그리고 세상에 그토록 중요한 존재인 것에 비해 우리가 그에 대해서 아는 것은 정말 별로 없다고 생각하지 않으십니까? 우리는 사람이 무엇을 성취하느냐에 따라서 그의 중요도를 측정하는 데 너무 익숙해져 있습니다. 그것을 유명 요소라고 하지요. 그러나 아브라함은 그런 식으로는 측정이 불가능합니다. 하나님의 구원 팀에서 아브라함이 유명한 쿼터백 선수 자리를 맡고 있다고 생각한다면, 아브라함과 우리 자신을 다 오해하는 것일 확률이 큽니다. 그의 인생은 사실 그림자에 가려진 인생입니다. 역사학자도 고고학자도 그가 살았던 시대에 대해서 별로 아는 게 없습니다. 분명하게 알 수 없는 암흑에 가려진 시대입니다. 그런데 거기에서 한 가지 부상하는 게 **친구**라는 단어입니다. 성경 역사에서 아브라함은, 마치 어두운 배경에서 한 줄기 빛이 손이나 얼굴을 집중해서 보여주는 렘브란트Rembrandt van Rijn의 멋진 그림과도 같습니다.

우리가 아브라함에 대해서 확실히 아는 것은 그와 하나님의 평범한 우정입니다. 그 우정은 환대, 제단 만들기, 가족 관계, 기근, 희생 등 그 문화의 일상적인 것들 속에서 이루어졌습니다. 그러나 그것은 모두 성례와 같았고, 그러한 모든 가시적 상황과 사람과 사물은 아브라함이 하나님의 친구로서 신실하게 산 것에 대한 증언이자 그러한 친구로 살 수 있는 기회가 되었습니다. 그래서 아브라함에서부터 본격적인 성경의 과정이 시작되는 것입니다.

그리고 마치는 말은 예수님이 하시는 게 마땅하다고 생각합니다. "내가 **너희를** 친구라고 불렀다"요 15:15, NRSV.

아멘.

3

"그리고 사라가 임신하여"

창세기 21:2-3
요한복음 3:3-8

생명의 탄생은 기적입니다. 모든 생명의 탄생이 그렇습니다. 모든 새로운 탄생이 기적입니다. 우리 모두가 이 기적의 참여자입니다. 누구나 태어난 경험이 있기 때문입니다. 예수님은 니고데모와 나누신 유명한 한밤중의 대화에서 이 탄생의 기적과 동등한 기적을 말하기 위해서 "위로부터 났다"요 3:3, NRSV는 표현을 쓰셨습니다. 하나님은 생명을 만드시고, 없었던 것이 생기게 하십니다. **탄생**이 이 행위의 이름입니다. 그것은 언제나 기적입니다.

어떤 사건을 기적이라고 부르는 것은 우리가 이해할 수 없는 일이라는 뜻이 아닙니다. 그것은 우리가 예상할 수 없다는 뜻입니다. 그리고 우리가 재생할 수 없습니다. 통제할 수도 없습니다. 우리가 이해할 수 있는 것 이상의 일들이 일어나고 있는 것입

제1부 "하나님께서 말씀하시니 그대로 되었다"

니다. 인생은 우리가 설명할 수 있는 것보다 더 큽니다. **기적**은 하나님이 하시는 일들, 적어도 그러한 몇 가지 일들을 명명하기 위해서 그리스도인들이 쓰는 단어입니다.

모든 탄생은 고유합니다. 똑같은 탄생은 하나도 없습니다. 가장 뛰어난 유전학자도 아이가 언제 태어날지, 어느 날에 처음 말을 할지, 어느 달에 걸을지, 어느 날에 죽을지 알 수 없습니다. 모든 탄생은 새롭습니다. 그러나 탄생은 또한 영적으로나 신체적으로나 흔한 일이기도 합니다. 우리 주변에서 계속해서 탄생이 일어납니다. 그 모든 탄생이 다 기적입니다. 우리가 예상할 수 없는 방식으로, 우리의 기여한 바가 없는 과정을 통해서 생명은 우리 앞에서 계속해서 일어나고 있습니다. 이 가장 흔한 사건 앞에서 우리는 언제나 경외감과 신비감과 감사를 느낍니다. 탄생은 흔합니다. 그러나 그것은 또한 신비입니다. 그래서 수천 년 전부터 사람들은 신이나 신들을 믿었는지도 모르겠습니다.

⁊

이삭의 탄생 이야기는 평범하고 간단하게 기록되어 있습니다. 아브라함과 사라가 하나님으로부터 아들을 약속받았습니다. 그러나 아들이 태어나지 않았습니다. 그들은 기다리고 또 기다렸습니다. 수년이 흘렀습니다. 사라가 아이를 가질 수 있는 나이가 지났습니다. 그래서 그들은 기다리기를 포기하고 후손을 만들 수 있는 대안을 세웠습니다. 그러나 하나님은 그 약속을 다시 확인시켜 주셨습니다. 그러다가 사라가 구십 살이고 아브라함이 백 살일 때 사라가 임신을 하여 아들을 낳았습니다. 아브라함이 그의 이름을 이삭이라고 지었는데, 그 뜻은 '웃음'입니다^{창 16-21장}.

간단하게 들리지만 이 탄생의 이야기에는 신앙의 사람이라면 계속해서 기억해야 하는 것이 있습니다. 우리는 하나님을 두 가지 중 하나로 대하는 경향이 있습니다. 하나는 그분을 설명으로 축소해서, 진부하고 지루한 말들로 비인격화시키는 것입니다. 신비감을 다 무시하고, 하나님을 교훈이나 상투어나 충고로 축소시키는 것이지요. 초월, 영광, 이상에 대한 인식을 모두 잃어버립니다. 또 다른 경향은 기분전환을 위해 하나님을 감상적으로 대하는 것입니다. 무엇이든 지금 우리 마음에 들지 않는 일들로부터 도피하기 위해서 하나님을 환상의 대상으로 만듭니다. 대부분의 사람들은 이 두 가지를 번갈아서 합니다. 그리고 우리 삶은 변하지 않습니다.

복음의 핵심 메시지는 하나님이 새로운 생명으로 우리 가운데 오신다는 것인데, 그 일이 일어나는 배경은 거의 대부분 우리 삶의 가장 평범한 환경입니다. 새로운 생명의 기적은 우리가 현재 거하는 장소에서 일어납니다. 하나님은 문제를 해결하려고 이 방법을 쓰시는 게 아닙니다. 하나님은 새 생명을 창조하십니다. 하나님은 문제 해결사가 아니라 사람을 만드는 분이십니다.

이 창조는, 이 탄생의 기적은 여러분 주변에서 일어납니다. 여러분의 자녀나 아내나 남편이나 친구나 부모나 형제나 자매나 이웃에게서 일어납니다. 생명의 기적은 하나님이 잉태하셔서 태어나게 하신 믿음의 사람인 여러분, 여러분의 자녀, 배우자, 친구

그리고 부모입니다.

❧

오늘 아침 이렇게 여러분에게 이삭의 이야기를 들려드리는 것은 여러분 안에 그리고 여러분 앞에 있는 이 생명을 여러분이 알아보고 인식하고 사랑하기를 바라기 때문입니다. 우리는 생명의 모든 순간을 즐기고 키우고 격려하고 긍정하기 위해서 훈련을 받습니다. 결코 그것을 무시하지 않고 언제나 인식하겠다고 우리는 결의합니다. 그리고 그것을 남용하지 않고 축하하기를 바랍니다. 하나님은 우리 가운데 생명을 창조하십니다. 그리스도의 탄생은 이러한 여러 탄생의 기적들을 요약하고 강조하고 이어가는 절정의 탄생 이야기입니다.

그리고 이삭의 탄생 이야기는 성경에서 처음으로 자세하게 기록된 탄생 이야기입니다.

❧

이삭의 이야기에서 제가 주의해서 보아야 한다고 생각하는 것들, 하나님이 우리에게 새 생명을 잉태시키시고 보내시는 방식에 유의하는 데 도움이 된다고 생각하는 것들은 다음과 같습니다.

첫 번째로 그리고 가장 중요한 것은 이것입니다. 탄생의 기적은 가장 평범한 환경에서 일어납니다. 기적이라는 말을 들을 때 우리는 불꽃놀이와 북소리와 나팔소리, 그리고 짠 하고 하늘의 마술 같은 일이 일어나 어리둥절해하는 모습을 상상해서는 안 됩니다. 그런 일이 재미는 있을지 모르지만 복음은 아닙니다.

오래전 중국 사람들은 이 불꽃놀이 기술을 완성시켰는데, 한번 하려면 돈이 많이 듭니다. 구경하고 이야기하고 박수 치기는 좋은 일이지만 삶은 아닙니다. 기독교 신앙은 삶과는 상관이 없는 사상이나 느낌이나 감상이나 여흥에 신경 쓸 여력이 없습니다. 아이의 탄생은 실제 생활에서 일어나는, 보이지 않는 것이 생물학적으로 보이게 되는 사건을 우리가 가장 쉽게 접할 수 있는 방식입니다.

약속과 지혜로운 말과 굵직한 질문에 대한 흥미로운 답변을 주는 종교는 15달러나 20달러만 주면 살 수 있습니다. 이 세상에는 그런 것들이 많습니다. 그러나 대부분의 사람들이 알고 싶은 것은 그것이 실제로 **일어나는가**, 여기에서 **일어날 수 있는** 일인가, 그것은 **살아 있는가** 하는 것입니다. 하나님과 교회에 관해서라면 우리는 매우 현실적인 질문을 해야 합니다. 저는 살아낼 수 없는 진리는 받아들일 수가 없고, 여러분 또한 받아들이지 않기를 바랍니다.

아브라함은 믿음으로 살았습니다. 그는 한 번도 보지 못한 하나님을 믿었습니다. 아무런 보장도 없이 명령에 순종했습니다. 그는 머나먼 타국을 여행하면서 이방인으로 사는 위험을 감수했습니다. 그의 인생은 약속을 따르는 인생이었고 모험을 감수하는 인생이었습니다. 저도 그렇게 살고 싶습니다. 그러나 그러기 전에 아브라함의 인생의 결말이 어땠는지 알고 싶습니다. '그러한 인생에서 얻는 게 있었는가?', '그것은 환상이었는가?', '이 땅의 모든 민족에게 복을 주는 그 꿈은 그냥 과대망상증이었는가?', '자기가 아들을 낳을 것이라는 약속을 반복해서 들었을 때 그는 생물학적 사실들을 무시하는 비현실적 세계에서 살고 있었던 것은 아닌가?' 하는 것들을 알고 싶습니다.

그 대답은 이것입니다. "주께서 말씀하신 대로 사라에게 찾아오셨고, 자신이 약속하신 대로 사라에게 행하셨다. 하나님이 그에게 말씀하신 그때에, 사라가 임신하여 노년의 아브라함에게 아들을 안겨 주었다"창 21:1-2.

탄생. 아브라함과 사라의 일상적 생활에 아기의 형태로 튀어나온 생명. 보이지 않는 믿음이 보이는 사건이 된 순간. 이것은 가장 영적이고 가장 가시적인 행위였습니다. 기다렸다 포기했다, 기도했다 의심했다, 나섰다 물러나기를 수년. 그러다가 키도 재고 무게도 달고 먹이고 입힐 수 있는 아기가 태어났습니다. 하나님이 부르셨고, 아브라함은 믿었습니다. 하나님이 약속하셨고, 사라가 임신하여 아이를 낳았습니다. 아브라함과 사라, 믿음의 남자와 여자가 아들을 낳았습니다.

❧

그리고 이것을 생각해야 합니다. 탄생의 기적은 언제나 매우 인격적인 생명을 우리에게 데려다줍니다. 믿음의 삶은 **사람**이 하나님에 의해서 존재하게 된다는 것을 발견하는 삶입니다. 모든 탄생의 기적은 인격의 기적입니다.

우리는 언제나 비인격적인 것으로 잘 빠져나갑니다. 그게 더 쉽고 요구하는 것도 적기 때문입니다. 그러나 그것은 또한 격이 떨어지고 소원해지는 경험이기도 합니다. 성경은 언제나 그리고 어디에서나 우리의 주의를 다음의 핵심 사실로 돌려놓습니다. 바로 하나님은 인격이시고, 하나님은 사람을 만드시고, 하나님은 사람을 다시 만드신다는 것입니다. 여러분과 같은 사람, 저와 같은 사람, 이삭과 같은 사람을 만드십니다.

하나님은 민족과 군대를 통해서, 운동과 사상을 통해서, 실험실과 기계와 컴퓨터를 통해서 일하시지 않고, 사람을 통해서 일하십니다. 탄생의 기적은 이름을 가진 사람, 여러분과 같은 이름을 가진 사람의 기적입니다.

하나님은 아브라함과 사라의 텅 비고 절망스럽고 맥 빠지는 삶에 새로운 사상을 심어 주시거나 그들을 신기한 여행에 보내시는 것으로 그들의 삶에 개입하시지 않았습니다. 하나님은 그들에게 아이를 주셨습니다.

이삭의 사건에서 인격에 대한 강조는 더 두드러집니다. 그가 한 어떤 일이 인격성을 특별히 강조해서가 아니라 이삭이라는 그 **존재** 때문입니다. '웃음.' 우리가 이삭에 대해서 아는 바로, 그는 영웅도 지도자도 아니었습니다. 그는 그냥 존재했습니다. 나아가서 유난히도 특징이 없는 사람이었다고 해도 무방할 것 같습니다. 특별히 이삭을 존경하거나 칭송할 만한 사건이 기록되지 않았습니다. 그는 족장들 중에서 가장 존재감이 미미합니다. 그러나 그는 사람이었고, 하나님의 약속의 성취로 태어난 사람이었습니다. 이 최소한의 자격만으로도 충분했습니다. 이삭은 아브라함의 믿음을 여러분의 믿음의 삶과 연결시키는 생명의 기적이었습니다.

그저 사람이라는 사실 하나로 다른 모든 것을 능가합니다. 좋은 사람이든 나쁜 사람이든, 성공적인 사람이든 실패하는 사람이든, 행복한 사람이든 슬픈 사람이든, 유명한 사람이든 무명의 사람이든, 큰 사람이든 작은 사람이든 상관없습니다. 하나님은 생명을, 기적을, 여러분과 저를 창조하십니다. 이 순전한 기적을 감하거나 축소시킬 수 있는 것은 아무것도 없습니다.

∽

이 이야기에 대해서 한 가지를 더 말씀드리자면, 탄생의 기적은 행복하게 놀라는 사건입니다. 하나님이 만드신 생명은 우리가 기대했던 것보다 더 만족스럽습니다. 그래서 기분이 너무 좋은 나머지 웃습니다. 그 아이의 이름은 이삭, '웃음'이었습니다. 기대하지 않았던 좋은 일이 생기면 저절로 웃음이 나옵니다. 이야기가 끝에 가서 갑자기 전환을 이루면 우리는 웃습니다. 생명은 기쁨입니다. 그래서 우리는 웃습니다.

하나님은 여러 가지 면에서 신실하신 분이십니다. 하나님은 한결같으십니다. 그런 분이기에 우리는 의지할 수 있습니다. 창조에는 견고성과 연속성이 있습니다. 우리는 도덕법과 자연법, 그리고 영적인 법과 편안하고 친숙하게 사는 방식들을 익힙니다. 불안 없이 사는 법을 배웁니다.

그러나 그 이상의 것이 있습니다. 우리가 결코 이해하거나 예상할 수 없는 하나님의 면모가 있습니다. 그리스도인이 된다는 것은 손가락이 데이지 않거나, 다리가 부러지지 않거나, 마음이 상하지 않거나, 양심이 다치지 않도록, 실제적 규칙들에 따라서 사는 법을 익히거나 바른 태도를 익히는 게 아닙니다. 하나님을 믿으며 사는 게 참 위대한 것은 우리가 예측하거나 예상할 수 없는 것들 때문입니다. 그리고 그 길을 가는 우리는 이내 웃게 될 것입니다.

이삭, '웃음'이라고 이름 지은 탄생의 기적이 있습니다. 모든 탄생은 신비와 미지의 것을 함께 엮습니다. 탄생은 날마다 일어나는 일이지만 식상하지 않습니다. 거기에는 언제나 자족에 빠진 우리에게 충격을 주고 웃게 만드는 놀람의 요소가 있습니다. 하나님은 그저 성경과 역사와 우리의 경험을 통해 분명하게 알 수 있는 노선을 따라서 우리를 만드시고 사랑하시고 구원하시지 않습니다. 하나님은 새로운 생명으로 우리를 놀라게도 하십니다. "사라가 말했다. '하나님께서 내게 웃음을 주셨다. 이 소식을 듣는 사람은 다 웃을 것이다.'……그리고 아이가 자라서 젖을 떼게 되었다"창 21:6, 8. 그의 탄생에 큰 웃음이 있었을 것이라고 우리는 확신할 수 있습니다.

❧

우리는 무슨 일이 일어났는지를 알기 위해서라기보다는 무슨 일이 일어나는지를 알기 위해서 성경을, 이 이삭의 탄생 이야기를 읽습니다. 우리는 과거에 무슨 일이 일어났는지보다는 우리 자신이 누구인가에 더 관심이 있습니다. 성경은 우리가 거하는, 모든 것을 포괄하는 실재를 발견하고 그 안으로 들어가게 해주는 가장 좋은 책입니다.

이삭의 탄생 이야기는 무엇이 가능한가에 대한 이야기입니다. 우리에게 생물학적으로, 환경적으로 그리고 경제적으로 주어진 삶과 다른 삶을 살 수 있다는 약속이자 증거입니다. 우리의 유전자와 부모와 나라와 월급과 성정과 아이큐보다 더 기본적인 게 있습니다. 거대한 죄의 짐을 짊어지지 않고 용서받은 삶을 살 수 있는가? 이 세상의 구원에 참여할 수 있는가? 다른 사람과 사랑과 성장의 관계를 맺고 그것을 통해서 우리 자신이 풍성해지고 힘을 얻고 세움을 받을 수 있는가? 복을 빌고 복을 받을 수 있는가? 사람들에게 우리의 최악이 아니라 최선을 줄 수 있는가? 그리고 그들로부터 최악이 아닌 최선을 받을 수 있는가?

있습니다. 가능합니다. 이 세상에 새로 태어난 아기의 형태로든 그리스도 안에서 새로 태어난 피조물의 형태로든, 일상의 실재인 이 탄생들은 경이롭습니다. 사랑과 약속의 행위를 통해서 우리는 보고 존재하는 길로 들어섰습니다. 첫 번째 탄생 때 우리는 팔다리를 허우적대고 울며 빛을 보았습니다. 두 번째 탄생은 하나님의 빛 가운데서 우리가 웃고 예배하게 해줍니다. 이삭처럼. 웃음입니다.

아멘.

4

"우리에게 신을 만들어 주십시오"

출애굽기 32:1
디모데전서 1:13-17

출애굽의 이야기는 예수 그리스도 안에서 완성되는 우리의 구원의 근거를 마련해 주는 중요한 이야기입니다. 이 이야기는 이집트에서 시작됩니다. 하나님의 백성이 노예생활의 궁지에 몰려 있었습니다. 그들이 거기에 있은 지 430년이 되었는데 상황은 나아지지 않았습니다. 하나님의 형상으로 지어지고 나서 좋다고, 그냥 좋은 게 아니라 심히 좋다고 평을 받은 사람들이 여기에 있었습니다. 자신이 알던 것과 소유하던 것을 버리고 하나님에 대한 믿음과 기대를 가지고 떠나 위대한 모험의 삶을 개척한 아브라함의 자손이 여기에 있었습니다. 사막을 돌아다니며 그들 인생의 역사가 하나님으로 듬뿍 배어 있던 선조들의 자손이 여기에 있었습니다. 그들의 삶은 고통스러운 의심과 힘든 훈련들로 가득한 분투의 삶

제1부 "하나님께서 말씀하시니 그대로 되었다"

이었습니다. 그러나 또한 의미와 목적이 확고한 활기찬 삶이기도 했습니다. 고통이 있었지만 축복도 있었고, 무엇보다도 거기에는 활력이 있었습니다. 그들은 모든 면에서 살아 있었습니다. 그들의 존재 깊은 곳에서 우러나는 특별한 인간성이 예배와 신앙의 행위로 나타났습니다.

그러던 모든 것이 이제 사라지고 노예의 구덩이에 있게 되었습니다. 이집트의 거대한 종교와 정치 관료제가 그들을 잡아먹어 버렸습니다. 그들은 분주한 이집트 사회에 흡수되어 벽돌을 나르며 피라미드라고 하는 거만한 무덤을 만들었습니다. 팔레스타인의 별 아래에서 자유로운 인생을 살며 하나님의 음성을 듣고 예배하고 찬송하는 대신, 그들은 채찍을 맞으며 힘겹게 일했고, 잔인한 통치자의 저주를 들었으며, 노예제도라고 하는 비인격적 제도 안에서 비인간화되었습니다.

가나안에서 자유로운 백성으로 살았던 그들의 시작과 이집트에서의 노예생활 사이의 대조는 두드러집니다. 창세기에 그들의 이야기가 기록되어 있는 아브라함, 이삭, 야곱, 요셉과 같은 족장들에게 하나님은 주도하시고 이끄시며 공급하시는 창조의 말씀이셨습니다. 그들은 하나님이 지배하는 세상에서 살았습니다. 다시 말해서 그들은 믿음으로 살았습니다. 그러나 이집트에서 사는 그들의 후손들은 일이 지배하는 세상에서 살았습니다. 하나님이 그들의 삶을 지배했을 때 그들은 자유롭게 살았습니다. 그러나 사람이 그들의 삶을 지배하자 그들은 노예로 살게 되었습니다.

이 노예생활의 세계가 또한 종교의 세계이기도 했다는 사실이 우리를 놀라게 할지도 모르겠습니다. 이집트는 처음부터 끝까지 종교의 사회였습니다. 세계사에서 종교가 가장 두드러지는 문화 중 하나였습니다. 성전의 형태로든 사후의 삶을 보장하는 무덤의 형태로든, 모든 미술과 건축이 종교적이었습니다. 모든 정치도 종교적이었습니다. 그들의 지식과 기술, 수학과 문학은 탁월했습니다. 사천 년이 흐른 지금도 그들의 업적은 여전히 그 아름다움을 자랑하며 보존되고 있습니다. 고고학자와 관광객들 모두 그것을 보고 감탄합니다. 그들의 종교 또한 감탄할 만한 것이었습니다. 질서를 유지하고 통제하기 위한 종교, 성취하기 위한 종교였습니다. 행복한 사후 세계를 보장하고, 나일강의 간만을 통제하여 땅을 비옥하게 하며, 사람들의 모든 행동을 통제하여 법과 질서를 유지하는 종교였습니다. 이집트 사람들은 끊임없이 신들에 대해서 이야기했고, 신들에게 기도를 드렸으며, 신들을 위해 성전을 지었습니다. 그러나 이집트의 종교는 언제나 **그들이** 무엇을 했거나 하는 것이었습니다.

이집트는 철저한 종교 사회였고, 또한 철저한 노예 사회였습니다. 사람이나 가족이나 사회를 통제하고 싶다면 종교를 통해서 하는 게 가장 효과적입니다. 그것은 고대 이집트나 오늘날이나 마찬가지입니다.

❧

이것이 바로 출애굽기 32장의 이야기─430년간의 이집트 노예생활─의 배경입니다. 하나님은 모세를 택하셔서 이 비참한 삶에서 이스라엘을 구하게 하셨습니다. 모세는 뜻밖의 지도자였습니다. 그는 히브리 부모 밑에서 태어났는데, 오래전에 한 이집트 사람을 살해한 뒤 도망을 갔습니다. 모세는 강을 지나 미디안광야에 이르렀고, 거기에서 양을 치는 사람이 되었습니다. 그 사막에서 그는 자신과 같은 종족인 히브리 사람들을 만나게 되었고, 그들과 합류하여 십보라와 결혼해서 가족을 이루었습니다. 그리고 첫 아들의 이름을 '객' 혹은 '이방인'이라는 뜻의 '게르숨'Gershom이라고 지었습니다. 그러던 중에 그는 하나님의 선택을 받아서 이스라엘을 노예생활로부터 끌어내어 자유의 구원에 이르게 했습니다. 이 이야기는 여러분도 아는 이야기입니다. 양을 치다가 불이 붙었는데도 타 버리지 않는 덤불을 그는 보았습니다. 그 덤불에서 모세는 하나님의 음성을 들었고 자신이 지도자로 선택받았음을 알게 되었습니다.

그다음에 모세는 자신이 태어나 왕궁에서 자란 이집트로 돌아가서 바로(왕의 호칭)에게 히브리 사람들을 풀어 주라고 요구합니다. 당시의 상황으로 볼 때 그것은 있을 수 없는 일이었습니다. 사막에서 온 목동이 세상에서 가장 강력한 지도자에게 그런 요구를 했으니 말입니다.

그럼에도 그들은 건짐받았습니다. 하나님은 히브리 사람들을 노예생활에서 끌어내어 자유로운 구원의 삶으로 들어가게 하기 위해 모세를 세우셨습니다. 여덟 달간의 협상 기간은 여러분도 예상하다시피 길고 복잡했습니다. 약속했다가 번복하기를 반복했습니다. 그렇게 히브리 사람들이 거의 희망을 버릴 지경에 이르러

서야 그들은 건짐받았습니다. 자신을 노예로 만든 종교 밑에서 자신감도 없고 무기도 없던 이 백성은 순식간에 자유롭게 되어 구원하시는 하나님을 찬양했습니다. 그들은 노예생활을 이제 영영 떠났습니다. 그와 동시에 안정감, 문화, 아름다움, 그리고 일상적으로 반복되는 생활도 버렸습니다. 시내의 광야에서 그들은 식량 배급을 받을 수 있는 곡물 창고도 없이, 보이지 않는 하나님을 전적으로 의지하며 살아야 했습니다. 그들에게 있는 것은 자신들이 이제 자유라는 사실과, 기도와 노래, 그리고 무어라고 설명하기 어려운 빵('만나'라는 말의 뜻이 '이건 뭐지?'입니다)과 메추라기뿐이었습니다.

모세는 그들을 이끌고 뜨거운 모래를 지나 아라비아 사막에 있는 거대한 화산, 시내로 갔습니다. 거기에서 그들은 장막을 치고 바로의 백성이 아닌 하나님의 백성으로 사는 것의 의미를 배우기 시작했습니다. 그들은 이제 노예가 아닌 자유로운 백성으로 사는 법을 알아 갈 터였습니다. 노동이 아닌 믿음으로 사는 삶의 의미, 바로의 독재가 아닌 하나님이 예비하시는 축복 아래서 사는 것의 의미를 발견할 터였습니다. 4세기 동안 그들은 미라로 만들어진 시신 몇 구를 담을 거대한 피라미드 무덤을 세우며 살았습니다. 이제 그들은 살아 있는 믿음의 공동체를 세우며 살아갈 것입니다.

☙

모세는 하나님의 계시를 받기 위해 산으로 올라갔습니다. 그리고 십계명을 가지고 돌아왔습니다. 이제부터 자유로운 믿음의 삶을 살아갈 백성을 위한 헌법이자 권리장전이었습니다. 이 계명을 처음 들은 사람들에게는—그리고 지금도 그것을 믿음 안에서 듣는 사람들에게는—그것이 자유로운 삶에 가치를 부여하고 보존해 주는 계명이었다는 사실을 모른 채, 규제가 많은 규정이라고 잘못 인식하는 사람들이 오늘날 있습니다. 십계명을 보면 하나님의 실재와 진리가 상업화와 조작으로부터 보호가 되고, 인간의 삶이 존중받습니다. 노동의 존엄성도 보호받습니다. 친밀한 인간관계가 보존됩니다. 진리가 존중받습니다. 계명의 각 조항은 자유로운 삶을 보호하는 실재와 가치를 표현하고 있습니다.

자유와 믿음의 삶은 변덕이나 독재를 뜻하지 않고, 우발적이거나 우연적이지도 않습니다. 그러나 신을 자처하는 강력한 지도자의 기분과 뜻에 자신들이 더 이상 종속되어 있지 않음을 그들이 깨닫기까지는 시간이 걸렸습니다. 그들은 더 이상 바로의 과대망상적 야망에 자신들의 시간을 쓸 필요가 없었습니다. 그러나 각 사람이 그 자체로 영원한 가치가 있다는 사실을 그들은 아직 깨닫지 못하고 있었습니다.

시내에서 자유의 헌장이 선포되었습니다. 그들의 시내는 우리의 필라델피아와 같습니다. 이제 이 사람들은 믿음으로 자유롭게 사는 평생의 일을 시작할 참이었습니다. 하나님께 성막과 그 장식에 대한 지침출 24-31장을 받고 난 뒤에 모세는 하나님의 사랑과 구원에 반응하는 삶을 지원하고 발전시켜 줄 일상적 일과들에 대한 지침, 곧 예배와 관계와 공동체의 성장과 관련된 지침을 받기 위해서 다시 산으로 올라갔습니다. 하지만 오랜 시간이 지나도록 모세가 산에서 내려오지 않자 사람들은 지루하고 안달이 나기 시작했습니다. 아무 일도 일어나지 않았고 아무 데도 가지 않았기 때문입니다. 할 일도 없고 볼 것도 없었습니다. 나무 하나 없는, 시내라고 하는 거대한 화강암 더미밖에 볼 게 없었습니다.

그들은 자신들이 자유롭게 되었다는 것을 알았습니다. 모두가 그 경험을 공유했습니다. 의문의 여지가 없는 사실이었습니다. 그들은 믿음으로 사는 법, 거대한 그러나 보이지 않는 실재이신 하나님과의 관계에서 사는 법, 강제적 노예노동이 아니라 자발적 예배를 중심으로 사는 법을 배울 것이었습니다. 그런데 모세가 가 버렸습니다. 여러 날 동안 아무것도 없는 공허함이 이어졌습니다. 그들은 평생 일만 알았습니다. 쉼 없이 강제노동만 했습니다. 그러한 그들이 아직 몰랐던 것은 그 비어 있음은 채워지기 위한 준비라는 사실이었습니다. 사람들은 조바심을 내며 요구를 하기 시작했습니다. 그들은 모세가 일임하고 떠난 모세의 형인 아론에게 와서 말했습니다. "우리보다 앞서 갈 신을 하나 만들어 주십시오. 우리를 이집트 땅에서 데리고 나온 저 모세라는 사람이 도대체 어찌 되었는지 모르겠습니다"출 32:1, NASB. "이제 기다리는 것도 지쳤습니다. 더 이상 기다리지 않겠습니다. 날마다 아무것도 하지 않는 것도 지칩니다. 우리에게 신을 만들어 주십시오."

그들은 믿음이 아닌 보는 것으로 살기를 원했습니다. 그들은 보지 못하는 하나님께 응답하며 살고 싶지 않았습니다. 그들은 이집트에서 믿었던 신들처럼 자신들이 원하는 것을 얻기 위해서 이용할 수 있는 신을 원했습니다. 자신들이 조종하고 시킬 수 있는 신, 좋은 작물을 보장하도록 이용할 수 있는 신을 원했습니다. 이집트에서 그러한 신들이 자신들에게 이득이 되지 않았지만, 그것은 그들이 그 신들을 소유하지 않았기 때문이라고 생각했습니다. 그 신들은 이집트 사람들의 소유였습니다. 그러나 이제 그들이 이집트에서 풀려났으니 자신들만의 신, 자신들을 자랑하고 야심을 채우는 데 이용할 수 있는 신을 원했습니다. 그들이 **볼 수** 있는 것, 이 황량한 곳에서 무엇이든 붙잡을 수 있는 것을 그들은 달라고 했습니다. 그리고 가만히 생각해 보면 우리도 그렇게 합니다.

૭

그래서 아론은 신을, 금송아지를 만들었습니다. 그 순간 아론은 목사가 되기를 포기하고 그들의 공모자가 되었습니다. 아무런 요구도 하지 않고 오직 보상만 주는 종교, 즐길 거리를 주는 종교, 기다림도 비어 있음도 없는 종교를 찾는 사람들이 있습니다. 그리고 그들은 대개 그러한 종교를 같이 만들어 줄, 금송아지 종교 같은 것을 만들어 줄, 아론 같은 사람을 찾습니다.

그다음에 일어난 일에 그들은 정말로 놀랐을 것입니다. 신의 분노가, 하나님의 화가 화산처럼 폭발했습니다.

성경에서 하나님의 분노는 언제나 하나님의 관심, 참여, 자기 백성에 대한 헌신의 증거입니다. 하나님은 우리에게 무관심하시지 않고, 신경을 끄시지 않습니다. 하나님은 우리에게 비인격적인 차가운 존재가 아닙니다. 하나님은 우리를 창조하셨고, 구원하셨으며, 우리를 위한 계획이 있으십니다. 거대하고 아름답고 복잡한 창조가, 우리가 하나님의 영광을 위해 살 수 있는 세계가 우리에게 주어졌습니다. 힘들게 얻고 몸으로 깊이 체험한 구원은 우리가 하나님의 사랑을 경험할 수 있게 해줍니다. 그런데 순간의 지루함 때문에 어떤 사람들은 이 모든 것에 등을 돌리고 이렇게 말합니다. "우리에게 신을 만들어 주십시오.……우리를 즐겁게 해주십시오.……우리의 응석을 받아 주십시오.……재미있는 것을 보여주십시오.……우리가 가지고 놀 수 있는 삐까번쩍한 것을 주십시오." 우리는 예배의 엄숙한 침묵을 버리고 삼류 노래로 채웁니다. 힘들지만 활기 넘치는 자유와 믿음의 삶을 사는 것에 지쳐서 하나님을 장식이나 부적으로 축소하는 옛 노예의 종교로 돌아갑니다.

그러자 하나님은 화를 내셨습니다. 우리가 살아 있는 신앙이라는 이 큰 선물을 저버리고 유아적 미신에 빠지는 것은 하나님께 심각한 문제입니다. 어떻게 하면 우리가 거룩한 사랑으로 살 수 있는지를 보여주심으로써 우리의 삶을 고양시키고 강화시킬 수단을 마련해 주시려는 그 순간에 우리가, 어리석어서든 게을러서든 우리보다 못한 것을 숭배함으로써 우리의 삶을 비하하고 격하시키면, 그것은 하나님께 심각한 문제입니다.

એ

그분의 분노는 우리의 주의를 끌지만 우리를 파멸시키지는 않습니다. 하나님의 분노는 중보의 기도를 부추기고 자극합니다. 모세는 백성을 위해 기도했습니다. 모세는 긍휼을 위해 기도했습니다. 연민을 보여달라고 간구했습니다. 하나님의 구원의 말씀과 계시를 백성에게 전하던 모세가 이제는 백성에게 긍휼이 필요하다고 하나님께 고백합니다. 하나님의 말씀을 설교하던 모세가 이제는 백성을 위해 중보자가 되었습니다. 모세에게서 우리는 예수 그리스도 안에서 마침내 온전히 그리고 놀랍게 성취된 것을 봅니다. 즉 우리가 죄의 결과로부터 구원을 받고 은혜와 긍휼을 경험하는 영원한 속죄의 행위를 봅니다.

이것이 바로 금송아지 이야기의 핵심입니다. 하나님의 능력과 영광 사이에 이 불순종과 반항의 초라한 이야기가 있습니다. 그것은 실수로 한 일이 아니라 고의적이고 전형적인 불순종의 행동이었습니다. 그리고 이 반란의 결과는 용서였습니다. 이것은 하나님의 이야기이고 우리보다는 하나님이 중심입니다. "하나님이 뒷감당을 해주셨기 때문에 이스라엘과 교회는 존재할 수 있다. 흠 없는 거룩함의 황금기는 없었다. 오히려 하나님의 백성은 처음부터 용서받고 회복된 공동체였다."[7] 기독교의 이야기는 긍휼을 얻은 인간의 반항과 반란의 이야기입니다.

❧

그리고 여러분, 이것은 **우리** 인생의 이야기이기도 합니다. 하나님은 우리에게 모든 것을 주셨습니다. 극적인 구원과 우레 같은 계시를 주셨습니다. 그런데 조바심에, 불안에, 부주의에, 지루함에, 반항심에, 우리는 다 망쳐 버립니다. "우리에게 신을 만들어 주십시오." 우리의 모든 필요를 책임져 주고, 인간의 고통을 감해 주고, 비어 있음과 기다림의 모든 순간을 없애 줄 것이라고 우리가 충동적으로 그러나 순진하게 생각하는 조잡한 것—금송아지!—을 하나 만들어 달라는 것입니다. 그러나 그 후 우리는 처참해집니다. 벌을 받아 마땅하다는 것을 알게 되고 실제로 벌을 받을 것을 압니다. 그래서 희망을 버립니다.

그런데 갑자기 놀라운 전환이 이루어집니다. 위대한 중보가, 큰 긍휼이 있습니다. "아버지, 그들을 용서해 주십시오." 예수님을 예견하며 모세는 그들을 용서합니다! 예배가 다시 이어집니다. 순례가 시작됩니다. 심판을 경험합니다. 축복이 부어집니다. 죄는 최종 권위가 없습니다. 죄는 방해하지만 믿음의 삶을 파멸시키지는 않습니다. 하나님의 자비로운 긍휼과 모세의 연민에 찬 기도가 복음을 만듭니다. 이야기는 계속됩니다.

이것이 바로 믿음의 사람들이 사는 이야기입니다. 바울이 디모데에게 쓴 첫 편지에 이 금송아지 이야기의 놀라운 후속편이 이어집니다. 바울은 구원의 역사 전체를 새롭게 그리고 아주 정직하게 경험했습니다. 그러한 새로움과 정직은 우리도 경험할 수 있습니다. 이번 주에 저는 이 금송아지 이야기를 가지고 여러 시간 생각하며 기도하는 가운데 거의 우연히 이 바울의 글을 대하게 되었습니다. 이 디모데의 본문을 보게 되었을 때, 그것은 마치 바울이 이제 막 금송아지 이야기를 읽고 나서 "그래, 그때 어땠는지 나는 알아. 내게도 그런 일이 있었지"라고 말하는 것 같았습니다.

바울은 친구 디모데에게 이렇게 썼습니다.

내가 이 생에 가져온 것이라고는, 비난하는 말과 무자비한 박해와 교만함이 전부였습니다. 그런데도 그분은 나를 자비롭게 대해 주셨습니다. 그것은 내가 하는 일이 무엇인지, 그리고 내가 거역하는 분이 누구신지 알지 못하고 한 일이었기 때문입니다! 은혜가 믿음과 사랑과 하나가 되어, 내게 그리고 내 안에 부어졌습니다. 이 모두가 예수의 은혜로 되어진 것입니다.

그대가 마음에 새기고 의지할 말씀이 있습니다. 예수 그리스도께서 죄인들을 구원하시려고 이 세상에 오셨다는 말씀입니다. 내가 그 증거입니다. 나는 '공공의 죄인 1호'로서, 순전한 자비가 아니었다면 구원받지 못했을 사람입니다. 예수께서는 영원히 그분을 신뢰하려는 사람들에게, 당신의 한없는 인내의 증거로 나를 제시하고 계십니다.

모든 시대의 왕,

보이지 않고 소멸치 않으시는 한분 하나님께

깊은 경외와 찬란한 영광이

이제부터 영원까지 있기를!딤전 1:13-17, 메시지

아멘.

5

"네 이웃을 네 자신처럼 사랑하여라"

레위기 19:18
요한일서 4:19-21

성경을 일 년에 일독하기로 마음먹은 적이 있으십니까? 그런 분들이 있을 것입니다. 저에게 그렇게 했다고 말씀하신 분들이 있어서 저도 압니다. 그리고 그것은 때로 서너 가지 새해 결심 중 하나이기도 합니다. 몇 년 동안 반복해서 시도하다가 실패하면 죄책감이 쌓여서 또다시 시도하게 됩니다. 그리고 때로는 제게 도움을 구하기도 합니다. "목사님, 기도해 주세요. 정말로 해내고 싶습니다."

그러고서 수주, 수개월이 지납니다. 그러다가 어느 날 제가 쇼핑몰에서 우연히 만나서 지난번 대화를 기억하고는 "아 그런데, 성경 일 년 일독 프로젝트는 어떻게 되었습니까?"라고 물으면, 약간 더듬으면서 대답을 하지요. "잘 안 됐습니다. 여섯 주밖에 가지 않았어요. 미안합니다. 제가 이런 걸 잘 못하네요." 그러면 저는 주로 "레위기였지요? 레위기를 넘어가지 못했지요?"라고 응수합니다. 그러면 제가 제대로 맞췄다고 놀랍니다.

레위기는 분명 성경을 한 장 한 장 체계적으로 읽는 것을 포기하게 만드는 주범일 것이라 생각합니다. 그에 대한 저의 반응은 여러분을 위해서 더 열심히 기도하는 게 아니라 이렇게 충고하는 것입니다. "레위기는 건너뛰십시오. 그다음에 나오는 민수기로 가세요. 그러면 다시 이야기의 흐름을 타게 될 것입니다. 아예 다 건너뛰지는 말고 19장 18절만 찾아서 읽으세요. 그 한 구절만 읽고 일단 지금은 그걸로 레위기는 된 걸로 하고 넘어가십시오."

그 구절은 이렇습니다. "네 이웃을 네 자신처럼 사랑하여라." 이것은 성경에서 처음으로 '사랑'이 동사로 사용된 사례입니다. 이 구절을 암송하십시오. 그리고 그게 어디에 나오는지 기억하십시오. 다른 책도 아닌 레위기입니다! 그리고 한 일이 년 쯤 후에 성경을 다 읽고 나면, 다시 돌아가서 레위기를 읽으십시오. 서두를 필요는 없습니다. 다만 언젠가는 이 책이 왜 성경에 있는지를 알아야 하기 때문입니다.

※

레위기에 와서 성경 읽기를 포기한 것은 어쩌면 바른 결정인지도 모릅니다. 그 전까지는 여러분 자신과 똑같은 사람들의 구원 이야기에 빨려들 듯이 읽었습니다. 아브라함과 사라, 이삭과 리브가, 야곱과 라헬, 요셉과 아스낫, 모세와 십보라, 아론과 그의 누이 미리암, 브살렐과 오홀리바 등의 인물들이 나오는 거대한 구원

이야기였습니다. 그런데 갑자기 페이지마다 지루한 규칙들이 나오는 것입니다.

규칙들이 딱히 신날 게 없다는 것은 맞습니다. 그러나 그게 나중도 아닌 바로 그 위치에 소개가 되는 타당한 이유가 있습니다. 모세와 그의 새 구원 공동체는 40년간 사막을 순례하며 가나안 땅, "젖과 꿀이 흐르는"레 20:24 좋은 땅으로 들어갈 준비를 했습니다. 그러나 그 땅은 또한 이스라엘의 하나님에 대해서 그리고 그분을 제대로 예배하는 것에 대해서 아무것도 모르는 사람들이 사는 땅이었습니다. 이스라엘은 나쁜 관습과 성적 문란이 만연하는 가나안 이교 문화의 도덕적 혼란 속으로 던져지기 전에 사막에서 아무런 방해 없이 이러한 규칙들—"해라, 하지 마라"—을 익혀야 했습니다. 이 히브리 사람들은 식사와 영양, 위생과 질병, 농업과 가축, 성과 기타 도덕적 행위 등 근본적이고 일상적인 문제들에 대한 지침이 필요했습니다. 무엇보다도 그들에게는 일상에서 지켜 주시고 용서하시는 하나님께 주의를 기울이는 예배 의식이 필요했을 것입니다. 몰렉 신에게 자녀를 번제로 바치는 끔찍한 예배 제도를 대체할 제도가 필요했습니다.

여기에 나열된 지침들의 전부는 아니지만, 대부분은 도덕적으로 타락한 완전히 이교적인 가나안 문화에 흡수되지 않도록 그들을 보호하는 데 필요한 매우 상황적인 것들이었습니다. 레위기의 초점은, 이 구원의 삶은 하나님의 구원 약속과 행위라는 굵직한 문제들뿐만 아니라 "요셉을 알지 못하는"출 1:8 사람들 사이에 살면서 지켜야 하는 음식과 건강, 도덕적 태도와 예배와 같은 일상

제1부 "하나님께서 말씀하시니 그대로 되었다"

생활과도 연관이 있다는 것입니다.

그렇게 이 회중이 그 목록을 몇 시간에 걸쳐서 목사나 스승의 가르침을 받으며 하나하나 읽어 나가는데 갑자기 "네 이웃을 네 자신처럼 사랑하여라"아하브타 르레악 카목, 'ahavtah l're'ak camok는 문장과 맞닥뜨렸다고 생각해 보십시오. "해라, 하지 마라" 하고 이어지는 그 지루한 문장들 사이에 벌겋게 이글거리는 숯과 같은 문장이 아닐 수 없습니다. 혹은 빛에 대면 여러 색채로 분산되는 원석에 더 가까운지도 모르겠습니다. 그 찬란한 빛이 "이건 해라" 그리고 "그건 하지 마라"고 하는 목록 하나하나를 아름답게 비추는 것을 보며 즐거워할 수 있는 그런 원석 말입니다.

❧

그리고 실제로 그렇게 되었습니다. 레위기의 그 어떠한 단어도 이 19:18의 '사랑하라'는 명령형동사만큼 더 자주 그리고 그토록 다양한 맥락에서 인용된 단어가 없습니다. 이 단어는 히브리 성경의 나머지 부분 곳곳에 그리고 신약성경의 거의 모든 페이지에 등장합니다. 동사로서 '사랑하다'는 개인적이고 관계적이고 포괄적인 단어입니다. '사랑하다'는 성경에서도 가장 두드러지는 동사이고 우리의 언어에서도 그렇습니다.

미국의 예언자라고 할 수 있는 웬델 베리Wendell Berry는 우리가 사랑을 관념이나 감상이나 발렌타인 카드로 만들어 버리지 말 것을 강조합니다. "사랑은 결코 추상적이지 않다. 그것은 세계나 우주나 국가나 기관이나 직업을 향하는 게 아니라, 길에 있는 특이

한 참새, 들판의 백합, '내 형제들 중에 가장 작은 자'를 향하는 것이다."[8]

성경의 첫 두 복음서는 예수님이 레위기 19:18을 인용하신 것을 기록함으로써[마 5:43; 19:19; 22:39, 막 12:31] 이 동사의 중요성을 부각시킵니다. 마태와 마가 이후에 오는 그 어떠한 신약성경의 저자도 '사랑하다'라는 동사를 쓰지 않은 사람이 없으며, 그것도 여러 번 사용합니다. 이것은 이 세상을 사랑하시는 하나님의 사랑을 가장 정확하게 그리고 포괄적으로 계시하는 없어서는 안 되는 동사 중 하나입니다. 그러나 그 단어가 가장 뜻하지 않은 때와 장소에, 곧 레위기에 처음 등장한다는 사실은 기억할 만합니다.

모든 성경이 레위기 19장의 선례를 따라서 사랑을 하나님의 백성의 두드러지는 특징으로 자주 이야기합니다. 그러나 이 사랑은 그리스도인들이 주문할 수 있는 카탈로그의 상품이 아닙니다. 이 사랑은 삼위일체 안에서 예수님을 따르는 사람들의 사고와 태도에 스며들어 있으면서 그것을 요약해 주는 삶의 방식입니다.

৩

그러나 또한 주의해야 할 것도 있습니다. '사랑'은 언어에서 가장 불안정한 단어입니다. 오늘날 '사랑'이라는 단어만큼 혼란스럽고 오해되고 왜곡되고 남용되는 단어가 없습니다. 그리고 문제를 더 복잡하게 하는 것은 그것이 진부해지기가 매우 쉽다는 것입니다. 사랑은 흔한 수다에 무의미하게 자주 등장합니다. 우리의 단어 중에서 가장 관계적인 단어가 온통 자기만을 생각하는 단어가

제1부 "하나님께서 말씀하시니 그대로 되었다"

되었습니다. 사랑의 거대함이 자아의 쥐구멍만큼 작아졌습니다. 그리고 종종 같은 사람이 같은 대화에서 모순적으로 그 단어를 사용합니다. 진지하면서도 가볍게, 진중하면서도 감상적으로, 세심하면서도 놀리듯이 말입니다. 거룩하신 하나님을 예배할 때 사용하는가 하면, 사랑 없는 성을 완곡하게 이르는 말로도 사용합니다. 친밀함과 헌신을 드러내기 위해서도 사용하고, 온갖 거짓말을 은폐하기 위한 방편으로서도 사용합니다. 사랑으로 혹은 사랑의 허울로 시작한 관계에서 수도 없이 많은 감정적·신체적 폭력이 일어납니다. 다른 어떠한 인간 경험도 사랑만큼 자주 실패하고, 심하게 다치고, 고통에 시달리고, 그토록 잔인하게 속는 경험이 없습니다. 그럼에도 우리는 계속해서 사랑을 갈망하고 꿈꾸고 시도합니다. 구제할 수가 없습니다. 워커 퍼시Walker Percy는 자기 소설 하나를 『폐허 속의 사랑』Love in the Ruins이라고 이름 붙였습니다. 누구든 자기 비문으로 가져다 써도 크게 틀릴 이유가 없는 적절한 표현입니다. 그래서 기독교 공동체가 하나님은 당신을 사랑하시고 우리 모두가 서로를—"자기 자신처럼!"—사랑하라는 명령을 받았다는 메시지를 전하려 할 때, 그리고 이 사랑의 삶을 지도하고 안내하고자 할 때, 그들은 이것이 결코 쉬운 일이 아니라는 것을 압니다. 사실, 이보다 더 엄청나고 거의 불가능해 보이는 임무는 없을 것입니다. 우리가 사는 방식에 사랑은 매우 중요하기 때문에, 그것을 바르게 이해하는 게 중요합니다. '사랑'이라는 단어의 진의와 함의를 분별하려면 모든 대화를 주의해서 듣고, 모든 책을 분별하며 읽어야 합니다.

다시 레위기로 돌아가서, 문란한 성생활이 만연하고 자녀를 몰렉 신에게 번제로 바치는 도덕적 혼돈에 빠진 가나안, 히브리 사람들이 곧 자신의 집으로 삼을 그 문화의 상황을 봅시다. 그들에게는 자신들의 가치와 도덕과 예배를 공유하지 않는 사람들 사이에서 살기 위한 분명한 지도가 필요했습니다.

그렇게 타락한 문화가 있었다는 것은 믿기가 힘듭니다. 미국 문화도 그렇게까지 타락했다고는 생각하지 않습니다. 물론 간혹 주위를 둘러보면 의혹이 들기도 하지만 말입니다.

그러나 죄를 나열하고 사랑으로 변장하고 있는 죄의 통계를 내는 게 무슨 도움이 되는지는 모르겠습니다.

여하튼 레위기로 돌아가 보면, 우리가 사랑을 함으로써 무엇을 얻을 수 있는지에 대한 언급은 전혀 없이 '사랑하라'는 단어가 이렇게 처음으로 소개가 되었습니다. 그냥 "네 이웃을 네 자신처럼 사랑하여라"입니다. 하고 싶든 말든 하여라. 무엇을 얻든 말든 하여라.

성경은 '사랑'을 아무런 맥락 없이 간단한 명령어로 최대한 간결하게 소개합니다. 그 느낌이 어떤지, 거기에서 무엇을 얻는지에 대해서 복잡하게 말하지 않습니다. 그냥 하라는 것입니다. 아무런 이유가 없습니다. 보상도 약속하지 않습니다. 그냥 하여라. 네 이웃을 네 자신처럼 사랑하여라.

성경을 주의해서 읽거나 듣는 사람은 누구나 레위기 19:18

제1부 "하나님께서 말씀하시니 그대로 되었다"

을 생뚱맞게 여길 것입니다. 조건도 근거도 없는 구절입니다. 아무런 장식도 없이, 설명도 없이 그렇게 우뚝 서 있습니다.

저는 지금도 유대교 공동체가 레위기를 교과서로 아이들에게 문자를 가르친다는 사실이 흥미롭습니다. 레위기는 시청각 교재입니다('가지의 가, 나비의 나' 하는 식입니다). 히브리 학교의 국어 교과서와 같습니다. 제사 제도를 가르치기 위해서 그림이나 사물이 소개가 됩니다. 문장은 짧고 단어는 쉽습니다. 이것으로 히브리 아이들은 기초를 배웁니다. 그런데 레위기 19:18에 아무런 맥락 없이 "네 이웃을 네 자신처럼 사랑하여라"는 말이 숨어 있습니다. 이런 것은 아이들이 쉽게 잊어버리지 않으리라 생각합니다.

そ

시간을 빨리 돌려서 신약성경의 요한일서로 가봅시다. 레위기 19:18에 나온 사랑이라는 단어는 시편과 예언서와 복음서와 서신서에 꾸준히 나옵니다. 그리고 거의 끝에 가서 영광스런 클라이맥스처럼 요한 목사의 첫 번째 편지가 지금까지의 모든 사랑의 언급과는 차원이 다르게 사랑을 이야기합니다. 레위기에 나오는 단 하나의 문장이 백 배의 열매를 맺는 씨앗이 되었던 셈입니다.

이 편지는 기독교가 시작된 첫 세기 말에 요한이 맡고 있던 회중에게 쓴 편지입니다. 그의 회중은 제법 문제가 많은 회중이었습니다. 요한은 그들에 대해서 "거짓말을 하고"요일 1:6, "미워하는" 요일 2:11, "마귀의 자녀"요일 3:10라는 표현을 씁니다. 그는 그들이 동료 그리스도인들을 사랑하지 못한다고 지적하고요일 3:10, 스스로를 "속인다"고 하고요일 1:8, 도움이 필요한 사람을 돕지 않는다고 합니다요일 3:17. 그리고 무시무시한 단어인 '적그리스도'라는 말을 세 번이나 합니다요일 2:18, 22, 4:3. 그리고 요한은 '죄'라는 의미의 말을 다섯 개의 짧은 장에 스무 번이나 씁니다.

어느 모로 보나 이상적인 회중은 아니었습니다. 그렇다고 예외적인 회중도 아닙니다. 사랑하라는 명령은 버겁지만 그렇다고 피할 수 있는 것도 아닙니다. 사랑이 강요할 수 있는 것이라면 감당이 될 것입니다. 그러나 레위기에 처음 명령된 사랑은 강요하지 않아야 하고, 개인적이어야 하며, 공동체의 일원들이 자발적으로 주어야 하는 것이었습니다. 우리의 사랑은 평생에 걸친 사랑의 행위의 축적이어야 합니다. 흠이 있고, 완벽하지 않고, 유치하고, 더듬대고 하겠지만, 그럼에도 그것은 사랑, 충성스런 사랑입니다.

이러한 가차 없는 절대적인 사랑의 주장 앞에서 매우 흔한 반응은 그것을 정의하려 하는 것입니다. "**사랑**이란 정확히 무엇을 의미합니까? 당신이 말하고자 하는 바를 정의해 주십시오"라고 말입니다. 그러나 꼬치꼬치 따지며 정의해 봐야 답은 없습니다.

사랑은 모든 인간 행동 중에서 가장 상황에 매인 행동입니다. 그 어떠한 인간 행위도 사랑만큼 직접적으로 상황에 의지하고 거기에 매몰되어 있는 게 없습니다. 사랑을 이해하고 실천하는 데 사전은 쓸모가 없습니다. 사랑의 행위는 따로 저장했다가 나중에 꺼내 쓸 수 없습니다. 모든 사랑의 행위는 사랑을 하는 사람과 사랑을 받는 사람 모두에게 알맞게—각 상황에 맞게—창의적이고 개인적으로 주고, 반응하고, 섬기는 것입니다. 가장 간단한 사랑의 행위도 이처럼 전적으로 개인적이고 특수하고 고유한 상황적 특징을 가지고 있기 때문에―복합적 상황 속에서 구체적으로 행해지기 때문에―어떻게 사랑해야 한다고 말하기가 힘들고, 그래서 성경은 거의 그러한 시도를 하지 않습니다.

그래서 설명과 정의와 일반화 대신에 요한은 한 이름과 그에 따른 이야기를 들려주는데, 바로 예수님입니다. "우리가 이것으로 사랑을 아는데, 바로 예수께서 우리를 위해서 목숨을 내놓으셨다는 것입니다. 그러므로 우리도 서로를 위해서 목숨을 내놓아야 합니다"요일 3:16, NRSV. 그리고 그는 우리가 그 사랑을 구체적으로, 그러나 늘 개인적이고 관계적인 예수님의 방식으로 하는 법을 찾아가게 합니다. "우리가 사랑하는 것은 하나님께서 먼저 우리를 사랑해 주셨기 때문입니다"요일 4:19, NRSV.

༄

여러분, 우리는 위대하고 장엄한 실재 속에 있습니다. 창조! 구원! 부활! 그러나 세례의 물을 뚝뚝 떨어뜨리면서 올라와 주위를 둘러보면, 세례 받은 공동체도 우리와 똑같은 사람인 것을 보고 놀랍니다. 그들은 아직 완성되지 않았고, 미숙하고 신경질적이고 서툴고 자주 실수하고 잊어버리고 촌스럽습니다. 이 중요한 문제를 이러한 사람들의 손에 맡기셨다는 게 믿어집니까? 많은 사람들이 고개를 저으며 아닐 것이라고 생각합니다. 그러나 사랑을 먼저 받은 공동체 안에서 사랑하며 사는 삶의 어려움은 바로 그런 것입니다. 그러니 익숙해져야 합니다.

여기에서 제게 참 인상적인 것은 요한이 우리가 얼마나 자주 실패하는지 알면서도 지치지 않고 사랑을 강조한다는 것입니다. 그는 만족할 만한 수준에 이른다는 것이 불가능하다는 것을 우리만큼 잘 압니다. 그럼에도 그는 주장합니다. 결코 희석시키기 않습니다. "우리가 그리스도에게서 받은 계명은 이것입니다. 하나님을 사랑하는 사람은 자기 형제와 자매도 사랑해야 합니다"요일 4:21, NRSV.

레위기에 나오는 이 짧은 명령을 목사로서 정교하게 주해해 주는 요한의 말은 결국 다 같은 말입니다. 하나님이 여러분을 사랑하십니다. 그리스도는 그 사랑이 어떤 것인지 보여주셨습니다. 이제 여러분도 사랑하십시오. 사랑하십시오, 사랑하십시오, 사랑하십시오, 사랑하십시오. 그냥 하십시오.

아멘.

6

"당신은 축복만 하고 있잖소"

민수기 23:11, 22-24
베드로후서 2:15-16, 유다서 1:11, 요한계시록 2:14

발람의 이야기를 아십니까? 저는 교회에서 자라면서 발람을 무척 좋아했습니다. 성경에서 가장 웃긴 이야기라고 생각했지요. 그런데 지난주에 교인 몇 분과 주일학교 교실에 페인트칠을 하면서 발람 이야기를 했더니 아무도 모르시더군요. 청소년 때 저와 친구들은 그 이야기가 매우 웃기다고 생각했고, 그 이상은 생각하지 않았습니다. 그러나 목사를 몇 년 하면서 저는, 시내의 모세에게 주어진 성경의 계시와는 전혀 상관이 없는, 그리고 예수 그리스도 안에서 온전히 다 드러난 계시와도 무관한 대중 종교를 분별하도록 훈련하는 데 유머가 유용하다는 것을 알게 되었습니다. 이 이야기가 여러분의 상상력에 작용해서 하나님을 마음대로 자기의 필요에 맞게 사용하려는 어리석은 시도들을 감지하는 데 도움이 되기를 바랍니다.

∽

발람 이야기의 배경은 이렇습니다. 이 이야기는 히브리 백성이 이집트의 잔인한 노예생활에서 벗어나 가나안의 자유로운 구원의 삶을 향해 가는 40년간의 순례가 거의 끝나 갈 무렵에 있었던 일입니다. 40년? 그렇습니다. 40년입니다. 많은 무리의 사람들을 이집트에서 가나안으로 데려가는 게 쉽지 않다는 것을 고려한다 해도 두 주 혹은 길어야 한 달이면 끝날 여정이었습니다. 그렇다면 어떻게 이들은 일 년 안에 끝날 여행을 40년으로 연장하게 되었을까요?

그 연유는 다음과 같습니다. 그들은 하나님의 백성으로서 회중으로 형성되어 가는 중이었지만, 아직 형성되지는 않았었습니다. 그들은 너무도 많은 시간을 말다툼하고 반항하고 불평하는 데 보냈습니다. 적으로부터 자기 삶의 모든 내용을 지시받고 규제받다가 친구들과 함께 사는 삶으로 옮겨 가는 것은 매우 힘든 일입니다. 모세는 히브리 사람들을 자유로운 삶으로 인도하는 임무를 받았습니다. 그들이 신뢰받고 사랑받는 것에 익숙해지게 하고, 하나님을 두려워하는 대신에 예배하게 해야 했습니다. 노예의 옛 습관들은 극복하기가 힘듭니다. 그 일은 쉽지 않았고 오래 걸렸습니다. 그것은 모세에게도 힘든 일이었습니다. 그는 화를 냈고 경멸했으며 조바심을 냈고 지겨워했습니다. 게다가 그들을 괴롭히는 원수들도 있었습니다. 그래서 오래 걸렸지만, 서서히 꾸준히 그 길을 가서 이제 목적지에 거의 도달했습니다. 그리고 가는 길에 몇 차례의 감동적인 승리를 거두었습니다. 그 지역에는 자기와 맞서는 사람들을 다 이기고 가는 히브리 사람들에 대한 소문이 돌기 시작했습니다. 그들의 그러한 기찬 행운은 그들의 하나님이 그들 편에 계셨기 때문이라는 말이 돌았습니다. 어떤 전쟁은 칼도 뽑지 않고 이겼습니다. 군사력으로는 아무도 그들을 당해내지 못하는 것 같았습니다. 그들에 대한 정보가 대략 그러했습니다. 그 히브리 사람들이 이제 가나안 입성 지점인 여리고에 거의 다 왔습니다. 이제 모압 땅만 지나가면 도착지에 이르러 온전한 자유민이 될 참이었습니다.

모압의 왕 발락이 히브리 사람들이 원수들을 계속해서 이긴 소식을 듣고 당황했습니다. 그래서 그는 이리저리 생각을 하다가 답을 찾았습니다. 신들의 도움이 필요하다고 판단한 것입니다. 기도가 필요했고 제사가 필요했습니다. 주술에 능한 사람이 필요했고 어디에 가면 그런 사람을 구할 수 있는지 알았습니다. 발락의 나라인 모압의 동쪽에는 유프라테스강까지 뻗어 있는, 사람이 거의 살지 않는 거대한 땅이 있었습니다. 그곳은 주술과 마술에 능한 카리스마 지도자들이 많은 지역으로 유명했습니다. 그중에 한 사람이 유독 눈에 띄었는데 그가 바로 발람이었습니다. 칼로 히브리 사람들을 막을 수 없다면 영적인 세력을 좀 써 보는 게 어떨까 하는 게 발락의 생각이었습니다. '발람을 시켜 히브리 사람들을 저주할 수 있다면 그들을 막을 수 있을 것이다.' 발람은 그 정도로 명성이 자자한 사람이었습니다.

발락은 자기 사람들을 불러 파견 팀을 구성하여 큰돈을 주고 발람을 고용해서 이스라엘을 저주하게 하라고 시켰습니다. 그들은 발람에게 발락의 메시지를 전했습니다. "당신의 도움이 필요하오. 이집트에서 한 백성이 나왔는데, 그들이 이 지역 여기저기를 다니고 있소. 아무도 그들을 막을 수 없고 그들이 나를 압박해 오고 있으니, 부디 와서 나를 위해 그들을 저주해서 내가 그들을 이길 수 있게 해주시오. 당신의 명성은 익히 들어 알고 있소. 당신이 축복하는 사람은 복을 받고 당신이 저주하는 사람은 저주를 받는다고 들었소."

그러나 발람은 영리했습니다. 그는 생각해 볼 시간이 필요했습니다. 발람은 파견 온 사람들에게 말했습니다. "오늘 밤은 여기서 지내십시오. 기도해 보고 내일 아침에 하나님이 내게 시키는 대로 하겠습니다."

지금 여기에서 우리가 보는 사람은 발람이라는 것을 기억하시기 바랍니다. 그는 아마도 이스라엘의 하나님에 대해서 아는 바가 전혀 없었을 것입니다. 발람은 자신의 힘을 동원해 알아보아야 했습니다. 그는 마술과 마법과 주술과 주문에 푹 빠진 이교도였습니다. 능숙한 속임수와 사기의 장인이었지요. 하지만 그는 자신이 지금 누구를 상대하는 것인지 알아야 했습니다.

그날 밤 하나님이 발람에게 나타나셔서 물으셨습니다. "여기 너와 함께 있는 이 사람들은 누구냐?"

발람이 대답했습니다. "모압 왕 발락이 그들을 보냈습니다. 그가 이제 막 이집트에서 나온 적의 위협을 받고 있다고 합니다.

제가 가서 그들을 저주하여 이길 수 있게 해주기를 바라고 있습니다."

하나님이 말씀하셨습니다. "그들과 함께 가지 마라. 그 백성은 복을 받은 백성이니 그들을 저주하지 마라." 발람은 분명 움찔했을 것입니다. 어쩌면 자신이 통제하지 못하는 세력이 있는지도 모른다는 생각이 들었겠지요. 그 어떠한 신도 자신이 주술로 불러내기 전에 갑자기 이렇게 나타나 이야기한 적이 없었습니다. 그래서 그는 놀라서 뒷걸음질 쳤습니다.

이튿날 아침에 발람이 일어나 발락의 신하들에게 말했습니다. "돌아가십시오. 하나님께서 내가 여러분과 함께 가는 것을 허락하지 않으십니다."

그리하여 모압의 신하들은 그곳을 떠나 발락에게 돌아가서 보고했습니다. "발람이 우리와 함께 오려 하지 않았습니다."

그러나 발락은 받아들이지 않았습니다. 절박해진 그는 또 다른 신하들을 다음의 전갈과 함께 보냈습니다. "발락이 이렇게 말씀합니다. '부디 거절하지 말고 내게 오시오. 당신에게 명예를 주고 후하게 보상하겠소. 무엇이든 시키는 대로 하고 얼마든지 사례하겠으니, 와서 저 백성을 저주해 주시오."

호기심이 당기기 시작한 발람은 돈에는 별 관심이 없는 척했습니다. "오늘 밤 여기서 지내십시오. 이번에는 하나님께서 어떻게 말씀하시는지 알아보겠습니다."

이것은 물론 시간을 벌기 위한 수작이었습니다. 발람은 분명 돈에 관심이 있었지만, 자신이 지금 무엇과 마주하는 것인지 아직 알 수가 없었습니다. 그는 신들과 영들의 세계에 통달한 사람이었습니다. 그러니 자기 패를 잘 알아야 했습니다.

그날 밤, 하나님께서 다시 발람에게 나타나 말씀하셨습니다. "이 사람들이 여기까지 너를 보려고 이렇게 왔으니 그들과 함께 가거라. 하지만 내가 네게 시키는 것 외에는 절대 아무 일도 해서는 안 된다." 그래서 발람은 아침에 일어나 나귀에 안장을 얹고 그 신하들과 함께 모압으로 갔습니다.⁹

❧

이 시점에서 아주 우스운 이야기가 삽입이 됩니다. 발람은 발락을 만나러 자기 나귀를 타고 가고 있었습니다. 그때 주의 천사가 길 한복판에서 칼을 휘두르며 그를 막았고, 나귀는 그것을 보고 급히 길에서 벗어나 도랑으로 뛰어들었습니다. 발람은 나귀를 때려 다시 길로 돌아가게 했습니다. 그다음에 그들은 양쪽으로 울타리가 세워진 포도밭으로 들어갔습니다. 나귀는 이번에도 하나님의 천사가 길을 막는 것을 보고 울타리로 달려들었고, 그러는 바람에 발람의 발이 울타리에 짓눌렸습니다. 발람은 다시 나귀를 때렸습니다.

세 번째로 천사가 길을 막아선 것은 매우 비좁은 길목에서였는데, 거기서는 오른쪽으로도 왼쪽으로도 빠져나갈 틈이 없었습니다. 발람의 나귀는 천사를 보자 그만 주저앉고 말았습니다. 발람은 화가 치밀어 막대기로 나귀를 세게 때렸습니다. 그러자 나귀가 **말을** 했습니다. "도대체 제가 당신께 무엇을 잘못했기에 저를

제1부 "하나님께서 말씀하시니 그대로 되었다"

이렇게 세 번씩이나 때리십니까?"

발람은 너무 화가 나서 나귀가 말을 한다는 사실에도 놀라지 않고 말했습니다. "내게 칼이 있었으면 벌써 너를 죽였을 것이다." 그러자 나귀가 대답했습니다. "이때까지 저는 당신의 충실한 나귀가 아니었습니까? 제가 전에 당신에게 이와 같은 짓을 한 적이 있습니까?"

발람은 나귀의 말이 옳음을 인정할 수밖에 없었습니다.

그때 발람은 지금까지 나귀가 보았던 것을 보았습니다. 칼을 든 주의 천사가 길을 막고 서 있었던 것입니다. 발람은 자기 계획에 골몰하느라, 발락을 위해서 해주는 일로 약속받은 보상에만 집착하느라 하나님의 임재를 보지 못한 것입니다. 말 못하는 나귀가 이 유명한 예언자보다 더 하나님께 깨어 있었던 것입니다. 영적인 힘을 행사한다는 명성을 누리면서도 발람은 자기 나귀보다도 더 멍청했습니다. 온통 자기 자신과 자기 계획에만 몰두하느라 하나님의 분명한 임재도 보지 못했습니다.

ↄↄ

그러나 발람은 욕심으로 이미 돌아오지 못할 길을 가고 있었습니다. 그는 발락이 있는 곳에 이르렀습니다. 이제는 무슨 일이 있어도 발락의 돈을 받아 갈 참이었습니다.

발락과 발람은 함께 계획을 짰습니다. 그들은 정교한 희생의식을 구상하여, 히브리 사람들의 진영이 내려다보이는 높은 언덕에 일곱 개의 제단을 세웠습니다. 수소와 숫양을 각 제단에 번제로 드렸습니다. 그리고 발람이 히브리 사람들을 돌려보낼 저주의 말을 하기를 모두가 기다렸습니다. 발람이 입을 열었습니다. 그런데 놀랍게도 그의 입에서 나온 것은 축복의 말이었고, 히브리 사람들의 승리를 약속하는 시였습니다.

그러나 발락과 발람은 멈추지 않았습니다. 그들은 저주가 먹힐 다른 산을 찾아다녔습니다. 그리고 다시 일곱 개의 제단을 세우고 수소와 숫양을 드리는 정교한 의식을 반복했습니다. 그런데 이번에도 축복의 말이 나왔고, 전보다 더 좋은 말이었습니다. 그래도 그들은 포기하지 않았습니다. 포기할 수가 없었습니다. 그들은 강박적이 되었습니다. "어떻게든 하나님을 우리 편에 서게 해서 히브리 사람들을 막아야 한다." 그들은 세 번째 산을 찾았는데, 그것은 모세가 나중에 고별 설교를 한 유명한 비스가산이었습니다. 그들은 '이 산에서는 성공하겠지' 하고 생각했습니다. 그러나 그곳에서도 실패했습니다. 저주가 아닌 축복의 말이 흘러나왔습니다.

이 산에서 저 산으로 분주히 옮겨 다니면서 어떤 산과 저주의 조합이 이 일을 이루어 낼지 전전긍긍하는 모습이 상상되지 않습니까? 발람이 끌어올 수 있는 모든 영적 기술, 온갖 조잡한 의식과 주문의 도구들을 사용하여 어떻게든 하나님을 움직여 그분의 백성을 몰아내려고 애를 쓰는 모습이 그려지십니까? 그들은 정신 없이 절박하게 머리를 굴렸습니다. 그런데 매번 발람의 입에서는 저주 대신에 축복의 말이 나왔습니다. 그리고 마지막 축복은 천년 후에 태어날 그리스도, 예수에 대한 예언이었습니다.

나는 그분을 보지만, 지금은 아니다.

나는 그분을 감지하지만, 여기서는 아니다.

한 별이 야곱에게서 솟아나고

한 홀이 이스라엘에게서 일어나리라민 24:17, 메시지.

✑

이게 바로 그 이야기입니다. 우습고 드라마틱하고 생동감 있지 않습니까? 히브리 사람들은 이 이야기를 반복해서 했고, 분명 그들이 가장 좋아하는 이야기 중 하나였을 것입니다. 구약성경 다섯 권의 책, 그리고 신약성경 세 권의 책(베드로후서, 유다서, 요한계시록)에 발람의 이야기가 열한 번 언급되어 있습니다.

✑

히브리 사람들과 그리스도인에게 이 이야기는 정교한 종교적 장치에 대한 경고가 아닐 수 없습니다. 발람은 영적 거인으로서 명성이 자자했습니다. 그는 세련되었고 아는 게 많았습니다. 그러나 그것은 전부 외형적인 것이었습니다. 발람의 웅변은 모두 그의 입에 있었지 마음에 있지 않았습니다. 그는 속이 없는 텅 빈 사람이었고, 그가 정말로 원했던 것은 돈을 많이 버는 것이었습니다. 발람은 말은 바르게 했지만 행동은 바르지 못했습니다. 그의 인생은 욕심과 야망과 이기적 이익만을 좇는 인생이었습니다. 성경에 마지막으로 발람이 인용되는 책은 요한계시록입니다. 버가모 교회의 "발람의 가르침을 따르는" 사람들계2:14, 곧 말만 하고 행함은 없는 사람들을 경고하는 설교에 나옵니다. 발람을 찾으러 유프라테스강까지 갈 필요도 없습니다. 그냥 텔레비전만 켜면 됩니다.

그러나 말만 번지르르한 영적 전문가들에 대한 엄숙한 경고와는 대조적으로 여기에는 확고한 축제의 분위기가 있습니다. 왜냐하면 아무것도 하나님의 구속 사역을 멈출 수 없음을 보여주기 때문입니다. 하나님의 백성은 이집트의 노예생활에서 벗어나 가나안의 자유를 향해 가고 있었습니다. 발람이 예언자와 제사장 노릇을 하며 돈을 벌고 명성을 쌓던 사회에서는 그가 중심인물이고 히브리 사람들은 무명이었습니다. 그런데 발람이 웃음거리가 되고 말았습니다. 그것도 자기 당나귀에 의해서 말입니다. 이 이야기를 들은 히브리 사람들과 그리스도인의 가정에서는 분명 웃음이 터졌을 것입니다. "불쌍한 발락! 불쌍한 발람! 정말 하나님의 구원 사역을 멈출 수 있다고 생각한 거야?" 나귀가 말하는 우스운 장면과 저주가 먹힐 산을 찾아 정신없이 뛰어다니는 모습을 적당한 어조와 웃음소리를 섞어 들려주면 정말로 웃기게 들렸을 것입니다.

그리스도인의 순례에서 유쾌한 웃음은 중요합니다. 그리스도인으로 사는 일에는 많은 슬픔과 노력과 회개와 묵상의 시간이 있다는 것은 분명합니다. 그러나 성경 그 어느 곳에서도 그리스도인의 성품의 특징은 우울한 체념이라고 말하지 않습니다. 하나님이 승자이신데 어떻게 그럴 수가 있겠습니까? 복음은 마치 못과도 같습니다. 더 세게 때릴수록 더 깊이 들어갑니다. 발람의 이야기는 암울한 종말을 강조하며 다니는 사람들로부터 보호해 줍니다. 마귀를 향해 웃으면 그가 물러갈 것입니다.

그리고 무엇보다도 이 이야기에 깊이 박혀 있는 중요한 깨달음은 하나님의 일은 저주가 아니라 축복이라는 것입니다. '하나님의 저주'God damn(보통 '제기랄'이라는 의미 정도로 쓰이는 속어—옮긴이)라는 말이 '하나님의 축복'God bless(이 말은 종교적인 사람들이 주로 쓰는 말이고 일반적으로는 잘 쓰이지 않는다—옮긴이)이라는 말보다 미국의 일상용어에서 훨씬 더 많이 쓰이는 것을 보면, 일반적으로 사람들이 이 사실에 대해 얼마나 무지한지를 알 수 있습니다.

타락한 우리는 마음에 안 들거나 불편한 것이 있으면 언제든 불러서 그것을 비난하거나 물러가게 할 수 있는 존재로 하나님을 생각합니다. 우리는 하나님이 우리 삶에 주신 사람들 때문에 실망하고 좌절하고 길이 막힙니다. 그런데 어리석게도 하나님을 시켜서 문제를 해결하면 그들을 받아들이거나 사랑하는 불편함 없이 자기 잇속만 챙기며 자기 길을 갈 수 있다고 생각합니다.

그것은 잘못입니다. 하나님의 특징은 축복입니다. 하나님에게 사람은 곧 하나님의 자녀를 의미합니다. 반항적일 수 있고, 당연히 미성숙하겠지만, 그래도 그분의 자녀, 하나님의 자녀입니다.

발락은 하나님을 시켜서 히브리 사람들을 저주하게 하는 일만큼 쉬운 일은 없을 것이라 생각했습니다. 발람처럼 영적 세계에서 힘이 있는 사람이 곁에 있으니 더욱 그랬습니다. 그러나 발락이 그 모든 수고를 통해 얻은 것은 아름답고 시적이며 기억에 남을 네 개의 축복뿐이었습니다. 발락은 격분하며 발람에게 고함을 질렀습니다. "이게 무슨 짓이오? 나의 원수들을 저주해 달라고 했더니, 당신은 그들에게 축복만 하고 있잖소?"

그러면 우리는 대답합니다. "그래요 발락, 무엇을 기대했나요? 하나님의 일은 축복하는 것이니 당연하지 않습니까?"

아멘.

7

"너희 눈이 보았으니"

신명기 11:1-17
요한복음 5:45-47

신명기는 하나님의 백성이 어떻게 형성되는지를 이해하게 해주는 책입니다. 신명기는 마지막 설교를 전하는 모세를 화자로 하고 있습니다. 그는 모압평야에서 거룩한 공동체의 의미와 그것의 형성에 대한 설교를 했는데, 그 거룩한 공동체에는 우리도 포함됩니다. 앞의 첫 네 권에서 창조와 구원의 서사를 마친 뒤 모세는 이제 설교의 언어로 말합니다. 오랜 훈련(40년!) 끝에 모세는 그 백성이 자신의 창조와 구원 목적에 부합하는 삶을 살 수 있는 능력, 곧 하나님이 주신 약속의 땅에서 하나님의 백성으로 살 수 있는 능력을 갖춘 것처럼 그들을 대합니다. "거룩한 삶을 살아라. 창조-구원의 혁명을 살아라." 그들은 자라는 데 오랜 시간이 걸렸지만, 이제 성숙한 삶을 목전에 두고 사랑하라는 부름을 받고 있습니다. 사랑은 인간이 할 수 있는 가장 성숙한 행동입니다. 빈도 면에서나 설교의 초점 면에서나 신명기에는 **사랑**이라는 단어가 가장 두드러집니다. 여러분은 그 사실이 놀랍습니까?

જ

제가 처음 신명기에 관심을 가진 것, 그러니까 **정말로** 관심을 가진 것은 모세가 이 설교를 하고 500년이 지난 후의 어떤 이야기를 통해서였습니다. 그 이야기는 예루살렘 성전의 돌무더기에서 신명기 설교를 발견한 이야기였습니다. 그 두루마리가 얼마나 오랫동안 거기에 있었는지 우리는 모릅니다. 300년이라고 어림잡아 계산들을 합니다(이 이야기는 열왕기하 22-23장과 역대하 34-35장에 나옵니다).

그 이야기는 다음과 같습니다. 요시야가 여덟 살에 왕이 되었습니다. 그는 폭력 사건으로 인해 아주 어린 나이에 왕이 되었습니다. 그의 아버지 아몬이 왕실 쿠데타에서 음모자들에 의해 살해되었던 것입니다. 암살범들은 곧바로 적발되어 처형되었습니다 왕하 21:19-26, 대하 33:21-25. 요시야는 구출되어 곧바로 왕위에 올랐고, 유다에서 가장 어린 나이에 즉위한 왕이 되었습니다. 그때가 주전 640년경이었습니다. 요시야의 통치는 그로부터 31년 후인 주전 609년에 므깃도 전투에서 그가 이집트의 바로에게 살해당함으로써 막을 내렸습니다 왕하 23:28-30, 대하 35:20-24. 폭력 사건으로 왕의 자리에 올랐고 폭력 사건으로 끝이 난 것입니다. 그러나 그 31년간의 통치는 정말 대단했습니다. 무엇보다도 신명기 두루마기의 발견 때문에 더욱 그러했습니다.

소년 왕 요시야는 도덕적·정치적 혼란을 물려받았습니다. 그의 할아버지 므낫세 왕은 아마도 유다에서 최악의 왕이었을 것입니다. 그는 55년간 통치하면서 그 땅을 온갖 종류의 악으로 채웠고, 때로는 상상을 초월하는 악도 저질렀습니다. 당시에 세계 질서를 장악하던 세력은 앗시리아였습니다. 300년간 폭력을 휘두르며 악을 예술의 경지로까지 끌어올린 제국입니다. 잔학, 고문, 음탕, 흑마술, 영매, 마녀, 주술, 유아 제사까지 온갖 악행을 저질렀습니다. 므낫세는 앗시리아의 것이라면 무엇이든 좋아했고, 그 악들을 유다와 예루살렘으로 트럭 채 날랐습니다. 그는 앗시리아에서 영감을 받은 음란한 종교 산당을 전국에 세웠고, 섹스의 여신 아세라를 위해 음란한 남근 기둥을 세웠으며, 솔로몬의 성전을 불경한 형상과 유물로 채웠고, 심지어 남창들이 사용할 수 있는 방을 성전에 만들었습니다. 도덕의 오수 구덩이, 영적 악몽, 오염된 창조, 거절당한 구원, 붕괴된 거룩한 공동체였습니다. 요시야의 아버지 아몬은 므낫세의 행적을 이어 갔지만, 2년 후에 암살되고 말았습니다. 유다의 왕위에 오른 여덟 살의 요시야는 바로 그러한 상황을 마주하고 있었습니다 _{왕하 21장, 대하 33장}.

누가 요시야를 암살자의 손에서 구해서 그가 직접 통치할 수 있는 나이가 될 때까지 지도하고 조언을 해주었는지 우리는 모릅니다. 그 이야기는 기록되지 않았습니다. 우리는 그 양육 과정의 결과만 알 뿐인데, 그는 열여섯 살에 "자기 조상 다윗의 하나님"_{대하 34:3, NRSV}을 찾았습니다. 그리고 스무 살이 되자 요시야는 스스로 왕

권을 행사하면서 므낫세가 저지른 일을 수습하기 시작했습니다. 전국적으로 음란하게 행해진 우상숭배를 청산하기 시작한 것입니다. 요시야는 왕과 관련된 모든 일에서 다윗을 자신의 멘토로 삼았습니다. 그는 "자기 조상 다윗의 길을 걸어갔고, 왼쪽으로나 오른쪽으로나 치우치지 않았습니다"^{대하 34:2, NRSV}.

요시야가 스물여섯 살이었을 때, 대제사장인 힐기야가 예배의 장소인 솔로몬의 성전을 대대적으로 보수하다가 그 두루마기 곧 "모세를 통해서 주께서 주신 율법책"을 발견했습니다^{대하 34:14, NRSV}. 그 책이 바로 신명기입니다. 므낫세의 통치 동안 돌무더기에 오랫동안 감춰져 있었던 것이지요. 그 책을 요시야에게 읽어주자, 그는 즉시 그것을 6년 전에 자신이 시작한 개혁을 완성시킬 수 있는 책으로 삼았습니다. 그의 통치의 결정적 순간이었습니다. 자신이 따를 책을 찾은 것입니다. 그는 지체하지 않고 즉시 자기 나라를 하나님의 백성 공동체로 재건하는 대대적인 작업을 시작했습니다.

෴

요시야가 개혁을 시작하고 4년 후에 예레미야가 예언자로 부름을 받았습니다. 그는 신명기 두루마리에 나오는 단어 및 문구와 매우 유사한 언어를 사용하면서 회개를 설교하기 시작했습니다. 왕과 예언자가 한마음이었고, 신명기는 하나님의 백성을 소멸 직전에서 구하기 위해서 요시야와 예레미야를 통해서 하나님이 사용하신 책이 되었습니다.

예레미야와 요시야는 대략 같은 나이였습니다(예레미야가 요시야보다 두 살이 많았다고 추정할 수 있습니다). 예레미야는 요시야가 살던 예루살렘 왕궁에서 불과 3킬로미터 떨어진, 도보로 30분도 걸리지 않는 거리에 있는 아나돗이라는 마을의 제사장 집에서 자랐습니다. 두 사람이 어린 시절 친구였을까요? 그렇게 상상하고 싶은 마음이 듭니다. 그 두루마리는 대제사장 힐기야가 성전에서 발견했습니다. 예레미야의 아버지는 힐기야라는 이름을 가진 제사장이었습니다. 예레미야의 아버지였던 제사장이 신명기 두루마리를 발견한 그 힐기야였을까요? 그럴지도 모릅니다.

어쨌거나 그 두루마리의 발견으로 요시야는 신명기를 개혁의 텍스트로 사용해서 전국적으로 대대적인 개혁운동을 시작했습니다. 그리고 두루마리가 발견된 지 4년이 지나기 전에 예레미야가 예언자로 부름을 받았습니다. 이 개혁운동에 요시야와 예레미야가 파트너로 일했는지에 대해서는 확고한 증거가 없지만, 그랬던 것처럼 보이는 것은 사실입니다. 예레미야는 요시야의 이름을 네 번 언급했고렘 3:6, 25:3, 36:1-2, 한 번은 간접적으로 암시했습니다렘 22:15-16. 기록된 예레미야의 설교(곧 예레미야서)를 보면 신명기의 어법을 많이 쓰는 것을 알 수 있습니다. 요시야가 주전 609년에 므깃도 전투에서 죽은 뒤 예레미야는 요시야의 장례 설교를 했습니다대하 35:25.

13년 동안 요시야와 예레미야, 젊은 왕과 젊은 예언자는 협력해서 유다의 개혁을 이끌었고, 수탈당하고 살해당하고 타락한 하나님의 백성을 진정한 예배 공동체로 회복시켰습니다. 요시야

는 음란한 종교 산당과 흉측한 남근 기둥을 허물고 유아 제사를
위해 사용되던 용광로를 부수는 등 대대적인 청소를 단행했습니
다. 그리고 예레미야는 회개와 용서의 설교를 했고, 백성이 얼마나
깊이 타락했는지를 슬퍼하며 수도 없이 눈물을 흘렸으며, 당시에
종교로 통용되던 것의 부패와 거짓을 폭로했고, 모든 게 다 괜찮
다고 백성을 안심시키며 "그들의 상처를 가볍게 치료한"렘 6:14 제사
장들의 얄팍하고 가벼운 메시지에 도전했습니다.

어떤 면에서 이러한 혁명적 개혁은 오래가지 않았습니다.
정확히 13년을 갔습니다. 이집트와 바빌론이 앗시리아를 퇴치했
고(이것은 잘된 일입니다), 그러나 또한 유다도 정복했습니다(이것은
잘된 일이 아니지요). 바빌론은 곧이어 유다 백성을 유배 보냈습니
다. 그러나 또 어떤 면에서 요시야가 이끌고 예레미야가 설교한
이 개혁은, 대대적인 정치적 패배를 경험하고 포로가 되고 유배를
가고 하는 상황에서도 그것을 견뎠을 뿐만 아니라 사실은 번창한
하나님의 백성을 형성했습니다. 신명기를 본문으로 사용한 요시
야의 개혁은 하나님의 백성을 형성하고 개혁했습니다.

신명기를 발견한 것과 요시야와 예레미야가 이끈 혁명적 개
혁 이야기를 배운 것은 제가 목사생활을 시작한 지 몇 년 되지 않
았을 때였습니다. 저는 갑자기 왜 설교가 중요한지를 알게 되었습
니다. 설교는 혁명을 일으킬 수 있는 상상력을 개발해 줍니다. 저
는 제 설교를 형성해 줄 본문을 찾은 것입니다.

ல

청소년 시절 제 머릿속에 화려한 빛깔과 영광의 이미지로 각인되었던 것 중 하나가 프랑스 혁명이었습니다. 실제로 그 혁명에 대해서 아는 바는 별로 없었습니다. 몇 가지 희미한 인상과 사건과 이름들이 서로 뒤섞여서 제 생각 속에 순수한 로맨스, 흥분, 의의 승리, 그러니까 영적으로 불타는 엄청나고 영광스러운 드라마 같은 것으로 인식이 되었습니다.

제 머릿속에는 자유, 평등, 박애를 외치며 타락하고 죄 많은 세상을 행진하면서 의로운 사상과 행동으로 그곳을 정화하는 이상주의적이고 헌신된 남자와 여자들의 그림이 있었습니다. 마라Jean Paul Marat, 로베스피에르Maximilien Robespierre, 당통Georges Danton과 같은 이름들이 제 귀에는 의로운 이름들로 남아 있었습니다. 바스티유와 같은 악한 감옥은 순수하게 타는 해방의 불에 대비되는 어두운 그림자였습니다. 영웅주의와 비열함은 서로 종말론적 대결을 하고 있었고, 기요틴(프랑스 혁명 때 의원인 기요탱이 발명한 사형집행 기구—옮긴이)은 최후의 심판의 도구로서 양과 염소를 가르고 있었습니다.

이러한 나의 상상력은 역사적 사실에 아무런 구애도 받지 않고 영광스런 프랑스 혁명의 환상을 만들어 냈습니다. 대학에 가서 강좌 개설 목록을 보고 거기에 프랑스 혁명이 있어서 저는 무척 기뻤습니다. 그래서 신청을 했지요.

그리고 그 과목은 제 대학생활의 큰 실망 중 하나로 남게 되었습니다. 저는 청소년이 어른들의 일에 끼어들 때 종종 그렇듯 대단한 기대를 가지고 들었는데, 제가 기대했던 일은 하나도 일어나지 않았습니다.

담당 교수는 작고 나이 든 여성이었는데, 가느다랗고 성긴 회색 머리를 하고 있었습니다. 검고 특별한 모양이 없는 실크 소재의 옷을 입었고, 작은 목소리로 소심하고 단조롭게 말을 했습니다. 정말로 좋은 사람이었고, 유럽 역사 분야의 실력 있는 전문가였습니다. 그러나 프랑스 혁명을 가르치기에는 전혀 적합하지 않았습니다. 프랑스에 대해서는 많이 알지 몰라도 혁명에 대해서는 정말 아는 게 없었기 때문입니다.

반면에 저는 그 과목에 대해서 아는 게 거의 없었고, 그나마 제가 아는 사실도 거의 다 틀린 내용이었습니다. 사실 저는 프랑스 혁명에 대해 전반적으로 매우 무지했습니다. 그러나 제가 한 가지 옳았던 것은 바로 혁명에 대한 이해였습니다. 혁명은 모든 것을 뒤집습니다. 혁명은 서로 대립하는 세력 간의 엄청난 갈등입니다. 혁명은 더 나은 자유의 삶에 대한 욕망을 부추깁니다. 때로 혁명은 약속을 지키고 사람들을 해방시킵니다. 그러나 그렇게 하지 못하는 경우가 더 많습니다. 그러나 일단 혁명이 지나고 나면 세상은 전과 같지 않습니다.

하지만 그 교수의 강의를 들은 사람은 혁명이 그런 것이라고는 전혀 알 수 없었을 것입니다. 불운의 마라, 살의에 찬 샤를로트 코르데Charlotte Corday, 검은 바스티유, 피 묻은 기요틴, 타락한 기회주의자 당통, 생각 없는 마리 앙투아네트Marie-Antoinette, 황소 같은 루이 16세Louis XVI 등 그 화려하고 폭력적인 시대의 모든 주역과 소품이 모두 똑같이 진부하고 지루하고 경건한 목소리로 전달되었습니다. 그분의 강의에서는 모두가 똑같은 사람처럼 들렸고, 십 년

제1부 "하나님께서 말씀하시니 그대로 되었다"

동안의 먼지가 쌓인 나비 표본들처럼 모두가 깔끔하게 정리되어 있었습니다.

그 후로 오랫동안 프랑스 혁명은 제게 아주 지루한 것이 되었습니다. '프랑스 혁명'이란 말을 들으면 저는 하품을 했습니다.

수년 후에 젊은 목사가 되어서 저는 제 회중이 하품을 하는 것을 보고 깜짝 놀랐습니다. 스콧 에릭슨은 주일마다 졸았습니다. 그는 첫 찬송을 부를 때까지는 깨어 있었지만 십 분이 지나면 잠이 들었습니다. 분노에 찬 십대 레드 벨튼은 부모의 눈에 띄지 않는 뒷줄에 앉아서 만화책을 읽었습니다. 성가대에서 베이스를 하는 칼 스트룻하임은 주식 시장 정보를 쪽지에 적어서 속삭이는 소리와 함께 루터 올슨에게 전달했습니다. 한 여성이 제게 희망을 주었습니다. 그는 주일마다 속기 노트를 가지고 와서 제가 하는 말을 다 속기로 받아 적었습니다. 적어도 한 사람은 집중하는구나 생각했지요. 그런데 알고 보니 이혼할 생각을 하고 직장을 얻기 위해서 예배 시간마다 속기 연습을 했던 것이었습니다.

이 사람들은 대부분 좋은 사람, 착한 사람들이었습니다. 다들 기독교 신앙을 잘 알았고, 기독교의 이야기를 알았으며, 매주 제시간에 예배를 드리러 왔습니다. 그러나 그들은 하품을 했습니다. 어떻게 「축복과 명예와 영광과 권능」Blessing and Honor and Glory and Power이라는 찬송을 부른 지 십 분 만에 잠이 들 수 있단 말입니까? 부활하신 그리스도께서 말씀과 성례로 현존하시는데 어떻게 속기를 연습할 수 있단 말입니까? 성 바울의 로마서를 읽는데 어떻게 배트맨이 계속 흥미로울 수 있단 말입니까? 기독교의 삶에 대해서 모든 것을 알지만, 복음이 모든 것과 모든 사람을 재정의했고, 모든 것과 모든 사람으로 하여금 거룩하신 하나님과 참여의 관계를 맺게 했다는 것만은 모르는 성도와 죄인들이 제 회중이었습니다. 복음은 18세기의 프랑스 사람들에게 혁명이 의미했던 것, 새로운 삶으로 던져진 해방된 남자와 여자들의 공동체를 만들어 낸 '에너지'와 같은 것인데 그들은 그것을 몰랐던 것입니다. 제 회중은 '기독교'라는 말은 잘 알았지만, 거룩? 불타오르는 무엇? 불꽃의 공동체? 혁명? 이런 것들은 몰랐습니다.

제게 주어진 임무가 막중했습니다. 안수를 받고 한 회중을 섬기도록 부름받았을 때, 저는 성경의 진리를 가르치고 설교해서 회중이 그들의 구원을 이루시는 그리스도의 사역 안으로 들어가게 하는 것이 제 임무라고 생각했습니다. 그들을 위해서 기도하고, 하늘과 땅을 만드시고 그들의 죄를 위해서 죽게 하시려고 예수님을 보내신 거룩하신 하나님의 현존으로 그들을 모으는 것이 저의 임무라고 생각했습니다. 그런데 이제는 정확하게 배우고 도덕적으로 행동하고 주일 아침에 무릎을 꿇는 것보다 더 중요한 것이 있음을 저는 깨달았습니다. 그들의 '생명', 그들의 '공동체 영혼'이 걸려 있었습니다. 사람들은 바르게 생각하고 바르게 행동하고 예의 바르게 예배하면서도 여전히 나쁘게 살 수 있습니다. 맥 빠지게 살고, 개인주의로 무장한 채 자기 안에 갇혀 살고, 지루하고 밋밋하고 시시하게 살 수 있습니다.

෨

바로 그때 수십 년간 방치되었던 신명기를 발견한 이야기와, 잠들어 있던 히브리 사람들을 깨워서 새로운 생명을 불어넣은 요시야와 예레미야의 사건을 만나게 된 것입니다. 저는 요시야와 예레미야의 일에 동참해서 매주 제 강단에서 혁명에 참여하는 데 적합한 상상력을 개발하기로 했습니다.

신명기는 성경에서 가장 긴 설교이고 아마도 역사상 가장 긴 설교일 것입니다. 신명기는 모압평야에서 이스라엘 회중 앞에 서서 설교하는 모세를 보여줍니다. 이것은 그의 마지막 설교입니다. 이 설교를 마치면 그는 모압평야의 강단을 떠나 산으로 올라가 죽을 것입니다.

모세는 이집트에서 죽음의 위협을 받는 아기로 탄생해 구원의 이야기에 들어왔습니다. 이제 그로부터 120년이 지난 후, 눈은 여전히 날카롭고 걸음걸이는 경쾌한 그가 이 엄청난 설교를 하고 죽습니다. 그러나 그 말과 생명은 여전히 생생합니다.

이 설교는 설교의 목적에 충실합니다. 과거에 기록되고 전해진 하나님의 말씀, 그리고 그 말씀을 듣는 회중 개인과 선조의 경험을 가져다가 바로 지금 현 순간의 사건으로 그 말과 경험을 재생시킵니다. 설교는 하나님에 **대한** 말을 하나님으로부터 **오는** 말로 바꿉니다. 우리가 하나님과 하나님의 방식에 대해서 듣거나 읽은 것을 가져다가 하나님의 복음의 개인적 선포로 바꾸는 게 설교입니다. 설교는 물을 포도주로 바꿉니다. 설교는 빵의 명사와 포도주의 동사를 그리스도의 살과 피로 바꿉니다. 설교는 한때 이삭과 리브가, 룻과 보아스, 다윗과 아비가일, 마리아와 엘리사벳, 베

드로와 바울, 브리스길라와 아굴라에게 개인적이었던 것을 지금
여러분에게, 그리고 제게 개인적인 것으로 만듭니다. 그 어떠한 하
나님의 말씀도 단순한 연구 대상의 문학적 유물이 아닙니다. 그
어떠한 인간 경험도 그저 후회하거나 감탄하는 죽은 역사가 아닙
니다. 모세가 계속해서 "오늘", "이날"이라고 신명기에서 강조하
기 때문에 우리는 주의를 늦출 수가 없습니다. 인간의 모든 경험
이 하나님의 온전한 계시에 의해 살아나고 구원받습니다. 그것이
바로 모세가 모압평야의 강단에서 한 일입니다. 이것을 살아라!
바로 지금!

　　모압평야는 이집트의 노예생활에서 약속의 땅의 자유로 가
는 40년간 여정의 마지막 경유지였습니다. 이스라엘 백성은 하나
님으로부터 계명, 언약의 조건, 제사의 과정 등 많은 것을 들었습
니다. 그리고 이제 요단강가에서 그곳을 건너 새 땅을 취할 준비
가 된 그들에게 모세는 이 위대한 모압의 설교를 통해서 그들이
아무것도, 그들이 경험한 하나님의 계시의 작은 것 하나라도 두고
가지 않게 합니다. 모세는 그들이 경험한 구원과 섭리의 모든 것
을 현재시제로 말합니다신 1-11장. 그는 계명과 언약의 모든 계시를
현재시제로 말합니다신 12-28장. 그리고 그들이 **오늘** 해야 할 순종과
믿음을 시행하도록 촉구하고 축복하는 말로 이 모든 것을 마무리
합니다신 29-34장.

　　"자, 이제 가자."

　　아멘.

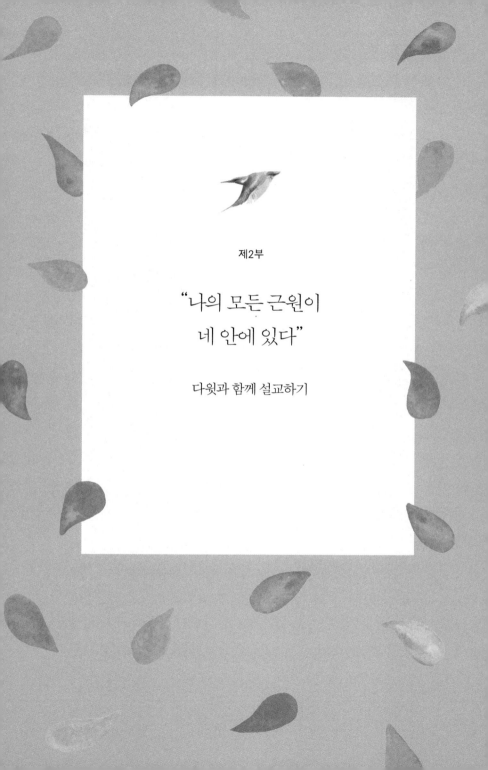

제2부

"나의 모든 근원이
네 안에 있다"

다윗과 함께 설교하기

서문

모든 것의 시작은 하나님이십니다. 우리는 "하나님께서 말씀하시고 그대로 이루어진"시 33:9 세상에 살고 있습니다. 모세와 함께 우리는, 존재하기 시작하여 창조와 구원의 이야기로 빚어지는 세계로 들어갔습니다. 하나님의 말씀을 듣고 그 말씀으로 만들어지는 이야기에 귀를 기울이는 것으로 시작했습니다.

그러나 듣고 나면 기도가 시작됩니다. 기도는 무엇보다도 듣는 방법입니다. 기도는 주의를 집중하는 행위입니다.

이것은 우리에게 익숙하지 않은 일입니다. 우리는 기도를 주도하는 것은 우리 자신이라고 생각합니다. 그러나 사실은 그렇지 않습니다. 하나님이 말씀하셨습니다. 우리는 하나님의 말씀을 듣는 세계로 들어가야 합니다.

이렇게 주의해서 듣는 법을 하나님의 백성은 전통적으로 성경의 기도서인 시편에서 배웠습니다. 우리는 시편을 기도하면서 경건하게 그리고 주의 깊게 듣는 법을 배웁니다.

　　모든 사람은 어떠한 형식으로든 기도를 합니다. 그것은 가장 인간적인 행위입니다. 우리의 가장 깊은 중심은 어떻게든 하나님과 연결되어 있습니다. 그러나 그 깊은 중심은 자신의 참 자아를 인식하지 못하고 자잘한 일과와 해야 할 일에 끌려다니는 사이에, 그리고 의미 없이 쏟아내는 말들에 가려져 종종 희미해집니다. 그러다가 갑작스레 저 밑에 있는 자기를 순간적으로 드러내는 균열을 일으키는 일이 생깁니다. 그러면 우리는 자발적으로 기도합니다. 우리가 기도하는 이유는 그것이 가장 인간적인 반응이기 때문입니다. 우리는 하나님의 음성에 의해 그리고 그 음성을 위해서 지음받았습니다. 그 음성을 듣고 거기에 응답하는 것은 우리의 가장 특징적인 행위입니다. 우리는 기도할 때 가장 우리답습니다.

　　균열을 일으키는 사건은 다양하게 옵니다. 순간적인 고통, 갑작스런 아름다움, 이어지는 기쁨. 그때 우리는 "신이여!" 하고 외칩니다. 이 외침은 불평 혹은 저주 혹은 찬양일 수 있습니다. 무엇이건 그것은 기도입니다. 우리의 깊고 깊은 중심—성경 저자들이 그토록 강력하게 '마음'이라고 지칭하는 우리 인간됨의 중심—이 노출되면, 우리는 아무 생각 없이 우리의 첫 언어로 돌아갑니다. 기도하는 것입니다.

　　어떤 사람에게는 그것이 전부입니다. 짧게 아무 때나 그렇게 외치고 마는 인생을 삽니다. 그러나 또 어떤 사람들은 그렇게 가끔씩만 참 자아가 드러나는 것에 만족하지 않고 그 일에 능통해질 수 있는 방법을 찾습니다. 그리고 그렇게 찾다 보면 종종 그러한 기도의 원천인 시편을 만나게 됩니다.

다윗은 시편을 쓰고 기도한 사람으로 가장 널리 알려져 있습니다. 그의 생애는 다른 어떤 인물의 생애보다도 성경에 자세하게 기록되어 있습니다. 성경에서 우리는 다윗보다 더 잘 아는 사람이 없습니다. 그가 어떻게 자랐고 죽었는지, 그의 친구와 적은 누구였는지, 그의 죄와 구원은 어떠했는지, 그의 승리와 패배는 무엇인지 우리는 압니다. 그 어느 것도 숨기거나 감추지 않습니다. 인간 조건의 모든 모습이 다윗의 생애 이야기에 나열되어 있습니다. 그리고 그의 생애와 함께 우리는 그 이야기의 내막인 그의 기도도 압니다. 다윗의 삶에서 일어난 모든 일은 기도가 되었습니다. 하나님의 말씀을 듣고 거기에 응답하는 기회가 된 것입니다. 다윗의 생애에서는 그 어떤 것도 그저 표면에 머물지 않았습니다. 그는 모든 것을 자기 '마음'으로 받아들이고, 내면화하고, 하나님의 사역을 위해 하나님의 이름으로 그것을 환영했습니다.

또 한 가지, 시편은 시이며 따라서 산문과 다릅니다. 산문은 어떤 것이나 어떤 사람을 묘사하거나 이야기하거나 설명하기 위해서 언어를 사용하는 방식입니다. 시는 우리를 참여시키기 위해서 언어를 사용하는 방식입니다. 시는 매우 개인적으로 언어를 사용한 것입니다. 많은 사람들이 생각하듯 멋있는 말이 시가 아닙니다. 시인들은 너무 잦은 멍때림에 흐려진 우리의 눈이, 너무 많은 수다에 먹먹해진 우리의 귀가 놓치는 것이 무엇인지를 말해 줍니다. 시인들은 우리를 실재 자체 안으로 깊이 끌어들이기 위해서 언어를 사용합니다. 시인은 인생이 어떤지 우리에게 보고하는 게 아니라 인생 안으로 우리를 밀고 끌어당깁니다. 시는 본능을 포착하려 합니다. 시는 잘 치장한 언어가 아니라 배 속에서 올라오는 언어입니다. 시어벨트^{Calvin G. Seerveld}는 시편을 "성경의 창자"라고 묘사했습니다.[1] 시는 원초적 언어입니다. 시는 우리가 몰랐던 것을 말해 주는 게 아니라 잠재되어 있던 것, 잊힌 것, 지나친 것, 혹은 억압된 것을 인식하게 해줍니다.

시편은 거의 전부가 이러한 언어 곧 시입니다. 따라서 시편은 하나님이 누구신지 혹은 우리가 따라야 하는 도덕적 행동은 무엇인지에 대한 정보를 주지 않습니다. 그것보다는 하나님 앞에서 노출되고 벼려진 인간 경험을 보게 될 것입니다. 다윗과 함께 기도하면서 우리는 기도의 상상력을 개발하게 됩니다.

이것에 익숙해지는 것은 쉽지 않습니다. 우리는 습관적으로, 하나님을 향해 이야기하기보다 하나님에 대해서 이야기합니다. 우리는 하나님에 대해서 토론하는 것을 무척 좋아합니다. 그러나 시편은 이러한 토론을 거부합니다. 시편은 우리에게 하나님에 대해서 가르치기 위해서 있는 게 아니라 하나님께 응답하는 것을 훈련시키기 위해서 있습니다. 시편은 산문과 허세의 표면을 뚫고 깊은 곳으로 바로 뛰어드는 시입니다. 우리는 거리를 두고 부담 없이 사용할 수 있는 산문이 더 편합니다. 그러나 기도는 우리로 하여금 하나님과 상대할 것을 요구합니다. 우리 삶의 전면적 개조를 고집하시는 그 하나님과 말입니다. 우리는 차라리 종교에 대한 자유 토론을 벌이고 싶어 할 것입니다. 그러나 시를 듣고 거기에

제2부 "나의 모든 근원이 네 안에 있다"

굴복할 줄 알려면 연습과 인내가 필요합니다.

&

성경을 펼쳐서 시편을 읽거나 기도하기 시작하면, 시편이 다섯 개의 섹션으로 되어 있고 각 섹션은 결론처럼 보이는 말로 끝맺는다는 것을 알게 됩니다. 시편 41편은 "이스라엘의 하나님 주께 영원히 복이 있도다! 아멘, 아멘"으로 끝을 맺습니다. 이 말은 결론처럼 들리지만 그렇지 않습니다. 다음 시편으로 이어지기 때문입니다. 시편 72편의 마지막 행은 "이새의 아들 다윗의 기도가 여기에서 끝난다"입니다. 그러나 시편은 계속됩니다. 이렇게 두 개의 "결론"이 더 있고 나서시 89:52, 106:48 시편 150편에서 이 모든 기도가 끝이 납니다. 그렇게 결론 같아 보이는 결론을 세어 보면 다섯 개입니다.

우리의 히브리 선조들이 우리를 주제넘은 기도로부터 보호하기 위해서 이 기도서를 이렇게 지혜롭게 배열한 것을 우리는 알 수 있습니다. 주제넘은 기도란, 먼저 하나님의 말씀을 듣지 않고 하는 기도입니다. 주제넘은 기도는 우리에게 주시는 하나님의 말씀은 잘해야 건성으로, 무심하게, 혹은 변덕스럽게 듣고, 인간의 말은 강박적으로, 애타게, 혹은 허세스럽게 늘려가는 기도입니다. 그러나 우리가 말하기 전에 하나님이 먼저 말씀하셨습니다. 따라서 먼저 듣지 않고 기도하면 맥락을 벗어나서 기도하는 것입니다.

주제넘음을 보호하기 위해서 시편은 다섯 권으로 편집이 되었습니다. 기도는 토라의 다섯 책에 대한 응답임을 보여주기 위해서입니다. 우리 삶의 서사는 창세기, 출애굽기, 레위기, 민수기, 신명기의 모세오경으로부터 그 형식을 전수받았습니다. 생명의 시작(창세기)에서부터 생명의 충족(신명기)은 하나님의 창조하시고 구원하시고 공급하시고 축복하시는 말씀의 결과입니다. 하나님의 말씀에는 그 **저자의 권위**가 있습니다. 그것은 이 세상과 우리의 삶에 주는 서사의 형식입니다. 이야기가 존재할 때 구원은 그 이야기의 플롯입니다. 따라서 우리는 개인들의 이야기(다윗의 인생이 그 이야기를 우리에게 줍니다)를 인식하면서 기도해야 할 뿐만 아니라, "아주 오래된 이야기" 곧 구원 이야기의 맥락에서 기도해야 합니다. 우리의 일상생활은 서사의 구조를 가지고 있지만, (우리가 사는 더 큰 맥락인) 성경도 서사의 구조로 되어 있습니다.

  언어는 그 성질상 독백이 아니라 대화입니다. 하나님은 자신의 구원 플롯을 자기 이야기에 나오는 사람들에게 강요하시지 않습니다. 하나님은 반응을 듣기 위해서 말씀하십니다. (우리 모두가 등장하는) 이야기에 나오는 각 사람의 성품은 그 내면에서부터, 서로 대화를 주고받으면서, 각자의 리듬과 보조에 맞게 형성됩니다. 우리는 하나님이 우리에게 말씀하시는 구원의 세계에 살고 있습니다. 우리는 어떻게 반응해야 합니까? 이 일에 우리는 서툽니다. 시편은 이 응답의 언어를 우리에게 지도하고 훈련시키고 또한 우리가 거기에 깊이 잠기게 합니다. 이 응답이 기도에서 우리가 맡은 몫이고, 그 대화를 통해서 하나님의 형상으로 만들어지고 그리스도의 피로 구원받은 우리의 존재는 내적으로 성숙해 갑니다.

  시편을 통해서 우리는 이 대화에서 우리의 목소리를 찾습니다. 기도할 때 우리는 단지 우리의 기분만 말하지 않습니다. 우리의 대답을 말합니다. 진실로 하나님께 응답하면 우리가 하나님께 못할 말이 없습니다.

그러나 유의해야 할 것은 정해진 답은 없다는 것입니다. 예를 들어, 시편 19편과 창세기 19장이 서로 구절마다 상응하는 게 아닙니다. 편집 방식이 그렇다고 해서 그게 해답지는 아닙니다. 시편은 대화에 적합한 언어에 우리가 깊이 젖어들 수 있게 해줍니다. 시편을 통해서 우리는, 변화하는 자신의 삶과 자라나는 믿음의 수준에 따라, 하나님이 성경을 통해서 그리고 그리스도를 통해서 말씀하시는 것에 정확하게 반응할 수 있는 개인적 언어를 익히게 됩니다. 우리는 하나님이 하시는 모든 말씀에 반응할 수 있도록 충분히 개인적이면서도 적절하게 넓은 범주의 단어와 구문론이 필요합니다.

이 유난스럽지 않은 다섯 책의 배열은, 무심결에든 고의로든, 하나님의 말씀을 듣고 거기에 응답하는 것 이외의 방식으로 주제넘게 기도하려는 것을 막아 주기 위해서 조용히 그러나 고집스럽게 마련된 것입니다.

1

"아침의 모태에서"

시편 110편
마태복음 22:41-46

우리가 만약 1세기에 살면서 다른 그리스도인들과 함께 예배를 드렸다면, 설교 본문이 시편 110편이었을 가능성이 매우 큽니다. 하지만 여러분은 그렇게 오래 교회를 다녔어도 시편 110편으로 하는 설교는 한 번도 들어 보지 않았을 것이라고 저는 예상합니다.

초대 그리스도인들은 우리가 오늘날 보는 것과 같은 성경이 없었습니다. 그들의 성경은 오늘날 우리가 구약성경이라고 부르는 히브리 성경이었습니다. 예수께서 죽으시고 부활하신 이후 바울의 첫 편지가 나타나기 시작한 무렵인 25년 정도 동안은, 예수님이 "육신으로 계실 때"히 5:7에 그분을 알았던 목격자들의 이야기를 듣고 그들로부터 들은 것을 회자하는 게 그들이 예수님에 대해서 아는 전부였습니다. 예수님이 들려주신 이야기, 예수님이 하신 기억에 남는 말, 예수님이 함께 시간을 보내신 사람들, 예수님이 받아들인 아웃사이더들, 그리고 물론 예수님의 십자가 죽음과 부활 그리고 승천 이야기가 그 목격담에 들어 있었습니다. 2세기가 되어서야 교회는 지금 우리가 가지고 있는 형태의 사복음서를 가지게 되었습니다.

೧

유대인들은 메시아를 믿는 사람들이었습니다. (문자적으로 '하나님이 기름부으신'이라는 뜻의) 메시아라는 말은 그들에게 익숙한 단어였습니다. 그들은 오랫동안 하나님이 기름부으신 지도자, 곧 왕과 제사장으로 따로 기름을 부어 세운 지도자를 두었습니다. 그러나 '왕'이라는 말을 독재자와 그의 군대와 연결시키고, '제사장'이라는 말을 거대한 성전과 비인격적으로 종교생활을 통제하는 남자들과 연결시킨 가까운 이교 문화의 영향을 받아 왕이라는 단어와 제사장이라는 단어가 철저하게 오염이 되었습니다. 유대교 공동체 안에서 제사장이라는 단어는 오래전부터 도덕적 방탕, 탐욕, 욕심과 야망, 교만과 허세로 타락해 있었습니다.

당시에는 메시아에 대한 기대로 가득 차 있었습니다. 유대인들은 로마가 점령한 사회에 살고 있었고 그래서 거기에서 건짐받기를 바랐습니다. 그리고 물론 그 기대에 따라 다양한 구원 이야기와 구원자들과 기적을 행하는 사람들이 등장했습니다.

예수님 당시에 메시아에 대한 사람들의 기대는 왕이나 제사장에 대한 기대였습니다. 왕은 물론 군대를 가진 독재자를 의미합니다. 그게 바로 예수님 당시 지도자의 대중적 이미지였습니다. 그러나 유대인들에게 이러한 지도자는 적이었습니다. 그들은 과도한 세금을 걷었고 폭력으로 평화를 유지했습니다. 로마의 권위를 행사하는 일반적 방법은 십자가형에 의한 사형이었습니다. 1세기의 유대인들은 자신들의 상황이 못마땅하여 언덕에 게릴라 조직을 만드는 사람들이 많았습니다. 그들은 로마의 잔인한 십자가에 대항해 단검이나 칼과 같은 자신들의 폭력 무기로 증오스런 로마의 통치를 제거하려 했습니다. 그리고 그러한 유대인들을 일컫는 이름이 바로 열심당이었습니다.

그들이 기대한 메시아로서 제사장은 예루살렘에 있는 찬란한 솔로몬의 성전에서 사람들의 예배와 종교 관습을 통제하며 권력을 행사하는 사람이었습니다. 그러나 예수님이 오시기 전 몇 세기 동안 그들이 경험한 제사장들은 하나님보다 돈을 훨씬 더 사랑하고, 호화로운 저택에 살며, 성전을 사업의 장소로 이용하던 사람들이었습니다. 열심당이 로마의 폭력과 세금 징수에 대항했다면, 성전 제사장들의 타락과 신성모독에 대항한 그룹도 있었습니다. 이러한 제사장 제도와 선을 긋는 유대인들을 부르는 명칭은 에세네파였습니다. 오늘날 이들은 엄격한 훈련과 절제된 도덕성을 갖춘 공동체로서 지난 세기에 쿰란 지역에서 발견된 사해 사본을 남긴 사람들로 기억되고 있습니다. 이들은 유대인 중에서 소수였지만 매우 존경받고 영향력 있는 사람들이었습니다. 예루살렘 성전의 타락한 대제사장 제도를 훈련되고 순결한 제사장 제도로 바꾸려 했고, 그렇게 되면 하늘 천사의 군대가 거룩한 전쟁을 통해 메

제2부 "나의 모든 근원이 네 안에 있다"

시아의 시대를 열 것이라고 생각했습니다.

매우 전투적이었던 열심당과 도덕적으로 훈련된 에세네파는 서로 다른 전략을 구사했지만, 폭력과 강압이 메시아의 성격 중 하나라는 생각은 공유했습니다. 양날의 칼을 쓰는 폭력(열심당)과 종말에 천사들이 와서 쓰는 폭력(쿰란의 에세네파)의 차이만 있을 뿐이었습니다.

❧

그런데 바로 그때 예수님이 등장했습니다. 예수님을 메시아라고 처음 부른 사람은 베드로였습니다("주님은 그리스도십니다" 마 16:16). 그러나 거기에는 문제가 있었습니다. 베드로가 메시아라고 부른 이 예수는 전형적 메시아의 모델과 완전히 달랐던 것입니다. 그분은 군대도 없었고, 칼도 없었으며, 천사들의 개입도 없이 살해 당했습니다. 게다가 그분은 제사장의 가운을 걸치지 않은 제사장, 가난한 사람과 아웃사이더들과 어울린 제사장, 나병 환자를 만지고 평판이 좋지 않은 여자를 치유하는 제사장, 안식일 규칙을 무시하는 제사장, 정치적으로 의심 가는 사람들과 어울리는 제사장이었습니다.

메시아 예수는 왕처럼 보이지 않는 왕이었습니다. 예수님이 빌라도 앞에서 목숨이 걸린 재판을 받을 때, 로마 황제와 자랑스러운 로마의 법 제도를 대변하는 이 총독은 판결을 내려 정의를 구현하기를 거부하고 군중의 손에 예수님을 맡겨 분명한 죄목 없이 십자가에서 죽게 했습니다.

메시아 예수는 제사장처럼 보이지 않는 제사장이었습니다. "머리 둘 곳도 없는"마 8:20 예수님은 대제사장 가야바 앞에서 재판을 받았는데, 가야바는 화려한 궁에서 살면서 부자와 권력가와 좋은 관계를 유지하는 사람이었습니다.

베드로의 고백은 군사적 힘을 가지고 권위를 행사하는 왕을 기대해 온 세월, 도덕적·종교적 행위를 통제하고 규제하는 제사장을 기대해 온 세월을 무로 만들어 버렸습니다. 예수님은 왕궁도 군대도 없는 왕, 성전도 전례도 없는 제사장이었던 것입니다.

베드로의 고백이 있고 세 달 정도 후에 예수님은 죽었습니다. 십자가에서의 공개적 죽음이었습니다. 그래서 목격자들이 많았습니다.

◊

그런데 부활이라는 사건이 일어났습니다! 그 사건의 충격을 어떻게 받아들일까요? 첫 그리스도인들에게 그것은 힘든 일이었습니다. 고통스럽게 십자가에서 죽어가는 예수를 지켜본 후유증이 아직도 남아 있었는데, 그분이 이제 살아서 그들 앞에 나타나신 것입니다. 예수님은 그냥 잠깐 나타나신 게 아니었습니다. 40일간을 머물면서 그들과 이야기하셨고, 그들은 예수님을 만지기도 하고 예수님과 함께 먹기도 했습니다. 이 불가능한 사건을 소화하는 데 40일이라는 시간이 걸렸습니다. 예수님과 함께 시간을 보내면서 그들은 예수님의 십자가 죽음은 죄의 죽음이고 그분의 부활은 영원한 생명의 탄생이라는 것을 서서히 깨달았습니다.

그 깨달음과 함께 예수님의 추종자들은 상상력의 혁신을 일으켰습니다. 그리고 그것은 시편 110편에서 시작되었습니다. 십자가에 달리시기 일주일 전에 예수님은 바리새인과 사두개인들의 적대적인 심문을 받으셨습니다. 예수님은 그들에게 시편 110편을 언급하시면서 메시아의 정체성에 대해서 물었고, 그것으로 그들의 심문에 종지부를 찍으셨습니다. 그들은 그 질문에 대답을 할 수가 없었습니다. 예수께서 시편 110편을 인용하심으로써 그들의 입을 다물게 하신 것입니다. 그리고 마태, 마가, 누가는 이 사건을 기록으로 남겼습니다.

그로부터 며칠 후 예수님이 돌아가시고 나자, 예수님의 추종자들은 메시아에 대한 그들의 기존 인식을 완전히 재구성해야 했습니다. '매우 평범한 이 목수로 하여금 메시아의 자격을 충족하게 할 수 있는 방법이 있는가? 정의로 다스리고 사람들을 거룩하게 해주실 메시아 말이다. 예수님 자체로는 참 대단했지만, 우주적이면서도 동시에 친밀한 존재의 조건을 충족시키는가?' 그들은 그렇다는 결론을 내리게 되었습니다.

☙

부활하신 예수님과 함께 시간을 보낸 뒤, 그들은 창세기부터 말라기까지 있는 자신들의 히브리 성경을 새로운 눈으로 읽기 시작했습니다. 그들은 자신들과 함께 살았던 예수로 나타나신 메시아, 그분의 탄생, 인생, 죽음, 부활 그리고 승천에 대한 단서와 암시를 찾아 성경을 샅샅이 뒤지기 시작했습니다.

이 첫 그리스도인들은 성경을 열심히 읽으면서 예수님이 계시하신 그대로의 메시아에 대한 단서와 암시를 성경 곳곳에서 발견했습니다. 그들은 행간을 읽고 추론하고 해석하고 그들이 알았던 예수라는 사람의 배경을 찾아가면서 메시아에 대한 복선을 발견할 때마다 기뻐했습니다. 그리고 그리스도 예수의 이야기를 서사로 발전시키면서 그들이 예상하지 못했던 충만함을 발견했습니다. 이제 그들은 그토록 오랫동안 성경 전체에 내포되어 있던 깊이와 넓이를 깨달았습니다. 나중에 성령께서 그들 중 네 명인 마태, 마가, 누가, 요한을 감동시키셔서 다음 세대를 위해 그 이야기를 쓰게 하셨을 때, 그들은 성경에서 자신이 발견한 문장과 문구들을 자신의 글에 엮어 넣었습니다. 그리고 나중에 신약성경으로 모아진 글 중에서 가장 먼저 글을 썼던 바울은 히브리 성경을 반영하지 않고는 거의 글을 쓰지 못할 정도였습니다.

예수님의 이야기는 예수님에게서 시작되지 않았습니다. 예수님의 주된 업무인 구원의 일은 아주 오래전에 시작된 일입니다. 예수님은 이 세상의 기초가 놓이기 전에 작동되었던 주제와 에너지와 운동이 함께 모여지는 사건이었습니다. 그래서 예수님의 이야기는 우리가 오늘날 구약성경이라고 부르는 메시아 전통의 전체 맥락 안에서 기록되었습니다. 예수님을 왕이자 제사장으로 강조하기 위해서 그들은 적합한 문구와 단어와 이미지를 자신들의 이야기에 엮어 넣었습니다. 예수님은 그들이 알았던 그 어떠한 왕이나 제사장과도 달랐지만, 그래도 여전히 왕이자 제사장이셨습니다.

이 초기의 그리스도인들은 철저하게 성경적 상상력을 부지런히 만들어 갔습니다. 그 상상력은 포괄적이었고, 그들의 생애에서 예수님을 통해 성취된 상상력이었습니다. 그 예수는 메시아, 그리스도였습니다.

그리고 이제 우리는 마태와 마가, 누가와 요한, 바울과 그 외 다른 저자들이 쓴 것을 읽으면서 수 세기 동안의 기대를 지금 우리가 살고 있는 이야기에 혼합시킨 그들의 능력에 감사하고 감탄합니다.

ᴇᴈ

이 작업을 하다 보니 그들이 가장 좋아하고 가장 자주 언급한 본문이 시편 110편이 되었습니다. 시편 110편은 열다섯 번 인용이 되거나 암시가 되는데, 여덟 번은 직접 인용이고 일곱 번은 암시입니다. 마르틴 루터Martin Luther에게 시편 110편은 "우리 주 예수 그리스도를 다루는 주요 시편"이었습니다.[2] 이 메시아 전통에서는 시편 110편 만한 게 없었습니다. 1세기의 그리스도인 공동체는 성경에 나오는 메시아에 대한 예견을 생각하고 토론하고 암송하고 묵상했지만, 그중에서도 시편 110편을 가장 가까이 했습니다. 시편 110편은 매우 중요하고 전략적인 시편이었고 앞으로도 그럴 것입니다. 아주 기술적으로 생생하게 기록된 이 시편은 예수 그리스도를 믿으며 사는 모든 사람에게 토대가 되는 하나님의 말씀입니다.

시편 110편은 왕과 제사장에 대한 대중적 이미지를 완전히 뒤집습니다. 이 무렵 예수님을 따르던 초기의 그리스도인들은 이 왕 곧 예수님이 죽임을 당하셨고, 이 제사장 곧 예수님이 성전의 제사 제도를 척결하고 자기 자신이 제물이 되셨다는 것을 알았습니다.

시편 110편의 두 문장은 야웨 곧 '주님'the LORD이 직접 하신 말씀인데, 그중 하나는 '내 주'my lord를 향한 것입니다. 이제 그리스도인들은 '내 주'가 예수님인 것을 알았습니다. 1절은 "주[야웨]께서 내 주[예수]에게 말씀하시기를 '내가 네 원수들을 네 발등상으로 삼을 때까지 너는 내 오른편에 앉아 있어라'"는 말로 시작이 됩니다. 그리고 중간쯤 가서 4절에 이런 말씀이 나옵니다. "주[야웨]께서 맹세하셨고 생각을 바꾸지 않으실 것이다. '너[예수]는 멜기세덱의 계열을 따라 영원한 제사장이다.'"

"야웨께서 말씀하시기를…….""야웨께서 맹세하시기를…….""그런데 야웨가 말씀하신 대상은 두 번 모두 주 곧 초기 그리스도인들이 이제는 메시아 곧 예수로 알고 있는 사람이었습니다.

이 두 문장이 이 시편의 틀을 이룹니다. 즉 성부 하나님께서 성자 하나님께 말씀하신 것이 이 시편의 틀입니다. 그래서 시편 110편이 초기 기독교 공동체에서 두드러지게 사용되었던 것입니다. 이 사람들은 무엇보다도 하나님이 예수님께 무엇이라고 말씀하셨는지에 관심이 있었습니다. 복음에 대한 그들의 갈증은 쉽게 해소되지 않았습니다. 하나님의 말씀에 대한 그들의 식욕은 끝이 없었습니다.

제2부 "나의 모든 근원이 네 안에 있다"

여러분은 어떻게 생각하십니까? 하나님이 하시는 말씀에 대한 이러한 집중력이 20세기가 그것을 유기하는 것에 대한 설명도 되지 않겠습니까? 생각해 보시기 바랍니다. 미국 문화에서 가장 많은 청중을 불러 모으는 목소리는 자아의 대변자이고, 때로는 종교적 자아의 대변자입니다. 어쨌든 자아입니다. 내가 우선이라는 뿌리 깊은 인식이 우리의 경제 제도 안에 구조화되었고, 우리의 심리학에 의해 면죄를 받았습니다. 그리고 이제 우리는 그와 비슷한 모습의 종교를 가지게 되었습니다. 인간적 가능성을 키워 줄 종교, 우리를 기분 좋게 해줄 복음을 가지게 된 것입니다. 우리는 더 나은 생활수준으로 나타나는 기도를 원하고, 일정한 시간 간격으로 우리의 지루함을 달래 줄 기적을 원합니다. 우리는 소비자의 관점에서 성경을 대하고 값싸게 물건을 구입하려는 사람처럼 성경을 뒤적입니다. 신이 아름다운 일몰과 교향곡에 더할 무엇을 주시지 않을까 하는 생각으로 감정의 향연을 기대하며 예배에 옵니다. 우리는 "네가 밤을 두려워하지 않고, 낮에 날아가는 화살도 두려워하지 않을 것"^{시 91:5-6}이라는 말씀을 읽고 마음의 안정을 얻습니다. "여호와는 우리의 죄에 따라 우리를 대하시지 않는다"^{시 103:10}는 말씀을 읽고 스스로를 너무 심하게 대하지 않았나 생각합니다. 그러다가 "주께서 말씀하시기를……, 주께서 맹세하시기를……"이라는 말씀이 나오면 주식 시장이 어떤지 보려고 신문을 집어 듭니다.

우리는 어쩌면 1세기의 그리스도인과 크게 다르지 않을지도 모릅니다. 그들도 그렇게 했습니다. 그러나 1세기의 놀라운 점은 감각적이고 기회주의적인 종교가 지배하는 사회에서 큰 숫자는 아니지만 **하나님**이 하시는 말씀에 귀를 기울이고자 하는 사람들이 있었다는 것입니다. 그 말씀에 집중하게 해주고 그 말씀을 명확하게 해주는 시편이 그들이 가장 좋아하는 시편이 될 정도로 그들은 귀를 기울였습니다. 시편 110편은 그들을 하나님께 집중하게 해주고, 하나님이 예수님께 하신 말씀을 집중해서 묵상하게 해주는 시금석이 되었습니다. 우리 미국에서도 그와 비슷한 기호를 가진 사람들이 아직도 있다는 사실은 힘이 됩니다. 그 소수에 속하기로 택하는 사람들에게 시편 110편은 우리 삶에 하나님의 말씀을 우선순위로 세우는 중요한 역할을 계속해서 하고 있습니다.

이 선택은 결정적입니다. 다른 시편은 이에 근접하지 못합니다. 1세기의 그리스도인 공동체는 시편 110편을 생각하고 토론하고 암송하고 묵상했습니다. 이 시편은 하나님의 말씀을 **듣는** 하나님의 백성으로서 그들의 정체성을 형성했습니다. 이 시편은 매우 중요하고 전략적인 시편입니다. 기술적이고 강렬하게 구성되었고, 예수 그리스도를 믿으며 사는 모든 사람을 위해 본질적이고 토대가 되는 하나님의 말씀을 제시합니다.

예수님은 왕이십니다. 예수님은 제사장이십니다. 의문의 여지가 없습니다. 그러나 예수님은 우리가 습관적으로 정의하는 그 단어의 의미대로의 왕이나 제사장이 아니십니다. 우리는 예수님이 예수님의 방식으로 왕과 제사장이 되시게 해야 합니다.

예수님의 삶과 죽음과 부활에서 흩어져 있던 모든 진리와 계시의 조각들이 하나의 유기적인 전체 곧 충격적인 구원의 행위로 모아졌습니다. 메시아에게서 왕과 제사장의 구분된 기능, 다스리는 일과 구원하는 일이 하나가 되었습니다. 왕은 인생을 다스리고 지도하는 하나님의 권능을 대변합니다. 제사장은 갱신하고 용서하고 회복하는 하나님의 권능을 대변합니다. 왕궁과 연관되어 있는 왕은 외적 영역인 정치세계에서 일을 했고, 성전과 연관되어 있는 제사장은 영이라고 하는 내면세계에서 일을 했습니다. 왕은 수평적이고 세상적인 관계를 담당했습니다. 제사장은 수직적이고 하늘에 속하는 관계를 담당했습니다. 한 사람은 삶에 구조를 주고, 또 한 사람은 구조에 생명을 주었습니다.

메시아 안에서 이 두 가지 역할은 전체의 부분들입니다. 하나님이 통치하시고 하나님이 구원하십니다. 우주의 모든 부분들이 제자리를 찾아갑니다. 영의 모든 갈망이 한 가지 목표를 발견합니다. 외적 삶과 내적 삶이 하나의 삶이 됩니다. 그것은 왕과 제사장, 주님과 구원자이신 예수 그리스도 안에 있는 하나님의 생명입니다.

예수 그리스도는 모든 것을 모으고 중심을 잡아 주는 분이십니다. "내 마음을 하나로 모아 주님의 이름을 두려워하게 하소서"시 86:11라는 옛 기도가 응답을 얻은 것입니다. 수백 명의 신을 만족시키고 수천 명의 마귀를 피하려는 정신없는 시도들은 이제 끝이 났습니다. 하나님께 더 가까이 가게 해주는 방안을 찾고 그에 필요한 지식을 얻으려 하던 절박한 시도들도 이제 끝이 났습니다. 천국 가는 표를 얻으려고 강박적으로 도덕적 행위에 매달리던 것도 이제 끝났습니다. 도덕적 노력과 미신적 환상은 이제 시대에

뒤진 것이 되었습니다.

♋

"주께서 내 주에게 말씀하시기를 '내가 네 원수들을 네 발 등상으로 삼을 때까지 너는 내 오른편에 앉아 있어라.'……'너는 멜기세덱의 계열을 따라 영원한 제사장이다'"시 110:1, 4. 그리고 아무런 전환 없이 이 왕과 제사장이 뜻밖의 은유로 혼합이 됩니다. "아침의 모태에서 이슬 같은 주님의 청년이 주께 나아올 것입니다"시 110:3. 제가 이 기도에서 가장 좋아하는 구절입니다.

어떤 그리스도인들은 마리아의 모태에서 예수님이 탄생할 것에 대한 예고로 이 구절을 해석합니다. 로날드 녹스Ronald Knox는 자신의 번역에서 그러한 관점을 반영합니다. "너는 내 아들, 샛별이 뜨기 전의 새벽이슬처럼 태어났다"시 110:3, KNOX. 아침의 모태, 마리아의 모태가 "세상의 기초가 놓이기 전에"엡 1:4 태어나신 아기 예수를 낳는다는 뜻입니다. 초기 그리스도인들은 구전을 통해서 처녀 마리아의 모태와 거기에서 태어난 예수님의 이야기를 알았을 것입니다. 그들은 분명 이 부분에서 특별한 기쁨을 발견했을 것입니다. 마리아의 모태가 예수님을 "새벽이슬"처럼 낳는다. 이슬은 눈에 띄지 않고, 오염되지 않은 채, 아무런 허세 없이 새벽 이른 빛에 반짝입니다. 밭에 물을 줄 비를 기대했다면 쉽게 놓칠 수 있는 게 이슬입니다. '왕'과 '제사장'은 크고 지배적인 은유들입니다. 마리아의 모태는 그것과는 사뭇 다른 오염되지 않은 친밀함과 온유함을 낳았습니다. 찬란한 왕과 거룩한 제사장의 이미지는 이제 새벽에 태어난 사랑하고 흠모할 이 아이 안에 혼합이 되었습니다.

예수님 자신이 작고 쉽게 간과할 수 있는, 사소해 보이는 은유—소금, 씨앗, 누룩—로 우리의 상상력을 자극해서 작은 것 안에서 본질을 찾게 하는 것을 즐기셨습니다. 그러한 사소한 것 중하나가 이슬입니다. 이슬처럼, 네 청년 예수가 네게 올 것이다. 이슬은 아침이 오기 전에 내려서 정원이나 밭에 나가 걸을 때 '이게 어떻게 여기에 왔지?' 하고 묻게 됩니다. 폭우도 비도 오지 않았습니다. 그런데 거기에 있습니다. 동정녀 탄생입니다.

왕, 모태, 제사장이라는 은유의 조합이 모태를 그 중심으로 해서 어떻게 상호작용하는지 우리는 쉽게 알 수 있습니다. 그래서 이 간결한 시-기도가 첫 그리스도인들의 상상력 안으로 들어왔고, 왕의 영광과 제사장의 거룩함과 마리아의 모태에서 나온 이슬을 혼합하여 메시아를 근본적으로 재구성했습니다. 바로 예수님입니다.

아멘.

2

"산 자들의 땅"

시편 116편
고린도후서 4:13-18

여러분에게 소개할 성경본문과 이야기가 있습니다. 성경본문은
시편 116편입니다. 그중에서도 "산 자들의 땅"에 주목하려 합니
다시 116:9, 참고. 27:13, 52:5, 142:5. 그리고 이야기는 채리티라고 하는 다소 예
전에 많이 쓰이던 이름을 가진 여자아이에 대한 이야기입니다. 성
경본문은 잠시 후에 보기로 하고 먼저 채리티의 이야기를 들려드
리겠습니다.

  이 일이 있었던 당시 채리티는 통통하고 대범하며 귀엽고
말이 많은 다섯 살짜리 아이였습니다. 제가 채리티를 알게 된 것
은 그 아이의 조부모를 통해서였습니다. 그 집을 방문할 때면 가
끔 채리티를 만날 기회가 있었습니다. 그 아이의 외할머니인 제
친구 브렌다가 이 이야기를 들려주었습니다. 브렌다가 채리티 집

을 방문했을 때였습니다. 채리티의 친할머니가 한참을 머무르시다가 바로 전날 원래 사시는 동부로 돌아가신 직후였습니다. 그 친할머니는 제가 한 번도 만난 적이 없지만, 신실한 그리스도인으로서 영적인 면에서 할머니 노릇을 제대로 하는 것을 아주 중요하게 생각하시는 분이라는 것은 알았습니다.

브렌다가 도착한 다음 날 아침, 채리티가 다섯 시부터 할머니 방으로 와서는 침대로 기어들더니 그 옆에 웅크리고는 말했습니다. "할머니, 우리 하나님 얘기God-talk는 하지 말아요, 네? 하나님은 어디에나 계시다는 거 나도 아니까, 우리 그냥 평소처럼 지내요Let's just get on with life."

저는 채리티를 좋아합니다. 아주 많이 좋아합니다. 그리고 그 아이가 중요한 무엇을 간파했다고 생각합니다. 그 아이가 간파한 것은 그리스도인으로서 우리가 하는 일의 중심에는 삶이 있다는 것입니다. 또한 우리가 비인격적으로 언어를 사용하면, 우리가 이야기하는 그 사람과 관계를 맺지 않으면, 거기에서 생명이 빠져나간다는 것입니다. 특히 우리가 '하나님', '예수님', '기도', '믿음'과 같은 단어들을 사용할 때 그런 현상이 더욱 두드러지게 나타납니다. 그럴 때 우리는 그냥 종교적인 이야기만 하는 것입니다. 하나님에 대해서 말은 하지만 거기에는 하나님이 없는 것이지요.

이 구원의 삶, 그리스도인의 삶은 살아야 하는 삶이지 그저 이야기하거나 글로 쓰는 삶이 아닙니다. 생명이 우리 말에서 빠져나가 버리면, 우리의 말 안에 더 이상 성령의 기도가 없다면, 고역스러운 종교적인 이야기로 채리티와 그의 많은 인내하는 친구들을 불쾌하게 하거나 배신할 확률이 높습니다. 채리티는 먼저 오신 친할머니와의 대화에서는 무언가 부족한 게 있다고 느꼈고, 그래서 그다음에 오신 외할머니는 그것을 채워 주시기를 바랐던 것입니다. 그래서 "우리 그냥 평소처럼 지내요"라고 했던 것입니다.

채리티가 할머니와의 관계에서 기대했던 것은, 하나님이 종교적 이야기로 비인격화되지 않고 일상에서 생생한 임재로 경험되는 것이었습니다. 말과 행동에서 하나님과 삶이 유기적으로 하나가 되는 그러한 일상 말입니다.

'산 자들의 땅'이라는 문구는 우리가 사는 이 세상을 지칭하는 말로 제가 택한 것입니다. 그리스도인의 삶이란 삶이고, 삶이며, 또 삶이기 때문입니다. 예수님을 따르는 것도 삶이고, 삶이며, 또 삶입니다. 우리는 살아 계신 구주, 부활하신 그리스도를 섬기는 사람들입니다. 예수님도 그렇게 말씀하셨습니다. "내가 온 것은 그들로 삶을 얻게 하고 더 풍성하게 얻게 하려는 것이다"요 10:10, ESV. 그리스도께서 창조하시고 구원하신 삶은 다른 많은 것들 중 하나가 아닙니다. 그것은 우리가 사는 거대한 나라입니다. 창조세계 어디를 보든, 성경 어디를 읽든, 성도의 무리로부터 무엇을 듣든, 그것은 삶에 대한 것입니다.

이보다 더 자명한 것은 없습니다. 그럼에도 우리 모두가 목격하듯, 이보다 더 큰 위험에 처한 것도 없습니다. 너무도 자주 육신이 되신 살아 계신 말씀이 방부 처리된 시신처럼 해석학의 표본으로 정리가 됩니다. 그래서 결국 종교적 이야기만 남게 되는 것입니다. T. S. 엘리엇은 이렇게 표현했습니다.

침묵의 지식이 아닌 말의 지식,

말에 대한 지식, 그리고 말씀에 대한 무지……

살면서 우리가 잃은 삶은 어디로 갔는가?[3]

❧

오늘 우리의 본문은 시편 116편에 나옵니다. 이것은 기도, 곧 하나님과 대화하는 언어입니다. "내가 주를 사랑하는 것은 그분이 내 음성과 내 간구를 들어 주셨기 때문이다"시 116:1. 기도는 가장 생생한 언어입니다. 하나님이 우리 안에 불어넣으신 숨을 하나님을 향해 내뱉는 것입니다. 기도할 때 우리는 언어의 근원에 가까운 언어를 사용하는 것입니다. 세례를 받은 우리는 그 정체성을 가지고 구원의 나라, 산 자들의 땅의 모국어를 익힙니다. 이곳이 우리가 사는 땅입니다. 이 땅에는 언어가 있습니다. 프랑스에 살기로 했다면, 그곳에 잘 정착해서 그 땅에서 일어나는 일들에 두루 참여하며 살기 위해서 프랑스어를 배우는 게 중요합니다. 우리가 삼위일체의 이름으로 세례를 받고 들어간 산 자들의 땅에서도 마찬가지입니다. 시편은 이 언어가 가장 풍성한 책입니다. 시편은 문법과 동사, 단어와 숙어의 기본을 배울 수 있는 학원입니다. 그것을 배워야 우리는 산 자들의 땅을 지나가면서 거기에서 어떤 일들이 일어나는지, 어디에 무엇이 있는지를 알 수 있고, 완전히 헤매지 않고 자기 길을 찾아갈 수 있습니다.

이 언어의 지배적 특징은 그것이 본질적으로 그리고 한결같이 인격적이라는 것입니다. 우리가 하나님을 추상적인 대상이나 사상이나 프로젝트로 비인격화시키는 방식으로 이 언어를 사용하면, 우리 말에서 생명이 빠져나가 버립니다. 종교적인 이야기밖에 안 남습니다. 그리고 이렇게 하나님에 대해서 사용된 비인격적이고 비관계적인 언어는 머지않아 우리의 동료들과 사용하는 언어에도 영향을 미쳐서 그들을 비인격적인 목적이나 프로젝트나 문제로 축소시켜 버립니다. 종교적 이야기는 하나님을 정보, 조작, 선전 그리고 수다의 언어로 비인격화시킨 인간의 언어입니다.

생명과 언어는 우리가 아닌 하나님으로부터 비롯됩니다. 따라서 인생은 결코 우리가 다 아는 것처럼 떠맡아서 우리 마음대로 하고 우리 소유처럼 취급할 수 있는 게 아닙니다. 우리는 사회적 존재이고, 우리에게 가장 친밀한 사회는 삼위일체입니다. 우리는 처음부터 어딘가에 속한 존재이고, 우리가 속한 일차적 대상은 성부, 성자, 성령입니다. 하나님과 하나님의 모든 존재와 행위와 말씀이 우리보다 먼저 있었습니다. 그리고 우리는 "혈통이나 육신의 뜻이나 사람의 뜻으로 태어난 게 아니라, 하나님에게서 났습니다" 요 1:13, NRSV.

우리는 삼위일체 하나님 안에서 "살고 움직이고 존재합니다" 행 17:28. 이 하나님은 말씀하시는 하나님이시고, 그 말씀을 통해서 자신을 드러내십니다. 우리의 하나님은 자신을 알리십니다. 무엇보다도 예수님을 통해서, 그리고 성경과 성례를 통해서, 그리고 거기에서 파생하는 수많은 방식으로 계속해서 자신을 알리십니다. 채리티의 "우리 그냥 평소처럼 지내요, 네?"라는 말을 따라 우리는 정말로 자신을 알리시는 하나님과 많은 시간을 보내야 하고,

듣고 침묵하며, 간구하고 찬양하며 그분의 계시를 받아야 합니다.

그리스도인의 삶은 우리가 무엇을 **하는** 게 우선이 아닙니다. 그리스도인의 삶은 영 곧 '성령'에 의해 건강하고 성숙하게 형성되는 삶입니다. 그리스도인의 삶을 우리가 참여하는 프로그램이나 일과 혹은 우리가 터득하는 기술로 이해하면 심각하게 궤도를 벗어나게 됩니다.

첫째, 모든 말씀, 모든 문구, 모든 문장, 모든 침묵은 인격적이고 관계적으로 받아야 합니다. 하나님은 비인격적으로 자신을 알리시지 않습니다. 하나님은 자신을 사물이나 사상이나 프로젝트로 우리에게 주시는 게 아니라, 인격적이라고 하는 것과 연관된 모든 친밀함을 가지고 개인적으로 자신을 주십니다.

둘째, 우리가 참여하는 이 '산 자들의' 땅과 언어는 언제나 반응이어야 합니다. 오늘날 쓰는 끔찍한 신조어를 빌려 말하자면, 선점주도(proactive, 'pro'와 'active'의 조합으로 사후에 반응하는 게 아니라 미리 일을 만들어 주도해 나간다는 뜻이다—옮긴이)가 아닙니다. 우리는 이러한 반응과 종속의 성질을 표현하기 위해서 흔히 '믿다', '받다', '순종하다', '소망하다'라는 말을 사용합니다. 그러나 이러한 참여의 시작이 되는, 아무것도 하지 않는 인내에 대해서는 별로 생각하지 않습니다. 우리는 빨리 무엇을 하고 싶어 안달을 냅니다. 그러나 모든 진정한 기독교적 창조의 삶은 일종의 의지적 수동성에서 시작됩니다. 침묵과 기다림, 주의를 기울임과 흠모함, 포기 그리고 그냥 있는 것에서 시작됩니다.

시편 116편은 모래시계의 구조를 가진 기도입니다. 처음 절 반시 116:1-11은 죽음, 죽음의 위협, 죽음으로 가득한 불안, 죽음에 대한 두려움, 그리고 실망에서 촉발된 기도와 감정을 가져다가 하나님의 은혜, 자비, 구원, 풍요의 경험과 섞어서 가느다란 관 사이로 내보냅니다. 도움을 구하는 절박하고 쥐어짜는 기도가 하나님이 주신 도움에 대한 복합적인 증언("내가 믿음을 지켰다"시 116:10)으로 완화됩니다. 그것들이 하나씩 병목을 통과해서 내려가 감사와 자유로 모래시계의 널따란 아래쪽 칸을 채웁니다시 116:12-19. 이 기도에서 삶은 확장되고 펼쳐지며 숨통을 틉니다. 죽음의 위협과 스올의 고통이 갑자기 풍요롭고 개방적이고 풍성한 삶으로 변합니다.

어떻게 그렇게 됐습니까? 불과 얼마 전에 우리는 "오 주님, 내가 주님께 호소합니다. 내 생명을 구해 주십시오!"시 116:4 하고 외쳤는데, 이제 우리는 "주께서 내게 주신 이 모든 풍성함을 어떻게 표현할까?"시 116:12 하고 물으며, "내가 구원의 잔을 들고 주님의 이름을 부를 것이다"시 116:13 하고 건배를 합니다.

이 시편의 전반부가 나쁜 삶을 보여주는 건 아닙니다. 모든 어려움 가운데 하나님은 놀랍게도 함께하셨습니다. 그러나 후반부는 확연히 다릅니다. 더 자유롭고, 더 행복합니다. 여기에서 우리는 과도함, 무모한 자발성까지 감지합니다. 9절에서 깃발을 꽂은 '산 자들의 땅'이 12-19절에서는 거주하는 땅이 됩니다.

(가느다란 병목을 지나가는) 이 전환은 한 줄 띄우기로 나타납니다. "내가 경악하며 '사람은 다 헛되다'고 말했다"시 116:11에서 "주께서 내게 주신 이 모든 풍성함을 어떻게 표현할까?"시 116:12로 넘어가는 경로는 무엇입니까? 고통과 구원의 기억, 어둠과 빛이 뒤섞인 구원받은 삶이지만 그러나 또한 힘겨운 삶의 1-11절에서, 어떻게 하면 에너지가 넘쳐 찬송과 서약을 하고 모든 것이 제자리를 찾는 일관된 삶의 12-19절로 넘어갑니까? 그 과정을 알았을 이 시편 기자는 왜 그 빈 공간을(모래시계의 사이 공간을) 채우지 않았을까요? 그 전환을 어떻게 관리해야 하는지 우리가 궁금해하지 않을 수 있도록 무슨 비법이나 공식을 왜 주지 않은 것일까요?

도와달라는 외침에서 감사하며 축하하는 것으로 넘어가는 이 전환을 아무런 표시나 설명 없이 빈 공간으로 두는 것은 시편의 흔한 특징입니다. 그 여백에서는 많은 일들이 일어납니다. 그리고 그것을 지칭하는 이름이 있습니다. 바로 그리스도 안에서 자라는 것입니다. 그것은 나뭇잎을 흔들고, 구름을 흘러보내고, 돛을 부풀리는 보이지 않는 바람입니다. 그것은 우리 영혼의 "혼돈과 공허"창 1:2를 운행하시는 하나님의 성령이십니다. 이 성숙으로의 전환을 우리가 주도하고 싶겠지만, 그렇게 할 수가 없습니다. 이 바람의 사역과 현존 곧 거룩한 바람의 사역은 행간의 여백에 있고 그 사역이 제일 중요하지만, 그것은 우리가 받아들이는 것 외에는 달리 어떻게 할 수 없는 신비입니다. 이 산 자들의 땅에서 우리를 형성하시고 자유롭게 해주시는 바람-성령을 우리는 조작하거나 통제할 수 없습니다. 우리가 다가가는 방법은 기도밖에 없습니다.

따라서 이 여백 앞에서 우리는 멈추고, 우리가 아무것도 하지 않을 때 어떤 일이 일어나는지 숙고하는 게 마땅합니다. 기도는 우리가 질서를 잡는 게 아니라, 질서가 잡혀지는 것입니다. 기도에서 일차적 행동은 하나님으로부터 오는데, 하나님은 우리가 복제할 수 있는 방법 혹은 심지어 그 당시에 알아볼 수 있는 방법으로도 행동하시지 않습니다. 좋든 싫든, 기대하든 기대하지 않든, 기도할 때 우리는 신비 안으로 들어갑니다. 대부분의 사람들은 이 일에 결코 익숙해지지 못합니다. 신비에 익숙해지는 일이 있을 수 있겠습니까? 그게 어떻게 되는 건지 알아서 우리도 똑같이 하고 싶고, 그래서 일이든 사람이든 직접 주도하고 싶습니다. 그러나 하나님은 우리가 하나님이 아는 것을 알면 그것을 재빨리 비인격적인 정보로 바꾸거나 친밀함을 건너뛰는 지름길을 찾아낼 것을 아십니다.

❧

시편 116편, 그리스도인의 성숙과 기쁨을, 그토록 흥겨운 삶을 과시하며 끝나는 이 '산 자들의 땅' 기도에는 제가 아주 신기하게 여기는 문법적 요소가 있습니다. 지금 우리는 이 산 자들의 땅에서 사용하는 언어를 익히는 중입니다. 그래서 이 문법적 요소는 그냥 지나치기가 아깝습니다.

바로 이 문장입니다. "산 자들의 땅에서 내가 주님 앞에서

제2부 "나의 모든 근원이 네 안에 있다"

걷는다"시 116:9. 성경에서 '걷다'라는 동사는 히브리어로든 그리스어로든 자주 등장하는 단어인데, 우리가 알고 믿는 것을 사는 것에 대한 은유입니다. 이것은 매우 유용한 은유인데, 복음의 삶을 살아내는 데 우리의 몸과 정신 전체를 조합해 주기 때문입니다. 그러나 시편 116편에서는 기본 동사 '걷다'에 음절을 하나 더해서 단어의 길이를 늘임으로써 읽는 속도를 늦춥니다. 마치 저자가 "이동사로부터 우리가 얻을 수 있는 것은 다 얻자"라고 말하는 것 같습니다. 그래서 '내가 왔다 갔다 하며 걷는다', '묵상하며 산책한다', '여유롭게 돌아다닌다', '슬슬 걷는다'라는 느낌을 줍니다. 최단 거리로 목적지를 향해 곧바로 걷는 대신에, 여유롭게 돌아다니면서 걸을 것을—경치도 보고, 아름다움도 감상하고, 자기 영혼과 대화하고, 친구와도 대화하는 것을—제안합니다. 제 친구는 이것을 기도 산책이라고 부릅니다.

이것은 계절과 날씨, 가족, 만나는 사람들, 새소리와 아이들의 수다, 성령의 속삭임, 그리고 성경의 말씀과 함께하는 삶의 리듬입니다. 기도와 그것이 개발해 주는 성숙은 서두를 수 없습니다. 스케줄에 억지로 맞출 수가 없습니다. 이것이 바로 산 자들의 **땅**에 가장 잘 맞는 걸음의 종류, 삶의 종류입니다. 그것은 어떤 목적을 향해 결심하고 행진해 가는 것도, 거룩한 신앙의 세계 신기록을 세우겠다고 전력으로 질주하는 것도 아닌, 여유를 가지고 주의를 기울이고 대화하며 산 자들 사이에서 슬슬 걷는 것입니다. 산 자들의 땅에서 주님 앞에서 걷는 것은 공원길을 어슬렁거리거나, 강가를 걷거나, 해변을 산책하는 것입니다.

창세기에서도 이 동사의 형태를 사용해서 아담과 하와와의 대화를 기대하며 에덴 동산으로 저녁 산책을 나가신 하나님을 묘사합니다'밋할렉', *mithallek*, 창 3:8. 하나님은 어떤 목적지를 향해 가신 게 아닙니다. 여유로운 대화를 하기 위해서 시간과 장소로 들어오신 것입니다.

창세기 몇 장을 넘기다 보면, 하나님과 묵상의 동행을 했던 사람이라고 요약된 에녹의 이야기에도 이 동사의 형태가 쓰입니다'바이잇할렉,' *vayyithallek*, 창 5:22, 24.

하나님과 평생을 동행하며 대화하는 우정을 쌓았던 노아의 생애도 이 동사의 형태로 묘사했습니다'힛할렉', *hithhallek*, 창 6:9.

조금 다른 맥락이지만, 하나님이 사탄에게 요즘 무슨 일을 하며 다녔다고 묻자 사탄은 이 동사의 형태를 사용해서 대답합니다. "여기저기 다니며 지상의 사정을 둘러보았습니다"'메힛할렉 바', *mehithallek bah*, 욥 1:7, 2:2, 메시지.

그리고 또 다른 시편 기자가 자신이 속한 악한 세대로부터 보호해 달라고 기도할 때, 악이 추적하고, 쫓아다니고, 밤낮으로 길을 방해하며 괴롭히는 것을 설명하기 위해서 이 동사의 형태를 사용합니다'잇할레쿤', *yithhallekun*, 시 12:8.

이러한 종류의 걷기는 그늘진 골목이나 조용한 공원이나 회랑이 있는 수도원에서만 할 수 있는 게 아닙니다. 이러한 걷기와 살기는, 복잡한 도로를 건널 때든, 아이들이 시끄럽게 구는 교실을 지나갈 때든, 취학 전 자녀 셋을 데리고 마트에서 쇼핑 카트를 밀 때든, 어디에서나 할 수 있습니다. 이러한 삶의 방식은 산 자들의

제2부 "나의 모든 근원이 네 안에 있다"

땅에서 하는 기도 안으로 들어가는 길이기도 하고, 그 기도의 결과이기도 합니다.

⁂

우리는 듣고 기다리는 삶, 주의하고 흠모하는 삶에 대해서는 거의 아무것도 모르는 문화에서 살고 있습니다. 상황을 더 어렵게 하는 것은 침묵으로 친구를 사귀는 삶, 우리의 모래시계 같은 인생에 성령께서 숨을 불어넣으셔서 성숙한 그리스도인의 삶을 형성하시도록 시간과 공간을 비워 놓는 이 삶을 교회가 모른다는 것입니다. 그 결과 우리의 기독교 유산이 얕고 시시하고, 시끄럽고 겉만 화려한 종교적 이야기로 변해 가면서 갈수록 더 피상적이 되고 있습니다.

그런데 채리티의 목소리가 그 땅에서 들려옵니다. "할머니, 우리 하나님 얘기는 하지 말아요, 네?" 얼마나 많은 분들이 그런지는 몰라도 아마도 상당히 많은 분들이, 이 땅이 시편 116편을 받아들일 준비가 되었고 그러한 표시들이 보인다고 생각하실 것이라 생각합니다. 이 시편 116편의 언어에 우리가 능숙해지면 우리 귀에 아름다운 음악처럼 들릴 것입니다.

아멘.

3

"거룩의 아름다움으로"

시편 29편
요한계시록 4:1-8

오늘 설교의 제목은 시편 29편에 나오는 문장, "거룩의 아름다움
으로 주께 예배하여라"입니다 시 29:2, KJV. 이 문구는 시편 96:9에도
나오고, 역대하 20:21에서는 왕이 "거룩의 아름다움을 찬양하도
록"KJV 성가대를 임명했다고 말합니다. 이 구절의 번역에 대해서는
논란이 있고, 따라서 그 의미를 확고하게 포착할 수는 없습니다.
그러나 이 문구는 보통 같이 쓰지 않는 두 개의 명사 '아름다움'과
'거룩'을 활기차고 포괄적인 동사 '예배하다'와 함께 사용함으로
써 자극을 줍니다.

　아름다움. 찬란, 장엄, 장식. 핵심 존재인 생명이 단순한 생
존이나 실용성을 지나 넘쳐흐릅니다. 이 세상에는 단순한 일 이상
의 것이 일어나고 있습니다.

그리고 거룩. 내적인 불, 하나님 안에서 그리고 하나님을 위해서 사는 삶에 대한 열정, 하나님의 현존 안에서 흥겨워하는 능력. 우리 안 그리고 우리 주변에는 우리가 하나님을 마시고 노래할 수 있는 깊은 샘이 있습니다.

아름다움과 거룩은 본질적으로 같은 것의 겉과 안입니다. 그것은 바로 풍성하고 활기찬 삶, 하나님이 창조하시고 복 주신 삶, 지금 여기에서의 삶입니다. 우리가 보는 것과 보지 못하는 모든 것 사이의 복잡한 연결들을 잠시 들여다볼 때, 성경은 그것을 "하늘과 땅"이라는 은유로 표현합니다. 우리 안에 그리고 우리 주변에 생명의 맥박과 도약을 느낄 때, 우리의 자발적인 반응은 예배입니다.

예배는 인간의 영혼을 가장 깊이 연결시키고 실재를 소화하게 해주는 행위입니다. 우리는 예배할 때 가장 우리 자신답고, 하나님의 형상으로 지음받은 피조물답습니다. "거룩의 아름다움으로 주께 예배하여라."

ೞ

그러나 아름다움과 거룩은 늘 부족합니다. 아름다움은 우리 문화에서 장식품으로 축소되고, '예쁘다', '괜찮다' 정도의 밋밋한 말과 대등하게 여겨집니다. 그러나 아름다움은 무엇에 추가되는 것이 아닙니다. 그것은 여분의 것이 아닙니다. 필요한 일을 하다가 여유가 생기면 관심을 기울이는 대상이 아닙니다. 아름다움은 근본적입니다. 그것은 본질적 온전함과 선함의 증거이며 증언입니다. 우리가 감당하거나 자신의 것으로 삼을 수 있는 삶 이상의 것입니다. 제임스 메이스James Mays 교수는 우리가 "무의식적으로 일종의 희열을 찾고자 하는데……자신이 아닌 다른 존재의 드러남, 자기 밖의 가능성을 발견하는 어떤 힘의 기운 속에서 타인과 대면하기를 기대한다"고 말합니다.[4] 그것이 아름다움입니다. 바위, 꽃, 얼굴, 나무의 바스락거림, 산속을 헤집고 다니는 폭풍 등 존재하는 것들에 대한 지속적인 감탄과 주의력을 통해서 아름다움은 경험됩니다. 우리의 감각이 둔해지고 집중력이 떨어지면, 작가와 가수와 예술가들의 소리가 우리를 붙잡고 "보라, 들으라, 느끼라. 네 안과 주변의 생명을 포용하고 거기에 반응하라!"고 말합니다. 그것이 바로 시편 29편의 기도하는 시인이 하는 일입니다.

제 아내 잰과 저는 지난 6월에 로댕Auguste Rodin의 작품을 전시하고 있는 노스 캐롤라이나의 어느 박물관에서 몇 시간을 보냈습니다. 일단 로댕의 조각상들이 상상력을 점령하면, 걸어 다니는 사람이나 사랑에 빠진 여성을 보고 그냥 사소하게 지나칠 수가 없습니다. 로댕은 사람의 어떠한 자세나 동작을 보든, 거기에서 제 생각에는 오직 아름다움이라고밖에는 부를 수 없는 것을 보았습니다. 그리고 그 아름다움은 어떤 희열 같은 것, 단순한 삶 이상의 어떤 것에 대한 증거였습니다. 그 전시의 안내서를 보고 저는 로댕이 자기 학생들에게 "잘생긴 모델, 완벽한 비율의 표본을 찾지 마라. 아무나 만나는 사람을 모델로 하여라. 그들 모두가 아름답다"고 가르쳤다는 것을 알았습니다.

우리 문화에서 아름다움이 시시하게 취급받을 운명에 처했다면, 거룩의 운명은 무미건조함으로 축소된 것입니다. 안전한 삶을 보증하는 특정한 태도와 진부한 말들로 인생을 축소시키는 종파들의 특기가 바로 그것입니다. 그것은 꼼짝 못하게 붙들어 맨 선함, 신비를 제거한 진리, 골동품 도자기로 거세된 아름다움입니다. 이러한 것과 마주칠 때마다 저는 엘런 글래스고Ellen Glasgow의 자서전에 나오는 멋진 문장을 생각해 냅니다. 그는 청렴하고 의무감이 투철한 장로교 장로이셨던 아버지에 대해서 이렇게 썼습니다. "아버지는 이기심이 전혀 없으셨고, 그 긴 생애 동안……한 번도 즐거움을 범하지 않으셨다."[5]

그러나 거룩함은 이러한 모든 진부하고 밋밋한 것들을 격렬하게 반대합니다. 우리가 거룩을 접하게 되는 이야기들은 미디안에서 불타던 덤불, 시내에서 불타던 산, 연기와 천사로 가득했던 예루살렘 성전의 이야기들입니다. 그러한 이야기들을 통해 우리는 살아 계신 하나님의 현존 가운데 우리가 있음을 알게 되는데, 그 살아 있음은 우리가 상상했던 것을 크게 초월합니다. 이 하나님의 생명은 길들여지거나 사용할 수 있는 게 아닙니다. 오직 그것이 제시하는 조건에 따라 거기에 참여할 수 있을 뿐입니다. 모세와 이사야는 그 이야기로 들어갔다가 자신들도 불이 붙어서 나왔습니다. 생명을 주는 평생의 소명을 수행할 힘을 받고 나온 것입니다. 거룩함은 그들이 실행하는 프로젝트에 편리하게 사용할 수 있도록 하나님을 작게 만들지 않았습니다. 오히려 그 사람들을 크게 만들어서 하나님이 그들을 통해서 주체 못하도록 넘치는 생명을 주실 수 있게 했습니다.

몇 년 전에 우리 시대의 뛰어난 소설가 중 한 사람인 프레드릭 뷰크너Frederick Buechner는 우리 세대를 위해 거룩함을 새롭게 상상하는 임무를 자처했고, 정말로 탁월한 작업을 해냈습니다. 그는 거룩함에 그리고 거룩한 삶에 불과 연기와 천사들을 다시 집어넣었습니다. 있을 법하지 않은 그러나 마침내는 매료될 수밖에 없는 리오 벱이라고 하는 캐릭터로 『벱의 책』The Book of Bebb에서부터 시작해서 『고드릭』Godric, 『브렌던』Brendan 그리고 마지막에는 『웃음의 아들』The Son of Laughter에 나오는 야곱에 이르기까지, 뷰크너는 우리로 하여금 전염성이 강한, 삶이 뿜어져 나오는 거룩함의 이야기, 삶을 주고 삶을 강화하고 삶을 깊어지게 하는 거룩함의 이야기에 빠져들게 했습니다.

그런데 우리가 주목해야 할 것은 하나님의 생명, 하나님으로부터 파생된 생명, 길들일 수 없고 통제할 수 없는 넘치는 생명이라는 의미를 가진 수식어 '거룩'이 붙는 이 생명은 우리에게 아름다움을 매개로 전달된다는 것입니다. 아름다움은 우리가 거룩을 경험하는 감각입니다. 하나님은 창조 안에 그리고 그리스도 안에 자신을 계시하시는데, 우리가 보고 듣고 만지고 맛볼 수 있는 방식으로, 장소와 사람을 통해서 계시하십니다. '아름다움'은 이러한 초월성의 단서, 우리가 설명할 수 있는 것 이상의 일이 여기에서 일어나고 있다고 하는 인식을 설명하는 용어입니다.

그리고 바로 그렇게 우리는 우리 주변에 잠재해 있는 아름다움에 눈뜨도록 해주는 말과 이미지와 소리와 질감을 사용하는 남자와 여자와 아이들을 복음의 사도로 규명합니다. 저는 모든 실재에 내재하는 거룩의 아름다움에 대한 증인으로 우리가 부름받았음을 재차 확언하고 싶습니다. (우리를 포함하는) 이 남자와 여자들은 생명을 주시는 하나님의 계시를 흠모하고 믿으며 구체적으로 참여하게 하는 말과 이미지, 소리와 질감에 주의를 기울이게 하기 위해서 여기에 있는 것입니다.

왜냐하면 장소와 사람과 분리된 기독교 복음은 존재할 수 없기 때문입니다. 복음은 사상이나 계획이나 비전이 아닙니다. 복음은 창조와 성육신에서만, 사물과 사람 안에서만 작용합니다. 육신을 부인하는 것은 마귀의 일입니다.

솔 벨로Saul Bellow는 최근 "세상을 단순화시키고 설명하기 위해서 세상 위에 덮어 놓은 추상의 회색 그물"에 구체적 내용과 장소의 특수성을 주장하는 작가와 예술가들의 작업으로 대항해서 우리가 "사상에 휘둘리지 않고" 직접 삶에 다가갈 수 있게 해야 한다는 글을 썼습니다.[6]

우리는 이 세상의 일들에 코를 박고 그 향기를 맡고, 그 흙에 손을 지그시 누르고, 그 노래와 이야기를 들어야 합니다. 하나님은 우리가 거룩의 아름다움으로 주님을 예배할 수 있도록 도와줄 작가, 예술가, 음악가, 목사, 아이, 부모를 열심히 모으고 계십니다.

೧

그것이 바로 시편 29편 시인의 방법입니다. "거룩의 아름다움으로 주께 예배하여라"는 문구는 거칠게 내리치는 폭풍우의 경

험에서 나옵니다. 그리고 이 폭풍우를 은유로 확장해서 천둥을 주
님의 음성 곧 '콜-야웨'qol-Yahweh에 비유합니다. 일곱 차례 큰 천둥
이 있고, 일곱 차례 주님의 음성이 외칩니다.

> 주님의 음성이 수면 위에 있고,
>
> 하나님의 영광이 천둥을 치고,
>
> 주께서 많은 물 위에 계신다시 29:3, ESV.

히브리 사람들의 상상력에서 물은 혼돈, 통제할 수 없고 통
제받지 않는 것, 반反창조의 리워야단이 사는 곳이었습니다. 그러
나 주님의 음성이 물 위에서 천둥처럼 울리자 혼돈은 창조에 복속
됩니다. 우리가 창세기 1장에서 처음으로 마주하는—거룩의 아름
다움을 암시하는—이 창조는 곧 생명입니다.

폭풍우는 진기하고 아름답습니다. 하나님은 거룩의 아름다
움을 펼치시고 우리는 가까이에서 그것을 목격합니다.

> 주님의 음성이 참죽나무를 박살낸다.
>
> 주께서 레바논의 참죽나무를 쓰러뜨리신다.
>
> 주께서 레바논을 송아지처럼 뛰놀게 하시고,
>
> 시론을 어린 야생황소처럼 날뛰게 하신다시 29:5-6, ESV.

이제 이 기도하는 시인의 상상력이 본격적으로 가동됩니다.
주님의 음성이 거대한 나무를 갈라 모닥불의 불쏘시개로 만들고,

거대한 산을 춤추는 동물들의 축제로 만들어 버리십니다. 레바논은 이스라엘 북부에 있는 거대한 산맥이고, 헤르몬으로 더 잘 알려져 있는 시룐은 그 산맥 중에서 가장 큰 2,700미터 높이의 설산입니다. 레바논의 참죽나무는 캘리포니아의 세쿼이아처럼 위풍당당한 모양새로 유명했습니다. 우리는 하나님의 영광을 위해 놀이하는 세상에, 거룩의 아름다움 가운데 있는 것입니다.

주님의 음성이 불길을 내뿜는다 시 29:7, ESV.

번개가 어둠 가운데 치면서 장광의 빛 공연을 연출합니다. 번개가 한 번 칠 때마다 거룩의 아름다움의 또 다른 면이 환하게 드러납니다.

주님의 음성이 광야를 흔든다.
주께서 가데스광야를 뒤흔드신다 시 29:8, ESV.

지진입니다. 북쪽에서 노는 레바논산에 맞춰 남쪽에서는 가데스광야가 흥분합니다. 지진은 대개 무서운 일이지만, 이 시의 맥락에서는 아이가 트램펄린 위에서 방방 뛰는 모습에 가까운 장면이 상상됩니다. 엄숙한 황무지가 어린아이처럼 흥분하며 거룩의 아름다움에 참여하는 모습입니다.

주님의 음성이 참나무를 흔들고[7]

산림을 벌거벗기시니,

그분의 성전에서 모두가 외친다. "영광!" 시 29:9, ESV

참나무가 박자 빠른 포크댄스를 추듯 쌍을 이루어 빙글빙글 도는 모습을 상상해 보십시오. 주님의 음성이 동작을 지시하고, 나뭇잎은 마치 춤추는 사람들의 치마와 스카프처럼 빙글빙글 돌고, 그 리듬과 동작과 안무는 거룩함으로 아름답습니다.

그러다가 갑자기 그들이 성전에 모여 있습니다. 바다가 울고, 산이 놀고, 번개가 번쩍이고, 광야가 깡충거리며 구르고, 참나무 숲이 춤을 춥니다. 이것이 이 교회 예배당이라고 생각해 보십시오. 이 모든 것이 여러분의 예배당 혹은 뒷마당에, 바로 지금 여기에 있습니다. 하나님이 말씀하실 때마다 더 많은 생명이 있습니다. 장소와 사람의 에너지와 활기가 축적되다가 마침내 그들의 소리가 들립니다. "그분의 성전에서 모두가 외친다. '영광!'" 그들이 여기에 있습니다. 그리고 우리가 주의를 기울였다면 우리도 그들과 함께 있음을 알게 됩니다. 거룩의 아름다움 속에서 예배하면서 말입니다.

❧

여러분, 이러한 일은 늘 일어나고 있습니다. 우리가 해야 하는 일은 보고 듣고 만지고 맛보는 게 전부입니다. 우리의 감각은 자주 둔해집니다. 주의가 산만해져서 사도와 같은 존재의 도움이 필요할 때가 많습니다. 운이 좋다면, 어떤 예술가나 작가나 가수나

제2부 "나의 모든 근원이 네 안에 있다"

아이나 목사가 우리 바로 앞에 있는 이 생명과 연결시켜 주는 이미지나 말이나 노래를 가지고 나타납니다. 정말로 운이 좋다면, 이 사도는 생명을 안팎으로 알고, 그 아름다움 그리고 거룩을 모두 알아서 우리도 모르는 사이 다시 거기에 동참해 예배를 드리게 할 것입니다. 거룩의 아름다움으로 주님을 예배하게 될 것입니다.

십 년 전에 잰과 저는 새를 관찰하는 일을 시작하기로 했습니다. 우아함과 멜로디와 색채의 이 아름다운 조합이 우리 주변을 날아다니는데 우리는 이것을 잘 모르고 있었습니다. 그래서 더 이상 모르고 지내지 않기로 했습니다. 새 관찰을 처음 시작하고 한참 재미를 붙이고 있을 때 새 관찰을 오랫동안 해온 젊은 친구가 저희 집을 며칠 방문했습니다. 우리는 밥값으로 그에게서 새 관찰에 대한 지식을 얻어 내었습니다. 하루는 플랫헤드 호수를 따라 남쪽으로 차를 타고 갔는데, 엘모 바로 남쪽에 있는 습지를 따라서 난 길을 달렸습니다. 몬태나의 엘모는 볼품없는 지역에 자리 잡은 아주 작은 소도시였습니다. 엘모에는 정말로 아무것도 없었습니다. 허름한 집 몇 채가 있었고, 각 집마다 녹이 슨 1951년산 포드 자동차가 앞마당에서 날로 더 낡아가고 있었고, 현관 앞 포치에는 문짝이 없는 냉장고가 있을 뿐이었습니다. 몇몇 남자와 여자들이 여기저기 앉아 있었습니다. 엘모에는 정원은 없고 호숫가에 부들개지 몇 개와 두세 그루의 미루나무만이 있었습니다. 그리고 7월에 원주민 아메리칸들이 여는 정기 집회에 쓰이는 건물이 있었는데, 그때는 제법 활기가 있었습니다. 우리는 종종 그 모임에 가서 춤과 공예품을 즐겼지만, 그것도 일주일이 지나면 끝이었습니다. 그게 전부인 곳이었습니다.

그렇게 1킬로미터 정도 되는 그 지역을 운전해서 지나간 뒤에 우리의 친구 데이빗이 물었습니다. "새는 몇 마리나 봤나요?"

우리는 한 마리도 보지 못했습니다.

"저는 아홉 종의 새를 보았어요"라고 그가 말했습니다.

아홉 종? 엘모에? 우리는 깜짝 놀랐습니다.

그는 인내심이 많은 선생이었습니다. 새가 나는 패턴, 실루엣, 거주지 등 우리가 무엇을 주의해서 보아야 하는지를 계속해서 상기시켜 주었습니다. 그리고 시간이 지나면서 서서히 우리는 더 많은 새를 보게 되었습니다. 결코 전문가라고 할 수는 없지만, 전에는 새를 한 번도 보지 못했던 곳에서 새를 보게 되었습니다. 이것은 보고, 알아채고, 주의를 기울이도록 가르침을 받았기 때문에 일어난 변화입니다. 그리고 새를 보지 못할 때도 새가 없는 지역에 산다고 불평하지 않게 되었습니다. 새가 없는 게 아니라 우리의 눈이 게을러지고 우리의 주의력이 떨어졌기 때문에 보이지 않는다는 것을 알게 되었기 때문입니다. 자기에게 몰두하느라 제한된 시야만을 가지게 된 것입니다.

여러분처럼 저도 종종 이런 질문을 받습니다. "요즘 어떻게 지내세요? 뭐 재미있는 일이 좀 있었나요?"

그러면 저는 대답합니다. "별일 없습니다. 지루하기 짝이 없는 잭 카슨하고 점심을 했고, 길에서 밀리 밋첼을 만나는 바람에 일방적으로 15분간 수다를 들어야 했어요. 그게 답니다."

그런 날은 엘모의 날입니다. 정원도 일자리도 없고 일 년에 한 번만 집회가 열리는 엘모를 지나온 것입니다.

그러한 대화를 하고 나면 잠시 후에 저는 10년 전에 데이빗이 제게 던진 질문이 떠오릅니다. "유진, 새는 몇 마리나 봤나요?"

✋

성령은 우리가 사는 이 별 볼일 없는 세계로 내려오셨고, 그래서 엘모에는 날마다 시편 29편의 집회가 열립니다. 은혜를 드러내는 몸짓, 이제 막 내리기 시작한 눈, 친구의 용서, 처음으로 철 따라 이동하는 노랑아메리카솔새, 기적의 대화, 진실을 말하는 시, 봉우리가 터지는 서양할미꽃, 부모님의 길상, 부활—성부, 성자, 성령—끝없이 삶의 순열이 일어납니다. 거룩의 아름다움입니다. 그리고 우리는 가장 좋은 자리에서 그것을 보고 있습니다. 헨리 제임스Henry James는 작가란 아무것도 놓치는 게 없는 사람이라는 말을 했습니다. 제게는 그 말이 주의력 있는 그리스도인의 정체성을 이르는 말 같습니다. 아무것도, 적어도 삶과 관련 있는 것은 아무것도 놓치지 않는 사람. 그런데 사실상 모든 것이 삶과 연관이 있습니다. "거룩의 아름다움으로 주께 예배하여라."

아멘.

4

"내가 새벽을 깨우리로다"

시편 108편
마가복음 1:32-35

저는 30년 전에 이 시편을 암송했습니다. 제가 당시에 하던 일 덕분이었습니다. 제가 자란 몬태나의 칼리스펠을 떠날 날을 앞두고 여름에 그곳에서 잠시 일을 했었습니다. 고등학교를 졸업하고 대학 입학을 앞둔 시점이었습니다. 세 달 후면 저는 기차를 타고 서쪽으로 800킬로미터 떨어져 있는 시애틀로 갈 예정이었습니다.

이 시편의 한 구절 때문에 저의 암송이 시작되었습니다. "내가 새벽을 깨우리로다"시 108:2. 그해 여름에 제가 한 일은 칼리스펠 시 도로정비과의 일이었습니다. 미국의 93번 고속도로가 시의 경계를 지나 들어오면서 칼리스펠의 중심 도로가 폭 넓은 잔디길을 중심으로 둘로 나뉘어졌습니다. 그렇게 네 블럭을 가고 나면 잔디길은 공원으로 이어졌는데 그 공원의 중앙에는 시 법원이 있었습니다. 그곳에서 도로는 갈라져서 공원을 에워싸다가 다시 모아졌습니다. 그러나 그렇게 모아진 도로는 여전히 잔디길을 사이에 둔 채 네 블럭을 더 이어졌고, 그다음에는 아스팔트와 콘크리트가 잔디길 대신에 나오고, 노르웨이 단풍나무 대신에 보석상과 은행과 잡화점과 소매상 그리고 카페와 술집이 나왔습니다.

도시 입구의 이러한 모습은 제법 친근한 인상을 풍겼고 저는 늘 그것을 자랑스러워했습니다. 서부에 있는 많은 도시들이 십대의 예기치 못한 임신처럼 아무런 계획 없이 세워진 것 같은 외양을 하고 있는 것과 달리, 제가 사는 도시의 널찍한 도로와 인도, 그리고 넉넉히 심은 나무들은 그 땅과 그 땅의 첫 정착민 사이에 사려 깊고 애정 어린 교류가 있었다는 표시를 곳곳에 풍기고 있었습니다.

제가 거기에서 한 일은 잔디와 나무로 채워진 두 도로 사이의 잔디길에 물을 주는 것이었습니다. 저의 하루 일과는 밤 열한 시에 시작되었습니다. 교통량이 제일 적은 시간에 작업을 많이 해놓기 위해서 저는 일을 일찍 시작했습니다. 알람시계의 도움으로 밤늦게 일어나 자정이면 이미 거리로 나와 잔디와 나무에 물을 주고 있었습니다. 그렇게 어둠 속에서 네 시간 정도 일을 하고 나면 날이 밝아 오기를 기다리게 됩니다. 어떤 날은 밤이 끝날 것 같지 않기도 했습니다. '해가 뜨기는 할 것인가? 이 게으른 태양아, 얼른 일어나라!'

그러던 중에 이 본문을 발견한 것입니다. "내가 새벽을 깨우리로다." 그러자 제 일이 갑자기 늘어났습니다. 비가 거의 내리지 않는 여름에 잔디를 푸르게 유지하는 소박한 책임에서 시작한 일이었는데, 이제는 기도로 해를 깨우는 일까지 맡게 된 것입니다.

ↄↄ

성경에서 그냥 재미로 대하던 단어나 문구가 우리 삶으로 들어오는 일이 종종 있습니다. 그게 우리가 가진 성경의 놀라운 점이지요. 재미로든 교훈으로든 우리가 사용하던 구절이 역으로 우리를 사용하기 시작하는 것입니다.

저는 "내가 새벽을 깨우리로다"라는 문장을 가지고 놀았습니다. 그런데 곧 그 외에도 무엇인가를 깨우는 구절이 두 개 더 있음을 발견했습니다.

> 깨어나라, 내 영혼아!
> 깨어나라, 비파와 수금아!시 108:1-2

나는 깨어 있었던가? 진정으로 깨어 있었던가? 잠자리에서 일어났고, 눈을 떴고, 일을 하고 있었지만, 정말로 깨어 있었던가? '하나님'의 관점에서 깨어 있었던가? 내 영혼이 깨어 있었던가?

만약 깨어 있었다면 저는 감사하고 찬양하고 노래했을 것입니다. 깨어난 사람들이 하는 일이 그것이기 때문입니다.

> 주님, 내가 이 백성 가운데서 주께 감사드리고
> 나라들 사이에서 주님을 찬양할 것입니다.

주님의 한결같은 사랑이 하늘에서 위대하고,

주님의 신실함이 구름에까지 미치기 때문입니다시 108:3-4.

그해의 여름밤은 온통 제 차지인 것 같았습니다. 그때 저는 처음으로 오랫동안 침묵과 고독에 잠겼습니다. 도시 전체가 자고 있고 저 혼자만이 깨어서, 살아서, 여름 하늘의 별들을 지켜보며, 이지러지는 달을 따라 향기로운 밤공기 속을 가르는 '한결같은 사랑'과 '신실함'이라는 단어를 생각했습니다. 밤늦게 일어나 밖으로 나갈 때면 왠지 모르게 세상이 모르는 무엇을 아는 것 같은 기분이 듭니다. 수사들이 새벽 두 시에 일어나 하루의 첫 기도를 드리는 데에는 다 이유가 있었던 것입니다. 여름 내내 저는 철야를 하며 첫 새의 울음소리를 듣고, 로키산의 스완산맥 뒤로 떠오르는 첫 빛을 보았습니다. 수사들의 생활에 가장 가깝게 살았던 때였습니다.

의식적으로 깨어 있는 것이 우선입니다. 모든 영적 대가들은 그렇게 말합니다. "깨어나라, 내 영혼아!"

∾

그러나 그런 상태가 그렇게 오래가기는 힘듭니다. 수도원에서조차도 그렇게 오래가지 않았습니다. 그리고 칼리스펠의 늦은 밤거리에서도 그리 오래가지 않았습니다.

저는 소방용 호스로 잔디길에 물을 주었습니다. 약 50미터 길이의 호스가 감겨서 커다란 나무 수레에 부착되어 있었는데, 저는 호스 한쪽 끝을 가져다가 소화전 기둥에 연결한 뒤 호스를 다 풀고 물이 나오는 노즐을 조절해서 잔디에 물을 주었습니다. 그런 데 중간 부분에 물을 주거나 소화전이 있는 곳 반대편 길에 물을 줄 때는 호스가 길바닥에 늘어뜨려집니다. 그럴 때면 제가 일하는 곳에서 길 양쪽으로 약 50미터 떨어진 곳에 각각 서행하라는 간판 을 세웠습니다. 지나가던 차들이 그 간판을 보고 그에 따라 서행 을 하면 제가 길에서 호스를 치우고 차가 지나가게 해줄 시간이 충 분했습니다. 그러나 모든 사람이 그 간판을 존중한 것은 아닙니다. 대부분은 트럭 운전기사들이 그 간판을 무시했습니다. 그들은 저 의 침묵과 고독을 뚫고 요란한 소리를 내며 지나갔고, 그러면 저는 호스를 던져 둔 채 옆으로 얼른 피해야 했습니다. 그리고 바퀴가 열여덟 개 달린 그 거대한 강철 트럭들이 그렇게 호스 위를 지나가 고 나면 서너 군데에서 물이 샜습니다. 그 호스는 소방부에서 화재 진압에 쓰기에는 너무 낡아서 관리부에 기증한 것이었기 때문에 그리 튼튼하지 않았습니다. 그러면 저는 소화전으로 달려가서 물 을 잠그고 새는 곳을 고치느라 한 시간 정도를 보내야 했습니다.

그런 일이 매일 밤 일어난 것은 아닙니다. 며칠 밤을 아무런 사건 없이 지나가다가, 또 한 번 그런 일이 일어나곤 했습니다. 그 고요함 속에 묵상하면서 제 일의 리듬에 따라 편안하게 그러나 하 나님을 향해서는 깨어서,

오 하나님, 하늘에서 높임을 받으소서!
주님의 영광이 온 땅에 미치게 하소서! 시 108:5

제2부 "나의 모든 근원이 네 안에 있다"

하고 기도를 하다가 갑자기 예고도 없이 이 디젤 기계 하나
가 종말처럼 나를 덮쳐 오면, 제 기도는

주의 사랑을 받는 자가 구원을 받도록
주님의 오른손으로 나를 도우시고, 제게 응답하소서!시 108:6

하고 바뀌었습니다.

이러한 방해에 저는 결코 익숙해지지 못했습니다. 밤은 언
제나 하나님으로 가득한 느낌이었습니다. 제가 하는 일도 정말로
제게 딱 맞고 적절한 일이었습니다. 일을 시작한 지 얼마 되지 않
아 이 거리와 잔디길이 마치 제 것인 양 애착을 가지게 되었기 때
문입니다. 제 어머니는 이 도시가 세워진 지 불과 15년 만에 이곳
에서 태어나셨습니다. 제가 태어나기 전에 돌아가신 외할아버지
는 이민자셨는데, 그분은 이곳의 첫 콘크리트 인도를 까는 일을
하셨습니다. 제 이모와 삼촌들의 집은 제가 자라는 동안 저의 은
신처였습니다. 처음으로 무엇을 보거나 했던 곳이라는 추억이 담
기지 않은 거리나 골목이 거의 없었습니다. 이곳은 저의 도시였고,
그 여름밤 동안 그곳을 만지고 냄새 맡고 돌보는 일을 하고 있었
던 것입니다. 이러한 느낌은 이제 곧 대학을 가기 위해 이곳을 떠
날 것이었기 때문에 한층 더 컸습니다.

ᘓ

그해 여름 동안 시편 108편은 계속해서 제 경험을 기도하

는 본문이 되었습니다. 그런데 여름이 절반 정도 지난 7월 초의 어느 날 밤, 그 시편 중간 즈음에서 주어가 나에서 하나님으로 바뀌는 것을 저는 알아챘습니다. "내 마음이 한결같습니다, 하나님, 내 마음이 한결같습니다!……깨어나라 내 영혼아!……내가 새벽을 깨우리로다!……내게 응답하소서!" '나', '내게' 그리고 '내'가 여덟 번 나왔습니다. 저는 무척 기뻤습니다. 제 경험에 맞게 재단된 단어로 저 자신을 표현할 수 있는 구절이었기 때문입니다. 어쩌면 그래서 그 시편을 그렇게 좋아했는지도 모릅니다. 그때 저는 자기 자신과 자기 도시에 대한 자부심으로 가득 찬 열일곱 살의 청소년이었으니까요. '나' 그리고 '내게'라는 말을 쓰는 게 정말 좋았습니다. 솔직히 지금도 그렇습니다.

그런데 갑자기 하나님이 말씀하시는 주체가 됩니다.

하나님께서 지성소에서 약속하시기를,
"내가 기쁘게 세겜을 나누고,
숙곳 골짜기를 분배할 것이다.
길르앗이 내 것이고, 므낫세도 내 것이고,
에브라임은 내 투구이고,
유다는 나의 홀이다.
모압은 나의 세숫대야이고,
에돔 위에 내가 신발을 던질 것이고,
블레셋을 향해서는 승리에 차 외칠 것이다"시 108:7-9.

이것은 약속의 땅의 언어입니다. "내가……나누고……분배할 것이다." 이스라엘이 하나님이 주신 약속의 땅으로 들어갔을 때, 지파들은 지리적으로 중앙에 있는 세겜으로 모였고, 각 지파는 자기 몫, 하나님이 자신에게 약속하신 장소를 받았습니다.

그리스도인의 삶은 언제나 장소에서 일어납니다. 결코 추상적이지 않고, 일반적이지 않으며, 테크닉도 아닙니다. 장소 곧 세겜, 시내, 갈릴리, 베다니, 칼리스펠. 지리는 신학만큼이나 그리스도인의 삶에 본질적인 것입니다.

그런데 내 장소라고 생각하며 즐기던 곳이 사실은 나의 장소가 전혀 아니라는 것을 저는 깨달았습니다. 그곳은 하나님의 장소, 제가 구원과 성스러움을 경험할 수 있도록 하나님이 기쁘게 마련하신 장소였습니다. "내가 **기쁘게** 세겜을 나눌 것이다."

시인들은 지명을 좋아합니다. 이름이 있는 구체적이고 실제적인 장소를 좋아합니다. 시편 108편의 시인도 분명 그랬던 것 같습니다. 세겜, 숙곳, 길르앗, 므낫세, 에브라임, 유다, 모압, 에돔, 블레셋. 지명은 감정을, 욕망 혹은 두려움의 느낌을 부추기기 가장 좋은 단어들 중 하나입니다. 지명을 어원이나 지도 위에 한 점으로 축소시키거나 한 지점으로 국한시키는 것은 불가능합니다. 이름은 사실과 기억들을 잡아당겨 우리에게 편안한 느낌을 주거나 혹은 밀어내어 우리를 낯설게 만드는 언어의 자석입니다.

새 장소에 가는 즐거움 중 하나는 그 지역의 이름들을 듣고 배우고 말하는 것입니다. 대학생활을 하기 위해 시애틀에 처음 가서 제가 즐겨 했던 일 중 하나가 새로운 지명들을 말해 보는 것이었습니다. 예슬러, 발라드, 마그놀리아, 타코마, 이사콰, 퓨알럽, 스노콰미. 나중에 뉴욕으로 이사해서는 맨해튼, 브롱스, 브루클린, 할렘, 쎄카커스, 마마로넥, 차파콰, 태폰 지 등의 놀라운 이름들을 배웠습니다. 제가 자란 고향집으로 돌아가면 옛날부터 알던 이름도 여전히 환기하는 힘을 지니고 있다는 것을 알게 됩니다. 킬라, 엘모, 헝그리 호스, 크레스턴, 코람, 조코, 롤로, 쿠드네이, 살리쉬……

그러나 제 고향 도시를 지은 사람이 누구였든, 그가 시인이 아닌 것은 분명했습니다. 모든 거리와 길에 숫자가 매겨져 있었기 때문입니다. 1, 2, 3, 4……. 도시 중심에 이름을 가진 유일한 길은 메인 스트리트라고 불렸는데, 말 그대로 중심가라는 그 이름에서 시적 요소는 찾아보기 힘듭니다.

그래서 저는 제 인생에서 의미를 가지는 길의 가치에 맞게 길마다 이름을 지어 주기 시작했습니다. 길마다 표시되어 있는 번호를 지우고 스프레이 페인트로 새 이름을 새겨 넣는 데까지 가지는 않았지만, 밤마다 그 이름을 **불렀습니다**. 세겜, 숙곳, 길르앗, 므낫세, 에브라임, 유다, 하면서 지명을 집어넣었습니다. 이 길들은 제가 예수님을 처음 따른 길이었습니다. 동쪽 7번가와 1번가가 지나는 곳에서는 제 누이가 죽었고, 처음으로 천국에 대한 이야기를 들었습니다. 서쪽 4번가와 2번가 모퉁이에서는 세례를 받았습니다. 이곳은 성스러운 지역이었고, 그래서 이곳을 부동산으로 바꾸어 버린 세속의 측량사가 최종 결정권을 가지게 하지 않을 참이었습니다. 그래서 밤마다 저는 숫자 대신에 이름을 불렀습니다. 세겜, 숙곳, 길르앗, 므낫세, 에브라임, 유다, 실로, 브엘세바, 수넴, 가나, 고라신, 가자, 이스르엘, 시글락, 게젤. 이 거룩한 땅에서 저는 걷고 말하고, 놀고 공부하고, 친구와 사귀고 일하고, 죄짓고 회개하고, 읽고 기도하고 사랑하는 법을 배웠습니다. 하나님은 농사짓고 채굴하고 벌채하는 것을 최우선 목적으로 이 땅을 주신 게 아니라 구원을 위해서 주셨습니다. 거룩한 땅은 그 성격을 드러낼 고유 명사가 필요합니다. 숫자로는 되지 않습니다.

∞

시편 108편에는 아홉 개의 지명이 나오는데, 그중에서 마지막 세 개에 대해서는 별 쓸모를 찾지 못했습니다. 바로 모압, 에돔 그리고 블레셋이었습니다. 이들은 원수의 나라였는데, 그 당시에는 적에 대한 인식이 별로 없었습니다.

그러나 그 트럭들, 어둠을 뚫고 나와 내 호스에 구멍을 내버리는 그 깡패 같은 트럭은 예외였습니다. 저는 그것들을 향해 외쳤습니다. "모압 놈! 에돔 놈! 블레셋 놈!" 물론 그 트럭은 제 소리를 듣지 못했지만, 이렇게 성경이 허락하는 욕을 할 수 있다는 데 상당한 만족을 느꼈습니다.

세 이름 중에서 에돔이 나중에는 제게 가장 큰 욕으로 등장했습니다(이것은 시편 137편과 오바댜에도 근거하는 것인데, 거기에서는 에돔 대신에 에서라는 말을 씁니다). 누가 저를 화나게 하거나 짜증나게 하거나 힘들게 하면 그에게는 에돔이라는 딱지를 붙였습니다. 저는 나즈막하게 "바보 같은 에돔! 아무짝에도 쓸모없는 에돔! 에돔 쓰레기!"라고 말했습니다.

이 기도가 기도하는 제 삶으로 최종적으로 들어오기까지는 20년이 더 걸렸습니다. 목사가 된 지 14년인가 15년이 되었던 어느 날, 저는 시편 108편이 어떻게 에돔을 기도로 끌어들이는지 제대로 이해하지 못했다는 사실을 깨달았습니다. 어렸을 때는 제가 좋아하지 않거나 저를 좋아하지 않는 사람들을 욕하는 데 쓸 수 있는 단어가 있다는 게 기뻐서 시편 기자가 어떻게 그 단어를 사용했는지에는 주의를 기울이지 않았었습니다. 그 무렵 저는 상당히 많은 에돔 경험을 한 처지였습니다. 에돔은 그 트럭처럼 계속해서 저를 놀라게 했습니다. 저의 하나님 임재 연습을 무례하게 침범하고, 하나님의 이름으로 하는 저의 일을, 제 회중 가운데 나타나는 하나님의 영광에 참여하는 저의 리듬을 방해했습니다. 우리가 우리의 일을 하지 않기를 바라는 사람들, 우리가 무엇을 하는지 전혀 알지 못하는 사람들, 자신들의 시끄러운 의제로 우리를 방해하는 것을 아무렇지도 않게 생각하는 사람들이 참 많다는 것을 느낄 때 그리스도인들은(목사들을 포함해서) 늘 놀라게 되는 것 같습니다. 그러면서 '이들이 에돔인가?' 합니다.

저의 깨달음은 서서히 왔고, 결국 저는 에돔을 제 욕설 목록에서 빼서 간구의 목록으로 옮겨 놓을 수밖에 없었습니다.

시편의 이 기도에서 에돔은 다음의 말로 끝이 납니다.

누가 나를 요새로 데려가며,

누가 나를 에돔으로 데려가겠는가?

하나님, 주께서 우리를 버리신 것은 아니겠지요?

주님은 우리의 군대와 함께 가지 않으십니다.

적에 맞서게 도와주십시오.

사람의 도움은 헛되기 때문입니다!

하나님과 함께라면 우리는 용감할 것입니다.

하나님이 우리의 적을 밟으실 것입니다시 108:10-13.

　　이 기도의 마지막 부분을 소화해서 제 중심으로부터 그것을 살기까지는 아직 갈 길이 멉니다. 그러나 적어도 이제는 제대로 보입니다. 에돔은 제가 저주하거나 화를 내거나 피하거나 무시하는 적이 아닙니다. 에돔은 하나님의 은혜와 도움으로 제가 찾아가고 수용하는 적입니다.

　　처음에 에돔은 부정적인 것이었습니다. 에돔은 구원과 관계와 공동체의 추억으로 가득 찬 제가 자란 도시가 아닙니다. 에돔은 하나님을 드러내는 광대한 밤하늘을 환호하며 애정 있게 부르는 이름이 아닙니다. 에돔은 하나님의 목적에서 제가 이해할 수 없고, 좋아할 수 없고, 상대할 수 없는 대상입니다.

　　그러나 에돔은 부정적인 것으로 남아 있지 않습니다. 여러 해 전부터 저는 에돔에 대항해서가 아니라 에돔을 위해서 기도하는 것을 배우고 있습니다. 잘하지 못하는 경우가 많습니다. 분노와 욕설이 여전히 나오고, 하나님께 "내 적을 밟아 달라"고 말할 수밖에 없는 경우도 많습니다. 그러나 포기하지 않고 예수님을 통해서 저에게 원수를 사랑하고 에돔을 사랑하라고 가르치신 하나님께 기도합니다. 하나님이 "저를 에돔으로 데려가" 주시기를 기도합니다. 30년 전에 이 기도를 하기 시작했을 때 저는 이렇게 될 줄 몰랐습니다. 기도는 의도하지 않은 결과라고 사회학자들이 부르는 것으로 우리를 종종 이끕니다.

그래서 에돔을 어떻게 해야 합니까? 저는 하나님이 저를 에돔으로, 하나님에 대항해 요새를 세운 장소로, 사람으로 데려가 주시기를 기도합니다.

누가 나를 요새로 데려가며,

누가 나를 에돔으로 데려가겠는가?

하나님이 데려가실 것입니다. 하나님은 실제로 그렇게 하십니다. 거듭 반복해서 그렇게 하십니다. 본능적으로 욕이 나오는 사람, 임무, 위협, 좌절, 제도, 상황—이 바보 같은 에돔!—이 시편 108편을 기도하면서 나의 힘과 이해와 성향을 넘어서 하나님의 목적을 구하는 기회가 됩니다. 내가 안락하게 그들을 길들이는 게 아니라 하나님이 그들을 상대하시기를 구하게 됩니다. 우리의 원수들을 밟을 사람, 곧 책임질 사람은 제가 아니라 하나님이시기 때문입니다.

아멘.

5

"산들이 숫양처럼 뛰놀고"

시편 114편
로마서 8:18-25

여러분의 목사로서 제가 계속 고민하게 되는 것은, 성경이 안타깝게도 기도로부터 분리되어 있다는 것입니다. 혹은 기도가 성경으로부터 분리되어 있다고도 하겠습니다. 오늘날 그리스도인에게 이것은 너무도 흔한 현상이 되었습니다.

그러나 우리의 전통은 원래 그 둘을 분리시키지 않습니다. 성경은 알아듣고 이해하고 존중하는 하나님의 말씀입니다. 기도는 소화하고 흡수하고 살아내는 하나님의 말씀입니다. 기도 없는 성경은 영혼이 없습니다. 반면에 성경 없는 기도는 내용이 없습니다. 우리 회중 가운데 제가 개발하고 싶은 것은 이 두 가지의 융합, 곧 성경-기도 혹은 기도-성경입니다. 그대로 살지 않는다면 성경을 알아 무엇 합니까? 누구에게 기도하는지 모른다면 기도가 무슨 소용입니까?

예배는 성경과 기도의 융합입니다. 매 주일 우리가 모이는 목적은 듣는 대로 살 준비를 하기 위해서, 우리의 귀로 듣는 것을 예수님을 따르는 우리 발에까지 도달시키기 위해서입니다. 여러분은 암묵적으로든 명시적으로든 제가 강단에서 이렇게 말하는 것을 여러 번 들었습니다. 그러나 오늘 제 설교 본문인 시편은 하나님께 응답하는 일에 좀 더 집중해서 동참할 수 있는 특별한 계기를 마련해 줍니다. 그러니까 하나님의 말씀을 듣기만 하는 게 아니라 하나님께 응답하는 일에 말입니다.

❧

이스라엘이 이집트를 떠날 때,

야곱의 집안이 저 낯선 언어를 쓰는 민족으로부터 떠나올 때,

유다는 그분의 지성소가 되고,

이스라엘은 그분의 영토가 되었다.

바다가 보고 달아났고,

요단이 등을 돌렸다.

산들이 숫양처럼 뛰놀고,

언덕들도 어린양처럼 뛰었다.

오 바다야, 무엇이 너를 아프게 하기에 달아나느냐?

오 요단아, 너는 어찌하여 등을 돌리느냐?

오 산들아, 너희는 어찌하여 숫양처럼 뛰노느냐?

오 언덕들아, 너희는 어찌하여 어린양처럼 뛰느냐?

오 땅이여, 떨어라! 주님 앞,

야곱의 하나님 앞에서.

바위를 물웅덩이로,

돌을 샘물로 만드신 분 앞에서시 114:1-8.

여기에서 우리의 주의를 끄는 것은 시편 기자가 히브리 백성이 이집트의 노예생활로부터 구원받았을 때 일어난 일을 기억한다는 사실입니다. 그런데 기억은 하지만 역사적 사건으로 기억하는 게 아닙니다. 우리가 개인적으로 그 사건에 관련될 수 있도록 상상력을 동원한 동참을 요구하는 잊지 못할 시를 지어서 기억하는 것입니다.

시편 114편의 놀라운 점은 그 상상력입니다. 바다가 달아나고, 요단강이 도망가고, 산들이 숫양과 어린양처럼 경중거리며 뛰고, 바위와 돌이 물줄기를 쏟아냅니다. 이 기도는 창조세계를 깊이 인식하면서, 이 땅에 온전히 기거하면서, 인간 이외의 생명을 민감하게 인식하면서 쓴 기도입니다.

그러나 이 시편을 다시 한 번 보면 그 초점이 좀 더 분명해집니다. 이것은 자연에 대한 시가 아니라 역사에 대한 시입니다. 어떤 사건 곧 이집트로부터의 탈출 사건을 기도하는 시입니다.

하늘과 바다와 동물과 새에 대한 우리의 경험과 지식을 기도의 언어로 사용하는 시편들이 있지만, 이러한 시편은 자연이 아니라 하나님에 대한 기도입니다. 시편 기자들은 하나님의 창조행위를 찬양하고시 33편, 인간에게 책임 있는 자리를 주신 하나님의 놀라운 겸손에 감탄하며시 8편, 하나님의 뜻을 계시하는 하늘의 영광과 성경의 영광을 병치시키고시 19편, 빛, 바람, 구름, 강, 샘, 새, 물고기, 학, 오소리, 일하는 사람들 그리고 찬양하는 사람들의 정교한 상호 관계에 감탄합니다시 104편. 그러나 이 시편들은 결코 자연에 대한 것이 아니라, 언제나 하나님에 대한 것입니다.

이 시편들을 자세히 보면 시인은 자연을 감상한 게 아님을 알 수 있습니다. 사실 그들은 그것을 격렬히 반대했습니다. 그리고 그것은 의도적인 반대였습니다. 왜냐하면 히브리 사람들은 자연을 숭배하는 이웃과 살고 있었기 때문입니다. 자연의 가장 두드러지는 측면은 다산성과 파괴입니다. 한편으로는 땅과 자궁에서 생명이 은밀히 탄생하지만, 또 한편으로는 화산과 지진과 폭풍 등 우리의 통제를 넘어서는 괴력들이 존재합니다. 가나안 사람들은 이러한 비인격적 신들을 두려워하고 그들에게 기도했습니다.

우리를 둘러싼 창조세계는 신비롭습니다. 우리가 주의를 기울이기만 하면 자신을 초월하는 감정과 생각들이 일어납니다. 기도와 아주 비슷한 감정과 생각들이 말입니다. 이것은 너무도 자발적이고 자연스러워서, 너무도 진실하고 진정성이 있어서 우리 너머의 어떤 실재와 깊은 소통을 하고 있다는 생각이 듭니다. 그게 다른 신들이든 하나님이든 말입니다.

그러나 히브리 사람들은 결코 자연을 숭배하지 않았습니다.

제2부 "나의 모든 근원이 네 안에 있다"

자연 종교는 산과 강, 해와 달과 별, 계절과 날씨에 무언가 신성한 것이 있다고 생각합니다. 자연에 "빠져듦으로써" 신성함으로 들어가고, 다산성에 참여하고, 승리의 편에 서고, 불멸의 희열을 경험한다고 보는 것입니다. 그리고 불쾌하게 만들거나 달랠 수 있는 신비한 세력이 창조세계에 있다고 봅니다. 그래서 바른 의식을 행하고 약간의 운이 따른다면 자연을 조작해서 자신이 원하는 것을 얻어 낼 수 있다고 생각합니다.

자연은 마술이라고 불리는 반反기도 행위의 기원입니다. 기도가 하나님 앞에서 실천하는 의지적 행위라면, 마술은 자연에 행하는 의지적 행위입니다. 마술은 자연적 방법을 기술적으로 사용해서 초자연적인 것—그것이 하나님이든 마귀이든—을 조작하여 자연적인 것을 우리 뜻대로 사용하려는 행위입니다. 마술사는 자신의 뜻대로 자연을 움직이게 하기 위해서 이런저런 재료를 섞어 마법의 약을 만들고, 별의 움직임을 이용하고, 주문을 외우는 일에 아주 탁월합니다. 시편 기자가 살았던 시대에는 이러한 종교를 바알 종교라고 불렀습니다.

바알의 제사장들이 하늘에서 비가 쏟아지게 하기 위해서 돌로 자기 몸을 찢으며 피를 흘리던 열왕기상 18장의 우스운 사건은 성경에 나오는 가장 유명한 사례입니다. 만약 생명을 담고 있는 이 액체를 자기 몸에서 충분히 흐르게 할 수 있다면, 생명을 담고 있는 하늘 신 바알의 액체도 흐를 것이라고 그 제사장들은 생각한 것입니다. 반면에 엘리야는 아무것도 **하지 않았습니다.** 기도는 우리가 행동하는 게 아닙니다. 하나님이 하십니다. 기도는 기적의 기어와 도르래를 작동시키는 기술을 개발하는 게 아닙니다. 기도는 우리가 하나님의 행동에 동참하는 것입니다. "내 뜻이 아니라 주님의 뜻"입니다.

현대의 기술자들은 어떤 면에서 이교의 마술사들의 후예입니다. 수단은 바뀌었지만 그 정신은 같습니다. 쇠로 만든 기계와 심리적 방법이 마법의 약을 대체했지만, 그 의도는 여전히 사람이나 장소나 환경에 우리의 의지를 행사하는 것입니다. 하나님은 거기에 포함시키지 않습니다. 혹 포함시킨다면 주인이 된 자기에게 맞게 하나님을 이용할 수 있는 지점까지만 포함시킵니다.

၎

그러나 시편 114편의 초점은 마술이 아닌 기도입니다. 하나님이 행하시는 방식을 다루는데, 자연이 거기에 어떻게 공모하는지를 이야기합니다. 우리의 편의에 맞게 역사를 짜 맞출 수 있다고 암시하는 부분은 하나도 없습니다. 땅은 우리가 사용하라고 있지 않습니다. 땅은 하나님의 행동의 무대입니다. 자만에 차서 우리는 자연을 사용하려고 다가갑니다. 그러나 기도를 통해 시편 기자는 하나님의 구원을 찬양하고 축하하며 자연에 동참하도록 우리를 이끕니다.

> 이스라엘이 이집트를 떠날 때,
>
> 야곱의 집안이 저 낯선 언어를 쓰는 민족으로부터 떠나올 때,
>
> 유다는 그분의 지성소가 되고,

이스라엘은 그분의 영토가 되었다시 114:1-2.

이 부분에서 가장 중요한 단어는 가장 눈에 띄지 않는 단어 곧 대명사들입니다. '그분'의 지성소와 '그분'의 영토 곧 '하나님'의 지성소와 '하나님'의 영토입니다.

이스라엘의 정체성 형성에 중요한 역할을 했던 출애굽의 경험이 여기에서 자신들의 우월성을 뽐내며 민족주의의 깃발을 들고 거만하게 행진하는 모습으로 그려지지 않습니다. 이 시편의 저자가 그리는 것은 하나님의 은혜로운 통치에 가식 없이 굴복하는 모습입니다. 지리적인 장소(유다)가 전례(지성소)가 됩니다. 고대 중동의 땅 한 조각이 신이 행동하시는 장이 됩니다.

이 기도는 우리가 현실에서 자신이 어디에 있는지를 알기 위해서 흔히 파악하는 두 가지—서 있는 위치와 주변에 보이는 것—가 더 크고 더 친밀한 어떤 것, 곧 하나님의 현존과 하나님의 행동에 포섭되어 있음을 보도록 도와줍니다. 역사와 장소가 예배 가운데, 기도 가운데 하나로 모아집니다.

ல

이 기도의 두 번째 절은 다소 장난스러운 신명으로 우리의 상상력에 불을 지핍니다.

바다가 보고 달아났고,
요단이 등을 돌렸다.

산들이 숫양처럼 뛰놀고,

언덕들도 어린양처럼 뛰었다 시 114:3-4.

한편으로 보면 이것은 출애굽의 사건을 화려하게 묘사한 글입니다. 모세가 내리치자 바다가 갈라지고 히브리 사람들이 도망갈 수 있게 마른땅을 드러냈다가, 그들이 다 건너자 "도망을 갔던" 길에서 돌아와 원래의 바다가 되어 뒤쫓아 오는 이집트 사람들을 묻어 버렸습니다. "요단이 등을 돌렸다"는 이스라엘이 요단강 앞에 가로막혔던 사건을 기억하는 구절입니다. 그래서 언약궤를 든 제사장들이 물가에 섰고, 그러자 물이 갈라지고 사람들은 걸어서 그 강을 건너 땅을 정복하기 시작했습니다 수 3:14-17. "산들이 숫양처럼 뛰놀고, 언덕들도 어린양처럼 뛰었다"는 모세가 저 위에서 율법을 받는 동안 폭발할 듯 부글거리고 흔들리는 산 앞에서 경외감에 빠져 시내에서 한참을 기다렸던 상황에 대한 언급입니다.

왜 그냥 평범하게 기록하지 않은 것일까요? 우선, 하나님이 우리 가운데서 행하시는 일과 그분의 존재는 우리의 이해를 초월하기 때문에 냉철한 묘사나 정확한 정의가 더 이상 통하지 않기 때문입니다. 이 시에서 말하는 실재는 우리의 이해를 너무도 초월하기 때문에 이렇게 과도한 언어가 필요한 것입니다. 그런데 아무리 과도하다 하더라도 그것은 과장이 아닙니다. 자칼처럼 뛰는 홍해, 자기 자리를 지키지 못하고 도망가는 비겁한 보초병 같은 요단, 뛰어노는 숫양과 어린양으로 변한 시내의 그림은 일어난 일을 그대로 신문 기사처럼 전달하는 글이 아닙니다. 그렇다고 무한한 상상력으로 만들어 낸 글도 아닙니다. 이 사람들은 기도하고 있고 구원을 목격하고 있습니다. 현실의 한계라고 모두가 생각했던 것(홍해와 요단강)이 뒤집어지고, 하나님의 말씀(십계명)이 사막(시내)에 있는 거대한 화강암 강단에 계시되면서 부어진 뜻밖의 에너지는 이미 아는 단어를 새로운 용례로 쓰게 만들었습니다.

기도할 때 우리가 보는 것은 단지 구체적 사물들만이 아닙니다. 우리는 모든 것이 서로 역동적 긴장 관계에 있고 다른 모든 것과 관계를 맺고 있는 것을 봅니다. 이 세상의 원료는 물질이 아니라 에너지입니다. 생태학의 언어가 모든 사물(공기, 물, 흙, 사람, 새 등)이 서로 연결되어 있음을 보여주듯, 기도의 언어는 상호 연결되어 있는 성경의 모든 말씀을 실현시킵니다.

의미는 상호 연결되어 있습니다. 따로 떼어서 현미경으로 들여다보는 것으로는 이해할 수 없습니다. 어떠한 단어도 사전을 찾는 것만으로는 이해할 수 없습니다. 우리가 처음 말하는 순간부터 우리는 하나님이 창조 때 말씀하시고 예수님이 구원 때 말씀하신 언어의 망 전체 속으로 끌려듭니다. 따라서 "산들이 숫양처럼 뛰놀았다"는 상상력의 표현은 단순히 시내에서 받은 계시의 넘치는 에너지를 묘사하는 말이 아닙니다. 그것은 땅 자체가 그 계시에 반응하고 참여한다는 사실에 대한 통찰과 깨달음입니다.

바울은 그것과는 다르지만 그것만큼 놀라운 이미지를 사용해서 기도-성경이 우리를 끌어들이는 행위를 설명합니다. "우리는 모든 창조세계가 지금까지 고통스럽게 애쓰며 신음한 것을 압니다. 단지 창조세계뿐 아니라 우리도 그랬습니다"롬 8:22-23. 이 언

어는 우리를 아웃사이더가 아닌 인사이더로 끌어들여서 하나님의
말씀으로 존재하게 된 모든 실재에 우리를 연결시킵니다.

♥

자연의 중심에 있는 인격은 마지막 절에서 표현이 됩니다.

> 오 땅이여, 떨어라! 주님 앞,
> 야곱의 하나님 앞에서.
> 바위를 물웅덩이로,
> 돌을 샘물로 만드신 분 앞에서시 114:7-8.

여기에서 '땅'은 포괄적입니다. 이집트, 이스라엘, 유다, 바
다, 요단, 산, 언덕. 아주 깊은 차원에서 보면 우리는 동물, 식물, 광
물로 나누어져 있지 않습니다. 우리는 함께 하나님의 현존 가운데
있습니다. 하나님의 현존은 시내의 천둥도, 요단의 넘실대는 물결
도, 이집트의 전차도 아닙니다. 우리가 그 앞에서 경외감에 빠지는
그것이 하나님의 현존입니다.

여기에서 '떨다'는 초월성에 대한 자세를 의미합니다. 경외
에 찬 존경, 경배의 겸손입니다. 혁신적인 남자는 땅 앞에서도 제
단 앞에서도 떨지 않고 주도합니다. 기술적인 여자는 산림 앞에서
도 천사의 무리 앞에서도 떨지 않고 침착하게 계산자를 사용합니
다. 그러나 기도하는 사람들은 떱니다. "하나님이 모든 것 안에서
선을 이루시는"롬 8:28 창조와 구원의 신비 앞에서 "간절하게", 희망

을 안고 흠모하며 "기다리는"롬 8:19 모든 창조세계와 함께 떱니다.

떠는 것은, 여기에 참여하지 않는 사람들이 더러 생각하듯 하나님 앞에서 무서워하는 게 아닙니다. 그것보다는 거룩한 장난스러움, 믿음의 놀이에 더 가깝습니다. 자연은 흔히 원인과 결과로 이루어진, 하늘과 바다가 엄격한 규칙의 지배를 받는 거대한 수학적 구조로 인식됩니다. 그 규칙을 감히 어기는 사람은 "토기장이의 그릇처럼 산산조각이" 납니다시 2:9. 중력의 규칙 때문에 나무에서 떨어지면 다리가 부러집니다.

기도는 이러한 필연성에 저항하거나 그것을 무시하지 않지만, 또한 필연성 이상의 것도 있음을 압니다. 자유가 있는 것입니다. 우리가 그것을 이해하는 순간 장난스러움이 탄생합니다. 땅과 하늘, 바다와 산과 관계를 맺는 기도는 놀이합니다. 깡충거리고 춤을 춥니다. 우리는 원인과 결과에 꽁꽁 묶인 우주에 사는 게 아닙니다. 야곱의 하나님 앞에는 예측할 수 없는 생명이 있습니다. 변화할 수 있는 자유, "바위를 물웅덩이로, 돌을 샘물로 만드신" 하나님 앞에서 더 큰 존재가 될 수 있는 자유가 있습니다.

아멘.

6

"참으로 선하심과 인자하심이"

시편 23편
요한복음 10:11-16

적어도 도시나 도시 외곽에서 사는 사람들 중에는 태어나서 양이나 양치기를 한 번도 보지 못하고 죽는 사람도 있습니다. 전혀 불가능한 일이 아닙니다. 양과 양치기는 아이들이 읽는 동시나 동화에 여전히 많이 나오지만 일상생활에서는 그다지 접할 일이 없습니다. 게다가 목동은 거의 사라진 직업이나 다름없습니다. 제가 자랐던 몬태나 지역에서 더러 본 기억이 있습니다만, 외양으로는 전혀 양치기 같아 보이지는 않았습니다. 제일 기억에 남는 양치기는 주일마다 시내로 차를 몰고 갔는데, 픽업트럭 뒷좌석 창문에 라이플총을 걸고 커다란 개를 앉히고 갔습니다. 그는 말아서 피우는 담배를 태웠고, 제가 어울리던 아이들 사이에서는 그가 술 취해서 싸우다 사람을 죽였다는 소문까지 돌았습니다. 상점가 술

제2부 "나의 모든 근원이 네 안에 있다"

집에서 그가 나오는 것을 보면 아이들은 겁에 질려 길 건너편으로 도망갔습니다. 그는 우리의 생명을 맡길 양치기가 아니었던 것입니다.

하지만 놀랍게도 이러한 경험이 시편 23편을 대하는 저의 태도에는 전혀 영향을 미치지 못했습니다. 그리고 여러분의 경우도 마찬가지일 것이라 생각합니다. 제가 제일 먼저 암송한 시편이 이 시편이고, 아마 여러분이 가장 잘 아는 시편도 이 시편일 것이라 생각합니다. 말하자면 시편 중의 시편인 셈이지요. 기독교 문화에서 자란 사람들에게 시편 23편은 뇌리에 깊이 각인되어 있는 글이고, 아마도 늙거나 죽음이 임박한 사람들이 기억하는 시편도 바로 이 시편일 것입니다.

그러나 이러한 친숙함은 또 나름의 위험이 있습니다. 예리함이 사라집니다. 친숙함은 진부함의 위험과 쌍을 이루니까요. 그래서 오늘 아침에 저는 이 시편에 새로운 의미를 부여하려고 합니다.

여러분이 이것을 생각해 보았으면 좋겠습니다. 양과 양치기에 대한 우리의 경험이 양과 양치기[곧 목자]의 세계를 깊이 알고 기록된 시편 23편의 세계와 이렇게 다르다면, 양과 양치기에 대해서 아무런 직접적 경험이 없는 그토록 많은 사람들에게 깊이 각인된 이미지와 소중한 문구들은 어떻게 설명할 것인가?

이 시편에는 팔레스타인 지방의 시골과 고대 히브리 양치기 시인의 노동을 능가하는 무엇이 있습니다. 이 기도가 콘크리트 도로와 질주하는 자동차와 길들여진 애완동물과 쇼핑몰의 세계에 사는 우리에게 어떻게 그 아름다움과 진실을 유지해 주는지를 새롭게 깨달을 수 있는 방안들을 살펴보기 위해서 이 시와 그 리듬을 탐구해 보려고 합니다.

✌

이 시편의 객관적 중심은 하나님의 이미지로 제시되는 양치기입니다. 단 하나의 문장으로 삼천 년 전 지구 반대편의 팔레스타인 시골 광경이, 하나님이 임재하시는 우리의 동네와 직장으로 자리 이동을 합니다. 목자-주님이라는 인물이 이 기도의 시를 지배하고 있습니다. 하나님은 선하시고 현존하십니다. 인생은 기적이고 아름다움과 사랑으로 가득합니다.

그런데 이 시의 딱 중간에서 23:4 이 세상의 문제를 상징하는 거대한 그림자가 드리워지고 목자의 선하고 인자한 현존을 지워버리려고 위협합니다. "내가 죽음의 그림자 골짜기를 지날지라도 악을 두려워하지 않을 것입니다. 주께서 나와 함께하시기 때문입니다"ESV. 이 그림자는 죽음—죽음의 골짜기—입니다. 혹은 그보다 더 어두운 그림자인 죽음의 전조입니다. 암, 치매, 우울증, 이혼, 가정폭력, 지긋지긋한 가난, 노숙…….

우리의 삶에는 목자도 있고 그림자도 있습니다.

✌

이 시편의 전반부시 23:1-4에서는 하나님이 양 떼를 치는 목자로 묘사되고, 우리는 그 양 떼입니다.

양은 멍청하기로 유명합니다. 그냥 혼자 내버려 두면 아무 생각 없이 위험한 데로 가버립니다. 그래서 목자가 필요합니다. 시편 기자는 자신이 "생각 없이 잘 떠도는" 양이라는 것을 알기에 하나님을 자신의 목자라고 합니다. 하나님의 '막대기'와 '지팡이'가 여러 번 그를 사막의 밝은 태양과 대비되는 어두운 굴을 피해 가도록 인도해 주었습니다. 갑자기 어두워지면 빛에 익숙한 눈은 순간 눈이 멀어 아무것도 보지 못합니다. 그래서 사자와 하이에나와 자칼과 같은 맹수들이 그 굴 뒤편에 자리 잡고 있는 줄도 모르고 그냥 들어갑니다. 그러나 하나님의 인도로 양은 안전하게 살 수 있는 물과 풀이 있는 얕은 골짜기로 갈 수 있었습니다.

사막에서의 삶은 목자에게나 양에게나 남쪽 바다 섬에서 태양을 즐기는 희희낙락한 삶이 아니었습니다. 그곳은 맹수들이 가득한 골짜기의 어두운 그림자가 위협하는 곳이었습니다. 인생을 위협하는 일은 사방에 있지만, 목자가 있기 때문에 인도를 받고 위협을 피해가는 것입니다.

❧

이 시편의 후반부시 23:5-6는 양의 이미지를 도망자의 이미지로 바꿉니다. "주께서 내 원수들 앞에서 내게 식탁을 차리셨습니다"ESV.

고대의 사막 문화에서는 누가 심각한 범죄—주로 살인—를 저질러서 목숨의 위협을 받으면 사람이 없는 사막으로 도망을 갔습니다. 사막의 법은 거역할 수가 없었습니다. 피의 복수 문화가 계속해서 그 사람을 추적하게 만듭니다. 살인자는 잡힐 때까지 추격당했습니다. 그리고 그를 찾지 못하면 그 위협은 그의 아들에게로 옮겨가 그 아들을 대신 괴롭혔습니다. 사막은 도망자의 집이 되었지만, 두려움과 위험 그리고 죽음까지 일어나는 끔찍한 집이었습니다.

그런데 과거의 죄로 인해 피의 복수의 법에 따라 추적당하는 저주받은 이 사람이 누릴 수 있는 한 가지 예외적인 사막 문화가 있었습니다. 그것은 바로 환대의 관습이었습니다. 어느 작가는 이것을 "광야의 황금 경건"이라고 불렀는데,[8] 사막을 떠도는 사람은 누구나 그의 성품이나 과거가 어떠하든지 간에 (아랍어 표현으로) "하나님의 손님"으로 목자 천막에 영접받아 음식을 대접받고 보호를 받았습니다. 목자 주인은 그의 안전에 대해 책임이 있었습니다. 이 관습은 오늘날에도 베두인 문화에서 그대로 지켜지고 있습니다.

"내 원수들 앞에서 내게 식탁을 차려 주시고 내 머리에 기름을 부으시니, 내 잔이 흘러넘칩니다." 이것은 도망자의 대사입니다. 과거의 행적으로 인해 위협을 받는 이 사람, 저주스런 피의 복수 때문에 괴롭힘을 당하던 이 사람이 목자의 천막으로 영접을 받고 거기에서, "내 원수들 앞에서" 식사 대접을 받았습니다. 목자의 천막 안에서 그는 안전했습니다.

∽

이 시편 기자의 기도가 대변하는 진리는 하나님의 진리입니다. 우리의 일상에서 하나님은 종종 시작과 끝에 등장합니다. 우리는 하나님을 모든 것 이전에 있는 힘 혹은 권능으로 생각합니다. 그리고 모든 것이 끝났을 때 하나님이 다시 등장합니다. 누군가 혹은 무엇인가는 일을 시작해야 하기 때문에 하나님이 그 영예의 자리를 차지합니다. 세례는 인간의 탄생을 시작하시는 하나님을 인정하는 행위입니다. 사랑과 창조의 하나님은 우리보다 앞서 계시고, 세례를 통해서 우리는 그분의 생명과 사랑을 목격합니다. 정치적 직분의 임기가 시작될 때, 새 학기가 시작될 때, 사업을 시작할 때, 중요한 의식을 시작할 때 등 어떤 큰일이 시작될 때는 그 일에 하나님이 관여하셨음을 인정하며 종종 기도를 드립니다. 하나님은 어떤 일의 시작에 가장 두드러지게 등장합니다. 그리고 일이 끝날 때도 하나님이 계십니다. 장례예배는 생명을 주시고 가져가시는 하나님을 기억하고, 우리의 삶이 끝났다고 하나님의 일과 존재가 약화되는 것은 아니라는 것을 증언하는 예배입니다. 마찬가지로, 직장생활이 끝날 때, 학위수여식 때, 기념일에, 그리고 생일에 우리는 하나님의 존재와 실존을 인정합니다.

그러나 그 사이의 시간, 탄생과 죽음 사이의 굵직한 삶의 시간, 시작과 끝 사이에 있는 그 중간은 어떻습니까? 하나님은 시작과 끝입니다. 하지만 그 사이는 어떻습니까? 우리의 작은 믿음이 종종 사소하게 간주하는 것이 바로 이 중간 시기입니다. 인생의 시작에 하나님 아버지가 있고, 인생의 끝에 심판자 하나님이 있다고 우리는 생각합니다. 하지만 도망자의 삶을 사는 세월 동안 우리가 당하는 위험에서 인도하시고 지켜 주시는 목자 하나님은 어떻습니까? 바로 이 지점에서 우리는 종종 실패합니다.

시편 23편은 하나님이 우리의 목자시라는, 우리를 지켜 주시고 우리와 동행하고 우리를 다스리는 목자시라는 설득력 있는 증언입니다. 하나님은 우리를 창조해 놓고 그다음은 알아서 하게 내버려 두시지 않습니다. 우리가 죽어서 자기 행실의 잘잘못을 따지기 위해 재판관 앞에 끌려갈 때까지 스스로 알아서 하게 내버려 두시지 않습니다. 하나님은 떠돌아다니는 우리를 인도하시고 도망 다니는 우리를 지켜 주시는 목자십니다.

제가 많은 것을 배운 위대한 목사이자 신학자였던 칼 바르트는 이렇게 표현했습니다. "그분의 주되심과 아무런 상관이 없고 어떠한 식으로든 그분의 주되심의 직접적 행동이 아닌 일은 하나도 없다. 이 주님은 결코 부재하거나 수동적이거나 무책임하거나 무능하지 않으며, 언제나 현존하고 능동적이고 책임감 있고 전능하시다. 그분은 결코 죽지 않고 언제나 사시고, 주무시지 않고 언제나 깨어 계시며, 결코 무심하지 않고 언제나 신경 쓰시고, 결코 가만히 기다리지 않으시며, 기다리거나 그냥 내버려 두는 것 같은 때에도 언제나 주도하신다. 바로 그렇게 그분은 피조물과 공존하신다."[9]

골짜기의 깊은 그림자의 위험 앞에 놓인 양에게 목자는 안내자가 되고, 죽음의 그림자로부터 추격을 받는 도망자에게 목자는 보호하는 집주인이 됩니다. 목자와 막대기와 지팡이는 그분의 리더십을, 그리고 사랑과 동료애로 우리와 인생을 함께해 주심을 상징합니다. 목자의 식탁과 잔은 그분의 보호 그리고 은혜로 주시는 희생의 삶을 예견합니다. 우리는 나날의 위험으로부터 보호받기 위해 안내가 필요할 뿐만 아니라, 과거의 죄로부터 자유롭게 해줄, 잘못된 결정과 믿음 없는 행위들의 엉킴으로부터 구해 줄 은혜도 필요합니다.

그리고 이 모든 것은 참으로 구체적입니다. 추상적이고 일반적인 것은 하나도 없고, 아주 생생하게 구체적입니다. '푸른 초장', '잔잔한 물가', '의의 길'('곧은 길'이라는 뜻), '골짜기', '막대기', '지팡이', '식탁', '기름', '잔', '집.' 사막 전체, 그리고 양과 도망자가 하는 모든 경험이 목자와 친밀한 신뢰의 관계로 맺어집니다. 인격적 현존의 관계입니다. 양과 도망자에게 목자는 생명을 주고, 살 수 있는 여건을 마련해 줍니다. 인격적인 하나님이란 한편으로는 보호와 안내이고, 다른 한편으로는 은혜와 피난처입니다.

એ

(다른 많은 시편과 마찬가지로) 시편 23편도 예수님이 최종 발언자십니다. 예수님은 그 표현을 자주 쓰셨고, 그분의 삶은 그 표현의 극적 해석이었습니다. "나는 선한 목자다"요 10:11. 예수님은 시편 23편을 말로도 하셨고 살기도 하셨습니다.

물론 팔레스타인에는 선한 목자도 있었고, 악한 목자도 있었습니다. 목자의 마지막 시험은 양이나 도망자를 보호하기 위해서 어느 정도까지 위험을 감수하느냐였습니다. 그들을 위해서 자기 목숨도 내어놓는가? 양은 위험하고 난감한 상황에 빠질 수 있습니다. 이때 자기 목숨을 걸고라도 양 한 마리를 구하기 위해서 깊고 위험한 협곡으로 들어가는 것은 쉬운 결정이 아닐 것입니다. 그리고 도망자들은 어떻습니까. 환대라는 사막의 규칙과 "하나님의 손님"이라는 전통의 고귀함에도, 도망자와 그들을 추적하는 모든 원수가 무해한 인물인 것은 아니었습니다. 이 도망자를 죽이려고 찾아다니는 원수들 앞에서 그를 자기 천막에 맞아들이고, 식탁을 차리고, 그의 머리에 기름을 붓고, 그의 잔을 채우는 일은 선뜻 내릴 수 있는 결정이 아닙니다. 목자의 삶도 위험했습니다.

예수님이 자신은 "선한 목자"라고 자신의 추종자들 앞에서 선언했을 때요 10:14, 저는 그들이 예수님을 자기 양 떼한테 잘해 주는 자비롭고 친절한 목자라는 뜻으로 받아들이지 않았을 것이라고 생각합니다. 그들은 목자들이 있는 곳에서 살았기 때문에 목자의 삶이 어떤지 알았습니다. 선한 목자란 맹수와 도적과 살인자들에 맞서 목숨을 거는 것을 의미했습니다(그리고 그들도 그렇게 이해했습니다).

예수님이 바로 그렇게 하셨다는 것을 우리는 압니다. 증오와 죽음의 그림자가 가득했던 예루살렘으로 들어가시고, 이 세상의 모든 떠돌이 양과 도망자를 대신해서 종교와 정부의 고발과 폭행을 당하셨습니다. 우리는 예수님이 유다로부터 배신을 당한 바로 그 밤에 식사 자리에서 그를 축복하신 것을 압니다.

예수님은 시편 23편의 내용 하나하나를 참으로 놀랍게 이행하십니다. 우리의 목자는 지금도 사람들의 삶에서 구체적이고 역사적으로 일하시면서 그들을 인도하고 구원하십니다. **우리를 인도하시고, 우리를 구원하십니다.**

이 기도에는 그림자가 많지만, 목자는 결코 그 자리를 떠나지 않습니다. 인도와 은혜가 있습니다. 떠돌아다니는 양을 위한 인도, 그리고 죄지은 도망자를 위한 은혜입니다. 인도와 은혜가 승리합니다. 이 시의 마지막 행은 우리가 평생에 걸쳐 경험하리라 기대할 수 있는 일을 요약해 줍니다. "참으로 선하심과 인자하심이 내가 사는 모든 날 동안 나를 따르리니, 내가 영원히 주님의 집에 거하겠습니다"시 23:6.

그러나 건짐받은 사람 아무도
그분이 길 잃은 자기 양을 찾느라
얼마나 깊은 강을 건넜는지,
얼마나 어두운 밤을 지나갔는지 알지 못했다.[10]

아멘.

7

"복 있는 사람은"

시편 1편
마태복음 5:1-10

스코틀랜드의 목사 알렉산더 화이트Alexander Whyte는 제가 태어나기 훨씬 전에 돌아가신 분이지만, 제가 목사와 설교자로 산 세월 동안 제게 가장 큰 영향을 미친 신실한 목사이자 설교자입니다. 신학생들에게 강연을 하면서 그는 "아, 이제 사역을 앞둔 여러분이 부럽습니다. 특히 앞으로 평생을 사람들에게 시편을 설명할 수 있다는 게 부럽습니다!"라고 말했습니다. 화이트가 그렇게 깊이 만족스러워한 시편 강해의 즐거움은 시편의 첫 장에서부터 시작됩니다. 시편 1편은 모든 시편의 서문 역할을 합니다. 하지만 아마도 가장 마지막에 쓰였을 것입니다. 편집의 과정을 통해 우리 성경에 정리된 150개의 시편 중에서 1편은, 화룡점정의 역할을 하면서 우리가 살고 기도하는 성경의 내용이 무엇인지 정해 주고 전반적인 분위기를 잡아 줍니다.

∽

복 있는 사람은

악인들의 꾀를 따라 걷지 아니하며

죄인들의 길에 서지 아니하며

오만한 자들의 자리에 앉지 아니하며시 1:1.

첫 시편의 첫 단어는 안녕의 상태, 온전함, 행복감을 나타냅니다. "하나님은 하늘에 계시니, 세상만사가 다 괜찮다!"고[11] 말하는 사람을 묘사하는 말입니다.

몇 년 전에 중년 여성 한 분이 교회에 생전 처음 나왔습니다. 제가 막 다윗에 대한 설교를 마쳤을 때였습니다. 교회를 나서면서 그분이 제게 말했습니다. "그런 이야기는 처음 들어 봅니다. 그동안 제가 어디서 뭘 하고 있었는지 모르겠어요. 제가 운이 아주 좋다고 생각합니다." 그 후로 그분은 계속 교회에 나왔고 처음에 했던 그 말을 반복했습니다. "제가 운이 아주 좋다고 생각합니다." 그 당시 저는 그가 말하는 '운'이 그 표현 방식으로 보아, 다윗이 '복되다'고 할 때 느꼈던 그런 감정이 아닐까 생각했습니다. 그래서 저는 지금도 '복되다'라는 말을 쓰거나 읽을 때마다 그가 말한 '운'이 생각납니다. 말하자면 그것은 일종의 놀람, 기대치 않았던 행운, 정말로 예기치 않았던 곳에서 마주치는 선물 같은 것입니다.

나중에 저희는 서로 친분이 생기게 되었습니다. 그 여성은 좋은 가정에서 자랐지만, 교회에는 한 번도 가 본 적이 없었고 성경에 대해서도 아는 게 하나도 없었습니다. 그래서 이 교회생활은 그에게 아주 새로운 세상이었습니다. 그리고 그를 통해서 '운'이라는 단어가 제게는 성경적인 단어가 되었습니다. 그래도 여전히 '복되다'라는 단어가 더 좋기는 합니다. 이미 수십 년 동안 그 단어를 써 왔기 때문에 쉽게 대체되지가 않았습니다.

'복되다'는 말은 예수님이 하신 첫 설교인 산상수훈에서 그 단어를 사용하심으로써 그 제자들에게 더 심오한 의미를 가지게 되었습니다. 예수님은 아마도 그들이 전에는 한 번도 생각해 보지 않았을 여덟 가지 복된 상태를 제시하셨습니다. 그리고 그것은 다른 많은 경우와 마찬가지로 "그리스도께서 시편을 포착하신" 순간이었습니다.

시편은 이 복된 삶을 먼저 "악인들의 꾀를 따라 걷지" 않는 사람이라고 설명합니다. 이 신앙의 길을 가는 동안 우리는 행복을 보장하는 방법에 대해서 조언하고 충고하고 촉구하는 사람들에게 둘러싸이게 됩니다. 그들은 통계를 제시하면서 자신들의 충고를 입증하려 하고, 사회학과 심리학의 최신 연구 결과들을 인용합니다. 그러나 여러분과 저는 그런 말에 휘둘리지 않으리라 생각합니다. 우리는 그것과는 다른 소리를 듣는 법을 배우고 있기 때문입니다.

우리는 또한 "죄인들의 길에 서지"도 않습니다. 이것을 우리 식으로 표현하면 딱히 목적 없는 사람들과 어울리지 않는다는 뜻입니다. 그들은 길목을 "가로막고" 제각기 "서서" 한담을 합니다. 계획을 세우고, 프로젝트도 꾸리고, 대화도 유창하게 합니다. 하지만 가만히 들어 보면 그냥 허황된 이야기인 경우가 많습니다.

그리고 "오만한 자들의 자리에 앉지" 않는 것 또한 당연합니다. 자리란 심의하고 판단하고 결정을 내리는 곳입니다. 그런데 오만한 자들은 그러한 자리를 차지하려 하지 않는 사람들을 얕봅니다. 그들은 잘난 체하는 사람들과 같이 앉습니다. 냉소적이고 피상적인 수다의 자리입니다. 그들은 아무런 권위도 인정하지 않고 오직 자신들의 똑똑함만 믿습니다. 아무도 그들 위에 앉지 못하고, 누구의 충고도 듣지 않습니다. 그들은 말의 술에 취해서 몽롱한 상태로 세상을 훑어보며 자신들의 혼란과 불안을 투사합니다. 유명한 영국의 설교가 찰스 스펄전Charles Spurgeon은 그들을 "멸망의 박사들"이라고 불렀습니다.[12]

이러한 세 가지 거부해야 할 삶의 방식은 '걷다', '서다', 그리고 마지막으로 '앉다'로 내려옵니다. 능동에서 수동으로, 역동에서 정체, 무력한 부동, 내적 갇힘의 상태로 이동합니다. 단테Alighieri Dante가 묘사한 지옥의 가장 낮은 주민들은 자신들의 죄 때문에 언 상태로 얼음장 안에 갇혀 있었습니다. '악인들'에서 '죄인들' 그리고 '오만한 자들'로의 움직임은, 행실이 나쁜 사람에서 습관적으로 잘못을 하는 사람으로, 그리고 자기 방식이 굳어져 다른 모든 사람을 경멸하는 사람으로의 움직임입니다.

ℰℑ

그리고 나서 다음의 두 문구로 복된 삶을 설명합니다.

주님의 율법을 즐거워하여
밤낮으로 그 율법을 묵상하는 사람이다시 1:2.

여기에서 우리는 계시의 세계, 성경과 예수, 육신이 되신 말씀의 세계로 들어갑니다. 그것은 추측, 미신, 교조적 견해의 세계가 아니라, 하나님과의 관계로 이루어진 인격적인 세계입니다. 모세의 시내 율법에서 나타나고, 사도와 예언자들의 설교에서 나타나고, 예수님에게서 가장 포괄적으로 계시된 복음에서 나타났듯, 이 하나님은 우리의 구원에 직접 관여하십니다.

이러한 하나님의 계시, 이 성경과 예수님을 즐거워하는 우리의 방법은 묵상입니다. 그러니까 급하게 읽거나 한두 구절 암송하는 게 아니라, 묵상한다는 것입니다. 영어로 이보다 더 좋은 말이 있었으면 좋겠습니다. '묵상'이라는 말은 수사나 수녀들이 수도원에서 하는 일, 혹은 해변에서 아름다운 석양을 감상할 때 하는 일이라는 인상을 줍니다. 정말로 하나님에 대해서 진지할 때 하는 일 같습니다.

그러나 놀랍게도 시편 기자의 용어에서 이 묵상이라는 말은 천천히 먹는 것과 연관이 있습니다. 말 그대로 천천히 씹거나 막대 사탕을 빠는 것처럼 말입니다. 시편 1편에 나오는 묵상에 대한 저의 이해가 완전히 달라진 것은 다음의 이사야 말씀에서 같은 히브리어 단어를 만났을 때였습니다. "사자 혹은 어린 사자가 먹이를 붙들고 그르렁거리듯"사 31:4, NRSV. 이 말을 보고 저는 한때 키우던 개를 생각했습니다. 몬태나로 여름휴가를 갈 때면 그 개는 우리가 머물던 집이 있는 언덕을 탐험하는 것을 무척 좋아했습니다. 그렇게 탐험하다가 코요테가 사냥한 흰꼬리사슴의 시체를 만나곤 했습니다. 나중에 보면 개가 그렇게 죽은 짐승의 다리 한쪽이나 갈빗대를 질질 끌고 호숫가에 있는 테라스에 나타났습니다. 별로 큰 개가 아니었기 때문에 때로 그 뼈는 자기 몸집만큼 컸습니다. 개를 키워 본 사람이라면 그다음에 이어지는 절차를 잘 알 것입니다. 먼저 이 먹이를 놓고 우리 앞에서 이리저리 뛰어다닙니다. 꼬리를 흔들면서 이 자랑스러운 일을 우리가 인정해 주기를 기다리는 것이지요. 물론 우리는 인정해 줍니다. 칭찬을 퍼부으며 아주 잘했다고 해주지요. 그러면 개는 우리의 칭찬에 흡족해하며 그 뼈를 20미터 정도 떨어진 조금 더 은밀한 장소로 끌고 갑니다. 보통은 이끼가 잔뜩 낀 돌덩이 옆 그늘진 부분으로 가서 뼈를 놓고 작업에 들어갑니다. 이제 이 뼈를 자랑하는 사회적인 측면은 끝이 났고, 그 즐거움은 혼자만의 것이 됩니다. 개는 뼈를 물고, 뒤집고, 뜯습니다. 때로 나지막하게 으르렁대거나 그르렁거리는 소리가 들리기도 합니다. 아주 즐기면서 전혀 서두르지 않습니다. 그렇게 한두 시간 정도 여유롭게 뼈를 즐기고는 땅에 묻습니다. 그리고 다음 날 돌아가서 다시 시작합니다. 그렇게 뼈 하나가 평균 일주일을 갔습니다.

개가 즐거워하는 것을 보며 저도 즐거워했습니다. 놀이하듯 그러나 진지하게, "필요한 한 가지 일"눅 10:42에 완전히 몰입해 있는 모습이 좋았습니다.

우리의 영혼을 다루는 글을 읽는 것을 히브리 선조들은 '하가'^{hagah}라고 일컬었습니다. '묵상'이라는 단어는 이 말의 의미를 제대로 전하지 못합니다. 너무 온건합니다. 묵상은 조용한 예배당에서 제단에 초 하나 켜고 무릎을 꿇고 하는 일에 더 적합해 보입니다. 혹은 장미 정원에 앉아 무릎에 성경을 펼쳐 들고 하는 일에 가깝습니다. 그러나 이사야의 사자와 제 개가 묵상할 때는 이와 혀, 배와 창자를 사용해서 씹고 삼켰습니다. 이사야의 사자는 자신의 먹이를 묵상했습니다. 제 개는 자신의 뼈를 묵상했습니다. 여러분과 저는 성경과 예수님을 통해 계시된 것을 묵상합니다.

∾

그다음에 나오는 문장은 이렇습니다. 묵상하는 사람은,

> 시냇가에 심은 나무가
> 철을 따라 열매를 맺으며
> 그 잎사귀가 시들지 아니함 같으니,
> 그가 하는 모든 일마다 잘될 것이다시 1:3.

왜 나무일까요? 예레미야, 에스겔 그리고 예수님 모두가 같은 이미지를 사용했습니다. 건조한 기후의 중동에서 그것은 기운찬 삶의 대표적인 예였습니다. 힘, 아름다움, 장수, 다양성. 좋은 이미지이지요.

저는 이 부분이 무척 마음에 듭니다. "시냇가에 심은." 이 말은 우연히 자란 야생종의 나무가 아니라 정원에서 가꾸는 나무라는 뜻입니다. '시냇가'의 문자적 의미는 사막에서 농사를 지을 수 있게 물을 대기 위해서 땅을 파서 만든 바빌론의 운하입니다. 이 시편이 기록될 때 히브리 사람들은 바빌론에 유배를 가 있었습니다. 그들이 바로 특별한 돌봄과 재배가 필요한, 정원사인 하나님의 지식과 기술이 필요한 나무였습니다. 이 나무에서 이해력과 목적의식이 자랐습니다.

계획과 식수는 성공했습니다. 나무가 열매를 맺고 늘 푸르게 있습니다. 창조와 구속은 효력이 있고 환상이 아닙니다.

ฌ

악인들은 그렇지 않으니,

바람에 흩날리는 겨와 같다.

그러므로 악인들은 심판 때에 서지 못하며,

죄인들은 의인들의 모임에 서지 못한다시 1:4-5.

이 기도의 서두에 나왔던 악인들/죄인들/오만한 자들이 계속해서 헛된 말만 했습니다. 여전히 진지함이 없고 목적 없는 길을 고집스레 갔습니다. 그들의 종착지인 '겨'가 이제 '나무'와 대조를 이룹니다.

바람에 날아가 버리는 겨는 아무것도 없는 상태를 가장 근접하게 묘사해 줍니다. 무게도, 의미도, 쓰임새도 없습니다. 의미도 책임도 없는 악인들은 아무런 존재감이 없습니다. 겨가 존재합니까? 그것은 한때 꽃을 피우고, 열매를 맺고, 풍경을 아름답게 했던 것의 말라 버린 껍데기입니다. '악인들'은 자신들이 원래 창조되었던 모습과 아주 거리가 멉니다. 이제 그들은 바람에 떠다닐 뿐입니다. 뿌리도 없고 생명도 없습니다. 그들에게는 아무것도 없고, 오직 무엇이 아니라고만 정의될 수 있을 뿐입니다.

이 시의 서두에 나왔던 사람들, 걷고 서고 앉고 했던 이 사람들이 정작 중요한 때에 와서는 실체도 힘도 없이 아무것도 못합니다. 이 이미지를 살짝 바꾸어서 T. S. 엘리엇은 이러한 비존재의 삶에 대해서 비슷한 결론을 내립니다. 그의 시 「텅 빈 사람」The Hollow Men에서 그는 이렇게 묘사합니다.

> 형식 없는 모양, 색깔 없는 그림자,
> 마비된 힘, 움직임 없는 몸짓.[13]

악인들/죄인들/오만한 자들의 삶의 끔찍한 결말은 아무것도 될 수 없는 전적 무능입니다.

❧

> 의인의 길은 주께서 아시지만,
> 악인의 길은 사라질 것이기 때문이다시 1:6.

이 마지막 두 행이 이 두 가지 삶, 나무의 삶과 겨의 삶 아닌 삶의 최종 결과를 분명히 보여줍니다. 여기에 나오는 동사 '알다'

는 말 그대로 복음을 잉태하고 있는 단어입니다. 아담과 하와가 했던 것과 같은 친밀한 성행위를 일컫는 성경 단어이기 때문입니다. "아담이 자기 아내 하와를 알았고 하와는 임신했다"창 4:1, KJV.

우리가 흔히 사용하는 '알다'는 주로 정보와 연관이 있습니다. 그러나 기독교에서 그 말은 직접적인 관계, 역사적이고 존재론적인 인격적 지식을 뜻합니다. 예수 그리스도 안에서 하나님은 우리를 **아시고**, 성령으로 인해 우리도 하나님을 압니다. 그러나 이 지식은 이론적이거나 학문적인 지식이 아닙니다. 개인적이고 경험적인 지식입니다. 이 지식을 통해서 우리는 존재의 토대가 되는 실재를 알게 됩니다.

시편 1편에서 개인적으로 우리 자신을 발견하려면 예수님이 제자들과 하신 마지막 대화에서 자신을 포괄적으로 정의하신 말씀에 집중해야 합니다. "내가 길이요 진리요 생명이다"요 14:6, KJV. 예수님은 그 길이 어떻게 우리 삶에 작용하는지 자신의 삶으로, 성육신으로, **현존**으로 보여주십니다. 예수님을 따르는 일을 구체적으로 어떻게 하는지 스스로 알아내려 하지 않아도 됩니다. 이 길은 어떤 목적지로 가기 위해서 걷는 길만이 아니라, 그 길에서 우리가 사는 방식이기도 합니다.

시편 1편은 우리가 예수님의 길을 시작하게 해줍니다. 예수님과 함께 성경을 읽고 묵상하면서 예수님이 복을 주시는 **길**에 대한 감각을 익히게 되는 것입니다.

아멘.

제3부

"주의 길을
예비하여라"

이사야와 함께 설교하기

서문

수백 년에 걸친 기간을 지나는 동안 히브리 백성 사이에서 아주 많은 예언자들이 나왔습니다. 예언자는 하나님의 실재를 드러내 제시하는 일에 탁월한 능력과 솜씨를 보여주었습니다. 그들은 신에 대한 환상과 거짓말에 빠져 살아온 공동체와 민족들에게 하나님의 명령과 약속과 임재를 전해 주었습니다.

사람은 누구나 하나님이나 다른 신을 어느 정도는 믿고 삽니다. 그러나 대부분의 사람들은 하나님과 가능하면 상관하지 않으려 하고, 그게 여의치 않을 경우 자신의 편의에 맞게 하나님을 재구성합니다. 그런 우리에게 예언자들은, 하나님이 우리의 지시를 기다리며 옆으로 물러나 있는 존재가 아니라 주권을 가지신 중심이라고 주장합니다. 또한 그들은 하나님이 자신을 계시하시는 방식대로 하나님을 상대해야지, 우리가 생각하는 대로 해서는 안

된다고 주장합니다.

이들은 하나님의 주권적 현존이 백성의 삶 가운데 있다는 사실을 일깨웠습니다. 그들은 소리치고 울었고, 꾸짖고 달랬으며, 도전하고 위로했습니다. 직설적으로 말할 때든 은근하게 말할 때든, 그들은 권능 있게 상상력을 발휘하여 말했습니다.

이들 예언자 중 열여섯 사람이 자신들이 말한 바를 글로 남겼습니다. 이 글을 우리는 예언서라고 부릅니다. 성경의 이사야에서부터 말라기까지가 바로 이 예언서입니다. 이 열여섯 명의 히브리 예언자들은 우리가 하나님 앞에서 신실하게 순종하며 살고자 노력하는 삶의 현장인 이 세상의 환경에 유의하고, 그것의 성격을 제대로 인식하는 데 절실하게 필요한 도움을 우리에게 줍니다. 왜냐하면 이 세상의 방식들, 그것이 가정하는 것과, 따르는 가치와, 일을 해내는 방식들은 결코 하나님의 편이 아니기 때문입니다. 적어도 대부분의 경우는 그렇습니다.

예언자들은 이 세상이 말해 주는 인생의 처세술과 가치들을 우리의 상상력에서 제거해 버립니다. 성령 하나님은 이 예언자들을 계속 사용하셔서 자기 백성이 사는 문화로부터 그들을 분리시켜서, 이 세상이 존경하고 보상하는 모든 것을 거부하는 단순한 신앙과 순종과 예배의 길로 돌아가게 합니다. 예언서는 이 세상의 길과 복음의 길의 차이를 분별하도록 우리를 훈련시켜 주고, 그럼으로써 우리가 늘 하나님의 현존 앞에 있을 수 있게 해줍니다.

예언서를 읽다 보면 그들의 인생이 결코 쉽지 않았음을 금세 알게 됩니다. 예언자들은 인기 있는 이들이 아니었습니다. 결코 스타의 위치에 있지 않았습니다. 그들은 함께 사는 히브리 백성의 기질이나 성향을 결코 우호적으로 보지 않았습니다. 그리고 수 세기가 지나도 그들의 강경한 어조는 여전합니다. 이들의 말을 받아들이는 게 어려운 것도 당연합니다. 우리의 감정에 대한 배려가 없습니다. 요즘 말로, '관계 맺는 기술'이 많이 부족합니다. 우리는 우리의 문제를 이해하는 지도자들, 특히 그러한 종교 지도자들을 좋아합니다. 세련된 맛이 있는 지도자들, 포스터나 텔레비전에 나와도 보기가 좋은 지도자들을 좋아합니다.

그런데 예언서는 우리의 삶의 방식과는 도무지 맞지가 않습니다. 하나님을 자기 삶에 맞추는 데 익숙한 사람들, 혹은 우리가 흔히 하는 말로 "하나님을 위한 자리를 만드는"데 익숙한 사람들에게 예언서는 받아들이기 힘들고 그래서 잘 무시합니다. 예언자들이 말하는 하나님은 우리 삶에 끼워 맞추기에는 너무 큽니다. 그래서 하나님과 어떻게든 상관하고 싶다면, 우리 자신이 하나님께 맞추어야 합니다.

예언서는 합리적이지 않습니다. 우리가 이해할 수 있는 수준으로 맞춰 주지 않습니다. 결과에 대해 우리도 한마디 할 수 있도록 기술적으로 협상하는 외교술이 없습니다. 격식도 차리지 않고, 우리의 설명이나 기대로는 표현할 수 없는 거대한 실재 안으로 우리를 끌어들입니다. 우리를 거대하고 아찔한 신비 안에 집어넣습니다.

그들의 말과 비전은, 우리가 실재로부터 우리 자신을 보호하기 위해 쳐 놓은 온갖 허상을 뚫고 들어옵니다. 인간에게는 부인하고 스스로를 기만하는 능력이 아주 탁월합니다. 그래서 죄의 결과를 다루고, 심판을 직면하고, 진리를 받아들일 수도 없는 상태에 이릅니다. 바로 그때 예언자가 등장해서 먼저 그것을 인식하게 도와주고, 그다음에는 하나님이 우리를 위해서 준비하신 새로운 삶, 하나님 안에서 소망을 열어 주는 삶으로 들어가게 합니다.

예언자는 하나님을 설명하지 않습니다. 편협하게 굴고 시시덕거리는 과거의 습관들을 깨고 나오게 우리를 흔들 따름입니다. 그래서 우리가 경외와 순종과 예배의 자리에 설 수 있게 해줍니다. 우리가 그것을 살기 전에 이해해 보겠다고 고집한다면, 결코 이해하지 못할 것입니다.

기본적으로 예언자들은 두 가지 일을 했습니다. 첫째, 백성이 처한 최악의 상황을 종교적 참사나 정치적 재난이 아닌 하나님의 심판으로 받아들이게 했고, 그것이 벌이 아니라 교정하기 위한 것임을 이해하게 했습니다. 하나님은 선하시고 우리의 구원을 원하시기 때문에 그 심판을 부인하거나 피하지 말고 받아들여야 합니다. 따라서 심판은 우리 인간이 기대하는 미래는 아니지만, 그것이 하나님의 심판이기 때문에 결코 최악의 상황일 수 없습니다. 그것은 세상을 바로잡으시는 하나님의 방식 중 하나라고 우리는 이해할 수 있습니다. 왜냐하면 이 세상을, 그리고 우리를 바로잡으시는 게 하나님의 일이기 때문입니다.

예언자들이 했던 두 번째 일은 좌절한 사람들이 하나님의 미래를 소망하며 일어설 수 있게 해주는 것이었습니다. 유배와 죽음과 굴욕과 죄 속에서 예언자는 하나님이 때와 장소를 가리지 않고 하시는 새로운 구원의 일을 사람들이 자신의 인생에 맞아들일 수 있게 희망의 불꽃을 지폈습니다.

우리가 인생에서 일찍 배우는 나쁜 습관 중 하나는 사람과 사물을 성聖과 속俗으로 나누는 것입니다. 우리는 직장, 시간, 오락, 정부, 사회관계 같은 것들을 '세속의 일'로 여기고, 어느 정도 우리가 주도할 수 있는 영역이라 생각합니다. 반면 예배와 성경, 천국과 지옥, 교회와 기도 같은 것들은 '성스러운 일'이며, 하나님이 주도하시는 영역이라고 여깁니다. 그렇게 구분하고 나서 우리는 하나님을 위해서 별도의 거룩한 공간을 만들려고 합니다. 하나님을 영화롭게 하기 위해서라고 말하지만 사실은 하나님을 거기에 가두고, 다른 모든 일에 대해서는 우리가 최종 결정권을 가지려고 하는 것입니다.

예언자들은 이런 시도를 용납하지 않습니다. 그들은 모든 일, 정말로 모든 일이 거룩한 땅에서 일어난다고 주장합니다. 하나님은 우리 삶의 전 영역에 대해서 하실 말씀이 있습니다. 우리의 마음과 가정이라는 소위 사적 공간에서 우리가 무엇을 느끼고 어떻게 행동하는지, 돈은 어떻게 벌고 쓰는지, 어떤 정치를 지지하는지, 어떤 전쟁에 가담하는지, 어떤 재난을 견디는지, 어떤 사람들에게 상처를 주는지, 그리고 어떤 사람들을 돕는지 등 그 어떤 일도 하나님의 살피는 눈을 피하거나, 하나님의 통치에서 제외되거나, 하나님의 목적과 무관한 것은 없습니다. 그분은 "거룩, 거룩, 거룩"하신 분입니다.

이사야와 함께 설교하면서 우리는 포괄적인 상상력을 개발하게 됩니다. '세계화'라고 하는 새로운 단어가 모든 것과 모든 사람의 상호 연결성을 지칭하기 위해서 만들어졌습니다. 이제 "**우리는 결국 다른 모든 사람이라는 것을 깨달아야**" 합니다.' 저는 이것보다는 예수님이 쓰신 표현을 더 좋아합니다. "하나님 나라." 이것은 **모든** 것을 하나님의 통치에 포함시키는 상상력입니다. 모든 나라와 사람과 시대가 그 안에 함께 있습니다. 우리는 새로운 방식으로 모든 것의 상호 연결성을 접하게 됩니다. 별개의 것들이 아니라 그것들의 '관계'가 중요해지는 것입니다. 이사야와 함께 설교하는 것은 좋은 '동료'를 얻는 것입니다. 예언자는 우리의 상상력을 우리가 속한 그룹 너머로 확장시켜 줍니다. 현대의 예언자라 할 수 있는 웬델 베리는 모든 것을 포함시키고 서로 엮는 것이 얼마나 중요한지를 계속해서 강조합니다. 살아 있는 것과 살아 있지 않은 것, 식물과 동물, 물과 공기, 돌과 인간, 이 모든 것은 궁극적으로 같은 종으로서 하나님이 창조하시고 하나님이 다스리시는 세계 안에 서로 상호 의존하며 공존합니다. 예언자는 하나님을 피하거나 돌아가는 것을 불가능하게 만듭니다. 예언자는 우리의 인생 구석구석까지 하나님을 받아들일 것을 주장합니다. 예언자에게 하나님은 이웃집에 사는 사람보다 더 현실적인 존재입니다.

　　글을 남긴 열여섯 명의 예언자 중에서 저는 이사야를 그 대표로 선택했습니다. 이사야는 가장 포괄적인 예언자인데, 하나님의 말씀에 순종하며 신실하게 사는 삶의 모습을 묘사하는 계시의 언어에 아주 능통한, 말하자면 르네상스 예언자라고 할 수 있습니다. 하나님이 일하시는 방식과 수단이 우리가 일하는 방식과 수단을 꿰뚫고 들어올 때 우리는 그것을 '거룩'이라고 부릅니다. 이사야에 나오는 하나님의 특징적 이름은 '거룩'입니다.

1

"거룩하시다, 거룩하시다, 거룩하시다"

이사야 6:1-13
요한계시록 4:1-10

이사야는 인류에서 돋보이는 거장 중 하나입니다. 그의 인생은 한 민족 전체의 영적 상태에 영향을 미쳤고, 그리스도인의 의식에 결정적인 영향을 미쳤습니다. 여러분 모두가 그의 이름을 알고, 그가 성경의 위대한 책 중 하나를 썼다는 것을 압니다.

저는 여러분에게 성경 인물을 하나 더 알려 줌으로써 오늘 아침 이곳에 올 때보다 성경지식이 더 늘어서 가게 하는 데에 관심이 없습니다. 그러나 이사야만큼은 여러분이 잘 알기를 원합니다. 그가 살았던 방식을 보고, 가능하면 여러분 자신도 그러한 사람이 되는 방향으로 갈 수 있기를 바랍니다.

사실 이사야에 대한 정보가 많은 것은 아닙니다. 대략적 생애사를 구성하기에도 충분하지 않습니다. 그가 했던 귀한 설교와 그가 어떤 사람이고 어떻게 살았는지를 보여주는 두세 가지의 사건이 전부입니다. 그중에서 가장 자세하게 알려진 사건은 그가 어느 날 예루살렘에서 예배를 드릴 때 일어났던 일입니다.

～

　　일요일마다 저는 회중을 바라보며 기도하는 마음으로 궁금해합니다. 여러분 대부분을 저는 비교적 잘 압니다. 하지만 제가 모르는 것도 많습니다. 매주 저는 이 예배의 자리가 여러분이 지금 있을 수 있는 가장 중요한 자리라는 확신을 가지고 여기에 옵니다. 성경과 찬송과 기도와 설교가 여러분의 영과 삶으로 들어가 여러분이 영원한 삶에 더 깊이 참여할 수 있게 해줄 수 있을 것이라고 생각합니다. 언제나 그런 것도 아니고, 어쩌면 자주 그런 것도 아니겠지만, 여러분이 인식하지 못하는 때에도 여기에서는 아주 중요한 일들이 일어나고 있습니다.

　　우리가 함께했던 지난 몇 년 동안 여러분으로부터 들은 이야기 덕분에, 저는 이 예배 시간이 기적의 잠재성을 가진 시간이라는 것을 압니다. 많은 사람들이 오늘 여기에 올 때와 같은 상태로 이곳을 떠나겠지만, 그럴 때에라도 어쩌면 우리의 깊은 곳은 달라졌을지 모릅니다.

　　제가 이 이야기를 하는 이유는 우리가 이사야에 대해서 아는 가장 구체적인 이야기가 지금 우리가 여기에서 함께하는 것처럼 그가 예루살렘의 성전에서 예배를 드리던 날에 일어난 일이기 때문입니다. 그리고 그때 일어난 일을 요약하는 단어는 바로 '거룩'입니다. 그 경험은 예언자로서 그의 소명에 결정적인 순간이었습니다.

***

그런데 이사야와 거룩의 이야기 전에 굵은 글씨로 경고가 하나 붙어 있습니다. 바로 웃시야라는 이름입니다. 이사야의 시대에 살던 사람들은 그 이름의 의미를 잘 알았습니다. "주의, 위험, 조심."

웃시야는 예루살렘에서 52년간 왕위에 있었습니다(그의 이야기는 역대하 26장에 나옵니다). 그는 여러 면에서 좋은 왕이었습니다. 적군 블레셋을 물리쳤고, 강력한 방어 체계를 구축했고, 잘 준비된 군대를 키웠고, 경제적으로 나라를 발전시켰고, 그의 목사 스가랴로부터 하나님을 두려워하는 것을 배웠습니다. "그리고 그의 명성이 널리 퍼졌는데, 그가 놀라운 도움을 받아 강해졌기 때문이다"대하 26:15, NRSV.

그런데 웃시야가 끔찍한 일을 했습니다. 성전을 모독한 것입니다. 강력한 왕으로서 성공을 하고 그에 따라 유명해지자 교만해진 그는, 어느 날 성전으로 들어가서 자기가 직접 그곳을 장악해 버렸습니다. 웃시야는 스스로 자기 영혼을 책임지고 하나님을 자기 필요에 따라 사용하기로 했습니다. 그는 거룩한 향의 제단—나중에 천사 스랍 중 하나가 숯을 가져다가 이사야의 입술을 대어 거룩하게 한 바로 그 제단—으로 가서 자신의 기호와 욕망에 따라 행동하기 시작했습니다. 제사장 아사랴와 여든 명의 다른 제사장들이 놀라서 그를 쫓아와 이 신성모독을 막으려 했습니다(제사는 오직 제사장만이 드릴 수 있었기 때문입니다). 웃시야는 이미 손에 향로를 들고 있었고 막 제사를 드리려던 참이었습니다. 그는 화를 내며 아사랴와 그의 제사장들을 물러가게 했습니다. 웃시야는 "연민에 마음을 닫고, 교만하게 말하며……인생에서 자기 분깃이 이 세상에 있는 사람"시 17:10, 14, NRSV 중 하나가 되었습니다. 그는 왕이었고, 게다가 업적도 많은 매우 성공적인 왕이었기 때문에 주권자 대 주권자로서 자신이 원하는 때에 원하는 방식으로 하나님을 상대하겠다고 생각한 것입니다.

이 모독의 결과는 금세 나타났습니다. 웃시야가 나병에 걸린 것입니다. 히브리 사람들에게 이 끔찍한 병은 죄를 상징했는데, 내적 불경을 공적으로 보여주는 병으로 인식되었습니다.

웃시야가 왕의 특권이라고 생각한 일이 사실은 용서받을 수 없는 신성모독이었습니다. 그것은 마치 누가 이 교회에 들어와서 까만 스프레이 페인트로 강단과 성찬 탁자와 세례반과 십자가에 "주인이 바뀌었다. 이제는 내가 보스다!"라고 낙서를 한 것과 같은 일이었습니다.

웃시야는 여생을 격리된 채 보냈습니다. 나병 때문에 성전뿐만 아니라 거룩한 백성의 공동체에도 들어갈 수가 없었습니다. 그는 여전히 왕이었지만 더 이상 성전과도 그리고 자기 백성과도 접할 수가 없었습니다. 유다의 정부가 하나님의 거룩한 성전을 더럽힌 남자의 손에 있었고, 유다 사회와 문화 전체가 신성모독의 그림자 아래 살고 있었습니다. 나병에 걸린 왕이 다스리는 유다.

웃시야는 정말로 필요한 경고입니다. 거룩과 어울리는 일은 위험한 일입니다. 거룩한 땅은 위험한 땅입니다. 거룩은 결코 우리가 자기 것인 양 취하고 자기 목적에 맞게 사용할 수 있는 게 아닙니다.

예배의 장소에서 웃시야에게 일어난 일과 이사야에게 일어난 일 사이의 대조는 그 이상 두드러질 수가 없습니다. 웃시야는 추방되었고 이사야는 복을 받았습니다.

෨

그날 예배 때에 이사야가 한 경험은 어떤 환상에서 시작되었습니다. "주께서 높은 보좌 위에 앉으신 것을 내가 보았다"사 6:1. 이사야는 이 환상을 설명합니다. 왕좌가 있고 왕의 가운이 성전을 쓸고 다니고, 빛나는 천사 스랍들이 왕좌를 맴돕니다. 저마다 여섯 개의 날개를 가졌는데, 둘로 자기 얼굴을, 둘로는 발을 가리고, 나머지 둘로 날아다닙니다. 그렇게 왕좌 위를 날면서 서로 노래를 주고받기 시작합니다.

> 거룩하시다, 거룩하시다, 거룩하시다, 만군의 주님.
> 온 땅이 그분의 영광으로 가득하도다사 6:3.

그때 이사야는 바닥이 흔들리는 것을 느꼈고, 성전 안이 연기로 가득해졌습니다.

이 찬송은 그곳에서의 경험을 말로 표현한 것이었습니다.

"거룩하시다, 거룩하시다, 거룩하시다." 하나님은 우리와 **다릅니** 다. '거룩'은 무엇인가를 구분한다는 뜻입니다. 거룩한 것은 우리에게서 혹은 우리가 가진 것에서 비롯되는 게 아닙니다. 우리가 아는 것과 연결된 것일 수가 없습니다. 그것은 '다른 무엇'이고, 외부로부터 오는 것입니다. 하나님은 우리의 상상력의 투사도 아니고, 소망 충족도 아니고, 어린아이의 환상도 아닙니다. 하나님은 '거룩'입니다.

이와 동시에 "온 땅이 그분의 영광으로 가득합니다." 만약 '거룩'이 우리가 상상하거나 접근할 수 있는 것 너머의 존재로 하나님을 설명하는 것이라면, '영광'은 여기에 가까이 계시는, 증명할 수 있는 존재로 하나님을 설명합니다. 영광은 볼 수 있고, 만질 수 있고, 무게를 잴 수 있습니다. 히브리어로 영광은 말 그대로 '무게가 있다'는 뜻입니다. 어떤 실체가 있는 것을 의미합니다.

제가 지금 하고 싶은 것은 이 예배의 장소, 이 예배당, 그리스도 우리 왕 교회 예배당을 이사야가 예배했던 그 예루살렘 성전과 동일시하는 것입니다. 이 예배당은 이사야의 성전처럼 예배를 위해서 따로 구분된 장소입니다. 이곳에 여러분이 들어서서 다른 예배자들과 함께 자리할 때, 여러분은 하나님을 보지는 못하지만, 하나님을 상기해 주는 것, 하나님의 증거들을 보게 됩니다. 십자가, 강단, 성찬 탁자, 현수막, 이 모든 것이 영광을 가리키는 이정표입니다. 이 각각의 것들이 자기 나름의 이야기와 역사를 가지고 거룩에 대한 감각, 어떤 현존, 하나님의 현존을 표현합니다. 이 하나님은 우리와는 다른, 그러나 영광으로, 곧 구원의 선물로 우리를 둘러싸시는 거룩하신 하나님입니다.

오늘 아침 우리는 바로 그런 곳에 있습니다. 우리가 무엇인가를 하기 전에 우리는 이것을 압니다. 이것은 딱히 흥분할 일도 아닙니다. 그냥 그런 것입니다. 우리는 거기에 익숙해져야 합니다. 예배의 장소는 하나님이 우리에게로 오시고 우리가 하나님께로 가는 통로입니다. 예배의 장소는 서로 간의 상호작용이 일어날 수 있는, 하나님의 현존에 우리의 현존이 있는, 보호된 장소입니다. '거룩'과 '영광'은 그 일을 설명하는 두 단어입니다. 거룩은 보이지 않는 것이고, 영광은 보이는 것입니다.

❧

이 비전에 대한 이사야의 첫 반응은, "내가 망했다! 나는 잃어버린 자가 됐다. 내 입술이 깨끗하지 않고, 입술이 깨끗하지 않은 사람들 사이에 살고 있기 때문이다. 내 눈이 왕을, 만군의 주를 보았기 때문이다!"사 6:5 하나님의 현존 가운데서 이사야는 자기 죄를 인식하고 자신의 비참함을 봅니다.

많은 사람들이 예배의 장소에 가급적 가지 않으려 하는 이유는 분명 자기 죄를 상기하고 싶지 않기 때문일 것입니다. 그렇게 피해 다니는 게 가능하기는 하지만, 누구랑 어울릴지를 신중하게 택해야 합니다. 그리고 자신보다 더 심한 사람, 더 악하고 이기적인 사람을 대개는 찾아냅니다. 그 사람과 비교하면 자신이 그렇게 나빠 보이지 않습니다.

하지만 그런 게임을 하는 것이라면, 가능한 교회에서 멀리 있는 게 좋습니다. 하나님의 존재를 상기시키는 것들로 가득한 지성소로부터 멀리 떨어져 있는 게 좋습니다. 죄를 의식하는 것, 부족함과 무가치함을 인식하는 것은 예배의 일상적 부분입니다. 우리는 마땅히 되어야 하는 모습을 갖추고 있지 않습니다. 거기에 턱없이 못 미칩니다. 교회에서 하는 오래된 고해의 말로 표현하면, "우리는 비참한 죄인입니다."[2] 이사야는 그것을 제대로 느꼈습니다. 그리고 그의 첫 반응은 절망이었습니다. 그는 자신이 죽을 줄 알았습니다. 그러나 그렇게 되지 않았습니다. 죄에 대한 인식은 예배의 일상적인 부분입니다. 그러나 절망은 그렇지 않습니다. 이사야의 예상은 곧바로 좌절되었습니다. 천사 스랍들 가운데 하나가 제단에서 타고 있는 숯 하나를 집게로 집어 들더니 그 숯을 이사야의 입에 대며 말했습니다. "보아라. 이 숯이 네 입술에 닿았다. 네 죄과가 사라지고 네 죄가 용서받았다"사 6:7. 이 예배의 장소에서는 죄가 드러났다가 용서로, 사함의 확신으로 지워집니다. 우리는 절망에 빠지기 위해서 죄를 고백하는 게 아니라, 용서의 기쁜 말을 듣기 위해서 고백합니다. "여러분, 복음의 복된 소식을 들으십시오. 예수 그리스도 안에서 우리는 용서받았습니다."

ↄ৲

이제 예배는 새로운 차원으로 넘어갑니다. 바로 하나님의 말씀을 **듣는** 것입니다. 하나님은 우리에게 말씀하십니다. "나는 주께서 말씀하시는 음성을 들었다. '내가 누구를 보내고, 누가 우리를 위해 갈까?'"사 6:8

하나님은 우리에게 말씀하십니다. 하나님의 말씀은 우리 예배의 중심에 있습니다. 하나님은 성경을 통해서, 설교를 통해서, 그리고 성례를 통해서 우리에게 말씀하십니다. 매번 같은 말씀입니다. 그 메시지의 요약은 언제나, 명시적으로든 암묵적으로든 하나의 질문입니다. 우리가 하나님의 백성이 되어 그분의 명령을 따를 것인가? 그분의 선물을 받아들이고 그분의 구원 사역에 동참할 것인가? "내가 누구를 보내고, 누가 우리를 위해 갈까?"

그래서 우리는 메릴랜드 주의 이 예배의 장소에, 이사야가 예루살렘의 예배 장소에 갔던 것처럼 옵니다. 우리 자신을 거룩의 현존과 영광의 세계에 둡니다. 성경을 자세히 탐구합니다. 그리고 우리 시대의 언어와 문화로 그 의미를 이해하려 애씁니다. 이것은 쉬운 일이 아니며, 따라서 매주 그 임무를 반복합니다. 매번 처음부터 다시 시작하는 것은 아니지만, 우리는 언제나 유동적 상황에 있고 그에 따라 변하는 사람들이기 때문에, 우리를 위한 그리스도의 삶에 깨어 있고 순종하려면 새로운 통찰이 필요합니다.

성경과 설교와 성례는 서로 연합하여 하나님의 음성과 우리의 귀가 관계를 맺게 해줍니다. 우리는 하나님이 우리에게 무언가 중요하게 하실 말씀이 있다고 믿습니다. 단지 이 세상에 대한 정보를 주기 위해서가 아니라, 우리의 반응을 이끌어 내시기 위해서 말입니다. 질문과 축복과 명령은 어떤 식으로든 반응을 하게 만듭니다. 하나님은 우리가 포함된 계획이 있으십니다. 우리의 인생은 우리 주님과 대화 가운데서 살 때에만 온전합니다. 설교는 하나님의 말씀을 받아들이고 거기에 반응해야 할 필요가 있음을 매주 증

제3부 "주의 길을 예비하여라"

언하는 행위입니다.

⁊

그래서 그다음에는 반응이 나옵니다. 이사야가 말합니다. "제가 여기에 있습니다! 저를 보내 주십시오."사 6:8. 이사야는 받아들일 준비가 되어 있었고, 듣고 순종했습니다.

하나님은 이 예배의 장소를 초월해서 이 세상에서 일하십니다. 예배는 하나님과 사적인 관계가 아닙니다. 그저 개인적인 구원이 아닙니다. 거기에는 세상이 포함되어 있습니다. 이사야는 하나님이 하시는 일에 동참하라는 요청을 받았습니다. 이사야는 거기에 반응했고, 우리도 반응합니다. 우리는 기도합니다. 그리고 나라들, 대통령들, 친구들, 아픈 사람들, 불안한 사람들, 사별한 사람들의 이름을 부릅니다. 그리고 하나님의 일에 동참하겠다는 표시로 보증금 격인 헌물을 드립니다. 요즘은 주로 돈으로 내지만, 옛날에는 동물이나 음식인 경우가 많았습니다. 염소를 가져와서 성찬 탁자 다리에 묶어 두는 사람이 있는가 하면, 당근 한 묶음을 가져오는 사람도 있었습니다. 어떤 사람은 탁자 옆에 삽을 두어서 자신이 땅을 팔 준비가 되어 있음을 표시했습니다. 오늘날 우리의 경제는 무엇보다도 화폐 경제이지만, 돈이란 다른 사람의 삶에서 사용될 채비를 마친 저장된 에너지이기도 합니다. 그리고 이제 우리는 준비가 되었다고, 순종하겠다고 선언합니다. "제가 여기에 있습니다! 저를 보내 주십시오."

최종 발언은 하나님이 하십니다. "가서 전하여라"사 6:9. 하나님은 사실상 이렇게 말씀하시는 것입니다. "이사야야, 이 예배의 자리에 너는 충분히 오래 있었다. 이제 저 문을 나가서 여기에서 네가 경험한 것을 다른 사람들을 위해서 살아라. 예루살렘에 있는 사람들에게, 네 이웃과 네 동네에 있는 이방인들에게 내 목소리를 들려주어라."

이것이 바로 이사야의 황홀한 비전이 만들어 낸 길입니다. 예배하는 우리의 습관을 통해서 그리스도인의 생활에 깊이 박힌 길입니다. 황홀경은 오래가지 않지만, 오래가는 무엇을 위한 길을 내줍니다. 가끔씩 누군가가 이사야의 비전을 확인해 주는 비전을 보기도 하지만, 대부분은 그렇지 않습니다. 우리는 그런 비전을 기대하지 않게 됩니다. 그러나 예배가 이 예배당 밖에서, 가정과 직장과 이웃 사이에서 사는 삶에 미치는 중요한 영향은 자주 인식하게 됩니다. 하나님은 거룩하시고 이 땅은 영광의 자리라는 것, 우리는 실패하지만 하나님은 회복시키신다는 것, 그 명령에 순종하면 하나님의 거룩과 영광에 참여하는 자가 되어 거기에 날마다 몰입하게 된다는 것, 이런 것들은 자주 인식하게 됩니다.

예배하는 한 시간은 어떤 면에서 끝이 없습니다. 다음번 약속 시간까지 그저 휴회될 뿐입니다. 예배를 통해 우리의 마음은 바로 서고, 우리의 지성은 이 세상을 향한 하나님의 계획을 이해하고, 우리의 의지는 반응으로 충만해진 채 보냄을 받습니다.

그것이 바로 우리가 예배로 모일 때마다 반복하는 패턴입니다. 이 반복이 지루해져도 상관없습니다. 이것은 지속될 무엇을 위한 길을 내는 것입니다. 예배는 하나님의 거룩한 삶 안에 우리의 삶을 두는 행위이고, 창조와 구원의 영광에 굳건하게 우리를 두는 행위입니다. 신실하고 지적이고 경외에 찬 예배는 우리를 진짜와 계속 접하게 해줍니다.

아멘.

2

"재 대신에 화관을"

이사야 61:1-4
요한계시록 21:1-5

단어 하나가 큰 차이를 가져올 수 있습니다. 오늘 본문에서는 '대신'이라는 단어가 세 번 반복해서 나옵니다. 이 반복이 인생을 기쁨과 우울로 가릅니다.

'대신'이라는 단어는 교환의 단어입니다. 하나가 아닌, 또 다른 하나가 존재하는 것입니다. 우리가 가진 것 혹은 가지기를 기대하는 것 말고 다른 어떤 것이 있습니다. '대신'이라는 단어는 대개 근본적인 차이를 의미합니다. 이미 있는 것에 사소한 무엇을 더하거나, 기존에 있는 것에서 무엇을 가져가는 게 아니라, 서로를 대조하고 교환합니다.

세 번의 '대신'이 무엇을 교환했는지 보십시오. 첫째, "재 대신에 화관을"사 61:3입니다. 고대 문화에서는 재난을 당할 때 머리에재를 뒤집어쓰셨습니다. 타고 남은 것을 머리에 얹는 행위는 마음의 황폐함을 상징했습니다. 세상에 불이 꺼지고 희망이 사라진 것입니다. 아름다운 것 혹은 욕망할 것이 하나도 남지 않았습니다. 재는 내면이 타 버린 경험을 가시적으로 표현하는 방법입니다. 반면에 화관은 흥겨운 승리를 나타내기 위해서 머리에 썼습니다. 월계수 잎이나 들꽃을 가지고 왕관 모양으로 엮은 이 화관은 운동 경기에서 승리한 사람 혹은 생일을 맞이한 사람 머리 위에 씌웠습니다. 신선한 푸른 잎과 화려한 꽃은 내면의 흥겨움과 아름다움의 경험을 가시적으로 보여줍니다.

그리고 두 번째로, "애통 대신에 기쁨의 기름을"^{사 61:3}이 있습니다. 애통은 얼굴을 마르게 합니다. 눈에서 얼굴로 계속 흘러내리는 눈물은 결국 얼굴을 건조하게 만들어 버립니다. 슬퍼하는 날들 동안 얼굴은 마치 태양에 바짝 말라 갈라진 사막처럼 변합니다. 반면에 올리브나무 밭에서 풍성하게 나는 기름은 얼굴을 다시 촉촉하고 부드럽게 해주고, 긴장을 풀어 주며, 피부를 부드럽게 해줍니다. 그러고 나서 그 얼굴에 해를 받으면 젊음의 생기가 되살아납니다.

세 번째 '대신'은 "시들해진 마음 대신에 찬양의 망토를"^{사 61:3}입니다. 이것이 마지막 교환입니다. 시들해진 마음은 힘도 없고 생기도 없습니다. 무기력하고, 아무것도 못하고, 세상 밖으로 나가는 데도 관심이 없고, 일이나 놀이에 참여할 힘도 없습니다. 그는 블라인드가 쳐진 방에서 옷도 갈아입지 않고 침대에서 뭉그적댑니다. 만날 사람도 없고 할 일도 없습니다. 반면에 망토는 무엇을 하거나 누군가를 만나기 위해서 세상으로 나갈 때 걸치는 옷입니다. 이 세상에 열렬하게 참여할 준비를 시켜 주는 옷입니다. 집을 나서면서 망토를 어깨에 두르면 자신 있고 생동감 있게 일하거나 놀 준비가 된 것입니다.

이 세 개의 '대신'은 교환이 가능함을 강력하게 선언합니다. 150년 전 서부 지역 곳곳에는 많은 무역 거래소가 있었습니다. 덫으로 사냥하는 사냥꾼들은 수개월을 산에서 지내면서 수달, 밍크, 보브캣, 비버의 가죽을 모았습니다. 그러나 그들이 그 많은 가죽을 다 원한 것은 아니었습니다. 그들에게는 다른 것이 필요했습니다. 그래서 정기적으로 그 가죽들을 무역 거래소로 가져가서 먹을 것, 연장, 혹은 돈으로 바꿨습니다. 오늘날 백화점에서 일어나는 일도 그와 같습니다. 사람들은 선물로 받았지만 별로 마음에는 들지 않는 물건들을 가지고 갑니다. '다른 것을 받았더라면……' 하면서 그냥 아쉬움에 빠져 있지 않습니다. 그 물건을 산 가게로 다시 가서 자신들이 원하는 것으로 바꿉니다. 여러분도 많이들 해보셨을 것입니다. 교환은 가능합니다. '대신'은 복음의 단어입니다.

☙

근거를 대 보겠습니다. 이제 막 제가 인용한 세 개의 '대신'은 이스라엘에서 매우 불행했던 회중을 향해 한 예언자가 했던 설교입니다. 유대인들은 70년간 바빌론에서 유배생활을 했습니다. 그리고 나서 유배생활이 끝났습니다. 유배생활 동안에 그들은 고향을 복구할 생각만 하면서 살았습니다. 그들은 기도했습니다.

그들은 기다렸습니다. 그들은 기억했습니다. 유배자의 생활은 대개 환상과 갈망으로 점철되는데, 유대인들은 유배자였습니다. 그들은 두고 온 푸른 초장, 비옥한 포도원, 장엄한 성전과 도시를 기억했습니다. 그들은 자기 집과 마을과 축제의 아름다움을 기억했습니다. 그러나 고향에서 온 첫 소식은 그다지 좋지가 않았습니다. 거룩한 도시 예루살렘이 폐허가 되었다고 했습니다. 솔로몬의 성전이 돌무더기가 되었습니다. 밭은 잡초와 가시덤불로 가득했습니다. 야생동물들이 포도원을 헤집어 놓았습니다. 그 어느 것도 그들이 기억하는 대로 남아 있는 게 없었습니다. 기껏 돌아가 봐야 이런 것뿐이라면 영광스러운 귀환이라고 할 만한 게 무엇이 있겠습니까? 민족 전체가 "재……애통……시들해진 마음"을 경험했습니다.

그때 이 위대한 예언자는 설교하기 시작했습니다.

주 하나님의 영이 내게 임하셨다.
고통받는 자에게 복된 소식을 전하라고
주께서 내게 기름을 부으셨다.
마음이 상한 자들을 치유하고,
포로 된 이들에게 자유를 선포하고,
갇힌 자들에게 감옥이 열렸다고 선언하라고 보내셨다.
주의 은혜의 해를 선포하고……
애통하는 모든 사람을 위로하고……
그들에게 재 대신에 화관을,

애통 대신에 기쁨의 기름을,

시들해진 마음 대신에 찬양의 망토를 주기 위해서 사 61:1-3.

유배생활에 지쳤습니까? 기운을 내십시오. 이제 곧 화관과
기름과 찬양의 망토가 주어질 것입니다.

그리고 이러한 교환은 실제로 일어났습니다. 기력을 잃고,
애통에 지치고, 재를 뒤집어쓰고 있던 백성이 살아났습니다. 그들
은 시들해진 마음을 칭찬의 망토로 바꾸었고, 도시를 재건하고 성
전을 다시 짓고 성벽을 다시 쌓았습니다. 다시 밭을 일구고 정원
을 가꾸었습니다. 도시를 회복했습니다. 찬양의 노래가 거리와 성
전과 회당에서 들리기 시작했습니다. 가장 즐거운 노래들 몇 개가
이 시기에 기록되었고 시편에 수록되었습니다.

이스라엘은 이제 부활의 공동체가 되었습니다. 하나님을 예
배하고 연구하고 섬김으로써 그들의 민족 정체성과 정신이 형성
되었습니다. 그리고 마침내 이 약속 전체를 집약적으로 보여주는
사람이 나타났습니다. 바로 나사렛 예수, 그리스도입니다. 이 예언
자가 이 말을 히브리 백성에게 처음 한 지 500년 만에 예수, 곧 메
시아 자신이 나사렛 회당에 서서 이사야서를 펼쳐서 읽었습니다.
"주의 성령이 내게 임하셨다. 가난한 이들에게 복된 소식을 전하
라고 내게 기름을 부으셨다"눅 4:18, NRSV. 이 본문을 읽은 뒤에 예수님
은 "오늘 이 성경말씀이 듣는 너희에게 성취되었다"눅 4:21고 간략하
게 말씀하셨습니다. 이 말을 오늘날 의심할 사람이 누가 있겠습니
까? 예수님이 이사야서에 정의된 예언자의 삶을 사시면서 모든 위

대한 '대신'이 그분을 통해서 믿을 수 있고 실천 가능한 것이 되었습니다.

❦

예수님의 말씀과 행동이 교환의 무역 거래소가 되었습니다. 그중에서 몇 가지를 봅시다. 사마리아 여자가 우물가에서 예수님과 대화를 나누었습니다. 그 여자는 결혼에 다섯 번이나 실패했습니다. 그리고 실패한 종교 집단의 일원이었습니다. 여자의 인생은 실패의 연속이었고, 그 자신은 인종적 열등감을 지닌 민족의 일원이었습니다. 재의 삶이었습니다. 예수님은 여자에게 자상하게 그러나 단호하게, 사랑으로 말씀하셨습니다. 그리고 여자에게 생명수를 권했습니다. 자기 자신을 구주로 여자에게 주었습니다. 그러자 여자의 인생이 피었습니다. 예수님이 여자의 머리에 화관을 씌우시자 그는 기쁨을 찾았습니다요 4:1-42.

야이로라고 하는 유대인 통치자에게는 열두 살 된 딸이 있었는데, 그 아이가 몹시 아픈 나머지 죽음을 맞이할 지경이었습니다. 그 집안은 절망으로 가득했습니다. 이 어린 생명이 눈앞에서 꺼져가는 것을 보며 그들 모두의 마음이 사막 같았습니다. 그런데 예수님이 그 집에 가서서 그 아이에게 건강을, 새로운 생명을 주셨습니다. 그것은 기름부음이었습니다. 한때 슬픔에 빠져 있던 얼굴이 이제는 기쁨으로 빛났습니다눅 8:40-56.

어떤 아들이 유산을 가지고 집을 떠나서, 무모하고 부도덕하고 무책임하게 다 써버렸습니다. 탕자였습니다. 그는 자존감과 목적과 삶의 의욕을 잃어버린 채, 상심하고 상한 사람이 되었습니다. 시들해진 마음이란 이런 것이겠지요. 그는 아버지에게로, 집으로 돌아가기로 했습니다. 그는 환영을 받았고 축하 파티가 열렸습니다. 그의 아버지가 관대하게 용서하며 그를 다시 가족으로 받아주었습니다. 그 집에서 가장 좋은 옷을 그에게 입혔습니다. 찬송의 망토임이 분명합니다눅 15:11-32.

∾

여기에서 약속은 분명합니다. 하나님은 우리에게 교환하라고 초대하십니다. 제시된 근거들을 보니 설득력이 있습니다. 이스라엘에게나 예수님에게나 교환은 여러 번 일어났습니다. 이 기대는 성경의 마지막 책인 요한계시록에서 다시 강조가 됩니다. 요한계시록은 기독교 교회가 큰 고난을 당할 때 기록되었는데, 이사야의 그 구절을 상기시키는 표현을 써서 오늘날에도 계속해서 위로를 이어갑니다. "그들은 더 이상 굶주리지 않을 것이고, 목마르지도 않을 것이다. 해나 뜨거운 열기가 그들을 상하게 하지 않을 것이다.……하나님께서 그들의 눈에서 모든 눈물을 닦으실 것이다.……애통도, 통곡도, 고통도 더 이상 없을 것이다"계 7:16-17, 21:4.

이러한 거래의 가능성은 하나님이 예수 그리스도를 통해서 창조하시는 생명의 속성 안에 깊이 박혀 있습니다. 실망의 재를 희망의 화관으로 바꾸고, 죄로 인한 애통을 즐거운 구원의 기름으로 바꾸고, 우울하고 시들해진 마음을 모든 것을 새롭게 하시는 하나님의 찬양 망토로 바꿉니다. 예수님은 계속해서 이러한 거래를 하시겠다고 알리십니다. 수많은 사람들이 이미 그것을 경험했고, 이 회중 가운데서도 계속해서 그렇게 하고 계십니다. 예수 그리스도는 가장 반가운 무역 거래소입니다.

그러나 여러분의 가족이나 친구가 죽음이나 사고나 배신을 경험하거든, 여러분에게 목사로서 권고할 말이 있습니다. 진부한 말은 쓰지 마십시오. 카드에 쓰는 문구 같은 말로 고통을 덮으려 하지 마십시오. 고통받는 사람, 사별한 사람, 버림받은 사람과 **함께** 있어 주십시오. 말을 아끼고 그 자리에서 하나님의 '대신'을 가만히 인내하며 목격하십시오.

❧

복음을 모르는 사람들이(그리고 때로는 아는 사람도) 악의 문제라고 하는 것과 대면할 때가 있습니다. 어떻게 전능하신 하나님이 좋은 사람들에게 나쁜 일이 일어나게 허락하실 수 있단 말인가? 그러나 저는 고통이나 어려움을 감내하기에 가장 좋은 자리로 회중을, 이 회중을 생각하지 않을 수가 없습니다. 이사야가 먼저 설교했지만 그 종지부는 예수님이 찍으셨습니다.

애통하는 사람은 복이 있나니, 그들이 위로를 받을 것이기 때문이다 마 5:4.

아멘.

3

"이새의 뿌리"

이사야 11:1, 10
로마서 15:12

예언자는 하나님이 하시는 일을 보고 그것을 우리에게 알려 주어 우리가 동참할 수 있게 해주는 사람입니다. 예언자에 대한 가장 흔한 오해는 유리구슬을 들여다보면서 내년에 무슨 일이 일어날지 알려 주는 점쟁이처럼 생각하는 것입니다. 알맞은 주식을 제때에 사고팔고, 제대로 된 정치 후보자를 고르고, 우승할 축구팀에 돈을 걸 수 있게 도와주는 사람이 있으면 좋겠다고 우리는 생각합니다.

하지만 예언자를 그런 사람으로 보는 것은 정말로 큰 오해입니다. 예언자들은 그런 일을 하는 사람들이 아닙니다. 성경의 예언자와 오늘날 성경 안에서 형성된 예언자 같은 사람들은 현재에 일어나는 일에 주목합니다. 자명하게 보이지 않을 수도 있는, 정말로 지금 일어나는 일에 관심이 있습니다. 미래가 궁금하다면 토정비결이나, 신통한 무당이나, 점성가나, 라디오나 텔레비전에 나오는 많은 설교가 중 하나를 찾아가는 게 좋을 것입니다. 그러나 하나님이 지금 우리 문화와 현대 역사 속에서 무엇을 하시는지에 관심이 있다면, 그때는 바로 예언자가 필요합니다.

이사야 11장에서 우리는 지금 일어나고 있는 일이 무엇인지를 저녁 뉴스 보듯 생생하게 볼 수 있습니다.

> 이새의 둥치에서 싹이 나며,
>
> 그 뿌리에서 한 가지가 움터 나오리라.……
>
> 그날이 오면, 이새의 뿌리가 사람들을 향해 깃발처럼 설 것이고,
>
> 민족들이 그를 찾을 것이고, 그의 거처가 영광스럽게 되리라 사 11:1, 10.

"이새의 둥치……그 뿌리."

그런데 이새가 누굽니까? 성경에 나오는 이새를 기억하십니까? 맞습니다. 예수님의 조상이 된 다윗의 아버지입니다.

이사야가 자기 회중에게 전하는 설교에서 적어도 500년 전에 죽은 이새의 이름을 소개하고 있습니다. 그리고 이사야는 사람들에게 둥치에서 자라 나온 가지가 나무가 될 것이라고, '깃발'이 될 것이라고 말합니다. 그냥 깃발이 아니라, "거대한 배너, 펄럭이는 큰 깃발"이라고 말하는 게 더 맞을지도 모릅니다.

'싹'과 '가지'는 지금은 둥치에 숨겨져 있지만, 결국에는 누구나 보게 될 생명을 생생한 은유로 표현한 것입니다. 그러나 이

본문에서 제가 지금 관심을 가지는 단어는 '찾다'입니다. "민족들이 그를[곧 예수를] 찾을 것이다." '찾다'는 믿음으로 사는 모든 사람에게 매우 중요한 단어입니다. 이사야의 비전이 어떻게 이 단어에 주목하게 하는지 한번 봅시다.

～

두 달쯤 전에 많은 분들이 하루 혹은 하루의 일부를 시간을 내어 서쪽 메릴랜드나 버지니아의 스카이라인 드라이브로 가서 애팔래치아산맥의 아름다운 가을 풍경을 즐기고 왔습니다. 우리 가까이에 있는 장광의 숲들이지요. 그 형태와 색깔은 정말로 환상적입니다. 그곳을 걸을 때 우리는 고대로부터 내려오는 어떤 고요한 기운에 빨려 들어가는 것 같습니다. 많은 분들이 이 숲에 가 보셨을 것입니다. 그곳을 보았고, 감탄했고, 즐겼습니다.

그런데 어느 날 차에 올라타서 "헤이거스타운으로 가서 애팔래치아 등산로를 몇 시간 타면서 숲을 즐기다 오자" 하고 갔는데, 대대적인 벌목 작업이 이루어져서 모든 나무가 둥치가 되었다고 합시다. 어디를 봐도 나무 하나 없이 그냥 둥치의 묘지같이 되었습니다. 기분이 어떻겠습니까? 화가 날까요? 우울하거나 공허해질까요? 혹시 울까요? 자연에 대한 흥미를 잃고 일종의 우울한 마비 상태에 빠져 버릴까요? 아니면 화가 나서 둥치를 주먹으로 피가 나도록 쳐대면서 뛰어다닐까요? 무엇을 하든 소용없을 것입니다. 숲은 사라졌습니다. 아무것도 되돌릴 수 없습니다. 나무는 파괴되었습니다. 이제 남은 것은 황무지뿐입니다.

그 황무지가 바로 이사야가 설교를 하던 때의 이스라엘이었습니다. 앗시리아 군대가 그 땅을 침략해서 모든 것이 폐허가 되었습니다.

ᑽ

그런데 그 황폐의 현장을 둘러보는데, 초록색 새순이 눈에 띕니다. 둥치 하나에서 순이 올라오기 시작한 것입니다. 둥치 하나가 뿌리가 아직 살아 있어서 이렇게 새 나무를 만들며 위로 솟아오르기 시작했습니다. 이제 여러분은 거대한 파괴의 현장에서 눈을 돌려 이 놀라운 새 생명에 주목합니다. 속에서 희망이 생기기 시작합니다. 어쩌면, 무언가 할 수 있는 일이 있는지도 모릅니다. 그런데 그냥 어쩌면이 아닙니다. 정말로 무엇인가가 **일어나고 있**고, 여러분이 그것을 목격하고 있습니다. 상황은 좋지 않지만, 절망적이지는 않습니다. 단지 그 푸른 새싹을 본 것만으로도 여러분의 기분은 달라지기 시작하고 여러분의 행동에 목적이 생깁니다.

이 예화는 제가 신문에서 읽은 게 아니라 이사야서에서 직접 가져온 것입니다. 단 하나의 내용만 바꾸었습니다. 거대한 측백나무로 유명한 레바논산맥을 참나무, 히커리나무, 너도밤나무가 있는 애팔래치아산맥으로 바꾼 것뿐입니다. 그 외의 것은 이사야가 본 그대로입니다.

보아라. 만군의 주 야웨께서
큰 가지를 우지끈 쳐내셨다.

꼭대기의 것들이 베어지고,

교만한 것들이 내리 깎였다.

무성한 숲이 도끼 아래 무너졌다.

레바논과 그 영광이 스러졌다사 10:33-34, JB.

그 후,

이새의 등치에서 새순이 나며,

그 뿌리에서 후예가 솟아 나온다사 11:1, JB.

이사야의 비전은 이제 그 등치들 틈에서 받은 희망과 선함으로 가득합니다. 그는 파멸과 심판을 경험한 회중과 함께 파멸의 현장을 바라보고 있었습니다. 이사야는 이 세상의 문제가 무엇인지 아주 잘 알았습니다. 다른 본문에서 그는 인간의 죄와 고통과 앗시리아의 잔혹함을 고통스럽게 자세히 기록했습니다. 여러분이 경험하고 있거나 경험할 모든 것을 이사야는 다 겪었다고 저는 생각합니다. 그러나 그는 거기에서 멈추지 않았습니다. 이사야는 자신이 경험한 상황으로 인해 주눅 들지 않았습니다. 그 공허와 폐허 가운데서 그는 하나님이 이미 하시는 일 그리고 완성하실 일을 보았습니다. 그래서 그것을 우리도 볼 수 있도록 잘 묘사했습니다.

❧

앗시리아가 헤집고 간 폐허 가운데서 새로운 무엇이 탄생하

제3부 "주의 길을 예비하여라"

고 있었습니다. 이새의 둥치에서 새순이 나오고 있었습니다. 그것은 자라고, 꽃을 피우고, 커갈 것입니다. "주님의 영이 그 위에 있기" 때문입니다사 11:2. 그 둥치가 이제는 사람이 된 것에 유의하십시오. 이새의 둥치에서 '예수님'이 나왔습니다.

지혜와 명철의 영,

권고와 힘의 영,

지식과 하나님을 경외하는 마음을 불어넣어 주는 영사 11:2.

성령의 기름부음을 받고 새순이 사람으로 바뀌었습니다. 기름부음 받은 메시아 예수 그리스도, 우리를 구원하기 위해 기름부음 받으신 분이 되었습니다.

이사야는 좀 더 설명을 합니다. 새 정부가 생겨났습니다. "그가 의로움으로 가난한 사람을 심판하고, 이 땅의 연약한 사람들을 위해 공평하게 결정할 것이다"사 11:4. 심지어 동물의 왕국도 변화될 것입니다. "늑대가 양과 함께 살며"사 11:6. 그리고 완전히 평화로운 나라가 될 것입니다. "물이 바다를 덮듯이 땅이 주님을 아는 지식으로 가득할 것이기 때문이다"사 11:9. 이것은 그냥 피상적으로 구원을 갖다 붙이는 게 아니라, 창조의 중심에서부터 작업이 이루어지는 깊은 변화입니다.

그로부터 또 500년이 지나 바울이 이 비전에 다시 설명을 덧붙입니다. 그는 자기 회중을 위해서 이사야의 본문을 그 시대에 맞게 해석해 1세기의 로마인들을 그 비전 안으로 끌어들였습니다.

"소망의 하나님이 여러분을 믿음의 모든 기쁨과 평화로 가득 채우셔서, 성령의 능력으로 여러분 가운데 소망이 차고 넘치게 되기를 바랍니다."롬 15:13.

그리고 이제 이사야 이후 2,500년이 지난 지금, 저는 여러분을 위해서 다시 이것을 시대에 맞게 해석하고 있습니다. 먼저 등치에서 어린 가지가 나옵니다. 그다음에 의로운 왕이 평화롭게 나라를 다스리고, 마지막으로 예수님으로 성육신하신 하나님의 삶이 펼쳐지면서 전체 그림이 그려집니다.

> 그날이 오면, 이새의 뿌리가 사람들을 향해 깃발처럼 설 것이고,
>
> 민족들이 그를 찾을 것이고, 그의 거처가 영광스럽게 되리라사 11:10.

영원이 시간 속에 계시되고, 의미가 명백해지며, 소망이 이루어집니다. 모두가 보고, 모두가 반응합니다. "민족들이 그를 찾을 것이다."

❧

약 한 달 전에 아침식사를 하면서 신문을 보다가 엘리 위젤이 그날 저녁 가우쳐 대학에서 강의를 한다는 것을 알게 되었습니다. 저는 그의 강의를 듣기 위해서 저녁 일정을 조정하고 볼티모어로 갔습니다. 지금까지 몇 년 동안 제가 관심을 가지고 지켜보았던 이 사람에 대해서 더 많이 알고 싶었습니다.

제가 엘리 위젤의 소설을 처음 읽은 것은 약 5년 전이었습

니다. 자기 가족과 그리고 루마니아의 그 작은 마을에 사는 다른 모든 유대인과 함께 아우슈비츠의 나치 수용소로 끌려간 청소년에 대한 매우 감동적인 이야기였습니다. 나중에 뷔크헨발드로 이송이 된 뒤에 그 소년은 자기 부모와 누이동생 그리고 함께 살았던 대부분의 사람들이 가스실로 들어가는 것을 보았고, 그들은 모두 거기에서 죽었습니다. 그는 이렇게 썼습니다.

> 그날 밤, 수용소에서의 그 첫날 밤, 내 인생을 일곱 개의 봉인이 쳐진 기나긴 밤으로 바꿔 버린 그날 밤을 나는 결코 잊지 않을 것이다.
> 그 연기를 나는 결코 잊지 않을 것이다.
> 고요한 하늘 아래 연기로 변해 버린 그 아이들의 자그마한 얼굴을 나는 결코 잊지 않을 것이다.
> 내 신앙을 영원히 불태워 버린 그 불길을 나는 결코 잊지 않을 것이다.
> 살고자 하는 욕망을 영원히 앗아가 버린 그 밤의 침묵을 나는 결코 잊지 않을 것이다.
> 내 하나님과 내 영혼을 죽이고 내 꿈을 재로 만들어 버린 그 순간들을 나는 결코 잊지 않을 것이다.
> 그것들을 나는 결코 잊지 않을 것이다.……
> 결코.[3]

나중에 저는 그 소설의 내용이 대부분 자전적 경험이라는 것을 알게 되었습니다. 위젤은 유대교에 대한 이야기를 듣고 그것을 믿으며 자랐습니다. 그러나 아우슈비츠와 뷔크헨발드에서 보낸 그의 청소년 시절은 그의 마음을 재로 만들어 버렸습니다. 그가 들은 유대교의 이야기들이 마음에서 찢겨 나갔고, 그 신앙이 영혼에서 말살되었습니다.

위젤은 이 이야기를 반복해서 기록했고, 매번 서로 다른 소설인 것처럼 위장을 했습니다. 배경과 인물과 플롯을 바꿨습니다. 그러나 이야기는 늘 같았습니다. 하나님이라고 하는 존재와 특이하게 끊임없이 연결된 유대인이라고 하는 이 민족이, 세상에서 가장 문명화된 대륙에서 학살을 당했다는 내용이었습니다. 저녁이면 모차르트를 들었고, 임마누엘 칸트의 위대한 철학 전통을 따라 교육받았으며, 일요일이면 교회에서 루터의 찬송가를 부르던 사람들이 이들의 처형을 명령했습니다. 각 소설은 결론이 비슷합니다. "내가 눈을 떠 보니 나는 이 세상에서 혼자였다. 신도 없고 인간도 없는 이 세상에서 끔찍하게 혼자였다. 사랑도 자비도 없었다. 나는 재에 불과했다."[4]

저는 이 이야기들을 읽고 깊은 감명을 받았습니다. 2년 전에는 이 사람이 쓴 또 다른 책을 발견하고 그것도 읽었습니다. 그런데 이것은 좀 달랐습니다. 『불붙은 영혼』*Souls on Fire*은 그가 자기 고향 루마니아의 회당에서 듣고 자란 옛이야기, 하시드의 전설을 재구성한 것입니다. 이 이야기는 18세기 동유럽에서 등장해 100년 정도 그곳의 여러 마을과 게토에 영향을 미쳤던 유대교의 위대한 영적 지도자들의 이야기입니다. 하나님을 믿지 않는 사람이 이렇게 갑자기 하나님에 대해 열정을 가졌던 사람들의 이야기를 들려준다는 게 저는 좀 이상했습니다. 이번 여름에는 그가 쓴 『하나님의 메신저들』Messengers of God을 읽었는데, 위젤이 이제는 성경의 이야기, 아브라함과 모세, 요셉과 욥의 이야기를 들려주고 있었습니다.

그래서 저는 가서 위젤의 강연을 듣고 싶었습니다. 호기심이 일었습니다. 그에게 무슨 일이 일어난 것일까? 유대인의 죽음과 하나님의 죽음 이야기로 이 세상을 감동시킨 애절한 나사로와 같은 이 인물이, 어떻게 이제는 하나님을 믿는 사람들의 이야기를 들려주는 것일까?

강단에 올라서자 위젤은 아무런 설명이나 변명도 없이 창세기 15장에 나오는 아브라함의 이야기를 읽기 시작했고, 그 후 한 시간 동안 종교와는 상관없는 것이 분명한 약 칠팔백 명의 청중을 데리고 말하자면 성경공부를 하기 시작했습니다. 그는 "성경을 탐구하고, 이 책에 대해 질문하고, 하나님의 말씀의 진리를 찾는 것, 이것보다 더 좋은 것은 없습니다"라고 말했습니다. 그는 열정적이었고 강렬했으며, 종종 기도를 언급했습니다. 그는 살아 계신 하나님에 대한 믿음으로 가득했습니다.

어떻게 그렇게 되었는지 그가 말하지 않았지만, 그런 일이 가능하다는 것을 그 자신이 증명하고 있었습니다. 사람이 최악의 일을 겪고 모든 소망을 잃고 믿음도 한 가닥 남지 않은 채, 하나님은 죽었다는 증거만 남은 것 같은 세상에서 홀로 떨다가, 다시 믿음의 사람이 되어 하나님의 진리와 실존을 발견하는 것보다 더 나은 일은 없다는 확신에 이르게 될 수 있다는 것을 그 스스로가 증명하고 있었습니다. 강의 중에 위젤은 몇 차례 '미드라쉬'midrash라는 단어를 사용했습니다. "우리가 현실적인 사람, 정직한 사람, 깨어 있는 사람이라면, '미드라쉬'가 우리 삶에 들어올 것입니다"라고 그는 말했습니다. '미드라쉬'라는 말은 히브리어로 '찾아내다'라는 뜻입니다.

한 이십 분 전에 제가 오늘의 본문을 인용한 것을 기억하실 것입니다. "그날이 오면, 이새의 뿌리가 사람들을 향해 깃발처럼 설 것이고, 민족들이 그를 찾을 것이다." 여기에서 제가 주목하게 된 단어가 '찾다'라는 단어라고 저는 말했습니다. 그것은 위젤이 사용한 '미드라쉬'와 같은 단어입니다. 그는 그 강의에서 아주 생생한 의미로 그 단어를 사용했습니다. 이사야의 비전과 위젤의 강의의 핵심 단어가 바로 그것이었습니다.

～

둥치들이 남아 있는 그 커다란 숲에서 새순이 돋아나고, 그 순은 우리를 구원하기 위해서 하나님이 기름부으신 사람이 되었습니다. 그리스도인들은 그 사람을 예수 그리스도로 보게 되었고, 그리스도는 우리의 목적지로서 하늘에 우뚝 서 계십니다. 하나님이 우리의 목표라는 것을 분명하게 보여주시는 것입니다. "민족들이 그를 찾을 것이다."

'찾다'의 반대는 '빈둥거리다'입니다. 목적 없이 무기력하게 사는 것입니다. 우리는 빈둥거리거나, 아니면 방향을 잃고 열심만 내며 정신없이 삽니다.

모든 사람이 그 목적지를 보는 것도 아니고, 그것을 본 모든 사람이 그것을 찾는 것, 곧 추구하는 것도 아닙니다. 그래서 우리에게는 이사야의 비전과 위젤과 같은 사람들의 증언, 그리고 이곳에서 드리는 신실하고 주의 깊은 예배가 필요합니다. 여기에서 우리는 우리 인생을 인도하는 하나님의 말씀을 다시 보고, 무엇이 진실인지를 알고, 그것을 추구할 힘과 도움을 얻습니다. "하나님을 찾는다는 것은, 성경의 모든 부분에서 우리의 모든 소망을 그분께 둔다는 뜻이다."[5]

아멘.

4

"우리를 위해 한 아이가 태어났고"

이사야 9:1-7
누가복음 1:28, 31-33

일 년에 한 번, 크리스마스에 제 삼촌 어니는 우리와 함께 교회에 갔습니다. 그리고 나머지 날들은 논쟁적이고 항의하는 시끄러운 불신자였습니다. G. K. 체스터턴G. K. Chesterton은 한때 올더스 헉슬리Aldous Huxley는 자기가 믿지도 않는 신에 대해서 늘 말이 많다고 말한 적이 있습니다. 그게 바로 어니 삼촌이었습니다. 그래서 저는 어릴 때부터 그분이 우리와 다르다는 것을 알았습니다. 하지만 그래도 저는 삼촌이 좋았습니다. 여섯 분의 삼촌 중에서 그를 제일 좋아했지요. 농담도 잘하고 유쾌하셨으니까요. 제가 다섯 살인가 여섯 살이었을 때 크리스마스 날 교회에서 그분 옆에 앉았습니다. 헌금함이 지나가고 저는 거기에 동전을 넣었지요. 그랬더니 삼촌이 저한테 슬쩍 속삭이셨습니다. "얼마나 받았니?" 그러면서 손에 반쯤 가려진 20달러짜리 지폐를 보여주셨습니다.

　　삼촌 때문에 저는 크리스마스를 망치고 말았습니다. 부모님이나 다른 누구에게 말할 수도 없었습니다. 삼촌은 하나님을 믿지 않을 뿐만 아니라, 믿지 않는 하나님의 것을 훔쳤습니다. 저는 계속해서 "얼마나 받았니?"라는 말이 귀에 맴돌았고, 그 20달러짜리 지폐 귀퉁이가 눈에 어른거렸습니다. 그게 삼촌의 장난이었다는 것을 알게 된 것은 몇 년이 지나서였습니다. 그리고 정말로 여러 해가 지난 지금은 그것을 장난이라기보다는 비유로 보게 되었습니다. "얼마나 받았니?" 이것은 중요한 크리스마스의 질문입니다. '복음'의 질문이지요.

　　얼마나 받았니? 우리는 무엇이 **주어지는** 상황에 있습니다. 이 거룩한 예배당에서의 예배는 기대하고 받는 행위, 하나님이 우리에게 얼마나 많이 주셨는지를 그리고 또 얼마나 더 많이 주실지 깨닫는 행위입니다. 성 요한은 다음의 말로 이것을 기억에 남게 표현했습니다. "하나님이 이 세상을 이처럼 사랑하셔서 우리에게……**주셨으니**"요 3:16. 그런데 예수님은 이미 800년 전에 이사야의 "우리를 위해 한 아이가 태어났고, 아들이 주어졌다"사 9:6라는 예리한 말로 예견되었습니다.

Ↄ

　　이사야가 사역을 하던 그 힘들었던 시절에, 예루살렘에는 앗시리아 군대가 공격해 올 것이라는 소문이 돌았습니다. 예루살렘 성벽을 넘어다보면 주변 언덕으로 적들이 포진하고 있는 게 보였습니다. 다들 이 때문에 공포에 빠졌습니다. "어떻게든 해야 한다. 정비를 해야 한다. 어떻게 하지? 훈련을 해야지. 어디서부터 시작하지?"

그런데 이사야는 전략을 제시하는 대신에 설교를 했습니다. "먼저, 이미 일어난 일이 무엇인지 알아야 한다. 하나님이 무슨 일을 하셨는지 아는가? 하나님이 하시는 일에 주목하는가? 하나님이 하늘과 땅을 만드시고 그 뒤로 그 오랜 세월 동안 무슨 일이 있었는지 조금이라도 아는가? 하나님의 행동을 고려하지 않는 계획을 세운다면, 잘못된 일을 하게 될 것이다."

인생을 변화시키고, 생각을 바꾸고, 영혼을 구원하는 일은 우리가 하는 일이 아니라 하나님이 하시는 일입니다. 그리고 하나님은 그 일을 하셨습니다. 이미 주어졌습니다. 그리고 그 주어짐은 계속됩니다. 그것은 우리가 시간이 있을 때 서둘러서 만들어 내는 일이 아닙니다. 그것은 하나님의 거대하고 영원하고 지속적인 선물입니다. 이 세상이 우리에게 주어졌습니다. 우리가 어디 가서 사오는 게 아닙니다. 누구를 시켜서 찾아오게 하는 것도 아닙니다. 교육과 훈련을 통해서 일어나는 것도 아닙니다. 그것은 여기에 있습니다. 구원은 우리에게 주어졌습니다. 우리가 노력해서 얻는 게 아닙니다. 그것을 받기 위해 공부를 해야 하는 것도 아닙니다. 훈련을 받아야 하는 것도 아닙니다. 전문가가 맞춤으로 전달해 주는 것도 아닙니다. 그것은 주어졌습니다.

그럼 우리는 어떻게 합니까? 어떻게 그것을 알아볼 수 있습니까? 실시간 뉴스를 찾아서 신문을 뒤적입니까? 정신분석가의

제3부 "주의 길을 예비하여라"

도움을 받습니까? 석양을 감상합니까? 이사야는 간단하게 말합니다. "우리를 위해 한 아이가 태어났고, 아들이 주어졌다."

～

하나님은 우리와 같은 모습으로 시작하셨습니다. 아이로 태어나신 것입니다. 하나님은 우리의 생물학과 심리학과 역사 속으로 들어오셨습니다. 우리가 그분과 같아지게 하려고 우리와 같이 되셨습니다. 하나님은 종말의 징조 같은 공포로 우리를 몰아넣으시지 않습니다. 우월한 지식으로 우리를 주눅 들게 하시지도 않습니다. 신비로운 암시들로 우리를 약 올리지 않습니다. 예수님을 통해서 여기 우리와 함께 계십니다. 우리에게 자신을 드러내시고 주시는 하나님의 방법은 예수님입니다.

그래서 우리는 수고와 시간을 많이 덜 수 있습니다. 하늘이나 학교나 교회에서 하나님의 존재를 찾을 필요가 없습니다. 우리 가운데 있는 한 아기에게서 찾으면 됩니다. 하나님은 칼을 휘두르고 천둥번개를 일으키며 하늘의 힘센 군사처럼 오시지 않습니다. 하나님은 아주 똑똑한 사람들 몇 명만 불러서 구원의 비밀스러운 지식을 전해 주는 현인으로 오시지도 않습니다. 흐르는 물과 속삭이는 나무에 숨어 계시면서 우리가 거대한 퍼즐을 풀듯이 그 수수께끼를 풀어가게 하시지 않습니다. 하나님은 우리에게 이야기를 주셨습니다. "우리를 위해 한 아이가 태어났고, 아들이 주어졌다."

～

우리는 되묻습니다. "정말이요? 그게 정말 효과가 있을까요? 아이가 무얼 하겠어요?" 이사야는 절박한 시대에 설교를 한 사람이라는 것을 우리는 기억해야 합니다. 그는 국제적 위기의 상황에서 살았습니다. 불안과 고통과 두려움에 거의 정신이 나갈 것 같은 사람들, 죄의 짐에 마음이 무겁고 죄책감의 짐을 들고 다니느라 팔이 아픈 사람들이 모인 예루살렘의 거리를 그는 걸었습니다. 그들은 우리와 같은 사람들이었습니다. 그들에게는 도움과 구출이 필요했으며, 구호와 희망이 필요했습니다. 그들은 믿음을 잃고 마음의 중심도 잃은 사람들, 반항하다가 안정감을 잃어버린 사람들, 성스러운 것을 사소하게 여기다가 자기 스스로도 의미를 잃고 지루함과 진부함으로 축소된 사람들에게 필요한 모든 것을 필요로 했습니다. 그들에게는 자신들의 필요에 맞는 복음이 필요했습니다. 그 필요는 절실하고 절박했습니다. 그러한 사람들에게 이사야가 말했습니다. "우리를 위해 한 아이가 태어났고, 아들이 주어졌다."

차라리 천둥번개가 더 효과적이지 않을까 하고 생각할 수 있습니다. 아니면 노아의 홍수처럼 무언가 거대하고 세계적인 것 말입니다. 소돔과 고모라에 내린 불과 유황처럼 무언가 주목을 끄는 것도 좋고, 아마겟돈 전쟁처럼 스펙터클한 것도 좋습니다. 그런데 그들은 아이를 받았습니다. 우리가 아이를 받았습니다.

෴

그러고 나서 이사야는 그 내용을 구체적으로 이야기해 줍니

제3부 "주의 길을 예비하여라"

다. 이 아이에게는 보기와 다른 무엇이 있습니다. 여러분에게도 보기와는 다른 무엇이 있듯 말입니다. 이 말을 들어 보십시오.

그가 정부를 짊어질 것이고……
그의 정부와 평화는 끝도 없이 더할 것이다사 9:6-7.

하나님이 우리에게 자신을 계시하시는 방법이 우리와 같이 되시는 것이었다면, 우리 안에서 자신의 일을 완수하시는 방법은 자신이 있는 곳으로 우리를 끌어올리는 것입니다. 정부를 짊어지시는 것, 곧 우리를 책임져 주신다는 뜻입니다. 하나님은 우리라는 짐을 감당하십니다. 그분은 강제로 통치하셔서 우리를 억압하시지 않습니다. 그 통치는 우리를 지지하고 지원하고 자유롭게 해주는 수단입니다.

C. S. 루이스C. S. Lewis는 이사야의 비전에 나오는 이 내용을 아주 탁월하게 설명했습니다.

기독교의 이야기에서 하나님은 다시 올라가기 위해서 내려오신다. 그분은 먼저 내려오신다. 절대적 존재의 높이에서 시간과 공간으로, 인간됨으로, 그리고 (수정체를 연구하는 학자들의 말이 맞다면) 자궁 속에서 인간 이전의 태곳적 생명의 단계에까지, 자신이 창조하신 자연의 뿌리와 근간에까지 내려오셨다. 그러나 그분이 내려오신 것은 다시 올라가면서 망가진 이 세상 전부를 같이 데리고 가기 위해서다. 그림으로 상상해 보면, 어떤 힘센 남자가 크고 복잡한 짐 밑으로 내려가기 위해서 계속해서 몸을 굽히고 또 굽히는 것이다. 그것을 들어 올리기 위해서는 구부려야 하고, 그 짐 밑으로 거의 안보일 정도로 내려가야 다시 등을 펴서 자기 어깨에 그 짐 전부를 지고 걸어갈 수 있다.[6]

아이라는 경로를 통해서 하나님이 우리를 위해 무엇이 되셨는지를 설명하는 이름이 네 개가 있습니다. 첫 번째는 '놀라우신 상담자'입니다. 하나님은 독재자가 아니라 상담자십니다. 하나님은 말씀하시기보다 듣기를 더 많이 하십니다. 우리의 필요를 이해하시고 그것을 해결할 수 있게 도와주십니다. 우리에게 집중하십니다. 그분의 현존 가운데 있을 때 우리는 우리가 중요하고 고유한 존재임을 압니다. 그래서 우리는 생기 있게 살아갈 의지를 얻고 그 방법을 찾습니다.

두 번째 이름은 '전능하신 하나님'입니다. 하나님은 자신이 시작하신 일을 해내실 능력이 있습니다. 하나님이 시작하신 일은 죄를 정복하고, 선을 향해 가는 우리의 열망을 굽게 하고 왜곡하는 악을 이기는 것입니다. 우리의 구주는 전혀 수동적이지 않습니다. 그분은 성육신을 통해 이 세상의 잘못에 일격을 가하고, 결국에는 새 하늘과 새 땅을 이루십니다.

세 번째 이름은 '영원하신 아버지'입니다. 하나님은 우리 존재의 근원이시고 영원하십니다. 하나님은 부재하는 아버지가 아닙니다. 하나님은 일관되시고, 우리가 하나님 안에서 살면 우리의 삶도 일관됩니다. 복잡한 잔상들과 경험의 혼돈을 피할 수 있습니다. 하루를 살아갈 만한 새로운 어떤 것, 우리를 행복하게 해주거

제3부 "주의 길을 예비하여라"

나 즐겁게 해줄 무엇을 매일 새롭게 찾을 필요가 없습니다. 의미와 가치와 중요성이 더해가는 역사를 우리는 가지게 됩니다. 하나님 안에서 과거와 미래가 다 있기 때문입니다.

네 번째 이름은 '평화의 왕'입니다. 왕의 통치와 함께 평화가 옵니다. 하나님은 철저하고 완전하게 자기 일을 하십니다. 평화는 모든 것이 다 맞아들어서 생기는 조화입니다. 우리는 자신을 괴롭히는 것을 없앰으로 평화를 얻으려 합니다. 하나님은 모든 것을 건강하게 회복시킴으로 평화를 이루십니다. 우리는 자신이 싫어하는 것을 없애 버림으로 평화를 얻으려 합니다. 하나님은 무례하고 사랑스럽지 않은 존재들을 사랑하셔서 삶이 변하는 구원을 이루심으로 평화를 이루십니다. 우리는 "조용히 해. 더 이상 듣고 싶지 않아"라는 말로 평화를 얻으려 합니다. 하나님은 "가만히 있어, 내가 하나님인 줄 알아라"시 46:10는 말로 평화를 이루십니다.

저는 이사야의 비전이 모든 것이 순수하고 순진한 아기 천사들의 감상적인 그림이 아니라는 사실에 주목하고자 합니다. 아이는 아이로 머물지 않습니다.

이 네 개의 이름은 우리를 하나님과 분리시키는 모든 것에 대한 정면 공격이자, 이 세상의 잘못을 내리치는 전면 공격입니다.

이것을 아직 알지 못하는 사람을 가리켜 이사야는 "어둠 가운데 [걷는]" 사람이라 했고, 이것을 아는 사람에 대해서는 "큰 빛을 [보는]" 사람이라고 했습니다시 9:2. 많은 사람들, 어쩌면 대부분의 사람들이 빛을 인식하지 못하고 한참을 어둠 가운데서 더듬거리며 다닙니다. 그러다가 보게 됩니다. 그것은 이미 주어져 있습니다. 이사야의 비전이 예수님을 통해서 역사 속에서 성취되는 것은 시간 문제였습니다. 예수님은 베들레헴의 구유에서 태어나, 갈릴리를 걸으시고, 자신을 찾아오는 모든 사람을 만지시고 먹이시고, 그들에게 말씀하셨습니다. 그리고 갈보리에서 죄와 죽음을 정복하셨습니다. 이제 그분은 우리 가운데 계시면서 능력으로 구원하십니다.

~

9장에 나오는 이사야의 비전에는 '더하다'increase라는 단어가 두 번 나옵니다. 시작 부분에서 우리는 "주께서 그 기쁨을 **더하셨고**, 그들이 주 앞에서 추수 때 즐거워하듯이 즐거워합니다"사 9:3. 그리고 거의 끝부분에 가서 이 말이 나옵니다. "그의 정부와 평화는 끝도 없이 **더할 것이다**"사 9:7. 하나님은 충분히 주셨습니다. 여러분이 받을 수 있게 주셨습니다. 그 주어진 것이 여러분 안에서 필요한 일을 할 것입니다. 그것은 소진되지 않습니다. 무한합니다. 그 주어진 것은 주마다, 해마다 더해갑니다. 지난주 혹은 지난달에 받은 게 앞으로 받을 것에서 제해지지 않습니다. "끝도 없이 **더할 것이다**."

제가 어니 삼촌을 참 좋아하고 따르기는 했지만, 그분이 여기에 계셨다면 주일학교 영아부도 맡길 수 없었을 것입니다. 그래도 그분은 교회에서 제대로 질문을 던지셨습니다. "얼마나 받았니?" 누구나 무언가를 받습니다. 돈이 가득 든 주머니가 여러분 앞을 지나가고, 하나님의 말씀이 여러분 앞에 펼쳐지고, 하나님을 찬양하는 찬송을 부르고, 하나님께 드리는 기도가 여러분을 지도하고 여러분에게 복을 줍니다. 이렇게 주어지는 게 많은데, 무언가는 받지 않겠습니까? 문제는 얼마냐입니다.

그 질문을 던지는 순간 모든 게 급격하게 달라집니다. 우리가 함께 예배를 드리기 위해서 모이는 이유 자체가 달라집니다. 우리는 이곳에 잃어버린 것을 찾기 위해서 혹은 의무를 행하기 위해서 온 것이 아닙니다. 우리는 이곳에 주어진 것을 받으러 왔습니다. **여러분**은 얼마나 받으셨습니까?

아멘.

5

"부드러운 말로 예루살렘에 전하여라"

이사야 40:1-5
고린도후서 1:3-7

여러분의 목사로서 그리고 복음을 설교하는 사람으로서 저는, 여러분의 기분을 좋게 하기 위해서 하나님이 여러분을 위해 준비하신 최상의 것에서 벗어나 여러분의 삶을 값싸게 만들어 버리는 말은 하지 말아야 한다는 매우 엄숙한 경고를 받고 있습니다.

하나님은 예레미야 예언자를 통해서 그 당시의 설교자들에게 말씀하시면서, 그들이 "평화가 없는 때에 '평화, 평화'라고 말하면서" 백성의 상처를 아주 가볍게 치료한다고 지적하셨습니다 렘 6:14. 평화롭고 편안한 메시지는 무책임한 메시지일 수 있습니다.

또 한번은 예레미야가 동료 예언자들에게 불같이 화를 내기도 했습니다. "주의 말씀을 경멸하는 사람들에게 그들은 계속해서 '네가 잘될 것이다'라고 말하고, 고집스레 자기 마음대로 하는 사람들에게 그들은 '네게 나쁜 일이 절대 일어나지 않을 것이다'라고 말한다"렘 23:17.

예언자와 설교자는 무슨 일이든 다 괜찮다고 현재의 상황을 축복하면서, 이기적이고 무책임한 삶을 사는 사람들을 도전하거나 폭로하지 않고 그들이 그냥 현재의 상태에 만족하게 할 수 있습니다.

몇 년 전에 캐나다 기자인 피에르 버튼Pierre Berton이 『편안한 교회 의자』The Comfortable Pew라는 책을 썼는데, 거기에서 그는 목회의 책임을 물은 예레미야의 메시지를 다시 일깨웁니다. 버튼은 사람들이 자기 시대의 고통과 이웃의 문제를 가지고 씨름하는 것을 피하려고 교회에 간다고 말합니다. 설교자들은 교회 의자에 쿠션을 놔 주고, 창을 스테인드글라스로 꾸미고, 귀에 달콤한 말을 해줌으로써 그들이 교회에 편안히 머물 수 있게 해주었습니다.[7] (저희 교회 의자에 쿠션도 없고 창에 스테인드글라스도 없는 게 별 의미가 없는 게 아닙니다. 이곳은 우리가 현실과 유리되는 곳이 아니라, 우리가 보는 이 세상을 용감하게 하나님의 전신갑주를 입고 직면하는 곳입니다.)

그래서 제가 여러분에게 "하나님은 여러분을 사랑하십니다. 하나님이 여러분의 상처를 싸매 주실 것이고 여러분을 위로해 주실 것입니다" 하고 말할 때, 이 말을 듣고 "아, 잘 됐다. 이제 나는 걱정 없구나. 감사합니다. 그 사랑과 위로를 기꺼이 받아들입니다" 하고 말하는 사람들이 있을 것이라는 것을 저는 잘 압니다. '섭리', '사랑' 그리고 '하나님의 연민'과 같은 단어들, 특히 강단에서 나오는 그 단어들은, '무심함', '무관심', '사랑 없음', '인생의 무게에 대한 외면'을 변명하는 것으로 사용될 수 있습니다. 아모스 예언자는 "시온에서 편안하게 있는 사람들, 사마리아산에서 안전하다고 느끼는 사람들에게 화가 있으리라"고 말했습니다^{암 6:1, ESV}.

예레미야나 아모스로부터 이러한 말을 들을 때, 저는 이제 여러분에게 설교하려는 이사야의 본문에 약병에 붙은 것과 같은 안내문을 붙이고 싶습니다. "위험. 의사의 지시하에서만 복용하십시오."

여러분은 충분히 경고를 받으셨습니까? 오늘 전하는 이사야의 말씀을 주의해서 들으시기 바랍니다. 이것을 신경 안정제나 마약으로 쓰지 않는 데 동의하십니까? 성경의 메시지를 있는 그대로 다 받아들이지 않으면, 수술이 필요한 인생에 반창고만 붙이는 것 같은 심각한 문제가 발생할 수 있습니다.

ೋ

그럼 이제 준비되셨습니까? 하나님이 이사야에게 말씀하셨습니다. "위로하여라. 내 백성을 위로하여라.……부드러운 말로 예루살렘에 전하여라"^{사 40:1-2}. 예수님은 "수고하고 무거운 짐을 진 사람들아, 다 내게로 오너라. 내가 너희를 쉬게 해주겠다"^{마 11:28}라는 말로 이사야의 말을 잊지 못할 명언으로 해석하셨고, 바울은 여기에 또 자신의 해석을 더해 "우리 주 예수 그리스도의 하나님 아버지께 복이 있습니다. 그분은 자비의 아버지요 모든 위로의 하나님이시며, 우리가 어떤 고통 가운데 있어도 우리를 위로하십니다"^{고후 1:3-4}라고 말했습니다. 나아가서 헨델^{G. F. Handel}의 「메시아」_{Messiah}는 이사야의 이 구절을 아름다운 테너 솔로로 남겼습니다.

이 메시지는 누구에게 필요합니까? 당연히 상하고 고통받는 사람들입니다. 그런데 세상에는 여러 가지 종류의 상함과 고통이 있습니다. 바빌론으로 유배를 간 이스라엘은 분명 그러한 사람들 중 하나였습니다. 이사야가 이 설교를 할 당시 이스라엘은 두세대째 유배생활을 하고 있었습니다. 그들은 고향 팔레스타인을 멀리 떠나 예루살렘의 성지와 단절되어 있었습니다. 가족들이 흩어졌고, 문화가 파괴되었으며, 종교 관습이 혼란에 빠졌습니다.

유배생활을 하는 동안 이스라엘은 사실 경제적으로나 정치적으로는 제법 괜찮았습니다. 투옥되거나 고문을 당한 것도 아니고 계속해서 차별을 받은 것도 아닙니다. 그러나 그들에게는 고향이 없었습니다. 그들은 성지가 그리웠습니다. 그들이 노래한 기도 중 하나는 "우리, 바빌론 강가에 앉아 시온을 기억하며 울었네"시 137:1입니다.

그들은 개인적으로나 사회적으로 큰 공허를 느꼈습니다. 그들의 종교가 조롱을 당했습니다. 그들의 예배가 웃음거리가 되었습니다. 하나님의 구원의 행위에 대한 그들의 기억이 아련한 과거의 일이 되었습니다. 민족 차원에서 그들은 고향을 잃은 것입니다. 그들은 무자비하게 고향과 생이별을 했습니다. 갑작스러운 변화였습니다. 어떤 것도 분명하거나 확실하지 않았습니다. 그들 대부분은 결코 유배지 바빌론에 익숙해지지 못했습니다.

무엇보다 그들이 유배에서 느끼는 고통은 향수병보다 더 깊은 차원의 고통이었습니다. 그들은 언약적 불순종 때문에 유배를 간 것이었습니다. 그들은 회개를 거절하고 의를 경멸하기로 민족 차원에서 선택했습니다. 예언자들이 그들에게 100년간 경고를 했지만 그들은 계속해서 하나님과의 언약을 깼습니다. 유배가 실현되기 전에 몇십 년간 그 징조가 이미 있었습니다. 그래서 자신들이 왜 바빌론에 와 있는지는 모두가 다 잘 알았습니다. 이것은 하나님의 심판이었던 것입니다.

그래서 그들은 자기 땅에서 뿌리가 뽑힌 것만이 아니라, 하나님과 단절된 느낌까지 안고 있었습니다. 겉으로만 이방인이 된 것 같은 느낌이 아니라 속으로도, 그들의 영혼과 마음에도 이방인과 같은 느낌이 있었습니다. 그들이 경험하고 있는 이 유배는 깊고도 편만했습니다.

∾

한편으로 보면 우리에게는 이스라엘과 아무런 공통된 경험이 없습니다. 우리는 유배를 당하지 않았고, 우리의 성소에 가지 못하는 것도 아니며, 가족이 이별하거나 문화가 파괴된 것도 아닙니다. 자기가 태어난 도시에서 계속 사는 것은 아니라 할지라도, 적어도 한 나라에서 살고 있고 부모로부터 배운 언어를 그대로 다 씁니다.

그러나 또 다른 한편으로 보면, 우리의 경험은 이스라엘과 거의 같습니다. 성경의 심오한 면 중 하나는 서로 아주 다른 시간과 공간에 있으면서도, 그때와 지금 그리고 그곳과 이곳에서의 일에 다 동일시할 수 있도록 정확하게 인간의 상황을 묘사한다는 것

제3부 "주의 길을 예비하여라"

입니다.

뿌리가 뽑히는 느낌에 대해서 생각해 봅시다. 그것은 우리 삶의 특징적 질병 중 하나입니다. 우리는 '고향'에 대한 감각을 상실했습니다. 우리가 사는 세상은 더 이상 우리가 태어났던 그 세상이 아닙니다. 강력한 무기와 기계를 통해서, 우주 탐험을 통해서, 정보의 축적을 통해서 그 세계는 크게 확장되었습니다. 이 거대한 세상에서 우리는 아직 어떻게 해야 이곳이 고향처럼 편안하게 느껴지는지를 모릅니다. 인터넷을 통해서, 고속 이동 수단을 통해서, 놀랍게 늘어난 이동성을 통해서 이 세상은 넓어졌습니다. 안과 밖에서 동시에 우리를 끌어당기는 경험을 우리는 하고 있습니다. 뿌리가 뽑혔습니다. 더 이상 그 누구와도 동일시가 되지 않습니다. 마치 이주민 같은, 유배인 같은 느낌입니다.

그리고 정체성에서도 전에 없는 내적 분열이 있습니다. 더 이상 하나님은 우리에게 당연한 존재가 아닙니다. 이 세상이 거의 완전히 세속화되었습니다. 죄책감과 불안을 느낍니다. 우리가 어떤 느낌인지 말로 표현해 본다면, 그것은 하나님이 우리를 내버려 두셨다기보다는 우리가 하나님을 떠났고, 그래서 외롭고 죄책감을 느낀다는 게 더 맞을 것입니다. 우리는 집을 멀리 떠났습니다. 우리 자신과 하나님의 현존 사이에 거대한 간극이 있습니다.

이러한 변화의 원인은 더러는 문화적인 것이고, 더러는 상황적인 것이고, 더러는 역사적인 것입니다. 그러나 누구나 그것을 조금씩은 다 느낀다는 데에는 변함이 없습니다. 그러니까 우리는 하나님으로부터 멀어졌기 때문에 초조하고 불안하고 향수병을 느끼는 것입니다.

오늘날 인간의 조건을 잘 분석한 사람 중에 에릭 에릭슨Erik Erikson이라는 사람이 있습니다. 그는 이렇게 말했습니다. "이 정처 없는 듯한 느낌이 주는 불편함을 잘 말해 주는 농담이 있다. 어떤 남자가 오천 달러를 주고 전기 자동차를 새로 샀다고 자랑했다. 차가 무척 작았기에 친구들은 왜 그렇게 비싸게 주고 샀는지 의아해했다. 그러자 그가 말했다. '아, 차 자체는 천 달러밖에 안 하는데, 전기선이 사천 달러였어.'"[8]

❧

아픈 사람에게 위로가 필요한 이유는 건강과 생기로부터 분리되어 있기 때문입니다. 사별한 사람에게 위로가 필요한 이유는 배우자나 자식이나 친구와 심리적으로 분리되어 있기 때문입니다. 유배인에게 위로가 필요한 이유는 자기 나라와 문화로부터 분리되어 있기 때문입니다. 우리 모두에게 위로가 필요한 이유는 하나님 안에 있는 우리의 근원으로부터, 그리고 그리스도 안에 있는 우리의 미래로부터 분리되어 있기 때문입니다.

하나님은 이러한 저를 그리고 여러분을 어떻게 위로하십니까? 우리의 죄가 만들어 낸 이 간극을 어떻게 메우십니까? 삶과 그리고 의미와 연결되기 위해서 우리가 한심하게 끌고 다니는 이 사천 달러짜리 전기선을 어떻게 없애십니까? 이사야는 말합니다.

위로하여라. 내 백성을 위로하여라.……

제3부 "주의 길을 예비하여라"

부드러운 말로 예루살렘에 전하여라.……

그 전쟁이 끝났고,

잘못을 용서받았다고.

주님의 손으로부터 자기 죄의 값을

두 배나 받았다고사 40:1-2.

이스라엘은 하나님과의 언약을 깬 결과 유배를 가게 되었습니다. 그들은 이사야와 다른 예언자들로부터 회개하지 않으면 그에 따른 결과가 있을 것이라는 경고를 충분히 받았습니다. 그러나 그들은 회개하지 않았습니다.

모두가 그것을 알았습니다. 이사야도 알았고 백성들도 알았습니다. 그 기본적인 역사적 사실을 가리거나 부인한다면 이 모든 말이 의미가 없었을 것입니다. 그러나 중요한 것은, 하나님이 그과거를 정죄하거나 옹호하지 않으셨다는 것입니다. 하나님은 그것을 받아들이셨습니다.

하나님은 그들에게도 그리고 우리에게도 이렇게 말씀하시지 않습니다. "그만 칭얼대고 징징거려라. 당연히 받을 몫을 받은 것이다. 경고를 받았는데 그 경고를 따르지 않았다. 그 값을 치르는 거다. 어른처럼 행동하고 네 할 일을 하여라."

사실 맞는 말이기는 하지만 복음이라고 할 수는 없습니다. 이 말대로라면 이들은 여전히 실패한 사람들이고, 의로운 길로 갈 수 없는 사람들로 취급을 받는 것입니다. 그렇게 되면 미래도 과거와 별 다를 바 없이 진행될 것입니다. 그들은 결코 민족의 의를 지킬 수 없는 사람들이기 때문입니다. 이런 것은 부드럽게 말하는 게 아닙니다. 반면에 위로는 부드럽게 말하는 데서 시작됩니다.

이들의 불성실이 간과되거나 세탁된 것은 아니지만, 이 사람들 자체는 온전히 용납을 받았습니다. 그들은 용서받은 백성으로 하나님의 용납을 받았습니다. 이들은 심판을 받은 사람들로서 하나님의 연민을 샀습니다.

여기에서 우리는 배울 게 있습니다. 고통받는 사람을 도울 때 "거봐, 내가 뭐라든" 하면서 우월감에 찬 자세를 취하지 않는 것입니다. 고통을 야기한 과거를 관대하게 용서하며 받아들이기가 그토록 힘든 이유가 무엇입니까? 고통받는 사람은 이미 마땅히 받을 뿐만 아니라 그 배를 받았다는 것을 우리는 잘 이해하지 못하기 때문입니다. 그리고 우리가 다른 사람을 그렇게 새롭게 대하지 못하기 때문에, 하나님이 우리를 대하시는 새로운 방식도 잘 받아들이지 못합니다.

우리의 온전함에 꼭 필요한 것들—우리의 몸, 집, 우리가 사랑하는 사람, 우리의 하나님—로부터 분리될 때 우리는 고통받습니다. 이 모든 분리는 그 중요도나 궁극성에서 차이가 있지만 느낌은 동일합니다. 그리고 그 모든 것에 어느 정도 개인의 죄책이 있습니다. 왜냐하면 우리 모두가 그 분리에 어느 정도 책임이 있기 때문입니다. 그 죄책을 인정하고 용서하고 받아들여야 합니다. 우리가 자기 자신에 대해서든 다른 사람에 대해서든 그렇게 하지 않으면, 현재와 미래에 위로와 힘을 줄 수 있는 가치 있는 무엇을 우리의 과거로부터 결코 찾을 수 없을 것입니다. 게다가 하나님의 첫 말씀, 우리에게 위로를 주는 그분의 첫 말씀을 우리는 알아듣지 못할 것입니다. "부드러운 말로 예루살렘에 전하여라.……그 전쟁이 끝났고"사 40:2.

∾

그리고 다음에 이 말이 나옵니다. "광야에 주의 길을 예비하여라. 사막에 하나님을 위한 대로를 곧게 하여라"사 40:3.

고통받는 사람을 위로할 때 우리가 가장 흔하게 쓰는 수법이 아무것도 장담할 수 없는 미래에 대해서 이야기하는 것입니다. "너무 힘들어하지 마. 앞으로 좋아질 거야." 그러나 미래에 대한 하나님의 말씀은 사뭇 다릅니다. 그것은 연기되지 않습니다. 지금 여기에 뿌리를 박고 있습니다. "광야에 주의 길을 예비하여라"고 하나님은 말씀하십니다. '예비하라'는 현재시제입니다. "뜬구름 잡지 마라. 하나님이 예비하신 미래라며 환상을 품지 마라." "광야에……예비하여라." 편안함을 느낄 수 없는 바로 이곳에, 일이 잘 풀리지 않는 바로 이곳에, 이곳 바빌론에, 이곳 메릴랜드에. 위로는 먼 미래 어딘가에 저장되어 있지 않습니다. 위로는 현재에 집중합니다. 그것은 구체적인 현지의 현재입니다. "광야에 예비하여라." 고통받는 자들의 내면에까지 스며들어간 이 메마르고 칙칙하고 특징 없는 바빌론의 사막. 이곳이 바로 주의 대로가 만들어질 곳입니다. 무슨 비법 같은 것으로 이곳을 피하려 하지 말고, 지금 이곳에서 하나님의 오심을 예비하십시오.

하나님은 오셔서 변화시키십니다. 풍경이 완전히 달라집니다. 골짜기가 더 이상 도적과 곰들이 숨어 있는 어둡고 위험한 은 신처가 아닙니다. 산이 더 이상 얼음 같은 바람이 불고 울퉁불퉁 한 바위길 때문에 위험천만한 곳이 아닙니다. 골짜기는 메워질 것 이고, 산은 평평해질 것입니다. 우리의 위로와 존재 자체에 위협이 되던 것들이 하나님을 위한 평평한 대로가 될 것입니다. 이곳에서, 바로 이곳에서, "하나님의 영광이 드러나고 모든 육체가 함께 볼 것이다. 주께서 말씀하셨기 때문이다"사 40:5.

∽

여러분, 이것은 참으로 중요합니다. 위로는 불편한 매트리 스를 어떻게 해보려고 가져다 쓰는 부드러운 베개 같은 게 아닙니 다. 그것은 지금 주어진, 개인적인 하나님의 말씀입니다. 여러분 안에 새로운 힘과 기운을 주는 강하고 도전적이고 힘 있는 말씀입 니다. 그것이 바로 하나님의 위로가 하는 일입니다. 이사야의 말이 여러분의 상상력을 현재시제로 바꾸게 하십시오. 제 말이 여러분 의 상상력을 현재시제로 바꾸게 하십시오.

이 하나님의 말씀을 듣고 위로를 받으십시오. 꿈꾸는 미래 에서가 아니라, 그리워하는 과거에서가 아니라, 지금 여러분의 가 정과 직장과 가족과 마음에 위로를 받으십시오. 바로 그곳에 하나 님의 대로를 지으십시오. 모든 조건이 충족되었습니다. 여러분의 전쟁이 끝났고 여러분의 잘못이 용서받았습니다사 40:2.

그리고 이제 여러분이 부드러운 말을 들었으니, **여러분도** 부 드럽게 말할 수 있습니다. 여러분의 부드러움은 하나님이 여러분에게 말씀하신 것을 다른 사람에게도 말할 수 있게 해줄 것입니다. 그들의 전쟁이 끝났고, 그들의 잘못이 용서받았다고. 하나님이 자기 백성에게 오시면 바로 이런 일이 일어납니다. 그리스도께서 이 일을 위해 태어나셨습니다.

아멘.

6

"나의 종을 보아라"

이사야 42:1-4
마태복음 12:18-21

이사야는 '보라'는 말을 참 좋아합니다. 그래서 이사야의 예언서에는 '보라'는 말이 자주 나옵니다. 그것은 주의하라는 요청입니다. "이 말을 들어라!" 이 말은 하나님과 관련해서 가장 자주 쓰이며 느낌표가 따라붙습니다. 예언자의 최우선 임무는 우리로 하여금 하나님께 주목하게 하는 것입니다. 무엇보다도 하나님께 말입니다. 그래서 놓치지 말라고 하는 것입니다.

하나님은 우리에게 오시지만, 우리는 너무 정신없고 바쁘고 자기 일에 몰두해 있습니다. 예언자의 최우선 임무는 우리의 세계와 우리의 삶에 있는 하나님의 현존에 주목하는 것입니다. 하나님에 대해서 말하기 전에, 그는 먼저 하나님이 이곳에 **계신다**는 사실에 우리가 주목하게 만들어야 합니다.

제3부 "주의 길을 예비하여라"

대부분의 사람들은 하나님을 느끼지만, 그 느낌은 막연하고 모호하며 임의적일 때가 많습니다. 우리 자신의 필요와 요구와 소원에 따라 만든 작은 신들의 형태로 감지될 뿐입니다. 그러나 이렇게 스스로 만든 사소한 신들은 "보라!"는 예언자의 우뢰 같은 외침에 사라져 버립니다. 우리는 멈추고 보고 들어야 함을 깨닫습니다. 하나님은 강하시고 사랑하시며, 창조적이시고 지혜로우십니다. 그분이 약하고 미움받고 어리둥절해하고 혼란에 빠진 사람들에게 선포되었습니다.

우리의 이목을 끄는 "네 하나님을 보라"고 하는 이 선포의 핵심은 하나님이 우리가 상상하는 것보다 훨씬 더 위대하시다는 것, 그리고 그 하나님이 주관하시는 이 삶에서 우리가 그분의 뜻에 동참한다는 것입니다.

❧

이에 상응하는, 그만큼 본질적이고 중요한 단어가 하나 있는데, 그것은 바로 '종'입니다. "나의 종을 보아라"가 오늘 본문의 중심입니다. 종은 하나님이 자신의 창조세계를 다루시는 방식입니다.

종은 낮음, 심지어 겸손함의 함의를 가진 단어입니다. 자유의 상실, 경제적 제약, 비천한 지위와 같은 의미를 주로 포함합니다. 종이 되고 싶은 사람은 아무도 없습니다. 그런데 이 예언자의 본문에는 종이 핵심 단어로 등장합니다. 하나님이 사람들을 구원하실 때, 이 세상에서 일하시는 방식에 초점을 맞추는 네 개의 본문에서 중심이 되는 단어입니다. 성경에 나오는 하나님에 대한 단어 중에서 가장 칭송받고 귀하게 여겨지는 단어 중 하나이면서, 또한 완전히 소화하기 힘든 단어이기도 합니다. 이 단어의 사전적 의미가 어려워서가 아닙니다. 그것은 간단합니다. 그러나 이것이 바로 하나님이 이 세상에서 자신의 뜻을 행사하시기로 한 방법이라는 것을 우리의 상상력, 우리의 기도, 하나님에 대한 우리의 이해 속에 받아들이는 일은 어렵습니다.

종은 다른 사람들을 위해서 무엇을 해주는 사람입니다. 어떤 문화에서 그런 사람들은 노예이고, 또 어떤 문화에서는 경제 계급에서 제일 낮은 층에 속해 있는 사람입니다. 하나님에 대해서 생각할 때 우리는 본능적으로 가장 높은 것, 권능, 힘 그리고 영광을 생각합니다. 초자연적인 것을 생각합니다. 일이 잘 풀리지 않을 때 우리는 종종 이렇게 말합니다. "하나님이 왜 아무것도 안 하시는 거야? 왜 개입하시지 않는 거야? 왜 이 우주의 하나님으로서 마땅히 해야 할 일을 하시지 않는 거야?"

하지만 기독교는 언제나 하나님을 무엇을 하시는 분으로 이해했습니다. 하나님은 결코 가만히 계시거나 침묵하시지 않습니다. 다만 우리의 지시는 받지 않으십니다. 우리의 욕망에 자신의 행동을 맞추시지 않습니다. 우리가 질문을 "하나님은 어디에서 무엇을 하시는 거지?"로 바꾼다면 우리는 이 예언자의 답을 얻을 것입니다. "나의 종을 보아라." 우리의 상상을 뛰어넘으시는 위엄 있고 강하고 지혜로우신 하나님은, 무엇보다도 종으로서 일하시기를 택하신 것입니다. 우리의 상상력 저 밑에서 보이지도 않는 종으로 말입니다.

&

이사야서의 이 부분에는 네 개의 종의 노래가 있습니다. 처음 것은 이렇습니다.

> 내가 지지하는 나의 종을 보아라.
> 내가 택하고 내가 기뻐하는 종이다.
> 내가 그에게 내 영을 두었고,
> 그가 민족들에게 정의를 가져올 것이다.
> 그는 외치거나 목소리를 높이지 않을 것이고,
> 거리에서 들리게 말하지 않을 것이다.
> 상한 갈대를 꺾지 않을 것이고,
> 힘겹게 타는 심지를 끄지 않을 것이다.
> 그는 신실하게 정의를 시행할 것이다.
> 그는 이 땅에 정의를 세울 때까지
> 포기하거나 낙담하지 않을 것이다.
> 해안 지대에서도 그의 법을 기다린다사 42:1-4.

여기에서 핵심은 이 사람을 묘사하는 데 '종'이라는 단어가 쓰였다는 것입니다. 하나님이 전적으로 이 종을 통해서 일하신다는 데에는 아무런 의혹이나 의문의 여지가 없습니다. 이 종이 곧 하나님입니다. 일하시는, 선택받은, 하나님이 기뻐하시는, 성령께서 힘을 주시는, 보편적 정의로 하나님의 뜻을 행하시는 분입니다. 이 개념을 우리는 분명하게 인식해야 합니다. 이 종이 어떻게 혹은 어떠한 형식으로 우리 가운데 있든, 그분은 하나님의 정의의 유일한 대리자로 이곳에 계십니다. 이것은 정말로 중요합니다. 완벽한 지지를 받으시고, 절대적 인증을 받으신, 하나님의 궁극적 권위가 보증하는 분입니다.

이 묘사는 참 종에 대한 묘사입니다. 그분은 조용히 그리고 공손히 일하러 갑니다. 길을 다니며 부드러운 대화체로 이야기합니다. 자신을 부인하거나 무시하는 사람들과 벌이는 억지주장이나 시끄러운 논쟁도 없습니다. 아주 부드럽게 자기 일을 하십니다. "상한 갈대를" 꺾지 않으십니다. 저항을 잘하지 못하는 사람을 이용하시지 않는다는 뜻입니다. 만만해 보이는 사람, 곧 "힘겹게 타는 심지"를 강제하지 않으십니다. 그분은 강요나 힘으로 접근하시지 않습니다. 그분의 섬김은 완전합니다. 아무리 약하고 쓸모없는 사람이라도 그들 앞에 이분은 종으로 서 계십니다.

그러나 이렇게 종의 역할을 완전히 수용했다고 해서 그분의 사명에 위협이 되는 것도 아닙니다. 오히려 그 반대입니다. 이 본문은 "그는 이 땅에 정의를 세울 때까지 포기하거나 낙담하지 않을 것이다"라고 확신하며 끝을 맺습니다.

☙

이것이 바로 하나님이 우리 가운데서 일하시는 방식입니다. 우리는 먼저 이 종이 이스라엘을 통해서 일하시는 것을 봅니다.

아브라함은 "너로 인하여 이 땅의 모든 가족이 복을 받을 것"^{창 12:3,} NASB이라는 말을 들었습니다. 약하고, 정치적·군사적 세력들로부터 자주 당했던 이스라엘은 그럼에도 지금까지 이 세상의 중심이 되는 정의의 원칙들을 시행했습니다. 십계명 그리고 도덕성과 정의를 외친 히브리 예언자들의 말은 문명의 기초가 되었습니다. 우리는 정치, 과학, 철학, 경제학을 다른 나라들로부터 받았지만, 이스라엘의 종교는 세상으로 침투했고 진실과 선의 뿌리가 되었습니다. 이스라엘은 정복함으로써가 아니라 정복당함으로써 그렇게 했습니다. 외침을 통해서가 아니라 조용히 증언하는, 자신을 드러내지 않는 종을 통해서 그렇게 했습니다.

그러나 이스라엘이 하나의 민족으로서 시행한 섬김은 완전하지 않았습니다. 이 종의 최종적이고 결정적인 완성은 예수 그리스도에게서 이루어졌습니다. 기독교 신앙은 예수 그리스도를 통해서 이 종의 모습을 완전히 그리고 결정적으로 경험하고 이해할 수 있다고 확신합니다. 인간의 경험이 다 소화하지 못하고 인간의 이해가 다 받아들이지 못할 수 있지만, 하나님은 예수 그리스도를 통해 종으로서 온전히 자신을 드러내셨습니다. 종으로 일하시는 하나님을 보고 싶으십니까? 예수님을 보십시오. 왜냐하면 예수님이 "나와 아버지는 하나다"^{요 10:30, KJV}라고 말씀하셨기 때문입니다.

우리가 지금 이야기하는 이 하나님, 예수 그리스도를 통해서 드러난 이 하나님이 바로 이사야 40장의 하나님임을 기억하는 것이 중요하다고 저는 생각합니다. 권능과 힘으로 자기 밑에 이 땅을 두시고, 자기 손에 민족들을 쥐시고, 자기 앞에서 이 땅의 인간들은 물통의 물 한 방울에 불과한 그 하나님 말입니다. 그것을 생각하며 예수님을 볼 때 우리는 무엇을 봅니까? 이 세상에서 일하시는 하나님, 그런데 종으로서 일하시는 하나님을 봅니다.

무언가 왕족 같고 특별할 것이라고 기대하게 할 만한 이상한 징조들이 예수님의 탄생 이전에 그리고 탄생 시에 많았지만, 예수님은 중요하지 않은 소도시의 가장 비천한 건물인 마구간에서 참으로 보잘것없는 신분의 부모님 밑에서 태어났습니다. 태어나신 이후 멸시받는 지역인 갈릴리의 인기 없는 소도시 나사렛으로 이사를 가셨습니다. 자라면서 그분은 목수라는 노동자의 직업을 가지셨습니다. 어른이 되어 랍비 시절에 몇몇 남자와 여자들이 따르면서 잠시 주목을 받았지만, 그때도 그분은 나병 환자를 만지시고, 자기 추종자들의 발을 씻기시고, 어린아이들을 친구 삼으시고, 여자들이 자기 무리에서 중요한 자리를 차지하게 하시고, 결국에는 가장 치욕스러운 상태로 십자가에 달리심으로써 사회적 지위를 보장할 만한 것들은 다 거부하셨습니다.

예수님의 모든 행동이 종의 섬김이었습니다. 사람들로부터 하나님의 아들이라는 말을 들을 만한 말들을 하셨고, 그 말과 일관되게 기적적 치유도 행하셨지만, 그분이 취한 모습은 종이었습니다. 예수님의 생애는 유별나지도 요란하지도 않았습니다. 그분은 자기를 드러내지 않으시고 조용하셨습니다. 상한 갈대를 꺾으시거나 힘겹게 타는 심지를 끄지 않으셨습니다. 성 바울의 말을 빌리면, "그분은 하나님의 형태를 가지셨으나, 하나님과 동등하게 되려 하지 않으시고, 자기를 비우고 종의 형태를 입어 사람의 모습으로 태어났습니다. 그렇게 인간의 형태를 입으신 그분은 자기를 낮추시고 죽음, 그것도 십자가에서의 죽음을 받아들이기까지 복종하셨습니다"빌 2:6-8.

예수님은 자신의 삶을 겨자씨의 이야기를 가지고 해석하셨습니다. 겨자씨는 농장에서 가장 작은 씨앗이지만 아주 무성하게 자랍니다. 또한 그분이 추구한 삶의 방식은 빵의 누룩과 같았습니다. 빵에 넣을 때는 거의 보이지 않지만 반죽에 두루 퍼져서 생명의 기본 양식이 됩니다. 작은 것이 크고 영양가 있는 것이 됩니다. 이것이 바로 하나님이 이 세상에서 자신의 뜻을 실행하시는 일반적 방식입니다마 13:31-33.

☙

이러한 이야기들은 사소하고 쉽게 놓치는 것들에서 우리가 하나님을 알아보게 한다는 점에서 중요하지만, 또한 우리 자신의 삶에서 그것들을 알아보게 한다는 점에서도 중요합니다. 하나님은 자신의 방법을 받아들이고 우리도 종이 되라고 부르셨습니다. 이 세상의 방식은 힘과 강요를 통해서 일을 해내는 방식이지만, 그리스도인의 방식은 사랑, 부드러움, 섬김을 통해서 인류를 구원하는 방식입니다. 이 세상은 왕과 장군들의 권위를 사용해서 정의를 강요하지만, 그리스도인은 종이 되어서 정의를 제공합니다.

예수께서 말씀하셨습니다. "너희의 주이자 선생인 내가 너희의 발을 씻어 주었으니, 이제 너희도 서로 발을 씻어 주는 게 마땅하다. 내가 너희에게 모범을 보였으니, 너희도 내가 한 그대로 하여라. 진실로 진실로 내가 말하는데, 종이 자기 주인보다 크지 못하고, 보냄을 받은 자가 보낸 자보다 크지 못하다. 이것을 너희가 알면, 그대로 행할 때 복이 있을 것이다"요 13:14-17.

๛

우리의 이목을 끄는 "나의 종을 보아라"가 우리의 상상력을 파고들면, 우리는 하나님의 현존과 일하심을 알아보는 데 익숙해질 것이고, 적어도 어떤 사람들에게는 그것이 매우 새롭고 신선할 것입니다. 하나님의 방식인 이 하나님의 종은 언제나 올라가시기 위해서 내려오십니다. 우리가 그분과 함께 식탁 끝에 앉는 것은 하나님의 은혜로 우리가 명예의 자리에 오를 수 있기 위해서입니다. 커지기 위해서 작아지는 것입니다.

내가 지지하는 나의 종을 보아라.

아멘.

7

"약한 마음을 굳세게 하여라"

이사야 35:3
히브리서 12:1-4

여러분은 이사야 35장에서 멈춘 적이 있습니까? 그렇지 않다면 하나님의 큰 서프라이즈 중 하나를 놓친 것입니다.

최근에 소설을 하나 읽기 시작했는데, 어느 페이지를 읽다가 도중에 저는 저자에게 화가 나기 시작했습니다. 주인공은 정말로 매력이 없는 인물이었습니다. 주인공의 주변 사람들은 그가 정말 매력적이라고 생각하고 있었지만 말입니다. 그 여자는 정말로 생각 없이 사람들의 삶에 개입하고, 감정과 관계를 막 꼬아 놓았습니다. "저러면 안 되지!" 하고 저는 저자를 향해 말하고 말았습니다(저자가 죽은 지 이미 150년이나 되었는데도 말이지요). "어떻게 주인공이 저렇게 하게 내버려 둘 수 가 있담!" 그러면서 보니 저는 불과 103쪽을 읽고 있었고, 아직도 276쪽이 남아 있었습니다. 이 작가의 다른 소설들을 본 경험으로 미루어 대체로 마지막에 가면 사건들이 다 정리가 되어서 만족스러운 느낌을 준다는 것을 알았기에 저는 마지막 두 장을 미리 읽고 결말을 알고 싶은 유혹을 받았습니다. 하지만 이겨냈습니다. 플롯의 모순과 모호성에 내 상상력을 내버려 두어야 결론에 가서 그 만족을 얻는다는 것을 기억했기 때문입니다. 이 소설이 만족스럽게 끝날 것이라고 제가 완벽하게 확신하는 것은 아니지만, 적어도 이 작가의 책 네 권을 읽었고, 네 권 모두 마지막에 가서는 저를 만족시켰기에 제 기대가 틀릴 것이라는 생각은 하지 않습니다. 하지만 일단 지금은 제인 오스틴 Jane Austen의 『엠마』Emma가 아주 지겹습니다.

그것은 제가 때로 하나님의 『유진』이 아주 지겨운 것과 마찬가지입니다. 하나님은 저를 만드시고 구원 이야기의 한 인물로 설정하셨습니다. 제가 그 플롯에서 차지하는 위치가 때로는 마음에 들지 않습니다. 제가 하는 말과 행동이 마음에 들지 않습니다. 다른 사람들이 제게 하는 말과 행동이 마음에 들지 않습니다. 일이 돌아가는 방식이 도무지 마음에 들지 않아서 저자에게 화가 납니다. "구원 이야기를 쓰시는 거라면, 이보다 더 잘하실 수 있지 않습니까!"

그때 저는 이사야 35장에서 멈추게 됩니다. 이사야 35장은 이 이야기가 아직 끝나지 않았음을 보게 해줍니다. 여러분 자신이 이야기 안에 있을 때는 얼마나 결말에 가까이 왔는지 알지 못합니다. 다음 페이지에 깜짝 놀랄 결말이 있을 수도 있고, 앞으로 천 페이지는 더 이어질 수도 있습니다. 그러나 그 이야기에 있다는 것을 의식하는 한 그 이야기는 아직 끝나지 않은 것입니다.

이 멈춤은 또한 창조자의 지성이 만들어 낸 인물이 저 하나만이 아님을 인식하게 해줍니다. 나의 주께서 만드시고 이끄시는 사람들은 저 말고도 많이 있습니다. 성경을 읽으면서 저는 대단한 구원의 이야기를 발견합니다. 영광스러운 시작과 장엄한 결말이 하나님의 사랑과 인간의 죄의 복합적인 플롯을 받쳐 주고, 그 모든 것이 예수 그리스도의 계시—삶, 십자가의 죽음, 부활—에서 절정을 이루면서 분명해집니다.

이 멈춤은 제가 숨을 돌릴 수 있게 해줍니다. 차분해지면서 모순, 비일관성, 불가능성, 해결되지 않는 긴장, 보상과 벌 사이의 불균형, 실망과 축복, 이 모든 것이 대예술가께서 사용 중에 있는 재료들임을 보게 됩니다. 그리고 이 대예술가의 플롯에는 나 자신의 구원과 이 세상의 구원이 포함되어 있다고 믿을 이유가 충분합니다.

〰

오늘 아침 여러분이 이 기독교의 이야기에서 정확히 어디에 있는지는 저도 모릅니다. 우리는 서로 다른 속도로 책을 읽고 인생을 삽니다. 어떤 사람들은 아주 쉽게 진도가 나가고, 어떤 사람들은 자주 사전을 찾아가며 더듬더듬 읽어 나갑니다. 아마도 오늘 아침에 같은 페이지를 읽고 있는 사람은 아무도 없을 것입니다. 그러나 누구나 자신의 인생이 펼쳐지는 방식에 불만을 느꼈을 것이고, 하나님께 질문을 했을 것입니다. "왜 저는 이렇게 불안해합니까? 다른 사람들은 다 잘나가는 것 같은데 왜 저는 계속해서 일이 안 풀리는 겁니까? 왜 내가 그토록 사랑하는 이 사람이 죽은 겁니까? 왜 제 인생에는 아무런 방향이 없는 것 같습니까? 이 다른 사람들은 하나님의 뜻에 어떻게 맞아드는 겁니까? 제가 지금 한이 실수를 만회할 날이 올까요? 거기에서 어떻게 무엇이든 건져낼 방법이 없을까요?"

여러분이 지금 이 이야기의 어디쯤에 와 있든, 저는 이사야 35장으로 여러분을 멈추려 합니다.

෴

> 광야와 메마른 땅이 즐거워하고,
> 사막이 기뻐하며 꽃을 피울 것이다.
> 크로커스처럼 풍성하게 피어나,
> 기뻐하고 노래하며 즐거워할 것이다 사 35:1-2.

사막은 약간의 비만 오면 모든 게 해결됩니다. 메마른 땅이라고 해서 본질적으로 불모의 땅은 아니며, 흙 자체가 악은 아닙니다. 우리 모두는 결국 "이 땅의 흙으로……만든"창 2:7 존재 아닙니까. 그 누구의 삶도 하나님이 자신의 목적을 이루실 수 있는 그 근본과 분리되어 있지 않습니다. 아무것도 자라지 않는 시기가 있지만, 그러는 중에도 영양분은 땅에 있고 씨앗은 땅 바로 아래 심겨져 있습니다. 때가 되면 필요한 수분이 공급되어 꽃이 피어날 것입니다.

약한 손을 강하게 하며,

힘없는 무릎을 굳세게 하여라.

두려워하는 사람들에게 전하여라.

"힘을 내라! 두려워하지 마라!

보라, 네 하나님이 보복하실 것이고,

보상하실 것이다.

그분이 와서 너희를 구하실 것이다"사 35:3-4.

이제 할 만큼 했다고 생각하십니까? 더 이상은 감당할 수
없다고 생각하십니까? 또 한 번의 도전은 힘에 부친다고 생각하십
니까? 그렇다면, "힘을 내라!……보라, 네 하나님이." 하나님은 오
십니다. '보복'하러 오십니다. 이야기에서 잘못된 부분을 결정적
으로 그리고 완전히 해결하실 것입니다. '보상'하러 오십니다. 여
러분을 온전하고 성숙하게 하는 데 필요한 모든 것을 제공해 주실
것입니다. '보상'이라는 단어의 어원은 "어머니의 젖을 떼다"라는
뜻을 가지고 있습니다. 연약하고 의존적인 아기에서 벗어나는 것
을 의미하기 때문에 좋은 때이지요. 그러나 무시무시한 때이기도
합니다. 더 이상 순진한 아기라고 봐주지 않을 것이기 때문입니다.
"그분이 와서 너희를 구원하실 것이다." 하나님이 하시는 모든 일
이 여러분의 구원을 위한 플롯—죄에 대한 심판, 젖떼기, 성숙의
선물—에 들어 있습니다. 그리고 그분의 백성이 되기로 선택하는
사람들은 이야기의 마지막에 정리가 된 삶, 건강이 넘치는 삶, 사
랑으로 온전하고 견고한 삶을 받을 것입니다.

그때에는 눈먼 자의 눈이 뜨이고,

귀먹은 자의 귀가 열릴 것이다.

절던 자가 수사슴처럼 뛰고,

말 못하는 자의 혀가 기뻐 노래할 것이다사 35:5-6.

우리가 경험하는 모든 비극이 결국에는 승리로 변할 것입니다. 보지 못하고, 듣지 못하고, 걷지 못하고, 말하지 못하는 모든 결함이 은혜로 치유될 것입니다. 우리 몸에서 제대로 작동하지 않는 모든 부분이 결국에는 작동하게 되어 하나님을 영광스럽게 할 것입니다. 하나님의 뜻에 반응하지 못하는 우리 영혼의 모든 부분이 용서와 자비를 통해 평화의 도구가 될 것입니다. 물질적·신체적·영적·개인적·사회적인 이 모든 차원에서 온전해질 것입니다.

그러나 잘 들으십시오. 예수님은 실제로 눈멀고 귀먹고 말 못하고 다리 저는 사람을 고치심으로써 우리가 이사야 35장을 영적으로 오역하지 않게 하십니다. 시적으로 형상화해서 우리 성품의 결함을 상징하는 것으로 해석하지 않게 하십니다. 그러나 또한 예수님은 모든 눈멀고 귀먹고 말 못하고 다리 저는 사람을 고치지 **않으심으로써** 우리가 이사야 35장을 세속적으로 오역하지 않게 하십니다. 이 세상과 우리를 아프게 하는 모든 것을 우리 힘으로 고치려 함으로써 하나님의 목적을 질러가지 않게 하시는 것입니다. 온전함은 구원의 종말에 나타나는 창조세계 전체의 온전함입니다. 우리가 사는 매일 매시는 종국에는 그 결론에 이르게 될 이야기의 단어 혹은 문장 혹은 문단입니다. 그래서 우리는 지난 주일 예배 때 노래한 것처럼 "흥겹게 노래하여라, 아침마다 노래하여라, 새날을 다시 창조하신 하나님!"⁹ 하고 노래하는 것입니다.

> 거기에 대로가 있을 것이고,
> 거룩한 길이라 불릴 것이다.······
> 그리고 주의 속량을 받은 사람들이 돌아올 것이고,
> 시온으로 노래하며 올 것이다.
> 그들의 머리에 영원한 기쁨이 있을 것이다.
> 그들은 기쁨과 즐거움을 누릴 것이고,
> 슬픔과 한숨이 사라질 것이다 사 35:8, 10.

이사야서를 아주 잘 알고 설교한 목사 중 한 사람이 장 칼뱅인데, 그는 이 본문을 다음과 같이 자기 회중에게 주해했습니다.

> 하나님은 우리를 구원하시는 일을 시작하실 뿐만 아니라, 마지막까지 이행하셔서 우리 안에 있는 그분의 은혜가 무용하거나 무익하게 되지 않게 하십니다. 그 길을 여시고, 닦으시고, 모든 장애물을 치우시며, 그분 자신이 이 여정 전체를 이끄십니다. 짧게 말해서, 하나님은 우리에게 계속 은혜를 베푸셔서 결국에는 우리의 여정을 완성시키십니다.¹⁰

칼뱅이 말하는 '길'은 우리가 가고 있는 예수 그리스도를 믿는 믿음의 길입니다 행 9:2, 19:23, 24:22. 이것을 풀어서 말하면 이렇습니다. "예수 그리스도를 믿은 여러분은 지금도 그 길을 가고 있습니

다. 우리 주께서 '나는 길이다'라고 말씀하시지 않았습니까?"요 14:6

❧

어떤 소설가들은 글을 쓸 때 회상 기법을 사용합니다. 시간의 흐름에 따라 이야기를 이끌어 가는 게 아니라, 중간에서 시작하고 한 번씩 과거의 사건을 집어넣음으로써 이야기의 흐름을 멈춥니다. 그래서 적절한 시점에 가서야 지금 이야기에서 일어나고 있는 일을 이해하는 데 필요한 배경과 역사를 알게 됩니다. 하지만 필요 이상을 알려 주지는 않습니다. 알 필요가 없는 것들은 생략됩니다. 우리는 저자를 신뢰합니다. 그래서 전체적인 흐름과 깊이를 감지할 정도로 가끔 알려 주는 간략한 과거사만을 알고도 현재에 집중할 수 있습니다. 성경의 저자들도 그렇게 하는데, 그들은 또한 시간을 앞당겨 미래를 잠간 보여주기도 합니다. 미래가 정말로 있고, 이야기가 제대로 풀릴 것이고, 우리가 거기에 포함되어 있다는 것을 알 만큼만 보여줍니다. 성경은 미래에 대한 것은 아닙니다. 성경 읽기의 지혜로운 안내자 중 한 사람은 이렇게 말했습니다. "그리스도인이 천국의 가구나 지옥의 온도에 대해서 무엇이라도 안다고 주장하는 것은 지혜롭지 못하다."[11] 성경은 하나님의 계시로, 모든 것을 포함하는 이 구원 이야기에 우리로 하여금 지금 참여하게 하려고 그 이야기를 들려줍니다. 그러나 그 이야기에는 가끔씩 앞으로 올 결말에 대한 확신이 삽입됩니다. 이사야 35장이 바로 그러한 본문 중 하나입니다.

여러분이 만약 앉아서 이사야서를 처음부터 읽는다면, 그리

제3부 "주의 길을 예비하여라"

고 여러분이 조금이라도 저와 비슷한 면이 있다면, 34장쯤 오면 그만 읽고 싶을 것입니다. 모든 것이 무너졌고, 제대로 되는 건 하나도 없고, 실패한 도덕성의 잔해와 부족한 신앙의 폐허가 쓰레기처럼 널려 있습니다. 바로 그때, 절망하며 혹은 진저리를 내며 책을 덮지 못하게 35장이 나옵니다. 성경에서 이러한 경우가 여기에만 있는 것은 아닙니다. 사실 믿음으로 사는 사람은 자주 이런 식으로 멈추게 됩니다. 윌리엄 카우퍼William Cowper는 자신의 찬송시에서 이것을 이렇게 설명했습니다. "때로는 빛이 노래하는 하나님의 자녀를 놀라게 한다. 주님은 날개에 치유를 안고 날아오르신다. 위로가 부족할 때, 주님은 그 영혼을 달래기 위해 비 온 뒤의 맑은 햇살을 다시 한 번 허락하신다."[12]

도무지 진척이 되는 것 같지 않아 자신의 이야기에 흥미를 잃으신 분, 공정하게 일이 풀리는 것 같지 않아 자기 이야기가 마음에 안 드시는 분, 얻는 것도 없이 너무 오래 끌어서 자기 이야기가 지루하신 분들은 이사야 35장의 이야기에 자신을 집어넣으시기 바랍니다. 이것은 하나님이 여러분에게 주시는 선물입니다.

힘을 내라! 두려워하지 마라!
보라, 네 하나님이……
그분이 와서 너희를 구원하실 것이다사 35:4.

아멘.

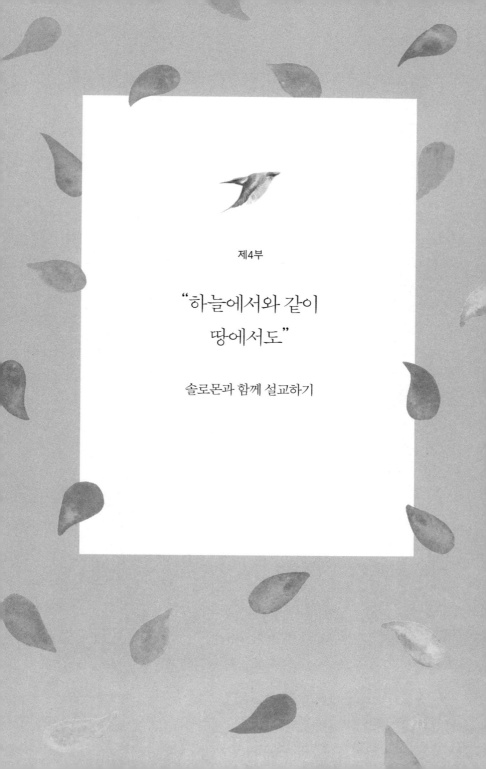

제4부

"하늘에서와 같이
땅에서도"

솔로몬과 함께 설교하기

서문

많은 사람들은 성경에 주로 천국 가는 방법, 하나님과 바른 관계를 맺고 영원한 구원을 받는 법이 적혀 있다고 생각합니다. 물론 그것은 사실이지만, 대부분의 내용이 그런 것은 아닙니다. 성경은 이 땅에서의 삶, 올바르고 건강하게 사는 일에도 관심을 갖습니다. 성경은 하늘에만 관심이 있고 이 땅은 그저 부차적으로 따라오는 것으로 대하지 않습니다. 예수님의 기도는 "하늘에서처럼 **땅**에서도"라고 말합니다^{마 6:10}.

성경에는 인간의 경험을 있는 그대로 다루는 데 집중하는 글들이 있습니다. 하늘에서와 같이 땅에서도 사는 이 삶을 성경적 용어로 '지혜'라고 부릅니다. 인간으로 산다는 것은 **그런** 것이라는 것을 기억하게 해주는 글입니다. 히브리 전통에서는 솔로몬 왕의 이름을 특별히 지혜의 근원으로 존경했고^{왕상 10:1-10}, 예수님도 그것을 "솔로몬의 지혜"^{눅 11:31}라고 언급하심으로써 그러한 전통에 힘을 실어 주셨습니다. 따라서 지혜서는 전통적으로, 비록 솔로몬이 그것을 다 쓴 게 아닐 수 있지만, 그래도 솔로몬의 이름으로 묶였습니다.

이러한 맥락에서 '지혜'라는 말은 특별한 사상이나 교리나 충고라기보다는, 성숙하고 사려 깊은 태도 혹은 특정한 입장에 더 가깝습니다. 그렇기 때문에 지혜는 광범위하고, 그 이름 아래 모인 동료 순례자들은 다양하기도 하고 뜻밖이기도 합니다. 이러한 동료 순례자들을 한자리에 모을 수 있는 이유는, 하나님을 진지하게 받아들이고 믿음으로 그분께 반응하기로 결정했다면, 인간의 경험에서 그 어떤 것도 빠뜨리거나 무시하지 않는 게 바로 지혜이기 때문입니다. 솔로몬과 함께 설교하면서 우리는 일상적 상상력, 곧 평범한 것과 일상적인 것들이 흠뻑 배어 있는 상상력을 개발합니다. 『일상적 신비』*The Quotidian Mysteries*라는 탁월한 책에서 캐슬린 노리스Kathleen Norris는, 맨발의 카르멜 수도회와 함께했던 평신도 형제 로렌스Brother Lawrence가 17세기에 『하나님의 임재 연습』*The Practice of the Presence of God*이라는 책을 통해서 자기 동시대인들에게 했던 일을 우리 현대인을 위해서 해주고 있습니다.

종교나 하나님에 대해 관심을 가지면 자기 직업과 가족, 자기가 속한 사회와 동료들에 대한 관심은 **줄어드는** 경향이 사람에게는 있습니다. 하나님의 비중은 커지고 인간의 비중은 작아지는 것이지요. 그러나 그것은 하나님의 의도가 아닙니다. 지혜는 인간의 경험이 '영적'으로 느껴지든 그렇지 않든, 그 모든 것이 소중하다고 증언함으로써 그러한 경향에 맞섭니다.

잠언과 전도서, 솔로몬의 아가와 욥기 그리고 시편은 이러한 성경적 지혜를 증언하는 책들입니다. 지혜가 이 책들에만 국한된 것은 아니고, 그 영향은 성경 전체에 퍼져 있습니다. 그러나 이 책들은, 인간의 경험은 하나님이 현존하시고 일하시는 장이라는 것을 중점적으로 이야기합니다. 이 다섯 책의 증언이 얼마나 포괄적인지는 시편을 중앙에 놓고 나머지 네 책을 두 책씩 좌우로 나누어 보면 잘 알 수 있습니다. 한편에는 아가와 욥기를, 그리고 또 다른 한편에는 잠언과 전도서를 놓으면 시편을 중심으로 양극이 형성됩니다.

시편은 중심에 놓인 자석 같은 존재로서 인간의 경험 하나하나를 다 끌어모아 하나님께 응답하는 기도로 바꾸어 놓습니다. 시편은 주제 선정에도 차별을 두지 않습니다. 불평과 감사, 의심과 분노, 고통의 절규와 기쁨의 환성, 조용한 묵상과 요란한 예배 등 다양합니다. 인간이 경험하는 것이면 무엇이든 다 시편에 포함될 자격이 있습니다. 인간의 어떠한 경험이나 생각도 기도가 될 수 있습니다. 결국에는 모든 것이 기도가 **되어야만** 본질적 인간성을 보존 혹은 회복할 수가 있습니다. 그리고 하나님이 인간성의 모든 면에 전적으로 관심을 가지신다는 사실은 시편 양옆에 있는 책들이 자세히 보여주고 있습니다.

시편에 대해서는 이미 2부에서 '다윗과 함께 설교하기'로 다루었습니다. '솔로몬과 함께 설교하기'는 이 양극의 책들을 다룹니다. 아가-욥기의 극은 사랑의 황홀경을 상실과 파멸이라는 극단의 고통과 긴장 관계에 놓습니다. 아가는 서로의 삶이 친밀하게 엮인 두 연인의 희열과 기쁨을 노래합니다. 욥기는 고통에 절규하고, 자신에게 모든 탓을 돌리는 의로운 친구들 앞에서 항변합니다. 욥기를 통해서 우리는 우리에게 일어날 수 있는 최악의 일도 이미 **하나님**의 영역으로 다 지정이 되었음을 알게 됩니다. 그래서 욥은 "폭풍 가운데서" 말씀하시는 하나님의 음성을 들었습니다_{욥 38:1}.

믿음의 삶에는 좋은 일도 있고 나쁜 일도 있습니다. 어느 한쪽만 유효한 것도 아니고, 어느 한쪽이 더 우선하는 것도 아닙니다.

그렇다면 잠언-전도서 극은 어떨까요? 날카로운 잠언은 우리 주변에서 일어나는 모든 일에 대한 관찰력과 통찰력을 벼려 주어서 특별히 극적이지 않은 일상적인 것들—일과 가정, 돈과 성, 언어의 사용과 감정의 표현—도 신성하다는 사실을 일깨워 줍니다. 평범한 것에, 일상적인 것에, 이 믿음의 삶에서 우리에게 주어진 일을 알아보고 그것에 책임을 지는 것에 의미가 있음을 구체적으로 일깨워 줍니다. 그와는 대조적으로 전도서(혹은 '설교자')는 자동차 타이어를 갈고, 더러운 식기를 닦고, 마당의 잡초를 뽑는 지난한 일들을 해내야 하는 것과 상관이 있습니다.

믿음의 삶은 책임 있게 인생을 사는 데서 오는 만족감뿐 아니라, 늘 같은 일을 반복하면서 이게 다 무슨 부질없는 일인가 생각하는 지루함과도 상관이 있습니다. 어느 한쪽만 유효한 것도 아니고, 어느 한쪽이 더 우선하는 것도 아닙니다.

　　이렇게 지혜서의 저자들은, 각 사람이 거룩한 구원의 삶을 살게 하기 위해서 성령 하나님께서 사용하시는 인간의 모든 경험에 우리가 주의하고 정직할 수 있게 해줍니다. 성경에 포괄적인 플롯과 주권적 행위를 제공하는 주체는 하나님과 하나님의 방법이지만, 인간은, 우리 한 사람 한 사람, 그리고 우리 삶의 모든 요소들은, 그 모든 것에 초대받은 영예로운 참여자들입니다. 구원의 드라마를 위해 따로 마련된 관람석도, 실력이 부족한 선수들을 위한 벤치도 없습니다.

1

"많은 물도 사랑을 꺼트리지 못한다"

아가 8:6-7
고린도전서 13:4-8

한 여자가 친구의 추천으로 저를 만나러 왔습니다. 정신분석가를 이 사람 저 사람 바꿔가며 만났지만 더 나아지지도 않은 채 여러 해 동안 고생을 한 사람이었습니다. 먼저 전화로 한 번 이야기를 했고, 실제로 만나는 것은 그날이 처음이었습니다. 들어오자마자 그는 이렇게 말했습니다. "제 성생활에 대해서 알고 싶으시겠네요. 다들 그걸 알고 싶어 하더라고요." 그래서 저는 "그 이야기가 하고 싶으시면 듣겠습니다. 하지만 제가 **정말로** 알고 싶은 것은 당신의 기도생활입니다."

　그 여자는 제 말이 진담이라고 생각하지 않았지만, 저는 진담이었습니다. 그가 만났던 정신분석가들이 그의 성생활에 관심을 둔 것과 똑같은 이유에서 저는 그의 기도생활에 관심이 있었습니다. 바로 그가 친밀한 관계를 어떻게 다루는지 알기 위해서였습니다. 그 첫 만남에서는 성생활 이야기에 만족해야 했습니다. 성은 그가 아는 친밀한 관계를 이야기하는 유일한 언어였습니다. 나중에 자신을 인격적인 하나님과 연관해서 이해하게 되자, 그는 기도의 언어를 사용하는 것도 알게 되었습니다.

제가 이 이야기를 하는 이유는 그것이 그리스도인의 삶에서 계속해서 교차하는 두 가지, 곧 성과 기도를 나란히 놓기 때문입니다. 그렇게 나란히 놓음으로써 이것이 사실은 한 가지, 곧 친밀한 관계를 맺는 능력의 두 가지 양상이라는 것을 보여줍니다.

❧

또 한 가지 여러분이 놀랄 일이 있습니다. 아가서는 한때 가장 많이 읽히고, 가장 인기가 있고, 가장 설교를 많이 한 성경본문이라는 사실을 여러분이 알기를 바랍니다. 그런데도 저는 지난 10년간 설교를 하면서 한 번도 아가서를 설교한 적이 없습니다. 그러나 모든 그리스도인과 유대인이 이 시적 사랑의 노래를 잘 알던 때가 있었습니다. 중세의 탁월한 설교자 중 한 사람인 클레르보의 베르나르Bernard of Clairvaux는 아가서를 가지고 여든여섯 번의 설교를 했지만 2장 이상 진도를 나가지 못했습니다. 최고의 성경학자로 알려진 교부 오리게네스Origenes는 아가서에 대한 주석만 열두 권 썼습니다. 히브리 사람들이 가장 존경하는 랍비 중 한 사람인 아키바Akiba는 이렇게 말했습니다. "이스라엘에 아가서가 주어진 날보다 더 소중한 것은 이 세상에 없다. 모든 기록이 거룩하지만 아가서는 그중에서도 가장 거룩한 지성소다."[1]

이처럼 지금 우리에게 남은 자료들은 유대인과 그리스도인 모두가 아가서를 묵상과 기도의 삶에 대한 묘사로 읽었음을 입증하고 있습니다.

저는 목회자로서 여러분이 이제부터 아가서를 새로운 기도서로 삼기를 바라는 게 아닙니다. 그렇게 하는 것이 성을 사랑과 친밀함의 문제가 아닌, 오락으로 취급하는 경우가 많은 미국 문화에 잘 맞아들지도 의문입니다. 그러나 적어도 우리의 성경과 전통은 몸을 상당히 중요하게 여기고, 그 아름다움과 거룩함을 존중한다는 사실을 알아야 할 필요는 있다고 생각합니다. 하나님은 우리를 몸을 가진 존재로 만드셨고, 그 몸을 가지고 우리는 서로를 그리고 하나님을 사랑합니다. 그것도 그냥 부수적으로 몸을 사용하는 게 아니라, 사랑의 표현에는 몸이 지배적 역할을 합니다. 하나님이 자신을 온전히 우리에게 계시하기로 하셨을 때, 그것을 말이나 사상으로 하지 않으셨습니다. 하나님은 육신이 되셔서 우리와 함께 우리 동네에서 사셨습니다. 이 말은 우리의 몸이 하나님을 받고 하나님께 참여할 수 있다는 뜻입니다. 단지 생각이나 감정 혹은 간혹 말하듯 마음이 아니라, 살과 피, 피부와 근육으로 이루어진 이 몸이 그렇게 할 수 있다는 뜻입니다.

ↄ

이 책의 원래 제목은 '솔로몬의 노래 중의 노래'입니다. 이 말은 지금까지 노래한 그 어떤 노래보다도 아름다운 노래라는 뜻

제4부 "하늘에서와 같이 땅에서도"

입니다. 그리고 솔로몬이 거기에 영감을 주었습니다. 그가 이 책에 표현된 내용을 대변하고 있습니다.

오늘 아침 제가 하고자 하는 것은 이 책을 제대로 묵상하는 데 필요한 모든 것을 알려드리는 게 아니라, 우리의 성경이, 그리고 선조들이 그리스도인의 삶을 사는 데 이 몸을 얼마나 중요하게 여겼는지를 깨닫게 해드리는 것입니다.

그러나 먼저 그토록 많은 선조들이 이 시에 매력을 느낀 이유를 여러분이 이해할 수 있도록 이 시의 어법과 리듬에 대해서 간략하게 설명하겠습니다.

우선 이 시에는 서문이 없습니다. 대범하고 꾸밈없는 열정적 외침으로 시작합니다.

> 오, 내게 입 맞춰 주세요!
> 당신의 사랑은 포도주보다 낫고,
> 당신의 기름은 향기로우며,
> 당신의 이름은 쏟아진 기름 같아요.
> 그래서 여인들이 그대를 사랑할 수밖에요아 1:2-3.

젊은 여자가 젊은 남자와 사랑에 빠졌습니다. 그를 향한 여자의 욕망이 이 가사에서 시적 노래로 터져 나오고 있습니다. 여자는 그와 함께 있고 싶고, 그를 안고 싶습니다. 그가 자기에게 키스해 주기를 바랍니다. 그러나 이렇게 불타는 열정을 선언하자마자 바로 자신의 무가치함에 사로잡힙니다. 일종의 부끄러운 수치심을 가지고 자기를 묘사합니다.

> 나 비록 가무잡잡하지만, 그래도 매력 있단다.……
> 케달의 천막처럼……
> 내가 거무스름하다고 빤히 쳐다보지 마라.
> 그저 햇볕에 그을렸을 뿐이니.
> 내 오라버니들이 내게 화가 나서
> 포도원지기를 시켰단다.
> 그래서 정작 내 포도원은 지키지 못했지!아 1:5-6

그러나 이러한 자기 비하를 젊은 남자는 받아들이지 않습니다. 그는 이 노래로 응수합니다.

> 오, 나의 사랑! 보세요. 그대는 아름다워요!
> 그대는 정녕 아름다워요!
> 그대의 두 눈, 비둘기와 같죠아 1:15.

그리고 다음에는 두 사람 사이에 이러한 속마음이 오고 갑니다. 여자의 말입니다.

> 저는 샤론의 장미,
> 골짜기의 백합입니다아 2:1.

이것은 자기를 비하하는 발언입니다. 이 여자의 말은 자신은 그저 들꽃에 불과하고, 골짜기에 핀 백합에 불과하여 눈에 띌 만한 존재가 아니라는 뜻입니다. 그러나 이 젊은 남자는 여자의 말을 그대로 받으면서 그것을 재치 있게 칭찬으로 바꿉니다. "그대가 그렇게 말한다면 그래요. 그러나……

덤불 속의 백합처럼.
내 사랑도 많은 여인들 중에 그렇게 돋보입니다아 2:2.

❧

이 정도면 이 책이 어떤 책인지 감이 오시겠지요. 그러나 이렇게 '하나님'이라는 단어는 한 번도 나오지 않는 이런 책이 어떻게 성경에 들어 있는 것일까요? 게다가 예배, 도덕, 죄, 용서에 대해서도 이야기하지 않습니다. 이 책의 주제는 사랑과 거룩 그리고 인간의 몸입니다. 젊은 남자와 젊은 여자가 육체적이고 감각적이며 감정적인 언어로 서로를 묘사하고 욕망하는 일련의 사랑 시로 구성되어 있는 책입니다. 다른 해석이나 설명은 하나도 없습니다. 책 전체가 대화체로 되어 있고, 성경에는 이와 같은 책이 또 없습니다.

이러한 사랑 시가 기록되었다는 것은 충분히 있을 수 있는 일이지만, 어떻게 그것이 성경이 되었는지는 의아스럽습니다. 이것을 하나님의 말씀으로 받아들인 교회의 믿음은 어떻게 이해해야 할까요?

C. S. 루이스의 소설 『새벽 출정호의 항해』*The Voyage of the Dawn Treader*에 보면, 외딴 섬에 이제 막 도착한 두 아이 유스터스와 루시, 그리고 지혜의 화신 같은 라만두라고 하는 사람 사이에 오가는 대화가 있습니다. 루시는 라만두에게 그가 누구인지 묻습니다.

"나는 쉬고 있는 별이다, 딸아." 라만두는 대답했다.……
"우리가 사는 세상에서 별은 불타고 있는 거대한 가스 덩어리인데요." 유스터스가 말했다.
"아들아, 네가 사는 세상에서도 별은 그게 아니란다. 그건 단지 별의 재료일 뿐이지."[2]

아가서의 경우도 마찬가지입니다. 아가서는 그 당시 문화의 시와 노래를 사용해서 들려주는 어떤 젊은이와 시골 처녀의 목가적 드라마입니다. 그러나 그것은 단지 아가서의 재료일 뿐 아가서는 그런 게 아닙니다. 아가서는 두 사람 사이의 사랑이 가지는 거룩함의 아름다움을 소개하는 책입니다.

(요한계시록을 제외하고) 아가서만큼 현대의 해석가들이 망쳐 놓은 성경의 책이 없습니다. 그들은 평발의 블레셋 사람들처럼 이 책을 밟고 지나갔습니다. 중학교의 위생학 시간에 쓰는 성교육 도

표만큼이나 재미없는 설명으로 이 책을 분해하여 밋밋하게 만들어 놓았습니다.

성경에 아가서가 있는 이유는 우리가 사랑을 하며 살기 위해서 육체적·감정적·정신적 존재로 지음받았다는 사실을 보여주고 확신시켜 주기 위해서입니다. 창세기의 창조 이야기, "하나님께서 사람을 자신의 형상으로, 하나님의 형상으로 만드셨는데, 남자와 여자로 창조하셨다"창 1:27, NRSV는 이야기가 아가서의 시에서 반복되고 있습니다.

사랑이 요구하는 친밀함과 신실함이 우리에게는 아주 힘든 과제이기 때문에 우리는 이 사실을 쉽게 잊어버립니다. 우리는 사랑의 문제들에 골몰하거나, 사랑을 정의하려다 헷갈리거나, 사랑에 실패해서 우울하거나 혼란스러워하기가 더 쉽습니다. 우리 인간은 사랑을 하기 위해서 만들어졌을지 모르나, 사랑에 대한 우리의 경험은 너무 불행하고 사랑에 너무 서툴기 때문에 아예 그 문제는 회피하게 됩니다. '굳이 더 이야기해서 뭐 하는가? 실패만 상기시킬 뿐이다' 하면서 말입니다. 대신에 우리의 경력, 일, 미래, 과거에 대해서 이야기하고, 사랑에 대한 논의는 시인들의 꿈과 청소년들의 혼란에 맡겨 둡니다.

사실의 차원에서 볼 때, 사랑에 빠진 사람들은 **실제로** 종종 불행하거나, 머지않아 불행해집니다. 흩어 버리는 죄의 속성은 모든 인간의 관계도 그렇게 감염시켰습니다. 그리고 이러한 고통을 우리는 사랑에 빠진 사람들에게서 가장 통렬하게 보게 됩니다. 사랑에 대한 부정적 경험이 너무 많아서 우리는 냉소적이 되었다가,

심리를 조종하는 사람이 되었다가, 상업적으로 대했다가 합니다. 그러면서 우리가 이야기하는 사랑을 부인하거나 왜곡합니다.

칼 바르트는 이 문제를 깊이 그러나 희망을 가지고 파헤쳤습니다. 그는 어떻게 아가서의 저자들(그는 이렇게 복수로 칭합니다)이 인간의 사랑은 "알다시피 문제가 있고 타락했다는 사실"을 무시할 수 있는지 궁금했습니다. 그는 어떻게 그들이 사랑 때문에 우리 삶에 생기는 "거의 절망적인 문제들을 보지" 못했는지 궁금했습니다. "이 관계에 집중함으로써 이미 파괴력이 충분한 불에 기름을 또 한 번 끼얹는 것은 아닌지 그들은 우려해야 하는 것 아닌가? 그렇다면 누가 이러한 순진한 글을 쓸 만큼 순진하단 말인가? 그리고 이 본문을 순진하게 읽을 정도로 순진한 눈을 가진 사람은 누구인가?"[3]

창세기를 읽고 그것이 기쁨과 상호성의 창조 패턴이라는 것을 아는 사람이라면, 아가서를 읽고 거기에서 우리 모두가 도달하고자 재촉하는 목표이자 이상을 볼 것입니다. 사랑에 추하게 실패했음에도 우리는 여기에서 우리의 창조 목적을 봅니다. 하나님이 우리에게 의도하시는 것은 아가서가 서정적으로 축하하는 아름다운 희열과 충족입니다.

ↂ

아가서에 대해서 한 가지 더 제가 신기해하는 것이 있습니다. 바로 히브리 선조들이 아가서를 구원과 상관있는 모든 것을 받아들이고 소화하는 방법으로써 사용했다는 사실입니다.

'구원'은 기독교 용어에서 상당히 중요한 단어입니다. 예수님의 히브리어 이름 '예슈아'는 문자적으로 '하나님이 구원하신다'는 뜻입니다.

우리는 인격적 관계를 위해 창조되었지만 죄 때문에 혼란에 빠졌고, 구원은 그러한 인격적 관계를 재창조 혹은 구속합니다. 구원은 하나님이 하시는 행위로, 그 행위로 인해 우리는 죄의 결과(속박, 분열)로부터 건짐받아 하나님과 그리고 이웃과 자유롭고 개방적이고 사랑하는 관계를 맺으며 살 수 있는 자리에 서게 됩니다. "하나님을 사랑하고……네 이웃을 사랑하라"는 이중 명령은 근본적으로 구원 때문에 사랑 안에서 살 수 있는 것이라고 가정합니다.

이스라엘이 가장 많이 생각한 구원의 행위는 출애굽, 곧 이집트에서 보낸 400년간의 노예생활로부터 그들이 자유를 얻은 사건입니다. 그것은 이스라엘이 하나님을 구주로 경험하고 자신을 구원받은 존재로 경험한 **가장** 위대한 행위였습니다. 이 사실은 해마다 반복되는 유월절 축제를 통해 기념이 되었습니다. 유월절 축제를 해마다 반복했기 때문에 그 기억이 늘 생생하게 남아 있었습니다. 이집트 노예생활로부터의 건짐받음과 하나님의 자유로운 백성으로서 새로운 삶의 시작은, 가족끼리 모여 유월절 음식을 먹고, 그 이야기를 들려주고, 시편을 노래하면서 다시 경험되고 이해되고 노래로 불렸습니다.

그들은 군사적·정치적 세력이나 환경의 힘에 의해서 구원받은 게 아니라, 하나님의 행위를 통해서 구원받았습니다. 자신들이 누구인지 알고 구심점을 가지게 되었습니다. 구원은 모든 사람이 개인적으로 그리고 집단적으로 자유롭게 믿음으로 살 수 있도록 하나님이 역사 속에서 하신 결정적 행위였습니다. 구원은 우리 스스로는 할 수 없는 일을 하나님이 대신 해주시는 것입니다.

구원은 다시 온전해진다는 뜻, 악으로부터 건짐을 받는다는 뜻입니다. 유월절은 이스라엘이 구원의 사랑을 행하신 하나님의 결정적 행위에 매년 집중하게 해줍니다.

그러나 축제의 반복에는 위험도 따릅니다. 구원이 의식화되고 제도화될 위험이 있습니다. 유월절 의식은 상상할 수 없고 설명할 수 없는 은혜를 대변하기 위해서 고안된 것으로서 매우 가시적입니다. 지혜로운 자와 어리석은 자, 똑똑한 자와 멍청한 자, 경건한 자와 불경건한 자가 해마다, 내키든 내키지 않든 행하는 행사입니다. 처음에는 창조력이 가득했던 행사지만 시간이 지나고 반복이 거듭되면 껍데기에 불과해질 위험이 있습니다. 그러한 상태가 계속되면, 민족 전체가 실재가 아닌 의식만 경험하고, 구원이 아닌 제도만 알게 될 수 있습니다.

이러한 위험을 방지하기 위해서 (누구인지는 모르지만) 천재적인 어떤 사람이 유월절 식사를 마치고 나면 아가서를 읽게 했습니다. 유월절 만찬을 마무리하는 행위로 아가서를 읽게 한 이 일은, 단 한 번의 역사적 사건으로 해결한 구원이 또한 친밀한 사람들 사이의 일상적 환경 속에서도 실현 가능한 것이라는 메시지를 증언하고, 동시에 그 메시지에 참여하는 행위가 되었습니다. 아가서를 읽음으로써 그 경험의 신비와 강도와 기쁨을 잃지 않으면서,

출애굽 사건에서 부엌과 침실에서의 일상적 활동으로 전환을 이룰 수 있었습니다. 아가서는 성경의 모든 책 중에서 가장 내면적이고 친밀하며 인격적인 책입니다(예외가 있다면 아마도 시편일 것입니다). 고대든 현대든 그 어떠한 노랫말도 아가서만큼 설득력 있게 다른 사람과 온전하고 선한 관계를 누리는 데서 오는―곧 구원받은 데서 오는―기쁨과 그 친밀함을 전달하지 못합니다.

우리가 처음 하나님의 구원하시는 사랑을 만나면 거기에 압도당할 수 있습니다. 그러나 시간이 지나면 익숙한 풍경이 되고, 여러 가지 종교적 요소 중 하나가 될 수 있습니다. 구원의 언어가 진부해지고, 발렌타인데이 카드 메시지 수준으로 내려옵니다. 위대한 것을 오랫동안 접하면 그것도 시시해지는 경향이 있습니다. 요한계시록의 표현대로 "첫 사랑"계 2:4, KJV을 잃게 되는 것입니다. 달력에 그 사건을 표시함으로써 그것이 중요하다는 사실은 계속 인지합니다. 그러나 형식만 남고 친밀함은 사라져 버립니다. 삶에서 가장 인격적인 행위인 기도가 진부한 말로 채워지면, 그것은 기도가 더 이상 인격적이 아니라는 확고한 징후입니다. 아가서에는 진부한 말이 하나도 없습니다.

&

아가서를 유월절에 읽음으로써 생기는 이 조합은, 유월절과 밀접한 연관이 있는 기독교의 예배인 성만찬에 대해서도 깊은 통찰을 제공해 줍니다.

구원의 결정적 행위를 기억하는 예배의 행위인 성만찬은,

하나님의 행위에 계속해서 믿음으로 참여함을 보여주었던 식사를 기억하는 행위이기도 합니다. 성만찬은 (십자가에서 죽으시고 부활하신 그리스도라는) 환원할 수 없는 역사적 사실과, 살아 계신 주님의 현존에 대한 믿음과, 인격적 기도라고 하는 내면의 반응을 계속해서 연결시켜 줍니다.

오늘 성찬을 받을 때, 구원의 위대한 행위를 기억하시고, 평범한 한 주간의 삶 속에서 그 행위에 개인적으로 참여했던 것을 기억하시기를 바랍니다. 그리고 오늘 집으로 돌아가시면 성경을 펼쳐 아가서를 읽으시기 바랍니다.

아멘.

2

"폭풍 가운데서"

욥기 38:1-7

마가복음 15:33-39

욥은 고통받았습니다. 그의 이름은 '고통'의 동의어입니다. 그는 묻습니다. "왜? 왜 나입니까?" 그는 이 질문을 하나님께 끈질기게, 열정적으로, 그리고 설득력 있게 던집니다. 그는 침묵을 거절합니다. 진부한 말도 거절합니다. 욥은 십자가에서 힘들게 "나의 하나님, 나의 하나님, 어찌하여 나를 버리셨습니까?"마 27:46라고 질문을 던진 예수님의 선례를 남겼습니다.

욥은 자신의 고통을 조용하게 혹은 경건하게 받아들이지 않았습니다. 다른 의사나 철학자를 찾아가 보는 것을 그는 경멸했습니다. 욥은 하나님 앞에서 꿋꿋하게 자기 생각을 밝히고, 고통에 저항할 때 자기를 위로하러 찾아온 세 친구들 앞에서는 심하게 저항했습니다.

욥기는 잘 살아왔고 축복의 삶에 익숙해진 사람이 아무런 예고도 없이 갑자기 상실의 어두운 구덩이로 떨어진 이야기를 기록한 책이라는 것을 여러분은 기억하셔야 합니다. 재앙이 닥쳐 욥의 가축과 자녀들을 죽였고, 게다가 자기 자신도 극심한 피부병에 걸렸습니다. 세 친구가 그를 방문하러 와서는, 그를 위로한답시고 시시하고 진부한 종교를 제시하며 상황을 더 탁하게 만듭니다. 결국 지금까지 아무 말도 않으셨던 하나님의 음성이 "폭풍 가운데서"욥 38:1 천둥처럼 들리면서 설득력 있고 만족스러운 절정에 도달합니다.

이 책의 중심에는 욥과 세 친구의 대화가 있습니다. 그리고 "폭풍 가운데서" 하시는 하나님의 말씀이 결말을 맺습니다. 이 옛날이야기는 다른 어떤 이야기 못지않게, 혹은 그보다 더 잘 고통의 문제를 다루고 있습니다. 게다가 이 책은 정교한 시로 기록되었습니다. 욥기를 셰익스피어William Shakespeare에 비교한 글을 저는 읽은 적이 있습니다.[4]

❧

욥의 고통이 심각함을 본 세 친구는 칠 일 밤과 낮을 욥과 함께 침묵 가운데 보냈습니다. 마침내 욥이 더 이상 참지 못하고 자기가 태어난 날을 저주하는 말로 대화를 시작합니다. "내가 태어난 날이 사라지고, '남자아이를 잉태했다'고 말한 그 밤이 없어져 버리기를!……어찌하여 나는 죽어서 나오지 않았으며, 모태에서 나오자마자 없어지지 않았던가?……자기 길이 보이지 않는 사람, 하나님이 에워싼 사람에게 왜 빛이 주어지는가?"욥 3:3, 11, 23

이 말이 대화를 촉발하여 엘리바스, 빌닷, 소발이 욥의 고통에 대해 말을 합니다. 이 대화는 세 번 오가는데, 각 친구가 돌아가며 욥을 위로하고, 그 말에 위로받지 못한 욥이 각각 반응을 합니다.

저는 먼저 이 세 사람의 소위 친구라고 하는 사람들에게 욥이 대답한 말을 모자이크처럼 보여드릴 것입니다. 욥은 하나님이 자신에게 벌을 줄 이유가 없고, 자신은 아무런 잘못을 하지 않았다고 주장합니다. 그는 자신의 결백을 증명해야 하는데 하나님이 반응하지 않는다고 불평합니다. 자신의 무죄를 확신하는 욥은 갑갑합니다. "하나님은 나와 같은 인간이 아니시니, 내가 대답을 할 수도 없고, 같이 재판을 받을 수도 없다. 하나님과 나 사이에 손을 얹을 수 있는 판결자도 없다"욥 9:32-33.

친구들이 욥에게 조언을 하려고 하자 상황은 악화됩니다. 욥은 그들을 "돌팔이 의사" 그리고 "비참한 위로자들"욥 13:4, 16:2이라고 부릅니다. 그는 그들의 진부한 충고를 듣기보다 하나님과 직접 사건을 해결하기를 원합니다. 그는 아내, 친한 친구, 손님, 종, 형제, 어린아이들까지 모두 자기에게 등을 돌렸다고 불평합니다. 그들은 모두 하나님 편에 서서 그에게 대항했고, 이제 그 자신은 간신히 살아 있습니다. "잇몸만 겨우 남았다네"욥 19:20.

그러나 이러한 배척 앞에서도 욥은 놀랍게도 이렇게 말합니다. "나는 내 구속자가 살아 계심을 아네. 마침내 그분이 땅에 설 것이네. 그리고 내 피부가 그렇게 망가지고 나면 내 육신으로부터 하나님을 볼 것이네. 그분이 내 곁에 있는 것을 볼 것이고, 내 눈이 다른 것이 아닌 그분을 볼 것이네"욥 19:25-27.

욥은 주변 세상에서, 자연계와 종교 전통에서 하나님의 징조를 보지만, 그 이상을 원합니다. "이것은 단지 그분이 다니는 곁길 같은 것에 불과하다. 그리고 그 속삭임은 얼마나 작은지! 그러나 하나님의 우레 같은 능력은 또 누가 이해하겠는가?"욥 26:14

욥은 자신의 과거를 돌아보는 것으로 불평과 자기변호를 마칩니다. 그는 건강과 부를 가졌던 날을 자신의 "가을날"욥 29:4이라고 부릅니다. 그때 아이들이 자기 주변에서 놀았고, 모든 젊은이가 그를 존경하고 존중했으며, 노인들이 그를 대우해 주었습니다. 그는 사회 정의에도 열심이었습니다. "나는 눈먼 자의 눈이었고, 저는 자의 발이었으며, 가난한 자의 아버지였다"욥 29:15-16. 그러나 이제는 그게 다 사라져 버렸습니다. 자기가 목동으로도 고용하지 않았을 남자들의 젊은 아들들이 그를 조롱합니다. 그를 조롱하고 침을 뱉는 오합지졸을 견뎌야 하는 데다가, 그는 부스럼 때문에 몹시 괴로웠습니다. "밤이 내 뼈를 흔들고, 나를 갉아먹는 고통은 쉴 줄을 모른다"욥 30:17.

욥은 자신은 죄가 없다고 확언하는 것으로 마무리를 짓습니다. 이 세상에 무슨 문제가 있든 그것이 자기 때문은 아니라고 말합니다. 그는 "자기가 보기에 의로운 사람"욥 32:1입니다. 욥은 하나님이 걸려 있는 위기를 맞이했습니다. 하나님을 더 이상 믿지 않겠다고 하면 영적 고문이 사라질 것입니다. 육체적·도덕적 문제는 여전히 남아 있겠지만, 영혼의 고통은 멈출 것입니다. 욥이 친구들의 조언을 받아들인다면 이 혼란에서 벗어나겠지만, 그는 그들의 답에 만족하지 않습니다. 욥은 하나님보다 못한 것에 안주하지 않습니다.

❧

이렇게 하나님이 걸려 있는 위기에 처한 친구가 있다면, 여러분은 무엇이라 말하겠습니까? 욥의 친구들은 적어도 한 가지 면에서는 도움이 됩니다. 곧 그들은 우리가 말하면 **안 되는** 것이 무엇인지 알려 줍니다. 그들은 오늘날에도 흔히 하는 '위로'의 세 가지 방식을 보여주는데, 이런 위로는 듣고 나면 오히려 인생이 더 힘들어집니다.

처음 말하는 친구는 엘리바스입니다. 그는 귀신 이야기로 입을 엽니다. "한 영이 내 얼굴을 스치고 지나가는데 내 머리털이 주뼛 곤두서더군"욥 4:15. 그는 그렇게 자기에게 메시지가 전해졌다고 말합니다. 아마도 초월적 권위에서 나오는 말이라는 것을 전하기 위해서 그렇게 말문을 열었을 것입니다. 엘리바스는 욥이 받는 고통의 원인은 죄밖에 없다고 생각합니다. 그의 논리는 이렇습니다. '죄는 고난을 초래한다. 욥은 고난을 받고 있다. 따라서 욥은 죄인이다. 자신은 무죄하다는 욥의 항변은 욥이 죄인일 뿐만 아니라 거짓말까지 한다는 사실을 증명한다.' "불꽃이 위로 치솟기 마련이듯, 사람 또한 태어나서 고생하기 마련이다"욥 5:7라고 엘리바스는 말합니다. 그는 이어서 죄와 관련해서 나열하기 시작하고, 욥이 여러 가지 잘못을 했다고 지적하면서 그로 하여금 스스로를 낮추고 고백하게 만들려고 합니다.

엘리바스는 다른 사람의 불행을 자신의 흑백 논리의 근거로 삼으려 하는 근본주의자입니다. '욥의 고난은 그에게 죄가 있다는 증거다. 그것만큼 확실한 게 어디 있는가. 분명하다.'

두 번째 친구인 빌닷은 욥에게 무슨 일이 일어나든 하나님이 가장 중요하다는 것을 잊지 말고, 하나님을 모독하고 부인하지 않도록 조심해야 한다고 말합니다. 빌닷의 논리는 대략 이렇습니다. '우리가 많은 것을 이해하지 못하는 이유는 하나님이 너무나 위대하시고 그에 비해 우리는 너무도 사소하기 때문이다. 어떻게 우리가 이 복잡한 우주 속에서 일어나는 그토록 원대한 목적과 지성을 이해할 수 있겠는가?' "하나님의 눈에는 달도 밝지 않고 별도 깨끗하지 않거늘, 구더기에 불과한 인간, 벌레에 불과한 인간의 아들이야 더 말할 나위가 있겠는가!"욥 25:5-6라고 빌닷은 말합니다. '하나님이 얼마나 바쁘고 할 일이 많으신지 아는가? 이 원대한 계획에서 참으로 사소한 우리가 어떻게 하나님의 생각 속에서 일어나는 모든 일에 대해 답을 얻을 수 있다고 생각하는가?'

토머스 하디Thomas Hardy는 하나님에게 인류를 상기시키기 위해서 보내진 메신저에 대한 시를 썼습니다. 그 시에서 하나님은 아무것도 기억을 하시지 못했습니다.[5] 빌닷이 경배하는 하나님은 그런 하나님입니다. 빌닷은 철학적 진리와 개념들로 가득한 지성인이지만, 인생의 자잘한 경험들과는 전혀 연결을 시키지 못했습니다. 그는 생각이 많고 그것에 대해서는 지치지 않고 이야기할 수 있었지만, 결혼기념일은 기억하지 못하는 사람이었습니다.

빌닷은 하나님을 확대하면서 인간을 축소시켰습니다. 지성인 빌닷에게는 절망하고 고통받는 불쌍한 사람보다 더 중요한 생각거리들이 많았습니다.

세 번째 친구인 소발은 도덕주의자입니다. 그는 욥에게 충고합니다. "마음을 곧게 하면……자네의 인생이 대낮보다 밝을 것이네"욥 11:13, 17. 소발은 곧을 뿐만 아니라 좁습니다. 그는 하나님의 의를 추구하는 열심당입니다. 소발의 사명은 사람들로 하여금 착한 일을 하도록 몰아붙이는 일입니다. '욥은 착한 일을 해야 한다. 그러면 그의 문제가 해결될 것이다.' 소발은 잘 정리된 세계관을 가지고 있었는데, 거기에 욥이 무질서한 오점을 남기고 있습니다. 소발은 잘못을 바로잡기 위해서 최선을 다해야 하는 사람입니다. 비뚤어진 액자를 바로잡고 얼룩을 지우는 세심한 주부처럼 말입니다. 소발은 욥이 답답합니다. 그래서 욥을 모욕하고 비난합니다. 소발은 하나님 편에 서서 이 세상을 청소하고 싶어 합니다. 그는 욥의 이야기를 제대로 듣지도 않고 그의 재난에 관심을 가지지도 않았습니다. 그는 얼른 뛰어들어서 자신이 가진 선과 악의 목록에 맞게 사태를 정리하고 싶어 했습니다. "규칙을 지키게." 참으로 단순합니다.

욥의 친구들이 이렇습니다. 엘리바스는 회개만 강조하는 근본주의자이고, 빌닷은 사상만 거창한 지성인이며, 소발은 자기 의에 빠진 도덕주의자입니다.

참으로 "비참한 위로자들"입니다.

❧

거기에 한 사람이 더 있습니다. 엘리후입니다. 그는 어디에서 온 것일까요? 엘리후는 처음부터 그 자리에 앉아서 이 모든 이야기를 듣고 있었습니다. 어쩌면 그는 이 대화에 끼어들 연배가 안 된 사람으로 여겨졌을 수 있습니다. 세 친구가 말을 마치자 엘리후가 입을 엽니다. "저는 어리고 어르신들은 연로하십니다. 그래서 저는 소심해져 제 의견을 말하기가 두려웠습니다.……보십시오. 제 마음이 숨구멍 없는 포도주 같습니다. 새 부대처럼 터질 것 같습니다. 속 시원히 말을 해야겠습니다"욥 32:6, 19-20. 그는 이 '위로자들'보다 훨씬 더 길게 말을 합니다. 엘리후는 어리기 때문에 이 대화에서 연장자에 대한 예의를 지켰습니다. 그러나 그는 더 이상 참을 수가 없었습니다. 그는 '친구들'의 조언과 욥의 반응을 다 잘 들었는데, 모두가 별 설득력이 없다고 했습니다. 그러나 엘리후의 긴 말도 새로운 내용이 없었습니다. 그래서 욥과 그의 친구들은 그를 무시했습니다.

❧

마침내 하나님이 말씀하십니다. "폭풍 가운데서 대답하셨다. '네가 누구이기에 무지한 말로 생각을 어둡게 하느냐? 남자답게 허리를 동이고 내가 묻는 말에 대답해 보아라'"욥 38:1-3.

"내가 묻는 말에." 하나님은 답이 아닌, 모든 것을 새롭게 보게 해주는 질문으로 입을 여십니다. "내가 땅의 기초를 놓을 때 너는 어디 있었느냐?"^{욥 38:4}

욥에 대한 하나님의 응답이 나오는 123개의 구절에서 저는 하나님이 하시는 질문을 61개까지 세었습니다. 폭풍 중간 즈음에 욥이 대답합니다. "보십시오. 저는 비천한 존재입니다. 제가 무엇이라고 감히 주께 답하겠습니까? 다만 손으로 입을 막을 뿐입니다. 제가 이미 많은 말을 했으니 더는 말하지 않겠습니다"^{욥 40:4-5}.

그리고 다시 한 번 폭풍 마지막에 욥은 허둥지둥 말을 쏟아냅니다. "정말 잘 알지도, 깨닫지도 못하면서 제가 함부로 말을 했습니다.……주님이 어떤 분이시라는 것을 지금까지는 귀로만 들었지만, 이제는 제 눈이 주님을 뵙습니다"^{욥 42:3, 5}.

G. K. 체스터턴은 「땅과 제단의 하나님」O God of Earth and Altar이라는 자신의 위대한 찬송가에서 "악한 사람의 마음을 편하게 해주는 모든 가벼운 말"로부터 구원해 달라고 기도합니다.[6] 욥의 친구들이 제시한 쉬운 답들은 하나님 자신을 대체하는 잔인한 말이었습니다. 우리는 그러한 말, 그러한 대답이 난무하는 시대에 살고 있습니다. 때로 우리도 그런 말을 하고, 때로는 기록도 합니다. 교육, 기술, 상담, 도덕 프로그램 그리고 영적 기법들을 믿으면서 말입니다.

그러나 결국 욥은, 해결책은 또 하나의 답변, 또 하나의 책, 또 하나의 상담가, 또 하나의 설교, 또 하나의 연설, 또 하나의 과학적 돌파구에 있는 게 아니라 하나님께 있고, 하나님의 질문을 듣는 데 있다고 선언합니다. 그 질문은 확고하게 우리 앞에 있는 것, 우리가 통제하거나 조작할 수 없는 것에 주목하게 합니다. 답변은 나름대로 의미가 있지만, 결정적인 순간에, 불행한 일이 닥칠 때, 의심이 우리의 내면을 갉아먹을 때, 불안이 엄습할 때, 그때는 하나님밖에 없습니다. 물론 욥은 하나님의 질문에 답을 할 수 없었고, 그것은 우리도 마찬가지입니다. 그러나 그 질문은 우리 주변에 그리고 우리 안에 그토록 많은 살아 있는 아름다운 것들, 생명을 주는 것들, 우리의 이해를 초월하지만 우리가 받아서 즐길 수는 있는 것들에 주목하게 합니다.

이 하나님의 질문들(일단 여기에 나오는 61개의 질문들)은 우리에게 던져져 자족감과 합리화와 고통과 무지의 쌓이고 쌓인 켜들을 뚫고 들어와서 우리 주변과 우리 안에 있는 이 창조와 구원의 세계에 눈을 뜨게 해주고, 욥과 함께 우리도 "주님이 어떤 분이시라는 것을 지금까지는 귀로만 들었지만, 이제는 제 눈이 주님을 뵙습니다"라고 말할 수 있게 해줍니다.

아멘.

3

"지혜가 소리 높여 외친다"

잠언 1:20-33
야고보서 1:5-8

제가 최근에 한 경험에 여러분도 동참했으면 좋겠습니다. 그것은
바로 잠언의 발견입니다. 그러니까 잠언이 하나님의 말씀이라는
것을 개인적으로 발견하게 된 것이지요. 물론 모르던 사실은 아니
었습니다. 여기저기 별 감동 없이 읽었는데, 이번에는 새로운, 정
말 새로운 경험이었습니다. 전도서와 함께 저는 잠언을 오랫동안
무시했습니다. 가끔 읽게 되더라도 지루해하기 일쑤였지요. 만약
에 잠언이 빠진 성경을 새로 구입했다면, 그게 빠졌다는 것을 알
아채는 데 아마도 몇 달 혹은 몇 년이 걸렸을 것입니다.

그러한 관심 부족은 딱히 우연도 아니었습니다. 관심이 부
족하고 그래서 무시하게 된 제 나름의 이유가 있었습니다. 왜 이
렇게 잠언을 대수롭지 않게 생각하느냐고 제게 물었다면, 아마도

저는 두 가지로 대답했을 것입니다.

첫째, 저는 잠언이 성경의 다른 책들과는 달리 신학적이기보다는 세속적이라고 생각했습니다. 성경이 우리 안에서 키워 주는 큰 에너지는 하나님에 대한 계시와 구원의 계시로부터 나옵니다. 우리는 이전과는 근본적으로 다른 방식으로 듣고 보게 됩니다. 이 세상이 은혜의 관점이라고 하는, 막중하고도 혁명적인 관점에서 설명되고 정의됩니다. 우리는 성경을 읽고 하나님이 다른 모든 것 이면의 그리고 너머의 실재임을 깨닫습니다.

성경이 없다면 자연법이나 우연이나 인간의 결정이나 다른 어떤 귀신을 통해서 이 세상을 이해하려 할 것입니다. 그러나 성경은 역사 속에서 그리고 우리 삶에서 행하시는 분은 하나님이라고 분명하게 그리고 설득력 있게 말해 줍니다. 그래서 수난과 은혜로 가득한 위대한 서사들이 있는 것입니다. 아브라함의 부름과 그의 힘겨운 결정과 믿음의 행위, 모세의 지도력과 역사적 이집트 구출 작전, 수년간의 광야 생존과 가나안으로의 게릴라 침투, 선하든 악하든 인간의 모든 경험이 거룩한 삶으로 구속되는 다윗의 왕위, 그리고 마지막으로 평범한 사람들의 일상생활에 신선하고 매력적이고 즐거움을 주고 삶을 변화시키는 효과를 가져오는 예수님의 사건이 있습니다. 이 모든 서사에서 주된 실재는 하나님입니다. 하나님을 믿지 않거나 신경 쓰지 않는 세속 역사가가 이 이야기를 조금이라도 썼다면, 그 내용은 완전히 다르게 기록되었을 것입니다. 그리고 우리에게는 아무런 의미도 없었을 것입니다. 왜냐하면 히브리 민족도 예수 그리스도도 세속적 관점에서는 중요할 수 없기 때문입니다.

그러나 잠언을 읽으면 성경의 다른 책들과는 달리 그러한 언어나 분위기를 느낄 수가 없었습니다. 잠언에서는 하나님의 이름이 완전히 배제되어도 그 내용은 크게 달라지지 않을 것입니다. 믿음, 죄, 구원, 죄책, 용서, 화해, 부활과 같은 우리 존재에 중요한 조건들이 잠언에는 나오지 않습니다. 아예 고려되지도 않습니다. 제가 보기에는 잠언이 다른 성경과는 달리 하나님의 행위와 실재에 관심이 없는 것 같았습니다. 그래서 저는 잠언에 별 관심이 없었습니다.

제가 잠언을 중요하게 보지 않은 두 번째 이유는, 인격적이고 생동감 있는 성경의 지배적 어조와는 달리 잠언은 비인격적 지성주의를 보여주기 때문입니다. 잠언에는 신앙에 대한 말이 거의 없습니다. 이름도 이야기도 없습니다.

예를 들어, 아브라함의 이야기와 같은 게 없습니다. 아브라함이 이삭을 모리아산으로 데리고 가서 그를 묶고 제단에 올려놓는, 자기 아들을 하나님의 제물로 죽이는 끔찍하고도 고통스러운 이 과정은 섬뜩하고도 지독한 이야기입니다. 아브라함과 이삭에게 집중되는 이 이야기에서 우리는 엄청난 공포, 짓누르는 불안, 이 모든 상황에도 불구하고 보여주는 놀라운 순종을 느낍니다.

또 다른 예로, 구원이 어떻게 성취되는지를 성경에서 보여주는 경우를 봅시다. 어떻게 이 우주가 어떤 수학적 공식을 통해서 구원을 산출했는가와 같은, 하나님과 인간에 대한 추상적인 이론으로 성경은 말하지 않습니다. 우리에게는 이야기가 있습니다.

예수 그리스도께서 거친 나무에 못이 박힌 채 매달려서 돌아가신 십자가의 이야기가 있습니다. 이 이야기는 자세하게 그리고 통찰력 있게 기록되었습니다. 못이 손과 발을 뚫고 들어가는 소리, 살이 찢기는 소리가 거의 들리는 듯합니다. 그리고 마지막으로 버림받은 자의 말을 듣습니다. "나의 하나님, 나의 하나님, 어찌하여 나를 버리셨습니까?"막 15:34, NRSV 추상적인 신학으로 설명하는 게 아니라 이야기로, 그것도 피 흘리는 이야기로 성경은 설명합니다. 프리드리히 니체Friedrich Nietzsche는 이렇게 썼습니다. "모든 진리는 내게 피의 진리bloody truth다"(혹은 "모든 진리는 몸으로 실천해 보아야 한다"—옮긴이).[7] 예수님의 경우 정말로 그랬습니다. 그러니까, 모든 진리는 그저 이야기하는 게 아니라 구체적으로 살아야 하는 것이었습니다. 살과 피, 열정과 감정이 있어야 했습니다. 참으로 성경다운 이러한 특징들이 성경을 그토록 감동적이게 만들고, 읽히게 만들며, 하나님을 드러내는 책답게 하는 것이면서, 동시에 **인간**을 긍정하는 책이게 하는 것입니다.

그러나 잠언에는 그러한 특징들이 보이지 않았습니다. 이름도 없고, 사건도 없고, 플롯도 없었습니다. 그저 교훈만 끝도 없이 이어졌습니다. 마치 노인이 앞마당 흔들의자에 앉아서 만들어 낸 책 같았습니다. 사람들이 따르는 지혜로서는 충분히 진리라고 할 수 있겠지만, 거기에는 아무런 **생명**이 없어 보였습니다. 제가 성경에서 그토록 익숙하게 보아 온 인격적이고 하나님이 드러나는 생동감이 하나도 없었습니다.

잠언에 대한 제 느낌은 이렇게 요약할 수 있을 것 같습니다.

잠언에는 하나님도 인간도 충분히 등장하지 않는다고, 이름도 이야기도 없다고 말입니다.

෯

하지만 알다시피 저는 생각을 바꾸었습니다. 그리고 많은 잘못된 편견들이 그렇듯, 제 입장은 잘못된 정보보다는 불충분한 정보에서 비롯되는 것이었습니다. 제가 잠언에 대해서 관찰한 것들은 맞았지만, 거기에는 고려해야 하는 다른 것들도 있었습니다. 그리고 일단 그것들을 다 고려하고 나자 모든 것이 새로워 보였습니다.

우선, 히브리 사람들 주변의 문명권에는 대단한 지혜의 전통이 있다는 것을 알게 되었습니다. 동쪽으로는 바빌론, 서쪽으로는 이집트가 있었는데, 히브리 사람들은 이들의 지혜 전통을 잘 알았고 그것을 좋아했습니다. 그곳의 많은 격언들이 잠언에 통합되었고, 어떤 것은 토시 하나 틀리지 않고 그대로 가져오기도 했습니다. 심지어 그들의 솔로몬도 이러한 현인들 중 한 사람이라고 불렀습니다.

그때까지 저는 이스라엘의 예배와 기도생활은 '제사장'과 '예언자'가 지배하는 줄 알았습니다. 목사로서 제 소명을 살아가는 데 제사장과 예언자가 제 동료가 되었습니다. 예언자는 하나님의 말씀을 선포하는 설교자였습니다. 그들은 하나님의 말씀으로 백성을 도전하며, 말을 통해 사건에 영향을 미치는 매우 공적인 인물들이었습니다. 저는 일요일마다 강단에서 그 일을 했습니다. 제사장들은 예배와 기도를 인도했습니다. 저는 일요일마다 저희 예배당에서 그렇게 했습니다. 그러나 지혜자는 아무런 직업이나 기능이 없었습니다. 그들은 자리도 직함도 없었습니다. 그러나 백성은 그들을 존경했습니다. 인간을 이해하는 사람들이라는 명성이 있었기 때문입니다. 그러나 제게는 아무런 명성이 없었습니다. 너무 젊었던 것이지요. 그래서 저는 지혜로운 남자와 여자들을 찾기 시작했습니다.

그리고 머지않아 찾을 수 있었습니다. 제일 먼저 만난 사람은 제임스 월 박사였습니다. 그때 저는 목사가 된 지 얼마 되지 않았고 부목사로 있었습니다. 목사가 되고 첫 여름, 담임목사가 휴가를 보내는 동안 저는 예배를 인도하고 설교를 했습니다. 월 박사는 그 지역 정신병원에서 일하는 뛰어난 정신분석학자였는데, 매주 예배 때면 아내와 함께 앞줄에 앉았습니다. 그는 몸이 커서 눈에 잘 띄었습니다. 그리고 당연히 저는 기가 죽었지요. 그는 언제나 눈을 감고 앉아 있었습니다. 나는 그가 자고 있다고 생각했습니다. 그런데 세 번째 주에 제 설교 도중에 그가 한쪽 눈을 뜨더니 제가 한 말에 동의를 표하는 미소를 지었습니다. 저는 더 이상 기가 죽지 않았습니다. 그가 제 편이라는 것을 알았으니까요. 제가 설교를 했던 그 여름 내내 저는 제가 이해하지 못하는 일이나 어떻게 다루어야 할지 모르는 일들과 마주칠 때면 월 박사에게 전화를 했고, 그는 저를 도와주었습니다. 저는 그가 지혜로운 사람이라는 것을 알았고, 그의 조언을 신뢰할 수 있다는 것을 알았습니다. 그는 자신이 교회가 없는 사람들과 목회를 한 적이 있다고 했습니다. 시간이 지나면서 저는 지혜로운 사람이 주변에 많다는 것을 알게 되었고, 그들의 지도를 기꺼이 받아들였으며, 종종 그들의 책을 통해서 도움을 받았습니다.

저는 책과 잡지와 학술지를 기독교와 세속으로 구분해서 정리하고 기독교로 분류되는 것을 더 선호하는 습관을 그만두었습니다. 물론 그동안 세속의 글을 읽지 않은 것은 아니지만 기독교 쪽의 것만큼 주의를 기울여 읽지는 않았습니다. 성경학자와 신학자들의 글을 읽는 것과 신문과 탐정 소설과 기타 소설을 읽는 것을 분명하게 구분했습니다. 그런데 서서히 그 구분이 사라졌습니다. 모든 것이 하나님의 세계와 나라에서 일어나는 일입니다. 성령은 아무것이나 그리고 누구나 사용하십니다. 성령께서 그렇게 하신다면 저도 못할 게 없었습니다.

예언자와 제사장의 임무 사이에 있던 저는 지혜의 사람들과 대화를 하는 자리에 있게 되었습니다. 잠언을 읽든 간호시설에 있는 과부의 이야기를 듣든, 그 결과는 놀랍게도 비슷했습니다.

제가 하는 모든 말이나 일이 강단이나 예배당에서 일어나는 게 아니었습니다. 은혜와 거룩에 대해서 제가 배우는 모든 것이 성경에서 나오는 게 아니었습니다. 저는 심장 마비에서 회복 중인 여성으로부터, 가난하게 살며 고생하는 가족으로부터, 정직하게 허세 없이 자신의 신앙을 표현할 말을 찾는 젊은이들로부터, 그러니까 오늘 본문의 말로 표현하면 길거리에서 외치는 지혜로부터 배웠습니다잠 1:20.

솔로몬과 함께 설교하면서 저는 하나님께서 은혜롭게 일하시는 직장과 병실과 놀이터와 거실에, 곧 **길거리**에 있는 인간의 상황들에 빠져들게 되었습니다.

෴

그 결과는 간단하고 자명합니다. 그리고 그렇게 빙 돌아서 오지 않아도 되었습니다. 여러분은 저보다 빨리 간파하시기를 바랍니다. 아마도 이미 간파하셨겠지요.

그것은 바로, 우리가 흔히 세속적인 삶이라 부르는 것에도 은혜가 배어 있다는 것입니다. 우리 삶의 비종교적 측면들도 하나님의 말씀에 포함되어 있습니다. 우리에게 주신 하나님의 말씀은 그리스도께서 우리의 삶에 근본적으로 들어오신 사건만은 아닙니다. 하나님이 우리에게 주신 말씀은 영원한 존재와 관계를 맺을 수 있게 해준, 삶에 엄청난 변화를 가져오는 화해만이 아니라, 우리 인간성의 모든 측면에도 구체적인 관심을 가집니다. 복음은 굵직한 문제들과 깊은 실재들에 대한 복된 소식만이 아닙니다. 그것은 또한 하루의 시간과 아침에 일어날 때의 기분에 대한 것이기도 합니다.

잠언은 모든 것, 개미, 배우자, 과식, 칭찬, 호기심^{잠 27:20} 등 삶의 모든 내용이 무한하고 영원한 의미가 있다는 선언입니다. 교회만큼이나 공장도 중요한 일입니다. 삼위의 삶만큼이나 가족의 삶도 중요하게 논의됩니다. 하나님의 말씀과 함께 사람의 말도 검토와 묵상을 위해 나란히 배열됩니다. 인생의 그 어느 것도 배제되지 않습니다. 모든 것이 포함됩니다.

잠언은 우리가 하나님에게 중요하지 않고 따라서 은혜의 영역이 아니라고 생각할 수 있는 그 모든 것을 성경에, 그리고 우리 삶에 가져다 놓습니다. 우리가 친구에게 말하는 방식, 불편한 가족 관계, 직장에 대한 의미와 목적의 상실, 직업에 대한 목표의 혼란, 자신이 모자라는 것 같은 기분이나 우울감, 개인적 의심과 고민 등 끝도 없이 나열할 수 있습니다.

잠언에서는 "지혜가 길거리에서 외칩니다." 좋은 대학에 숨어 있지도 않고, 소수의 노장들 혹은 운 좋게도 머리가 뛰어난 사람들만을 위한 것도 아니고, 주일 강단이 허용하는 말에 국한되지도 않습니다. 지혜는 길거리에서 외칩니다. 여러분이 학교에 그리고 직장에 가면서 지나가는 그 길에서 말입니다. 예수님은 "내가 온 것은 너희로 삶을 얻고 더욱 풍성하게 얻게 하려는 것이다"요 10:10, 저자 의역라는 말씀으로 잠언의 지배적 주제를 표현하시고 완성시키셨습니다.

우리가 잘 살 수 있도록 예수님은 우리가 나날이 경험하는 좌절과 그저 그런 일상을 가져다가 자신의 풍성한 삶에 통합시키시고, 우리와 은혜를 나누셔서 우리가 소망과 기쁨과 사랑으로 살 수 있게 해주십니다. 이 지혜는 우리에게 풍성하게 사는 기술을 가르쳐 줄 것입니다. 우리는 그저 구하기만 하면 됩니다. 주의 형제 성 야고보는 이렇게 말했습니다. "여러분 중에 지혜가 부족한 사람이 있다면, 하나님께 구하십시오. 하나님은 모든 사람에게 관대하게 주시기 때문에 구하는 그 사람에게 주실 것입니다"약 1:5.

아멘.

4

"아이를 훈련시켜라"

잠언 22:6
에베소서 4:20-32

이 잠언을 가만히 보면서 저는 놀랐습니다. "훈련시켜라"잠 22:6는 문구가 제 눈길을 끌었습니다. 구약에서 이 단어가 이렇게 쓰인 경우는 여기뿐입니다. 문자적으로 그 의미는 "어머니의 젖을 물리기 전에 신생아의 잇몸에 기름을 문질러라"는 뜻입니다. 아기가 영양분을 잘 받아들이도록 훈련시키기 위해서 고대 동양의 산파들이 쓰던 수법입니다. 일종의 신생아 식탁 매너라고 할 수 있지요. 거칠고 때로는 고통스러운 삶으로 들어온 아이를 자상하게 맞이하는 방법이었습니다.

그 의미가 확장되어서 영유아들이 인생을 바르게 시작할 수 있도록 해주는 일을 설명하는 단어로 쓰이게 된 것입니다. 이 단어는 나중에 집과 성전의 헌정 의식을 일컫는 말로도 사용이 되었습니다. 그중에서 가장 오래되었고 잘 알려진 게 바로 '헌정의 축제'인데, 놀라움으로 가득한 이 세상의 삶으로 아기를 내보낼 때 쓰는 단어와 동일한 '챠누카'channuka라는 단어를 씁니다.

　이러한 맥락에서 보면 이 단어가 좀 더 인간적이고 친밀하게 들립니다. 제가 자란 교회에서 '훈련시키다'라는 말은 동물이 명령에 순종하도록 훈련시키는 것과 같은 의미로 사용이 되었고, 제 친구의 부모님들은 잘못에 대한 체벌을 정당화하기 위해서 종종 "매를 아끼는 자는 그의 자식을 미워하는"잠 13:24 것이라는 잠언의 본문과 같이 사용했습니다. 체벌에는 엉덩이를 때리거나, 따로 격리시키거나, 집안일을 시키는 것들이 포함되었습니다.

　그러나 '훈련시키다'라는 말의 원래 성경적 의미는 따뜻함과 축하의 의미를 담고 있습니다.

ᘒ

　모든 그리스도인이 다루어야 하는 중요한 문제는 '어떻게 하면 온전히 성숙하게 그리스도인의 길을 가도록 도울 수 있을까?'입니다. 부모들은 자기 자녀에 대해서 이 질문을 하고, 남편과 아내는 서로에 대해서 이 질문을 합니다. 그리고 개인적으로는 일터와 놀이터의 동료들에 대해서 이 질문을 합니다.

　오늘 아침 저희처럼 모여서 예배를 드리는 기독교의 회중은 거의 모든 일에 대해서 이 질문을 은연중에 던집니다. 우리는 서로를 보면서, 하나님의 말씀을 들으면서, 성 바울의 표현을 빌리자면, 서로가 "그리스도를 배우도록"엡 4:20 도울 책임이 있다는 것을 압니다.

여기에서 제가 주장하고 싶은 것은 '훈련시키다'가 우리 가정이나 집에서만 일어나는 일이 아니라는 것입니다. 집을 나서며 동네로 일터로 갈 때, 일요일에 교회를 나서며 한 주간의 노동과 지역사회 생활로 들어갈 때, 사람들은 우리를 보고, 우리의 말을 듣고, 평가하고 비판합니다. 우리가 만나는 사람들 앞에서 성경을 인용하든 안 하든 그리스도인은 공적 인물입니다. 우리의 행동이 말을 하고, 우리의 태도는 관계를 보여줍니다.

어떤 사람은 자녀가 없고, 어떤 사람은 배우자가 없고, 또 어떤 사람은 직업이 없지만, 그 누구도 '훈련시켜라'로부터 자유롭지 못합니다. 믿음의 공동체 전제가 그 명령에 응해야 합니다. 대부분의 경우 여러분은 그것을 하는지도 모르고 할 것입니다. 관계의 친밀성이라는 습관에서 나오는 것이지요.

'훈련시키다'라는 동사를 행동으로 옮기면, 그것은 본질적으로 개인적 친밀함의 행위가 됩니다. 아기가 젖을 빨 수 있도록 잇몸을 문질러 주는 산파는 따뜻하고 자상하게 행하는 것이고, 그 목적은 그 아이가 수용과 사랑의 삶을 시작할 수 있게 하기 위한 것입니다.

이러한 훈련에서 훈육을 배제하는 것은 아닙니다. 방법에 대한 정보를 배제하는 것도 아닙니다. 그러나 그것을 포함시킨다면 친밀하게 잘 사는 것을 훈련시키려는 의도에서 이루어져야 합니다. 중요한 것은 상대가 친밀한 관계에서 신뢰하며 살 수 있도록 기술적으로 잘 이끌어 주는 말과 태도입니다.

허먼 멜빌의 소설 『레드번』*Redburn*에 보면 이 잠언이 배경이 되는 사건이 있습니다. 레드번은 처음으로 대서양을 건너는 여행을 하는 젊은이입니다. 아버지는 돌아가셨고 아무런 유산도 남기지 않았기 때문에 심부름꾼으로 배에 탔습니다. 그의 아버지는 대서양을 여러 번 건넜고 종종 그 여행에 대해 이야기했습니다. 레드번은 아버지로부터 들은 이야기를 가지고 여행길에 올랐습니다. 그리고 목적지인 리버풀까지 녹색 모로코가죽으로 장정된 여행 책자를 가져갔습니다. 그 책은 아버지가 50년 전에 보던 책이었습니다. 바다를 건너는 내내 그는 간이침대에 누워 여행 책자를 뒤적였습니다. 그는 통계를 살피고, 그 도시의 역사와 유물을 꼼꼼히 숙지했습니다. 그냥 대충 아는 게 아니라 그 내용을 완전히 소화하려 했습니다. 그 책에는 열일곱 개 가문의 문장紋章이 있었는데, 그는 그것을 자세히 관찰하고 그에 대한 설명을 읽고 설명과 그림이 일치하는지 확인했습니다. 배에서 내리면 바로 알아볼 수 있게 그는 모든 기둥과 장식을 마음에 새겼습니다. 그는 리버풀에 대한 확고한 지식을 자기 안에 쌓고 있다고 생각했습니다. 지도를 숙지해서 목적지까지 가기 위해 어느 모퉁이에서 돌아야 하는지도 확실하게 알 것 같았습니다. 너무 익숙해져서 그는 마치 자신이 리버풀에서 태어난 사람인 양 생각하기 시작했습니다. 그 도시의 모든 특징들이 친숙해 보였습니다.

　　마침내 리버풀에 도착한 그는 50년 된 안내 책자를 손에 들고 이곳저곳을 찾아다니기 시작했습니다. 먼저 그는 오래된 성의 요새를 찾아갔습니다. 그는 요새가 있어야 하는 길을 찾아갔지만 거기에는 술잔을 채우고 있는 선원들로 북적대는 술집만 있었습니다. 어떻게 술집을 성으로 착각할 수 있지? 그러나 레드번은 너 그러이 용서했습니다. 작은 흠 하나 가지고 그토록 성실하게 아버지를 섬긴 이 종을 탓하지는 않을 것이었습니다. 다음 날 그는 아버지가 리버풀에 가면 늘 묵으시던 리도우즈 호텔을 찾았습니다. 아버지는 안내 책자에 그곳을 펜으로 표시해 놓았습니다. 그는 아버지가 걸었던 길을 걷는다는 사실에 흥분하며 그 길을 걸었습니다. 하지만 거기에는 동상 하나가 광장 한가운데 서 있을 뿐이었습니다. 물어보니 그 호텔은 30년 전에 없어졌다고 했습니다.

그는 가게 계단에 앉아 생각했습니다. 자신이 그토록 성실하게 의지했던 안내 책자는 반세기 전의 것이었습니다. 모로코가 죽으로 만든 이 책에는 옛 가문들의 관계들이 잘 설명되어 있고, 열일곱 개의 문장이 예술적으로 그려져 있었지만, 그것은 쓸모가 없는 것이었습니다. 아버지를 안내했던 그 책이 아들을 인도할 수는 없었습니다.

지도 몇 개 그려 주고, 통계 몇 개 제시하고, 맥락에 없는 이정표 몇 개 써 주는 것으로 기독교 신앙을 훈련시킬 수 있다고 생각하는 사람이 있다면, 그는 비슷한 실망을 하게 될 것입니다. 세상은 변하고, 패션도 변하고, 문화도 사회 구조도 변합니다. 변하지 않는 것은 '훈련'이라는 단어 하나입니다. 훈련이란, 9개월간의 여행을 마치고 리버풀이든, 볼티모어든, 출생 신고서에 찍히는 그 지역에 이제 막 태어난 아이가 그 장소에서 생명의 근원과 함께 안전하고 애정 어린 친밀함 속에서 살아가게 해주는 행위입니다. 자신의 경험을 통해서 이것에 대해 조금이라도 아는 사람—그러니까 모든 그리스도인—은, 말을 통해서든 모범을 보임으로서든, 자신의 경험과 기술을 통해서 다른 사람을 훈련시킬 수 있습니다. 그러나 그것은 본질적으로 살아 있는 행위이며, 특정한 삶의 방식으로의 초대입니다. 그것은 "어제도 오늘도 영원히"^{히 13:8} 동일하시며 유일하게 그렇게 동일하신 예수 그리스도를 중심에 두고 거기에 반응하는 삶입니다.

저는 이번 주에 캐나다 원거주민 부부와 대화를 하게 되었습니다. 그들은 보존 지구에 있는, 수녀들이 가르치는 학교를 다녔습니다. 그 부인이 말하기를, 자기 어머니는 주먹으로 아이들을 키웠다고 했습니다. 그리고 자신이 이십 대 중반에 기독교 공동체를 만나기 전까지는 훈련하거나 훈련을 받는 다른 방법이 있다는 것을 몰랐다고 했습니다.

이 잠언을 가지고 할 수 있는 최악의 일은 그것을 비인격화해서 특수한 직업으로 만들거나, '아이 훈련시키기'라고 상자에 표시해 놓고는 필요할 때마다 열어 보는 것입니다. 그러나 우리에게 필요한 것은 사랑과 애정이 흡수되도록, 흔히 말하듯 "어머니의 젖으로" **훈련**을 하는 것입니다. 주먹은 거기에 설 자리가 없습니다. 잇몸에 기름을 발라 흡수시키는 것처럼 우리의 삶 전체에 스며들게 하는 태도여야 합니다.

어떤 사람들은 '주일학교'라는 표시를 해놓은 상자를 두고 매주 한 시간만 훈련을 합니다. 그리고 아이들이 잘못하면 참고할 수 있게 또 다른 상자를 부모를 위해 마련해 둡니다. 오늘날 가장 잘 눈에 띄는 상자는 아동심리학입니다. 이것은 제법 비싼 방법이지만, 적어도 그 상자를 가지고 일하는 사람은 자신보다는 많이 안다는 사실 하나 때문에 어느 정도 책임을 덜어 줍니다.

이런 상자들은 가끔 유용하지만, 성경의 잠언이 말하는 것과는 별 상관이 없습니다. 잠언은 이런 규정된 상자에서 나오는 게 아니라, 살아 낸 인생에서 나오는 것입니다. 그래서 조언, 상담, 분석과는 별 상관이 없습니다. 그보다는 개인적 모범과 돌봄에서 비롯됩니다. 이 말은 그리스도 안에서 여러분이 믿음의 행위를 할 때마다, 그것은 다른 사람을 훈련시키는 행위라는 것입니다. 그리스도의 명령에 순종해서 누군가를 사랑할 때마다, 여러분은 다른 사람을 교육하는 것입니다. 그리스도께서 여러분을 용서하셨기 때문에 누군가를 용서할 때마다, 여러분은 그 사람이 그리스도인으로 성장할 수 있도록 물리적으로 돕는 것입니다. 그리스도께서 돕겠다고 약속하셨기 때문에, 희망을 가질 때마다 여러분은 다른 사람이 성장할 수 있는 새로운 가능성을 여는 것입니다.

"아이를 훈련시켜라"는 이 명령에 대한 순종은 제가 생각했던 것보다 더 쉬운 동시에 더 어렵기도 했습니다. 쉬운 이유는 자격증이 있는 교육가나 능숙한 심리학자나 지혜로운 신학자가 될 필요가 없기 때문입니다. 답을 다 알아야 하는 것도 아니고, 복잡한 가족 역동을 다 이해해야 하는 것도 아니고, 직장에서의 갈등 관리에 대해서 알아야 하는 것도 아닙니다. 저 자신이 그저 그리스도를 배우고 그 배움의 행위가 다른 사람들에게 자연스럽게 전달되게 하면 됩니다. 나는 그저 복음을 믿고 다른 사람들이 그것을 알아볼 것이라고 여기면 됩니다.

더 어려운 이유는 이 일을 위임할 수가 없기 때문입니다. 교회나 주일학교나 베스트셀러 도서나 강의에 맡길 수가 없습니다. 20년 전에 제가 전수받은 도덕적 정보를 전수하는 것으로 될 일이 아닙니다.

❧

앞에서, 에베소 사람들에게 바울이 쓴 편지에 나오는 "그리스도를 배운다"라는 표현을 썼습니다. 바울은 우리 모두가 "성숙해지고 그리스도의 장성한 분량에" 이르기까지 "모든 면에서 머리이신 그리스도께로 자라기를" 열렬히 원했습니다 엡 4:13-15, NRSV.

먼저 탄생하고 그다음에 자랍니다. 이 두 가지 은유는 혼자서는 성립할 수 없습니다. 탄생은 성장을 전제로 하고, 성장은 탄생에서 비롯됩니다. 오늘날 미국 문화에서 성장보다는 탄생이 훨씬 더 많은 관심을 받는다는 말은 과장이 아닐 것입니다. 그리고 그 결과는 별로 유쾌하지 않습니다. 우리는 청소년기에 정체한 민족이 되었습니다.

누구에게나 가장 중요한 성장은 그리스도인으로서 성장하는 것입니다. 다른 모든 성장은 이 성장을 위한 준비입니다. 생물학적이고 사회학적인 성장, 지적이고 정서적인 성장은 모두 궁극적으로 그리스도 안에서 성장하는 것에 흡수됩니다. 그러나 반드시 그렇게 되는 것은 아닙니다. 인간의 임무는 단지 육체와 감정과 정신에서만이 아니라, 하나님과의 관계 그리고 다른 사람과의 관계에서 성숙해지는 것입니다. 그리고 이것은 그 누구도 혼자 할 수 있는 게 아닙니다. 우리는 함께 이 성장의 일을 하고 있고, 그리스도 안에서 성숙하게 살도록 훈련하고 훈련받고 있습니다.

제 말이 이해가 되십니까? **혼자 할 수 없습니다.** 성장은 중생한 우리의 영혼이 그리스도를 닮도록 형성하시는 성령의 사역을 필요로 합니다. 성 누가가 세례 요한에 대해서 말한 것에서 이 사역이 예견되고 있습니다. 요한의 탄생 이야기 후에 이 말이 나옵니다. "아이는 자라며 심령이 굳세어졌다. 그는 공개적으로 사람들 앞에 나타나기 전까지 광야에 머물렀다"눅 1:80, NRSV. 그리고 한두 페이지 뒤에 예수님의 탄생 후와 관련해서도 이 문장이 나옵니다. "예수는 나이를 먹고 지혜가 자랐고, 하나님과 사람들의 사랑도 갈수록 더 많이 받았다"눅 2:52, NRSV.

이해가 되십니까? 요한은 자랐습니다.

예수님도 자랐습니다.

바울은 **우리에게** "자라라"고 말합니다.

ↄ৲

여기에서 중요한 것은, 이러한 훈련에 가장 많이 사용되고 거기에 가장 적합한 언어는 강단에서의 설교나 교실에서의 강의보다 대화라는 것입니다. 대화의 소리는 크지 않기 때문에 종종 놓치고, 놓치지 않는다 하더라도 다른 언어보다 중요하게 받아들여지지 않습니다. 설교는 강단과 예배당이 있어서 그 권위가 존중받습니다. 가르침은 교탁과 교실이 그 임무를 규정해 줍니다. 그러나 대화는 비공식적으로 아무 때나 아무 데서나 일어나고, 특별한 담당자도 없습니다. 이러한 종류의 말은 간호시설 마당에 있는 한 쌍의 흔들의자에서부터 요람을 내려다보는 부모, 커피를 마시며 대화하는 두 남자, 엄마와 딸 사이의 장거리 전화 통화에 이르기까지 다양한 환경에서 이루어집니다. 마음과 영혼의 문제를 다루는 한 통의 혹은 여러 통의 편지로 이루어질 수도 있고, 출근하기 전 일주일에 한 번 모이는 모임에서 요한복음 6장에 나오는 예수님의 말씀이 그날 그들 앞에 놓인 시간과 어떻게 교차하는지 함께 읽고 생각하는 서너 명의 친구들 사이에서 일어날 수도 있습니다.

∽

　이러한 훈련의 일을 눈에 띄지 않게 그리고 지혜롭게 하고 있는 사람들이 많고, 여러분이 생각하는 것보다 훨씬 더 많다고 저는 장담합니다. 그리고 여러분 중에도 그러한 사람들이 있을 것입니다. 오늘 저는 여러분이 그들로 인해 하나님을 찬양하면서 이 예배당을 나서기를 바랍니다. 그리고 스스로도 그리스도를 배우고 다른 사람도 그리스도를 배우게 하는 사람들이 늘어나도록 계속해서 기도하시기를 바랍니다. 성령의 기름으로 우리 가운데 새로 오는 사람들의 잇몸을 문질러서 그들이 말씀의 순전한 젖을 받을 수 있도록 말입니다.[벧전 2:2]

　아멘.

5

"내가 그분 곁에 있었다"

잠언 8:22-31
요한복음 16:1-15

어떤 사람들은 교회와 성경이 경고를 제일 중요하게 여긴다고 생각합니다. '이것은 하지 마라', '저것은 조심하여라', '이게 위험하다', '저것을 경계하여라' 하는 식으로 말입니다. 종교는 막 속도를 올려 어딘가에 도착하려는 찰나에 우리를 멈추게 하는 빨간불이라고 그들은 생각합니다. 그래서 과속했다 브레이크를 밟았다 하면서 정신없이 삽니다.

20년 전에는 저도 그렇게 생각했고, 지금도 교회가 실수하지 않게 하고, 죄짓지 않게 하고, 잘못되지 않게 하는 데 무엇보다도 주력한다는 생각에서 완전히 벗어나지 못했습니다. 여러분 중혹 그렇게 생각하는 사람이 있다면, 생각을 바꿀 수 있기를 바랍니다. 이 그리스도인의 삶에서 우리가 함께하는 일은 무엇보다도 아무것도 배제되지 않는, 시시한 것에 만족하지 않는, 온전한 삶을 살도록 서로를 돕는 것입니다.

랄프 왈도 에머슨Ralph Waldo Emerson이 예순한 살 때 일기에 이렇게 썼습니다. "내 안에는 주름살과 닳아 버린 마음이 아니라, 아직 다 쓰지 못한 젊음이 있다."[8]

***

잠언의 임무 중 하나는 우리 안에 긍정하는 상상력, 우리에게 주어진 삶을 붙잡고 최선을 다하는 상상력을 만들어 내는 것입니다. 돈을 많이 버는 게 아니라, 재미있게 노는 게 아니라, 강한 인상을 남기는 게 아니라, 하나님의 조건에 따라 인생을 받아들이고 그것을 잘 살게 하는 것입니다. 이처럼 잘 사는 것을 설명하는 단어가 '지혜'입니다. 지혜는 일상에서 진리를 잘 사는 것입니다. 전문 분야에서 기술이 어떤 역할을 하는지 우리는 잘 압니다. 탁월한 기타 연주자, 탁월한 무용가, 탁월한 축구 선수, 탁월한 선생, 탁월한 기술자라는 말을 잘 알지요. 우리는 이들이 하는 일을 보고 감탄합니다. 그러나 지혜는 이보다 더 다양합니다. 지혜는 우리의 상상력을 확장시켜서 결국 모든 것의 기본은 우리가 탁월한 **사람**이 되어 일상생활의 예술가가 되어 가는 것임을 깨닫게 해줍니다.

우리가 이 일을 할 수 있게 해주는 하나님은 성령입니다. 성령은 하나님의 생명을 살도록 우리 안에서 움직이시는 하나님입니다. 잠언에서는 이 성령을 "지혜 부인"Lady Wisdom, 1:20, 메시지이라고 부룹니다. 이러한 호칭으로 부름으로써 지혜가 단지 정보나 방향 제시, 혹은 좋은 충고나 좋은 생각에 불과하지 않도록 인격화시킵니다. 지혜는 하나님의 성령이 우리가 사는 실제 환경에서 우리의 삶이 온전해지도록 우리 안에서 일하시는 것입니다. 이 환경, 이 동네, 이 가정에서 말입니다. 성령은 지금 우리의 모습 전체에 관여하십니다. 우리의 좋은 면만이 아니라 좋지 않은 면, 좋은 일을 할 수 있는 잠재력만이 아니라 나쁜 일을 할 수도 있는 성향, 우리의 성취만이 아니라 실수와 실패에도 관여하십니다. 하나님은 우리가 지금 있는 이곳에서 우리를 받아들이시고, 온전한 삶을 이루기 위해서 우리 안에서 그리고 우리와 함께 일하십니다.

지혜가 "지혜 부인"이라는 여성으로 인격화되었기 때문에 우리는 핸드북의 지시를 따르는 게 아니라 사람의 말을 듣게 됩니다. 책에 있는 지혜가 아니라, 지혜라는 사람의 말을 듣는 것이지요.

지혜 부인은 자신을 이렇게 소개합니다. "주께서 처음 일하실 때, 그 옛날 첫 일을 하실 때 나를 만드셨다"잠 8:22. 이것은 지혜의 말이고, 성령의 자기 묘사입니다. 그리고 그 뒤에 창조 이야기가 나오고 하나님의 사역의 풍요로움과 광대함을 나열합니다. 지금 우리가 사는 곳이 바로 그 창조의 세계입니다.

지혜 부인이 무슨 일을 하는지 보이십니까? 우리가 완전하게 살 수 있도록 인생을 가장 완벽한 형태로 설명하고 있습니다. 단지 종교나 일이나 사회적 측면에서만이 아니라, 모든 것을 다 살 수 있도록 말입니다. 이러한 점을 이해할 때 우리는 **믿음도** 이

제4부 "하늘에서와 같이 땅에서도"

해하게 됩니다. 인생이 서로 통하면서 일관성을 가지게 됩니다. 간단히 말해, 인생은 멋진 것입니다. 곳곳에 신비가 있고, 모든 덤불에 기적의 불이 있습니다. 이러한 인생의 가능성을 제대로 다 쓴사람은 아무도 없습니다.

그래도 여전히 대참사가 있고, 아픈 실패가 있고, 짓누르는죄책이 있고, 빈 사막이 있다는 사실을 제게 상기시켜 줄 필요는없습니다. 인간의 경험은 선뿐만 아니라 악을, 아름다움뿐만 아니라 추함을, 가능한 것뿐만 아니라 실패한 것도 포함합니다. 지혜부인은 온전함을 추구할 수 있게 하기 위해서만이 아니라, 상처를다룰 수 있게 하기 위해서도 존재합니다. 그냥 외면하고 그런 일은 없다고 하는 것은 소용없습니다. 주저앉아 비관하며 아무 손도쓸 수 없다고 말하는 것도 소용없습니다. 그것은 직면해야 하고,지혜 부인은 우리와 함께 그것을 직면하고 그것을 제대로 다루어온전함을 실현하는 좋은 재료가 되게 하기 위해서 존재합니다.

그럼에도 이 본문에서 지혜 부인이 외치고 노래하는 우선적메시지는 인생은 선하다는 것입니다. '온전하지 않은 것에 안주하지 마라. "아직 다 쓰지 못한 젊음"에서 멈추지 마라. 속임수로 누가 대체물을 안겨주게 하지 마라. 경주를 포기하지 마라. 집중해서경험할 수 있는데 그냥 무책임하게 꿈만 꾸지 마라.'

❧

하나님의 우편에서 창조 때에 자신이 한 일을 다 묘사하고난 뒤에 지혜 부인은 이렇게 말합니다. "나는 최고 일꾼처럼 그분

곁에 있었다. 날마다 나는 그분의 기쁨이었고, 늘 그분 앞에서 즐거워하고, 그분의 세계를 즐거워하며, 사람의 아들들을 기뻐했다"

잠 8:30-31.

하나님이 창조하시고, 그리스도는 구속하십니다. 그다음은 어떻게 됩니까? 이 장엄한 창조세계가 우리에게 있고, 위대한 구원이 있습니다. 하지만 그것을 여러분 개개인의 역사 안으로 가져가는 일은 누가 합니까? 그것이 바로 지혜의 임무입니다. 지혜 부인은 성령의 인격화입니다. 하나님은 여러분 안에 개인의 역사를 만들기 위해서 스스로 그 임무를 맡으셨습니다. 그 역사에는 여러분의 모든 날, 여러분의 모든 환경, 여러분의 모든 상황이 포함되고, 그 역사는 곧 여러분이 영원히 그분을 즐거워하며 그분의 영광에 부합하게 사는 삶입니다. 하나님은 그것을 이루시는 '최고의 기술자'십니다.

이것은 잠언에서 매우 중요한 문장입니다. 잠언을 읽다 보면 그 분량에 압도당하게 됩니다. 오백 개가 넘는 격언을 간결하고 힘 있는 문장으로 다듬어 놓은 책이기 때문입니다. 오백 개의 잠언이 여러분에게 던져졌다고 상상해 보십시오. 힘든 일을 맡았는데 몇 명이 둘러서서 이러저런 조언을 하는 상황을 경험하신 적이 있습니까? 다 의도는 좋고 유용한 것도 많지만, 정작 도움이 되는 것은 하나도 없지 않습니까? 조언이 너무 많을 뿐만 아니라 타이밍도 맞지 않습니다. 돕겠다는 사람들이 마침내 퇴근 시간이 된 것을 알고 서둘러 집으로 가고, 바로 그때 여러분이 하는 일뿐만 아니라 여러분 자신도 잘 아는 최고 일꾼이 나타나면 얼마나 안도가 되겠습니까.

여러분, 지혜 부인이 바로 이 최고의 기술자, 여러분을 알고 여러분을 개인적으로 돕는 성령입니다. 성령, 지혜 부인 그리고 기술자는 우리가 선하고 구원받은 삶을 살 수 있도록 개인적으로 우리와 함께 일하시며 현존하시는 하나님을 이해하는 세 가지 방식입니다.

3주 전에 우리 지역에 우박을 동반한 폭풍이 와서 많은 피해를 입혔습니다. 그 피해 중 하나가 저희 집 지붕입니다. 완전히 박살이 났습니다. 마침 보험으로 처리할 수 있다는 것을 안 저는 지붕널과 못을 잔뜩 샀습니다. 아들 리프가 저를 도와줄 예정이었지요. 하지만 지붕을 수리할 준비를 하면서 저는 무엇부터 해야 할지, 일의 순서가 어떻게 되는지 전혀 알지 못한다는 사실을 깨달았습니다. 그래서 제가 어떻게 했겠습니까? 아마 여러분도 그렇게 했을 것입니다. 바로 목수인 친구에게 전화를 했습니다. 그가 와서 우리가 일을 시작할 수 있게 도와주었습니다. 한 십오 분 정도 아주 짧게 있다 갔지만, 그것으로 충분했습니다. 리프와 저는 공사를 시작할 수 있었습니다.

그것이 바로 이 오백 개의 잠언이 우리에게 해주는 일입니다. 무언가 새로운 것을 시작하려 하거나, 어떤 일이 오랫동안 우리를 괴롭혔거나, 최근에 입은 피해를 가늠하고 있는 상황에 우리는 있을 수 있습니다. 그런데 사람들이 계속 와서 우리한테 이래라저래라 충고를 잔뜩 쏟아 놓습니다. 하지만 그들 대부분은 우리를 모릅니다. 우리는 막연하게 던져진 이 오백 개의 잠언을 가지고 어디에서부터 시작해야 하는지 그다음에는 무엇을 해야 하는 지를 알아야 합니다. 그때 지혜 부인, 최고의 일꾼이 나타납니다. 처음부터 그분은 하나님이 창조와 구원에서 하신 모든 일에 참여 했습니다. 하나님 곁에 있고, 이제는 우리 곁에도 있습니다. 그분 은 우리가 언제 어떻게 순종해야 하는지, 분절된 날과 해가 아닌 온전하고 아름답고 통일된 삶을 살려면 어떤 통찰을 사용해야 하 는지 아십니다.

하나님은 우리가 사는 세계를 만드시는 것만이 아닙니다. 우리의 구원만 예비하신 게 아닙니다. 지혜 부인과 최고 일꾼의 모습으로 하나님은 우리의 실제 삶으로 들어오셔서 믿음으로 살 아가는 우리를 인도하고 지도하고 동반하십니다. 우리의 실수를 교정하시고, 선택을 지도하시며, 실패를 용서하시고, 노력을 격려 하십니다.

&

예수님이 탄생하시기 이백여 년 전, 그리스의 번역가들이 히브리 성경을 번역하면서 처음 이 문장과 마주쳤을 때, 그들은 '최고 일꾼'을 '하모주사스'*harmodzousas* 곧 '조화롭게 하는 자'Harmonizer 로 번역했습니다. 조화가 무엇인지 우리는 다 압니다. 저희 집에 피아노가 있는데 아무도 잘 치지를 못합니다. 가끔 아이가 오면 앉아서 건반을 두드리기도 하지만, 그건 음악이 아니지요. 소음에 불과하고, 이내 아이를 피아노에서 내려오게 합니다. 그러다가 다 른 사람이 앉아서 똑같은 건반을 가지고 사람들을 기쁘게 해줍니다. 같은 건반이지만 조화롭게 연주가 됩니다. 최고 일꾼은 조화롭게 하는 자입니다. 지혜 부인은 조화롭게 하는 자입니다. 성령은 조화롭게 하는 자입니다. 조화롭게 하는 자는 우리가 잘 모르고 서툴게 연주하는 건반에서 우리의 손을 잡으시고, 우리는 그렇게 믿음의 삶을 배우는 평생의 견습공이 됩니다. 그래서 우리의 삶이 두 손가락으로 딩동거리는 동요가 아닌 교향곡에 더 가깝게 됩니다. 말은 쉬워 보이고, 어떤 의미에서 실제로 쉽기도 하지만, 인생은 복잡한 것이고 따라서 이 산 자들의 땅에서 우리 모두는 최고의 일꾼 밑에서 견습공으로 평생을 살 것입니다.

누구나 삶의 재료를 가지고 있습니다. 몸과 정신과 감정이 있습니다. 가족과 이웃과 사회가 있습니다. 밑에는 땅이 있고, 주위에는 나무와 꽃과 새와 동물이 있고, 위에는 하늘이 있습니다. 정부가 있고, 병원과 기차가 있습니다. 창조가 있고 언약이 있습니다. 협상을 배우는 용서의 삶이 있습니다. 그리스도의 죽음과 부활이 틀이 되는 세상에 우리는 살고 있습니다. 존재는 신비롭고 거대한 이 두 개의 양극 사이에 있습니다. 이 십자가의 죽음에 어떻게 압도당하지 않을 수 있습니까? 이 부활의 신비에 어떻게 반응해야 합니까?

창조에 함께했던 그 성령은 이 죽음과 부활을 섞어 구원의 삶으로 만들어 내는 생명을 우리 안에서 만들어 가시는 최고의 일꾼이십니다. 이 지혜 부인, 이 최고의 일꾼은 예수님이 약속하신 그 성령입니다. "아버지께서 보내실 상담자이신 성령께서……너희에게 모든 것을 가르치고, 내가 너희에게 말한 모든 것을 생각나게 해주실 것이다.……진리의 영이 오시면 그분이 너희를 모든 진리 가운데로 인도하실 것이다"요 14:26, 16:13. 진리가 알려지기만 하는 게 아니고, 기록되기만 하는 게 아닙니다. 직접 살려면 안내자가 필요합니다. 그것이 바로 성령이, 지혜 부인이, 최고의 일꾼이, 조화롭게 하는 자가 하는 일입니다.

∾

한 가지 더 말씀드리면, 지혜 부인은 자신이 "날마다 나는 그분의[주의] 기쁨이었고, 늘 그분 앞에서 즐거워했다"잠 8:30고 말합니다. 다시 말해, 이러한 삶에는 장난스러운 방종이 있습니다. 인생은 근본적으로 고통스러운 문제가 아니라 장난스러운 모험입니다. 복음의 목적은 우리를 죄책과 엄숙함으로 누르려는 게 아니라, 우아하고 즐겁게 살도록 우리를 풀어 주는 것입니다.

제 말이든 지혜 부인의 말이든 오해하지는 마십시오. 이제부터 여러분이 아무런 고민이나 아픔이나 당혹스러운 일 없이 산다는 말이 아닙니다. 앞으로 그런 일들이 많을 것입니다. 존재의 어두운 면과 뜻하지 않게 만나게 될 것입니다. 그러나 그럴 때 지혜 부인은 여러분을 탓하는 게 아니라 견딜힘을 키우게 도와줄 것입니다. 그리스도는 우리가 얼마나 형편없는지 말해 주려고 온 것이 아니라, 얼마나 용서받았는지 말해 주려고 왔습니다. 그 어조는 경고가 아니라 희망입니다.

∾

오늘이 특별한 날인 분들이 있습니다. 어떤 청소년들은 기독교 신앙으로 입교할 것이고, 또 어떤 청소년들은 고등학교를 졸업합니다. 나이가 든 사람들은 이 젊은이들을 보면서 인생의 한 시기가 끝나는 것을 봅니다. 신체적·감정적·정신적 발달이 완성 혹은 거의 완성이 되었습니다. 이제 그들의 임무는 그것을 가지고 무엇인가를 하는 것입니다. 청소년기는 좋았는데 그 뒤로는 인생이 온통 내리막인 사람들이 많습니다. 그런가 하면 해마다 인생이 새롭게 강렬해지고, 새로운 복을 발견하고, 새로운 사랑을 경험하면서 힘이 더해가는 사람들도 많습니다.

청소년이든 어른이든 우리 모두가 처한 위험은 실수하는 게 아닙니다. 우리는 분명 실수할 것입니다. 우리의 본성과 삶의 조건을 생각할 때, 그건 확실합니다. 위험은 우리가 자각하지 못하고, 반응 없이, 믿음 없이 사는 것입니다.

인간의 임무는 온전히 사는 것, 우리 안에 아직 남아 있는 젊음을 다 사는 것입니다. 태어날 때 우리는 미완의 존재입니다. 우리의 임무는 자라는 것, 근육과 감정과 생각을 사용하는 법을 배우는 것입니다. 우리 속 깊은 곳에는 온전하고 발전적인 삶을 살고자 하는 본능이 있습니다. 생물학적 단계가 완성되면서 조금 더 내면으로 향하게 되는 전환이 일어납니다. 우리에게 주어진 것을 잘 사용하면 하나님과 이웃과의 관계로, 온전하고 완전한 관계로 발전합니다. 우리는 하나님이 다스리시고 사랑하시는 실존의 자리에 있고, 그 실존은 다른 피조물과 창조물, 곧 인간과 동물과 사물을 포함합니다. 우리의 소명은 그것을 사는 것입니다. 그것은 결코 완성되지 않습니다. 언제나 진행중인 평생의 참여입니다.

　그러나 그렇게 사는 동안에 우리를 만드시고 구원하신 하나님이 우리가 즐겁게 살 수 있도록 최고 일꾼과 지혜 부인과 조화롭게 하는 자로서 우리 곁에 계시다는 사실을 기억하십시오.

　아멘.

6

"어리석은 자들의 희생"

전도서 5:1-2
마가복음 1:1-8

전도서는 세례 요한 유의 책입니다. 식사가 아닌 목욕과 관계된 책이라는 뜻입니다. 영양분을 주는 게 아니라 씻어 줍니다. 회개이고 정화입니다. '전도서'의 원제를 영어로 번역하면 그냥 '설교자'라는 뜻입니다. 믿음의 사람으로서 우리는 이 설교자를 우리 삶에 초대해 우리의 영혼에서 환상과 감상, 우상숭배적인 생각, 넌더리나는 감정들을 박박 닦아 냅니다. 전도서는, 하나님이 예수님 안에서 스스로를 계시하심으로써 선포하신 실재를 정확하게 들을 수 있도록 우리를 준비시키기 위해서 먼저 우리의 허세를 드러냅니다.

신약성경과 시편을 같이 묶은 성경책들이 있습니다. 예수님의 복음은 반응을 필요로 하기에, 기도로 반응해야 하는 것이기에 아주 적절한 배합이라 할 수 있습니다. 먼저 다윗의 기도부터 시작하게 해주는 것이지요. 복음은 단지 하나님에 대한 정보가 아니기 때문에 반응이 필요합니다. 복음은 우리가 직접 살 수 있도록 주시는 하나님의 생명입니다.

저는 또 다른 조합의 성경책을 제안하고 싶습니다. 신약성경 앞에 전도서를 넣는 것입니다. 우리는 복음에 대해 너무도 많은 잘못된 기대를 품고, 자신도 모르는 사이에 일터나 놀이터에서 배운 어리석은 감상과 까다로운 요구를 들이댑니다. 그렇게 되면 영양가 있고 안전한 음식을 먹는 데 방해가 됩니다. 전도서는 이러한 우리를 씻어 주는 비누와 물입니다. 우리가 믿음이라고 착각한 어수선한 경건의 먼지와 때, 종교라고 착각한 고함과 모독을 씻어 하수구로 흘려보냅니다. 전도서는 '그런 게 아니야!'라는 말로 복음의 메시지를 왜곡하거나 잠식시키는 방해와 속임수로부터 우리를 자유롭게 해주는 책입니다. 그것 자체가 메시지는 아닙니다. 전도서에는 '메시지'가 없습니다("여기에는 그가 전해야 하는 메시지라는 게 없다. 그가 할 일이라고는 환상을 경고하는 것밖에 없기 때문이다").⁹

저는 전도서를 자녀를 저녁식탁으로 부르는 부모의 관점에서 생각합니다. 아이들은 놀다가 들어와서 손이 더럽고, 그래서 부모는 "가서 씻고 와. 그렇게 더러워서는 여기에 앉아 먹을 수가 없어"라고 말합니다.

그러나 아이들은 더럽다고 느끼지 않습니다. 신나게 놀다왔기 때문입니다. 하지만 자신에게 자연스럽게 느껴지는 게 주님의 식탁 문화에서는 자연스럽지 않다는 것을 결국 배우게 됩니다.

믿음이라고 종종 오해되는 것을 치워야 우리는 자유롭게 하나님의 말씀을 들을 수 있습니다. 살아 계신 하나님과 관련되지 않은 것은 전부 허무하다는 것을 새롭게 발견하게 되고, 우리 문화에서 아무리 세련되고 존경받는 것이라 하더라도 살아 계신 하나님과 단절된 것은 다 헛되다는 것을 발견합니다.

전도자가 자기 할 일을 하는 동안에는 다소 공허할 수 있습니다. 그러나 그 빈자리는 하나님의 성령으로 채워질 것입니다. 우리 안에 그리고 우리를 통해 흐르면서 모든 것을 새롭게 하는 그 풍성함으로 말입니다.

～

우리가 이 세상에서 마주치는 '하나님' 혹은 '선함'으로 일컬어지는 것들은 사실 하나님도 선함도 아닙니다. 우리가 좋게 본다고 해서 모든 일이 좋은 결과를 낳는 게 아닙니다. 이것은 세상에서나 교회에서나 마찬가지입니다. 종교에는 쓸데없는 쓰레기들이 많이 있습니다. 조악한 도덕과 게으른 사고가 있습니다. 속임수와 욕이 있습니다. 화사하게 웃고 진지하게 말한다고 복음이 되는 게 아닙니다.

예수님이 떠나시기 전에 제자들에게 하신 마지막 말들은 전도자의 말과 매우 비슷합니다. "누가 너희에게 '그리스도가 여기 있다!' 혹은 '저기 그분이 있다!' 해도 믿지 마라. 거짓 그리스도와 거짓 예언자들이 일어나서 기적과 표적을 보여서 할 수 있으면 선택받은 사람들을 미혹하려 할 것이다. 그러나 잘 들어라. 내가 모든 것을 너희에게 미리 말했다"막 13:21-23.

설교자의 책임은 우리가 쉽게 속지 않으면서도 긍정적일 수 있게 해주는 것입니다. 존재의 모든 영역에서 하나님의 모든 징조에 기꺼이 '예'라고 할 수 있게 우리를 깨어 있게 하고 준비시키는 동시에, 여기저기 쉽게 넘어가지 않게 하는 것입니다. 아무 쓰레기나 다 받아들이는 수동적 저장소가 되지 않으면서 건강하게 수용하도록 우리를 훈련시키는 것입니다.

이러한 책임을 교회가 시행하는 방법 중 하나는 전도서를 정기적으로 묵상하게 하는 것입니다. 여기에 나오는 첫 단어는 우리의 주의를 끕니다. "헛되고 헛되다! 모든 게 헛되다!"전 1:2 문맥에 따라서 다양한 의미들이 이 단어에서 나옵니다. '가시적이지만 실질적이지 않은', '헛된', '거짓의', '환상의', '사기의'와 같은 의미말입니다. 이 주제가 계속해서 반복됩니다. 전도서는 몇 페이지 안 되는 지면에 '헛되다'라는 말을 거의 마흔 번 가까이 사용합니다. 구약성경의 나머지 부분에서 그 말은 서른세 번밖에 사용되지 않습니다. 전도서가 전체적으로는 매우 긍정적이라는 것을 볼 때 이것은 사실 좀 놀랍습니다. 그토록 많은 '예'와 '아멘'을 남발하는 교회가 이 책을 그렇게 잘 받아들이는 것도 신기합니다.

ಬ

저는 '먼지'를 '잘못 놓인 것'이라고 정의한 말을 늘 좋아했습니다. 햇살을 잔뜩 받아 우리의 눈과 피부로 따뜻한 기온을 반

사시키는 멀리 뻗은 백사장보다 더 아름다운 게 어디 있습니까? 덤불에 기적처럼 매달려 있는 거미줄에 이슬이 맺혀 빛나며 아침 햇살에 장식처럼 드리워진 것을 보는 기쁨이 얼마나 큽니까? 그러나 카펫 위에 쏟아진 모래는 아름답지 않습니다. 옷장 어두운 구석에 쳐져 있는 거미줄은 당장 빗자루를 찾게 만듭니다. 잘못 놓인 모래와 거미줄은 반드시 제거됩니다.

종교가 그렇습니다. 제자리에서 창조 질서에 따라 기능하면, 아름답고 유용하며 매력적입니다. 잘못 놓이거나 잘못 비추면, 매력이 없고 건강하지 않고 원하지 않는 게 됩니다. 잘못 놓인 것을 우리는 '먼지'라고 부릅니다. 종교가 잘못 놓이면 우리는 그것을 '위선' 혹은 '미신' 혹은 '자기 의'라고 부릅니다.

오늘 본문은 이렇습니다. "하나님의 집에 들어갈 때는 발걸음을 조심하여라. 가까이 다가가 말씀을 듣는 것이 어리석은 자의 희생제사보다 더 낫다. 그들은 자신들이 악을 행하는지 모르기 때문이다. 입을 섣불리 열지 말고, 하나님 앞에서 성급하게 말을 뱉으려 하지 마라. 하나님은 하늘에 계시고, 너희는 땅에 있으니, 말을 적게 하여라"전 5:1-2. 전도자는 우리에게 교회에 가는 것은 위험한 일이라고 말하고 있습니다. 교회 근처에 갈 때는 조심하여라. 네게 끔찍한 일이 일어날 수도 있다. 그것은 마치 얼음판 위를 걷는 것과 같습니다. 어느새 갈라져 예고도 없이 물에 빠질 수 있기 때문입니다. 혹은 운전하는 것과 같습니다. 운전대를 잡고 차의 행렬로 들어서는 순간 많은 위험에 노출됩니다. 그렇다고 운전을 하지 말라는 것은 아닙니다. 그러나 매우 조심해야 하는 것은 사실입니다.

우리는 상황을 이해해야 위험을 이해할 수 있습니다. 하나님을 믿는 믿음의 삶으로 들어갈 때, 우리는 하나님이 우리에게 말씀하시고 사랑으로 우리의 삶을 바로잡으시고 자비로 우리를 구원하시겠다고 약속하시는 존재의 영역으로 들어갑니다. 그곳은 영원의 공간입니다. 우리는 하나님의 피조물이고, 따라서 하나님은 우리를 매우 진지하게 대하십니다. 우리의 이름을 아십니다. 우리의 짐을 지십니다. 우리가 살 수 있도록 자신의 생명을 주십니다.

그러나 여기에서 위험한 것은 하나님의 이름으로 함께 모여 놓고 도덕에 대해서 그리고 이웃에 대해서 서로 수다만 떨면서 하나님의 음성은 잠식시키는 것입니다. 종교 제도를 운영하느라 너무 바빠서 기도할 에너지나 주의력을 하나도 남지 않게 될 위험이 있습니다. 종교를 우리가 주도하는 것으로, 우리가 이끌고 완성시키는 것으로 대할 위험이 있습니다. 전도자는 이것을 "어리석은 자의 희생제사"라고 부릅니다. 저는 이것을 "잘못 놓인 종교"라고 부릅니다.

전도자의 시대에는 종교가 밋밋하고 진부해졌습니다. 위대한 계시의 산 시내가 침식되어 흙무더기가 되었습니다. 천둥 같던 하나님의 명령이 잦아들고 부드러운 배경음악으로 편곡되었습니다. 죄의 인간과 거룩의 하나님이 만나는 지진 같은 순간들이 감상적 멜로드라마가 되었습니다. 노숙자들이 자비와 사랑의 하나님으로부터 기적으로 인도를 받고 공급을 받았던 검소하기 이를 데 없는 사막이 일괄적 단위로 측량되고 구획되어 모든 중산층 가족이 구매할 수 있는 가격에 판매되었습니다. 그리고 이제는 폐부를 찌르고 기초를 흔드는 욥과 같은 사람의 지혜 대신에 긍정의 힘을 파는 노먼 빈센트 필^{Norman Vincent Peale}의 브로마이드가 있습니다. 이사야와 같은 예언자의 "기교 있는 천둥"¹⁰ 대신에 텔레비전 설교자 지미 스웨거트^{Jimmy Swaggart}의 번들번들한 쇼맨십이 있습니다.

종교는 많았습니다. 그러나 그것은 잘못 놓인 종교였습니다. 하나님의 계시를 원래의 엄청난 배경에서 이것저것 떼어 내어 문화 속에 장신구처럼 걸어 놓았습니다. 그런 장신구로 환경은 어질러졌고, 모든 진정한 필요는 묵살되었습니다. 그것은 솔 벨로의 소설에 나오는 오지 마치가 자기 어머니에게 하는 말과 같이 되었습니다. "그런 건 어머니들이 미신처럼 잡다하게 지키는 것들이지, 물을 거꾸로 돌리시고 고모라를 폭파시키신 거대한 창조의 하나님과는 아무런 상관이 없는 것들이지요. 그래도 무슨 종교 전통처럼 지키긴 했어요."¹¹

☙

예수님은 이 땅에 사실 때 "잘못 놓인 종교", 전도자가 "어리석은 자의 희생제사"라고 풍자한 것을 많이 보았습니다. 예수님은 하나님의 실재, 창조의 능력, 용서의 기적, 자비의 드라마, 일상의 제자도로 살아내는 지혜의 요동치는 맥박을 보여주기 위해 우리 역사 속으로 들어오셨습니다. 많은 사람들이 기쁘게 예수님의 말을 듣고, 열정적으로 그 주변에 몰려들었습니다. 그러나 지루해하고 감동을 보이지 않는 사람들도 있었습니다. 그들은 바리새인으로 알려진 종교 전문가들이었습니다. 그들은 예수님에 대해서 윈도우 쇼핑을 하는 사람들과 같은 태도를 보였습니다. 좋은 옷을 입고 한가하게 길을 다니는, 딱히 필요한 것도 없지만 마침 싸고 좋은 물건을 만나면 살 수도 있는 그런 자세 말입니다. 마태복음 23장은 예수님이 이러한 사람들을 만나신 장면입니다. 거기에서 예수님은 그들을 여섯 번이나 경고하십니다. "화가 있을 것이다, 너희 위선자들아!"

오늘 집에 가시거든 성경을 꺼내서 마태복음 23장을 다시 읽어 보십시오. 거기에 보면 예수님이 그들의 가르침에 대해서 비판하신 적은 한 번도 없다는 것을 알게 될 것입니다. 오히려 예수님은 바리새인들을 비난하기에 앞서 곁에 서 있는 사람들에게 "그들이 너희에게 말하는 것을 실천하고 지키되, 그들이 행동하는 것은 따르지 마라. 그들은 설교는 하지만 실천은 하지 않는다"마 23:3고 말씀하셨습니다. 말에 해당하는 그들의 종교는 틀리지 않았지만, 몸에 해당하는 것은 쓸모가 없었습니다. 그들은 말을 많이 하고, 많이 가르치고, 훈수를 많이 두었습니다. 그러나 그렇게 살지는 않았습니다. 실재를 경험하지 않았고 자비를 나누지 않았습니다. 전능자의 지시를 따르지 않았습니다.

⋯

제가 "잘못 놓인 종교"라고 부르는 것을 '종교'라고 지칭하고, "제자리에 놓인 종교"는 기독교의 새 용어인 '복음'이라고 부르는 게 좋다고 생각하는 사람들이 있습니다. 저도 그 용어가 마음에 들지만 그것을 일관된 용례로 사용하지는 못합니다. 그러나 그러한 구분은 유용합니다. 하나님의 진리를 가져다가 미신처럼 쓰거나 조작하거나 교만하고 이기적으로 쓰면 그것은 '종교'입니다. 그 반대는 '복음'입니다. 복음은 예수 그리스도의 인격을 통해서 원래의 의미와 힘 그대로 하나님의 진리를 듣고, 믿음으로 그것을 받아들이고, 신실한 제자도로 거기에 응답하는 것입니다. 사람들은 늘 복음을 종교로 바꾸려고 합니다. 그래서 하나님은 계속해서 돌아오라고, 탁 트인 복음의 들판으로 돌아오라고 부르십니다. 그곳은 전도자의 표현을 빌리면, "하나님은 하늘에 계시고, 너희는 땅에 있으니 많은 말을 하지 말라"전 5:2는 곳입니다.

놀랍게도 참으로 많은 사람들이 하나님을 잘못된 장소에서만 마주칩니다. 그래서 그들은 '종교'라는 단어를 들으면 답답하고 자기 의로 가득한 사람을 떠올립니다. 예배를 생각하면 곰팡내 나는 찬송가와 음울한 곡조를 떠올립니다. '전도'라는 말을 들으면 자기가 만들어 낸 하나님을 파는 종교행상인의 무례함을 떠올립니다.

ᴄᴏ

전도자는 성경에서 이러한 문제를 다루는 데 아주 효과적인 발언을 하는 사람입니다. 전도자만 있는 게 아닙니다. 성경을 잘 모르는 사람들은 거기에 얼마나 많은 반反종교가 있는지에 놀랄 것입니다. 성경은, 단순히 '종교적'이기 때문에 좋을 것이라고 많은 사람들이 생각하는 것을 나쁘다고 격렬하게 말합니다. 경건하게 청렴한 행세를 하는 속임수를 성경이 얼마나 참을 수 없어 하는지는 성경을 조금 읽다 보면 금방 알 수 있습니다. 기적처럼 혹은 초자연적인 것처럼 보인다는 사실 하나로 거의 무엇이든 받아들이는 놀라운 수용의 자세를 성경은 가차 없이 거절합니다. 우상 숭배의 속임, 마술의 환상, 미신의 어리석음을 성경은 지칠 줄 모르고 폭로합니다.

사람들이 하나님 없이 종교를 만들고, 믿음 없이 온전함을 얻으려 할 때마다 전도자의 일은 반복됩니다. 그는 맥락에서 따로 떼어 낸 종교는 헛되다고 성경에서 가장 두드러지게 주장하는 목소리입니다. 그런 종교는 기쁨도 소유도 경건도 없다고 말합니다. 그는 우리가 하나님을 위해 옷을 입을 수 있도록 우리의 종교를 벗깁니다.

아멘.

7

"네 옷을 늘 희게 하여라"

전도서 9:1-10
빌립보서 1:3-11

하나님이 욥에게 "폭풍 가운데서"욥 38:1 말씀하셨을 때, 하나님은 자신이 "땅의 기초를 놓을 때"에, 그러니까 존재하는 모든 것을 만드셨을 때에, "새벽 별이 함께 노래하고, 하나님의 모든 아들들이 기뻐서 외쳤다"욥 38:4, 7고 하셨습니다. 이 말은, 우리의 상상력이 허락하는 한 충분히 과거로 거슬러 간다면, 거기에는 기쁨이 있다는 뜻입니다. 하나님의 별과 하나님의 아들들이 노래하며 즐거워 외치고 있습니다.

그리고 그 반대로 우리의 상상력이 허락하는 한 충분히 미래로 간다면, 하늘까지 간다면, 거기에도 비슷한 즐거움이 있는 것을 봅니다. 밧모섬의 요한이 본 묵시의 비전에서는 모든 피조물이 하나님의 보좌 앞에 모여 있고, 기쁨의 노래가 흥겨운 합창으로 울려 퍼집니다. 그렇게 함께 모인 자리에 이스라엘의 열두 지파와 교회의 열두 제자를 대표하는 스물네 명의 장로들—마지막 피날레에서, 오랜 세월 동안 이어져 온 제자의 길과 믿음을 상징하는 존엄한 인물들—이 관을 벗어 하늘로 던져 하나님의 보좌 앞에 떨어지게 합니다계 4:1-11. 이 장면은 매우 흥겨운, 심지어 장난스럽기까지 한 장면입니다. 수염을 기른 이 고대의 인물들이 보좌 앞에서 관을 벗어 하늘 높이 던지는 모습이라니요. 사관학교 생도들이 졸업을 축하하며 흰 모자를 하늘 높이 던지는 모습, 혹은 미식축구 선수들이 승리를 자축하며 한꺼번에 헬멧을 하늘로 던지는 모습을 생각해 보십시오. 만약 가능하다면 이들은 자기 머리를 던져 기쁨을 표하고 싶었을 것입니다.

우리의 신앙 이야기는, 우리의 존재 자체가 기쁨으로 시작해서 기쁨으로 끝납니다. 그리고 그 시작과 결론 사이에도 기쁨이 있습니다. "하나님의 성을 기쁘게 하는 그 강의 줄기들"시 46:4. 예수님도 분명하게 말씀하셨습니다. "내가 이것을 너희에게 말한 것은 나의 기쁨이 너희 안에 있고, 너희 기쁨이 충만하게 하려는 것이다"요 15:11. 그리고 오늘 우리가 읽은 서신서의 바울은 빌립보 사람들에게 자신이 소위 "믿음의 즐거움"요 1:25을 얼마나 잘 알고 또 다른 사람들도 거기에 동참하기를 원하는지에 대해서 썼습니다.

성경 외에 교회의 삶에서도 우리는 마찬가지의 기쁨을 발견합니다. 20세기 동안 그리스도인들은 기쁨을 보여주었습니다. 물론 슬픈 그리스도인들, 어둡고 칙칙한 예수님의 추종자들도 많았습니다. 그러나 우리에게 희망을 주는 사람들은 기쁨으로 가득해 보입니다. 로마 가톨릭교회가 믿음의 형제자매들 중 몇 명에게 그들이 신앙의 모범적 삶을 살았음을 표시하는 '성인'이라는 명예로운 호칭을 주는 작업을 할 때, 그 자격의 요건 중 하나가 기쁨의 증거였습니다. 성인 후보가 되려면 웃고 찬양하고 즐거워할 줄 아는 흥이 있는 남자 혹은 여자여야 했습니다.

처음과 마지막에, 그리고 그 사이의 매 순간에 기쁨이 있습니다. 기쁨은 하나님의 창조물이고 선물입니다. 기쁨으로 가득 차지 않은 성경적 신앙은 상상할 수 없습니다.

❧

그렇다면 왜 그토록 많은 사람들이, 그야말로 좀 즐겨 보려 애를 쓰다가 결국에는 난관에 빠지게 되는 것일까요? 왜 그토록 많은 사람들이 기쁨을 추구하지만 그 결과는 만족스럽지 못한 것일까요? 실제로 우리가 보게 되는 상당수의 불행이 즐거움을 추구하는 데서 시작되었습니다. 그것이 마약의 환각이든, 섹스의 황홀경이든, 소비의 욕심이든 말입니다. 즐거움이 하나님으로부터 비롯된 것이라면, 왜 그것을 최대한 누리려고 하는 것이 문제가 되는 것일까요?

전도자는 이 문제에 대한 답을 줍니다. 저는 종종 이 전도자를 하나님 나라의 쓰레기 수거 담당으로 생각합니다. 그는 골목과 뒷마당을 다니며 쓰레기통과 다락방을 치워 주고, 언젠가는 필요할 것 같아서 모아 둔, 하지만 사실은 쓸모없는 것들을 다 가져갑니다. 그는 한때는 좋았던 것들—충동적으로 비싸게 사들인 것들—하지만 하나님 안에서 사는 믿음의 삶으로부터 우리를 멀어지게 하는 것들을 없애 줍니다. 가끔씩 대청소를 해서 좋은 생활에 도움이 되지 않는 것들은 내다 버리는 것처럼, 우리는 가끔 전도서를 읽고 믿음 안에서 그리스도를 따르는 우리의 삶을 부산하게 만드는 환상과 감상주의를 청소합니다.

전도자의 도움이 특별히 필요한 분야 중 하나는 즐거움과 기쁨의 추구입니다. 기쁨을 경험하지 않고는 하나님을 경험할 수 없습니다. 하나님을 만나는 사람은 기쁨도 만납니다. 하지만 기쁨과 그 기쁨을 주시는 하나님을 분리하면 어떻게 됩니까? 기쁨은 붙잡되 기쁨의 하나님은 옆으로 제쳐 두면 어떻게 됩니까? 그래 놓고서 우리는 우리가 찾는 기쁨이 왜 지루하고 재미없고 의미 없어졌는지 궁금해합니다! 이 굴레에서 우리는 벗어날 필요가 있습니다. 전도자는 우리가 이 일을 할 수 있게 도와줍니다.

그러나 먼저 분명히 할 것이 있습니다. 전도자는 우리에게 무엇이 옳은 즐거움이고 무엇이 잘못된 즐거움인지 지시해 주지 않습니다. 그는 그런 사람이 아닙니다. 도덕주의자가 아닙니다. 우리는 도덕적 우주에 살고 있고 도덕적 결정을 할 줄 알아야 합니다. 옳은 것을 택하고 잘못을 거절하며, 하나님을 택하고 악을 부인해야 합니다. 그러나 전도자는 진짜와 가짜, 진정한 것과 거짓된 것, 실제와 환상을 구분하는 것과 더 연관이 있습니다. 바로 이 부분에서 전도자는 안내를 해줄 수 있습니다. 그의 질문은 "무엇이 옳은가?"가 아니라 "무엇이 진짜인가?"입니다. 우리가 소중하게 여기고 우리 삶의 중심으로 삼는 많은 것들에 대한 그의 반복된 결론은 그것이 헛되다, "허황되다"라는 것입니다. 제가 배웠던 어느 히브리어 학자는 이 말을 "내장에 찬 가스"라고 노골적으로 번역했습니다.

그렇게 본다면 전도자가 좋은 즐거움과 나쁜 즐거움, 합법적 즐거움과 불법적 즐거움을 구분해서 나열하지 않는 것이 이해가 됩니다. 그의 관점에서 볼 때 모든 기쁨, 모든 즐거움은 하나님의 선물입니다. 우리의 임무는 그 기쁨을 즐기는 법을 찾는 것입니다. 기쁨은 많고도 다양합니다. 그러나 그것을 즐기는 우리의 능력은 의문스럽습니다. 우리 문화에서 정말로 기쁨을 즐기는 일은 드뭅니다. 기쁨을 찾거나 붙잡는다고 해서 반드시 즐기는 능력이 생기는 것은 아닙니다.

저는 늘 소설가 엘런 글래스고가 자신의 할아버지에 대해서 한 말을 신기해했습니다. 장로교회의 매우 엄숙한 장로이셨던 할아버지에 대해서 그는 한 번도 기쁨을 "범하지" 않은 분이라고 했습니다.[12]

그러나 전도자는 그렇지 않습니다. 그는 기쁨을 매우 신봉합니다. 그는 우리의 확고한 기호나 충동이, 하나님의 현존으로 끌어들이기 위해서 하나님이 주신 원재료라는 것을 압니다. 그러나 그는 또한 그것이 왜곡되거나 틀어져서 지루하기 짝이 없고 냉소적인 삶이 될 수도 있다는 것도 압니다. 기쁨은 우리를 온전함으로 이끌려 하지만, 우리가 그것과 관여하는 방식은 종종 불행을 낳습니다.

～

전도자는 솔로몬 왕의 역할을 자처함으로써 자신의 요점을 전달합니다. 히브리 왕 중에서 가장 지혜롭게 시작해서 가장 어리석게 임기를 마친 왕 솔로몬은 전도서가 기록되던 당시에는 이미 아련한 과거의 인물이었습니다. 전도자는 재치 있게 이 역할 놀이를 함으로써 잘못된 즐거움의 모습을 솔로몬이라는 인물을 통해 보여주고 있습니다.

'솔로몬'이 말합니다. "자, 내가 쾌락이라는 것을 실험해 보겠다. 한번 놀아 보자."전 2:1. 그 뒤에 나오는 부분을 제가 풀어서 번역해 보겠습니다.

나는 쾌락을 추구할 것이다. 그 누구보다도 즐겁게 놀아 볼 것이다. 먼저, 내 취향에 맞게 내 주변 세계를 구축할 것이다. 큰 집을 지어서 내 편의에 맞게 모든 것을 갖출 것이다. 포도원을 만들고 정원을 만들어서 내가 보고 싶은 것 그리고 내가 맛보고 싶은 것이 완전히 내 통제하에 있게 할 것이다. 공원도 만들고 풀장도 만들어서 내 주변에 있는 모든 땅과 물이 내가 원하는 대로 모습을 갖추게 할 것이다. 모든 것을 내 취향에 딱 맞게 구성해서 그것을 완전히 통제할 것이다. 그다음에는 모든 것을 소비품으로 바꾸어서 내가 원하는 대로 쓸 수 있게 할 것이다. 그렇게 하는 가장 편리한 방법은 수를 늘리는 것이다. 그러면 각각의 물건이 개별성을 잃어버려서 내 마음대로 할 수 있을 것이다. 종들도 늘려서 각자 자기 정체성을 잃고 그저 내 뜻을 따르는 로봇이

되게 할 것이다. 가축의 무리와 떼도 늘려서 개별성을 잃어버리고 그
저 식량과 의복이 되게 할 것이다. 은도 많이 쟁여 놓아서, 개인적 관
계에서 물건을 교환하는 수단이 아닌 내 권력과 중요성을 과시하는
수단으로 쓰겠다. 첩도 늘려서 여자들이 다 개성을 잃어버리고 내 개
인적 쾌락의 대상이 되게 하겠다. 내가 이 세상을 호령할 것이다. 그
어떤 것도 그것 자체로 개성이 있는 것은 없다. 내가 모든 쾌락과 모
든 것을 완전히 통제할 것이다. 내가 원하는 대로 환경을 만들 것이고,
모든 것이 내 통제하에 있을 것이다전 2:4-8.

전도자는 솔로몬의 입을 빌려 이 말을 함으로써 이 역할 놀
이의 절정을 이룹니다. "세상을 이렇게 만들어 놓았으니 완전히
거기에 탐닉할 것이다. 내 눈이 원하는 것을 금하지 않았고, 내 마
음이 즐거워하는 것에 아무런 제약을 두지 않았다"전 2:10.

❧

이 말은 그가 기획한 모든 것이 사실은 사기였음을 드러냅
니다. "내 눈이 원하는 것을 금하지 않았다" 곧 **자기 눈이 자신에게
이래라저래라 지시한다는** 표현에 나타나는 비인격성을 보십시오.
자신이 통제하려 했던 것이 이제는 자기 자신을 통제하고 있습니
다. 그는 '예' 혹은 '아니요'라고 할 수 있는 능력, 선택하고 선별할
수 있는 능력을 잃어버리고, 탐닉에 휩쓸려 버렸습니다. 자신이 통
제하기 위해서 비인격화시킨 쾌락의 세계가 이제는 그를 비인격
화시키고 있습니다. 먼저 그는 쾌락을 위한 세상을 구축했지만, 이

제는 자신이 그 구축의 대상이 되어 버렸습니다. 그는 쾌락을 자신이 사용할 수 있는 우상으로 만들었지만, 이제는 그 우상이 스스로 생명력을 가져 그를 이용하기 시작했습니다. 그는 자신이 통제할 수 있다고 생각한 자극제의 통제를 받게 되었습니다. 그는 파블로프의 개 수준으로 전락했습니다. 쾌락의 종이 울리면 침을 흘립니다. 호르몬의 명령에 바보처럼 따르는 무조건반사의 왕이 되어 버렸습니다. 그저 충동에 좌지우지되면서 거기서 빠져나오지 못하고 있습니다.

전도자는 솔로몬을 잠시 가상의 인물로 사용해서, 많은 것을 소유하고 이 세상을 자기 마음대로 주무르는 것이 기쁨과 관계가 있다고 보는 생각의 유치함을 드러냈습니다. 지혜의 명성이 아무리 자자하다 해도, 그것으로 기껏해야 성이나 사고 첩이나 들인다면, 어리석기는 마찬가지입니다. 전도자는 심지어 그게 솔로몬이라 하더라도 그런 이름에 감명을 받지 않습니다. 그 명성의 이면에는 소외와 천박함만이 있기 때문입니다. 만들고 얻고 하는 것은 기쁨의 막다른 골목입니다. "내 손으로 한 모든 일, 그리고 그러느라 수고한 모든 것을 생각해 보니, 보라, 모든 것이 헛되고 바람을 좇는 것이었다. 해 아래서 얻는 게 하나도 없었다"전 2:11.

하나님이 주시는 기쁨의 선물에 대한 솔로몬의 오해에서 얻는 것은 두 가지로 요약될 수 있습니다. 쾌락을 추구하지 말라. 그리고 쾌락은 살 수 없다.

첫째, 쾌락을 추구해서는 안 됩니다. 쾌락은 누려야 하는 선물이지, 추구해야 하는 목표가 아닙니다. 아무리 좋다 하더라도 쾌락은 삶의 이유를 주지도 성장의 목표를 주지도 못합니다. 쾌락의 추구는 권태의 늪으로 이끕니다. 인간의 근본 욕망은 하나님을 향합니다. 하나님은 이 세상을 온갖 기쁨으로 가득 채우셨습니다. 그것을 즐기기 위해서는 선물을 받는 사람처럼 가볍게 잡아야 합니다. 우리는 하나님의 선물을 받아서 그것을 즉시 우상으로 만들고자 하는 탐심의 끈끈한 손으로부터 보호받을 필요가 있습니다. 선물을 신으로 만들지 않아야 우리는 비로소 모든 인생의 선물을 제대로 즐길 수 있습니다. 전도자만큼 우리가 삶을 즐겨야 한다고 주장하는 사람이 없습니다. 그러나 동시에 전도자만큼 즐거움 자체를 목적으로 삼는 것의 위험을 세심하게 경고하는 사람도 없습니다. 그렇다면 우리는 즐겁고 풍요롭게 살 수 있는 은혜와, 분별하며 조심스레 살 수 있는 주의력을 위해서 기도해야 합니다. 죄를 경계하되 은혜를 만끽하고, 유혹을 주의하며 성령으로 깨어 있어야 합니다.

둘째, 쾌락은 살 수 없습니다. 우리가 기를 쓰고 얻고자 하지 않는다면 기쁨을 발견할 것입니다. 기쁨은 하나님이 주시는 것이고, 우리는 그것을 받을 뿐입니다. 우리는 기쁨을 만들지도 사지도 못하며, 쟁여 놓지도 축적하지도 못합니다. 우리 문화에서는 무슨 새로운 게 있으면 우리가 돈으로 살 수 있는 독창적 작품이라고 열심히 선전합니다. 그러나 기쁨은 살 수 있는 게 아니라, 오직 받을 뿐입니다. 즐거워하는 능력을 개발하기 위해서 우리가 할 수 있는 한 가지는 관대해지는 것입니다. 전도자의 말로 하면, "빵을 물에 던져라. 그러면 여러 날 후에 그것을 찾을 수 있을 것이다"전 11:1. 이것은 말하자면 하나님의 관대함을 모방하는 다소 무모한 나눔입니다. 혹은 예수님이 하신 표현을 빌리면, "자기 영혼을 잃지 않으면 이 세상을 얻을 수 없다. 그러나 자기 영혼을 잃는 사람은 찾을 것이다"마 16:26.

✧

    C. S. 루이스는 기쁨을 이해하고 탐색하는 일에 주력했습니다. 그는 모든 작품에서 기쁨을 언급하고, 기쁨 안에서 자라 가는 사람들을 위해 지혜로운 조언도 함께 줍니다. 그의 가장 재치 있는 작품 중 하나인 『스크루테이프의 편지』*The Screwtape Letters*에서 선임 악마는 신참 악마 웜우드를 지도합니다. 웜우드는 어떤 사람이 그리스도인이 되지 못하도록 막는 임무를 맡은 악마였습니다. 웜우드가 그 임무에 실패하자 그다음 임무는 그리스도를 따르게 된 이 사람을 유혹하는 것이었습니다. 이 신참 유혹자는 쾌락의 길로 그를 이끌면 이 어린 그리스도인을 파멸시킬 수 있을 것이라 생각했습니다. 그러자 그의 상관인 선임 악마 스크루테이프는 그를 질책합니다. "건강하고 정상적이고 만족스러운 쾌락은 다 어떤 의미에서 적[하나님]의 영토에 속한 것임을 잊지 마라.……그건 그가 만들어낸 것이지, 우리 게 아니다. 그가 쾌락을 만들었다.……[하나님]은 본질적으로 쾌락주의자다.……우리에게 쓸모가 있으려면 일단은 모든 것을 **왜곡**시켜야 한다.……원래부터 우리 편인 건 하

나도 없다."[13]

　그리고 역으로, 모든 것은 원래부터 하나님 편이었습니다. 모든 쾌락, 모든 기쁨, 모든 즐거움이 그렇습니다. 전도자는 쾌락의 왜곡과 타락—그것을 추구하는 것, 그것을 사려고 하는 것—을 깨닫게 하고, 그래서 우리가 쾌락을 하나님의 선물로 받아들이고 하나님의 뜻에 따라 즐길 수 있게 해줍니다. 전도자가 쓴 가장 흥겨운 내용의 문장은 바로 이것입니다.

　　가서 즐거움으로 빵을 먹고, 흥겨운 마음으로 포도주를 마셔라.
　　하나님이 이미 네가 하는 일을 인정하셨기 때문이다.
　　네 옷을 늘 희게 하여라전 9:7-8.

　　아멘.

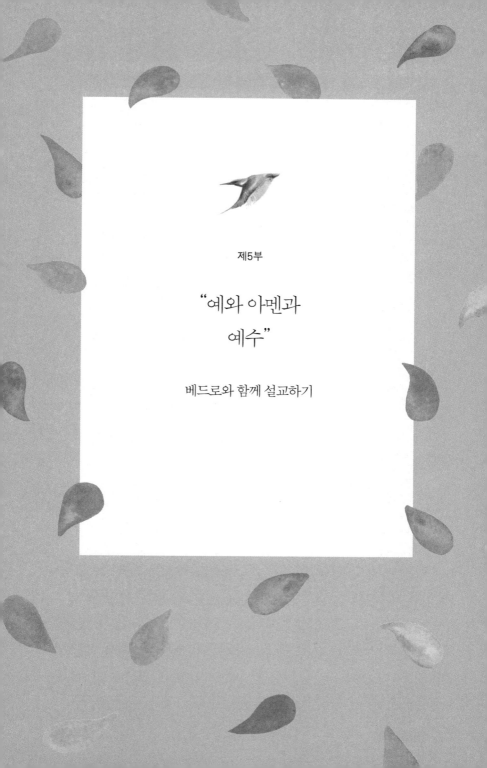

제5부

"예와 아멘과
예수"

베드로와 함께 설교하기

서문

거의 모든 학자들은 사복음서 중 마가복음이 가장 먼저 기록되었다는 데 동의합니다. 마태, 누가, 요한은 마가의 개요를 수용하면서 자기 나름의 관점을 발전시켰습니다.

그런데 분명한 것은 마가가 기록한 복음은 그 실제 형식과 글로 볼 때, 사도 베드로의 복음이라는 것입니다. 열두 명의 제자 중에서 가장 먼저 기록된 이름이 베드로이고, 그는 사도들의 우두머리로 묘사되어 있습니다. 예수님이 십자가에 달리신 뒤 베드로는 로마에서 설교를 했는데, 그때 마가가 그의 동료이자 "비서"로 곁에 있었습니다. 마가는 초대 교회의 전통에서 "정확한 순서로는 아니지만, 자신이 기억하는 것은 모두 정확하게 기록한……베드로의 번역가"로 묘사되어 있습니다.[1]

로마나 그리스의 문서 중에서 대략 복음서 형식의 선례로 여길 만한 글들이 더러 있기는 하지만, 마가 이전에는 그 누구도 기독교의 복음서와 같은 글을 쓰지 않았습니다. 이러한 글의 형식은 그리스도인의 삶을 받아들이고 살아가는 데 근본이 되는 동시에 중요한 영향을 미치는 글로 빠르게 자리 잡았습니다. 우리는 성령께서 성경의 내용에 영감을 주셨다는 사실은 잘 아는데딤후 3:16, 성경의 형식—우리가 '복음서'라고 부르는 이 새로운 문학형식—도 성령의 영감을 받은 게 사실입니다. 우리에게 모세의 글과 사무엘의 글을 남겨 준 히브리의 이야기꾼들로부터 마가가 잘 배우기는 했지만, 그 전에는 이러한 형식의 글이 없었습니다. 그리고 마가 이후로는 마태, 누가, 요한이 그의 기본 이야기를 자기 나름의 방식으로 확장했습니다.

마태의 관점은 예수님의 가르침에 초점을 맞춥니다. 이 책에서는 모세의 가르침과 연속성을 가지게 하려는 마태의 관점을 대변할 수 있는 산상수훈 설교를 택했습니다. 누가는 '아웃사이더'—이방인, 세리, 여성 그리고 사마리아인—에 대한 예수님의 관심을 대변합니다. 어쩌면 특별히 사마리아인에게 관심을 기울였을 것입니다. 여기에서는 제가 오래전부터 좋아한 누가의 '거름' 비유를 택했습니다. 예수님이 관심을 가지셨던 여러 종류의 아웃사이더들을 대변하기 위해서 누가가 이들을 어떻게 자기 복음서에 포함시켰는지를 잘 보여주는 본문입니다. 밧모섬의 요한도 마가가 확립한 기본적인 형식을 유지하지만, 그를 위해서는 별도의 섹션을 두어야 할 만큼 마가와는 충분히 다른 점이 있습니다 (7부: '밧모섬의 요한과 함께 설교하기'에서 요한의 복음서와 세 개의 편지 그리고 계시록을 다루었습니다).

છ

성경은 전반적으로 서사의 형식을 취하고 있는데, 이 방대한 성경의 서사들 안에서 우리는 복음서라는 형식을 만나게 됩니다. 저는 복음서를 "**성육신 이야기**"라고 부르는 게 더 정확하다고 생각합니다. 곧 하나님이 자기 자신을 인간의 형태로 계시하신 이야기지요. "그 말씀이 육신이 되어……우리가 그 영광을 보았으니, 아버지의 유일한 아들의 영광이다"요 1:14. 이러한 의미에서 마가의 복음은 마태, 누가, 요한이 이어서 발전시키는 독특한 장르입니다.

우리 시대의 위대한 이야기꾼 중 하나인 월리스 스테그너 Wallace Stegner는 이렇게 말했습니다. "형식이 나쁘면 삶도 나쁘다."[2] 복음서는 참되고 좋은 형식이고, 그에 따라 우리도 잘 살 수 있습니다. 이야기는 전제, 가정 그리고 관계의 세계를 만들고, 우리는 그 안에 들어갑니다. 이야기는 우리 자신과는 다른 세계로 우리를 초대하는데, 그 이야기가 진실하고 선하다면, 우리는 우리 자신을 능가하는 세계를 경험할 것입니다. 복음서는 우리를 하나님의 창조와 구원과 축복의 세상으로 초대합니다. 우리가 사는 바로 이 땅에서 하나님이 인간의 형태를 입고 행하셨습니다. 이것은 성육신 '이야기', 곧 피와 살이 있는 땅의 이야기, 실제 삶과 장소에서 일어난 이야기입니다. 추상적인 사상이나, 프로그램이나, 영감 있고 고양시키는 격언이 아니라, 우리들의 이야기에 나오는 장소와 일상에서 하나님의 행동을 알아보는 이야기입니다.

이것은 매우 중요합니다. 왜냐하면 성경 시대 이후 교회 문화에는 이 이야기를 가져다가 명제나 '진리'나 도덕이나 사상으로 비인격화시킴으로써 사실상 그 이야기를 제거해 버리는 관습이 횡행했기 때문입니다. 관계와 사람들이 이야기에서 제거되어 버립니다. 그래서 기독교 신앙의 핵심인 예수님이 추상적인 진리로 비인격화되고, 사람들은 해결해야 하는 문제로 비인격화됩니다. 결국 이야기가 남지 않게 되는 것이지요.

성 마가가 쓴 이 글(그리고 그의 후계자들인 마태, 누가, 요한)을 조금만 읽어도, 우리는 이것이 고대 로마의 통치를 받던 팔레스타인 지방 역사의 아주 짧은 시기 동안에 실제로 일어난 사건에 대한 기록이라는 것을 알게 됩니다. 그리고 다 읽기 전에 깨닫게 되는 것은, 이 글이 예수 그리스도 안에서 개인적으로 우리의 구원을 이루시는 하나님에 대한 기록이라는 것입니다. 하나님이 우리 삶에, 우리가 지금 사는 장소와 시대에 "육신으로 오신"(성육신하신) 것입니다.

복음서 형식의 특징은, 성령께서 창조와 구원과 축복의 이야기를 하시는 오랜 전통의 히브리의 이야기를 예수님의 이야기로 완성시킨다는 것입니다. 곧 모든 이야기를 성숙하게 완성시키고 있는데, 이것은 분명하게 계시(곧 하나님의 자기 드러냄)이면서, 우리의 참여를 청하는, 심지어 **강요하는** 이야기입니다.

어떤 면에서 이 예수님의 창조-구원-축복 이야기는 이상하기도 합니다. 우리가 흔히 이야기에 흥미를 가지게 되는 요소들에 대해서는 별로 알려 주는 바가 없습니다. 우리가 정말로 관심

있는 것에 대한 정보는 극히 제한되어 있습니다. 예수님의 외모에 대한 묘사가 없습니다. 그분의 친구나 교육에 대한 것도 없고, 유년기에 대한 이야기도 거의 없습니다. 그분의 생각, 느낌, 감정, 내적 갈등에 대한 이야기도 별로 없습니다. 예수님 자신에 대해서는 당황스러울 정도로 침묵하고 있습니다. 예수님을 이해하게 되지도, 찾게 되지도, 우리 관점에 따라 해석하게 되지도 않습니다. 이 이야기를 찬찬히 읽다 보면, 예수님과 그분의 삶은 소비품이 아니라는 것을 알게 됩니다.

물론 이 이야기에는 다른 사람들도 많이 등장합니다. 아프고 배고픈 사람들, 희생자와 아웃사이더들, 친구와 적들, 그리고 그 함의상 **우리** 모두가 등장합니다. 베드로와 함께 설교하다 보면, 우리의 설교가 하나님을 계시하는 예수님에 대한 집중과 반응이 되는 경우가 많습니다. 복음서가 우리의 집중과 반응을 이끌어 내는 것입니다. 행마다, 페이지마다, 온통 예수, 예수, 예수입니다. 구원은 스스로 이루는 게 아니라 주어지는 것입니다. 예수님이 주십니다. 복음서는 거기에 예외가 없다고 말합니다.

베드로가 로마에서 십자가에 달려 죽고 나자, 마가는 이집트의 알렉산드리아로 가서 교회의 첫 주교가 되었습니다. 이제 그는 예수님을 설교하며 다니던 베드로와 함께 로마에 있던 시절에 경험한 것을 돌아보며 기록할 시간적 여유와 여건을 갖추었습니다. 마가는 베드로가 설교한 예수님의 복음을 썼습니다. 이 예수님의 이야기가 베드로의 "비서"인 마가가 쓴 첫 예수 복음서가 되었습니다. 적어도 제법 신빙성 있는 전통에 의하면 그렇습니다.

그러던 중 성 마가는 "뭉툭 손가락"이라는 별명을 얻었습니다. 이러한 별명을 가지게 된 경위에 대한 가설 중 하나는 마가가 몸집은 컸지만 손가락은 그에 어울리지 않게 뭉툭했다는 것입니다. 이 별명은 애정 어린 것으로 서로 농담을 주고받는 친구들끼리 '땅딸보', '홀쭉이', '노랑이', '야옹이' 하고 부르는 것과 같습니다. '뭉툭 손가락.' 이 별명은, 날마다 베드로와 함께 다니면서 그의 설교를 듣고, 자기가 들은 설교를 그 짧고 굵은 손가락으로 양피지에 꾹꾹 눌러가며 쓰는 마가를 보았던 로마의 친구들로부터 유래했을 수 있습니다. 그 짧고 굵은 손가락으로 기록한 그의 문장은 그와 대조적으로 휙휙 넘어가는 드라마였습니다. 미국의 소설가 레이놀즈 프라이스Reynolds Price는 이 별명이 다른 데서 유래했다고 봅니다. 그는 마가의 "짓궂고 거친 언어"에 걸맞게 투박한 손가락이라고 해석했습니다.[3]

마가가 섬겼던 사도 시몬도 별명이 있었습니다. 그리스어로 '바위'라는 뜻의 베드로입니다. 그러나 베드로와 달리 마가의 별명은 오래가지 않았습니다. 베드로가 로마에서 순교하고 마가가 알렉산드리아의 주교가 되자, '뭉툭 손가락'이라는 별칭은 아무래도 주교의 지위에 어울리지 않아서 마가가 자기 원래 이름을 썼다고도 전합니다.

예수님을 삼위일체 하나님이 성육신하신 그리스도로 처음 알아보고 고백한 사도인 베드로의 이야기에 깊이 빠지는 것은, 설교자들이 성육신의 상상력을 개발하기에 가장 좋은 방법이라고 저는 생각합니다. 예수님의 첫 추종자들인 베드로와 그의 동료 사도들은 자기 목전에서 그 일이 일어나는 것을 보았습니다. 예수라는 인간으로 "그 말씀이 육신이 되어"요 1:14 실제로 그들 가운데 사시는 것을 보았습니다. 그들은 그렇게 하나님이 인간의 형태를 입고 제법 긴 시간(3년) 동안 자기 동네에서 사시는 것을 보았고, 그중에서 베드로가 처음으로 그 사람이 하나님이라고 알아본 것입니다.

레이놀즈 프라이스는 이야기의 중요성에 주목하게 하기 위해서 "서사 허기"narrative hunger라는 용어를 썼습니다. 그는 이렇게 말했습니다. 우리는 "이야기를 듣고 이야기를 해야 한다.……이것은 먹는 것 다음으로 중요하고, 사랑과 집 이전에 중요한 것이다. 수백만의 사람들이 사랑이나 집 없이 생존하고 있지만, 말을 안 하고 사는 사람은 거의 없다. 말은 이내 서사로 이어지고, 이야기하는 소리는 우리 삶의 지배적인 소리다."[4]

미국의 시인 크리스천 와이먼Christian Wiman은 새롭게 깨달은 자신의 그리스도인 정체성을 탐구하면서 이렇게 썼습니다. "이 물리적 세계로부터 우리를 추상화시키는 것은 전부 '마귀의 것'이라고 생각하게 되었다.……그리스도는 이야기에 삶을 걸도록 자신의 추종자들을 준비시키기 위해 이야기로 말씀하셨다. 왜냐하면 존재는 해결해야 하는 문제가 아니라, 한 사람 한 사람이 물려받고 겪고 변화시켜야 하는 서사이기 때문이다."[5]

모든 진리가 살아내는 진리가 되도록 우리에게는 성육신의 상상력, 예수님으로 흠뻑 젖은 상상력이 필요합니다. 설교할 때마다 우리가 마주하게 되는 우리 회중의 가정과 일터에서 그 진리를 살아야 합니다.

1

"사람들이 나를 누구라고 하더냐?"

시편 2편
마가복음 8:27-30

한 번씩 사람은 서너 마디의 짧은 문장으로 지혜와 통찰의 바다를 만들고, 누구나 인용할 수 있는 명언을 남깁니다. 그런 말은 듣는 순간 그것이 진리임을 알고, 여생을 그 말의 의미를 생각하고 실현하며 보내게 합니다.

소크라테스Socrates는 단 세 개의 단어로 지혜의 인생을 요약했습니다. "너 자신을 알라." 이 말은 "도서관을 헤집고 전문가를 찾아다니는 데 네 시간을 쓰지 말라. 네가 누구인지 알아라. 너와 똑같은 사람이 없다. 그러니 거기에서 시작하여라"는 뜻입니다.

복음의 공동체가 공격에 시달리고, 기독교 교회들이 이단과 폭행으로 몸살을 앓던 교회사 초기에 아타나시우스Athanasius라고 하는 젊은 목사가 교회를 성공적으로 변호하고 나섰습니다. 어떤 사람은 그 현상을 "세상에 맞선 아타나시우스"라고 묘사했습니다.

조금 더 최근의 역사에서는 마틴 루터 킹의 "나에게는 꿈이 있습니다"라는 연설이 민권운동의 촉매가 되어 지금 이 1960년대와 그 이후로도 이어질 개혁을 일으키고 있습니다.

그러나 우리 그리스도인들에게는 우리가 사는 방식에 확고하게 초점을 맞춰 주는 두 개의 단어가 있습니다. 이 단어들은 이천 년 전 팔레스타인의 시골길을 친구들과 더불어 예수님과 거닐던 한 어부의 입에서 나왔습니다. 그 어부의 이름은 베드로였습니다. 그 두 단어는, "주님은 그리스도십니다"입니다. 이 말은 "너희는 나를 누구라고 말하겠느냐?"^{막 8:29}라는 예수님의 질문에 대한 답이었습니다.

☙

예수님은 팔레스타인에서 공적 사역을 시작하실 때 자기 동료로 열두 명의 남자를 택하셨습니다. 베드로와 그의 형제 안드레가 처음 함께한 일원이었습니다. 그리고 점차 열두 명이 되었습니다. 이들의 이름이 나열될 때마다 베드로가 언제나 앞에 오는데, 그가 지도자였던 게 분명합니다.

이 열두 명은 그로부터 3년간을 예수님과 함께 갈릴리 호숫가와 언덕과 마을을 걸었습니다. 걸을 때는, 특히 다른 사람과 함께 걸을 때는 서두르게 되지 않습니다. 그리고 편안하게 대화를 합니다. 모르는 사람과도 이야기를 할 시간이 있습니다. 아무것도 하지 않을 여유도 있습니다. 그래서 예수님과 함께 보낸 그 3년 동안 그 열두 명은 예수님을 관찰하고, 질문하고, 세상사와 동네일을 의논하는 등 모든 조건과 상황에서 예수님을 관찰할 시간이 있었습니다. 그러한 상황에서 예수님이 그들과 같은 인간이 아니라는 생각은 결코 할 수 없었을 것입니다.

예수님이 하신 모든 말과 행동은 우리가 하는 모든 것이 특정 장소에서 일어나듯 어떤 장소에서 일어난 것들이었습니다. 모든 삶은 현장에서 일어납니다. 이 땅, 이 이웃, 이 나무와 길과 집, 이 일터, 이 사람들 사이에서 일어납니다. 성숙한 그리스도인의 삶을 방해하는 유혹 중 하나는 아무런 불편 없이 잘 살 수 있는 유토피아, 이상적인 장소를 만드는 것입니다. 그러한 유토피아를 상상하고 그다음에 그것을 지으려고 하는 것은 우리 종의 오랜 습관입니다. 그러나 그 결과는 언제나 실현불가능으로 나타납니다. '유토피아'라는 말의 문자적 뜻 자체가 '없는 장소'라는 뜻입니다. 우리는 상상의 혹은 환상의 장소가 아닌, 실제의 장소에서만 살 수 있습니다.

예수님은 성인이 된 뒤 계속해서 갈릴리의 언덕과 마을과 호숫가에서 사셨습니다. 모두 하루 동안 걸어서 다닐 수 있는 거리에 있는 곳들이었습니다. 그리고 서른 살에 공적 사역을 시작하셨을 때 그 첫 3년을 바로 그곳 갈릴리에서, 집안에 별 인기 없는 사촌 정도의 취급을 받고 있는 그러한 동네에서 보내셨습니다. 가끔씩 예루살렘으로 유월절을 보내기 위해서 사흘간의 도보 순례를 가신 것 외에는 그곳에서 사셨습니다.

그러나 한 번, 갑작스럽고도 특이하게, 예수님은 열두 명을 데리고 갈릴리 정북쪽으로, 도보로 이틀 정도가 걸리는 가이사랴 빌립보 지방으로 가셨습니다. 이 서사에서 이 장소가 언급된 것은 이때 한 번뿐인데, 그도 그럴 것이 그곳에 사는 거의 대부분의 사람들이 이방인들, 주로 그리스인과 로마인들이었기 때문입니다. 로마 병사들이 그곳에 주둔하고 있었고, 이교의 신사로도 유명했습니다. 또한 가이사에게 헌정된 하얀 대리석 성전이 있어서 정말로 아름다운 지역이기도 했습니다. 그곳에는 샘이 있어서 목욕과 휴식을 위해 많은 사람들이 찾아왔습니다. 팔레스타인에서 가장 큰 산인 헤르몬산이 그 지역 전체를 장엄하게 내려다보고 있었고, 그 위에는 만년설이 있었습니다. 또한 네 개의 강이 한데 모여서 요단강이 되었고, 갈릴리 호수를 이루었으며, 남쪽까지 물줄기를 대다가 사해에서 멈추었습니다.

그렇다면 왜 이 시점에 예수님은 친숙한 갈릴리의 언덕과 마을을 떠나 열두 제자를 데리고 가이사랴 빌립보라고 하는, 라틴어와 그리스어를 쓰고 이방 종교를 믿는 이 외지로 가셨을까요?

ॐ

이렇게 생각해 볼 수 있습니다. 3년간 공인처럼 사시면서 예수님에게는 두 가지 일이 일어나고 있었습니다. 하나는 유대교 제사장들, 바리새인 그리고 사두개인들의 적대감이 점점 더 커진 것입니다. 예수님의 인기가 이 전문 종교인들의 의혹을 샀습니다. 어느 시골구석에서 온 별 볼 일 없는 이 사람에 대해서 너무 많이들 이야기를 했습니다. 그래서 그들은 위협을 느꼈습니다.

둘째로, 예수님에게 많은 사람들이 몰려들었습니다. 예수님은 그들에게 현자와 같은 존재가 되었습니다. 사람들은 예수님이 무얼 하는지 보고 무슨 말을 하는지 듣고, 평범한 사람들을 진지하게 대하시는 모습을 보고 싶어 했습니다.

한쪽에서는 적이 생기고, 다른 한쪽에서는 유명인사가 되어가는 형국이었습니다. 복고로서든 최신 유행으로서든, 예수님은 유명해지셨습니다.

그래서 예수님은 자신이 잘 알려지지 않은 중립적인 장소로 가서 열두 제자에게 자신이 정확히 누구이고 무엇을 하려 왔는지를 분명하게 할 필요가 있었습니다. 자신을 따르는 열두 명에게 자신의 정체성을 명확히 하고 그들이 그것을 받아들이게 해야 할 때가 온 것입니다.

그래서 예수님은 그들을 데리고 가이사랴 빌립보로 가셨습니다. 제가 보기에는 아마도 안전한 장소에서 가지는 일종의 리트릿이었을 것입니다. 거기에서 그동안의 사건들을 돌아보며 그 의미를 깨닫고, 이 예수님이 자신들이 생각한 것과는 다른, 그것보다 더 위대한 분이라는 어렴풋한 인식을 제대로 감지하는 시간이었을 것입니다. 그들은 분명히 자신들이 뭐라고 형용할 수 있는 것보다 예수님은 더 큰 분이라는 것을 인식하고 있었을 것입니다. 예수님은 자신에 대한 적대감이나 자신의 참 모습을 가리는 대중의 환상의 영향을 받지 않는 곳에서 그들의 그러한 인식을 명명해보라고 제자들을 촉구하셨습니다.

예수님은 뜸을 들이지 않으셨습니다.

"사람들이 나를 누구라고 하더냐?"

"세례 요한이라고 하는 사람들도 있고, 엘리야라고 하는 사람들도 있고, 예언자 가운데 한 사람이라고 하는 사람들도 있습니다."

"그러면 너희는 나를 누구라고 말하겠느냐?"

베드로가 대답했다. "주님은 그리스도십니다."막 8:27-29. 저자 의역.

ↄↄ

베드로가 제일 먼저 말했습니다. "주님은 그리스도십니다." 그러나 그것은 뜬금없는 말이 아니었습니다. 3년간 함께 지내면서 여유롭고 친밀하게 대화했고, 식사를 했으며, 서로에 대해서 알아 갔습니다. 그들이 한 가지 확실하게 아는 사실은 예수님은 인간이라는 것이었습니다. 하지만 그게 다였을까요?

가이사랴 빌립보에서 예수님은 자신을 신뢰하지 않는 사람들, 자신을 잘 모르고 칭송하는 사람들 모두로부터 떨어져 있었습니다. 어떤 사람들에게 예수님은 적이고, 어떤 사람들에게 예수님은 현실적인 인물이 아니었습니다. 그것 이외의 다른 가능성이 있을까요? 이방인들이 사는 가이사랴 빌립보의 낯선 환경은 아직 감지되지 않은 어떤 것을 방해 없이 포착하기에 좋은 곳이 되었습니다. 예를 들면, '그리스도가 아닐까' 하는 생각 말입니다.

ↄↄ

그리스어로 '그리스도'(히브리어로는 '메시아')는 그들이 잘 아는 단어였습니다. 착실한 유대인으로 자란 그 열두 명은 그 말의 특별한 의미를 알았습니다. 영어로 번역하면 그 말은 '기름부음을 받았다'는 뜻입니다. 그것은 히브리 사람들 사이에서 제사장이나 왕이나 사사의 머리에 기름을 붓는 관습을 의미했습니다. 그것은 하나님의 성령이 하나님을 대변하는 역할을 맡은 사람을 채우시는 혹은 그 역할에 맞는 사람으로 만들어 가시는 것을 의미했습니다. '그리스도'라는 단어는 그들 문화에서 오랜 역사를 가진 단어였고, 그래서 그들에게는 아주 익숙한 단어였습니다. 기름부음에 대한 이야기는 수백 년간 그들에게 전수되어 온 역사적 기억이었습니다. 어떤 면에서 그것은 그들이 생각해 낼 수 있는 가장 대단한 명칭이었습니다. 베드로가 예수님은 '그리스도'라고 명명했을 때, 그것은 예수님이 무언가 특별한 일을 위해 구분된 사람이라는 의미였습니다.

೧೨

우리 주변에서 날마다 사용되는 용어로서 '그리스도'는 실제의 사람을 일컫기보다 내용 없는 욕으로 사용되는 경우가 더 많습니다(영어로 "Jesus Christ!"는 '젠장', '제기랄' 등의 의미의 속어로 쓰인다—옮긴이). 그러나 베드로에게 이 말은 하나님의 성령이 제사장이나 왕의 역할을 맡은 사람을 채우시고 만들어 가시는 현장의 목격이었을 것입니다. 히브리 문화와 성경에서는 오래전부터 쓰이던 말이었습니다. 성경에서 그 말은 무언가 특별한 일이 일어나고 있다는, 그러니까 이 사람은 우리에게 하나님의 현존을 대변하기 위해서 따로 세워졌다는 의미였습니다.

그래서 베드로가 "주님은 그리스도십니다"라고 말했을 때 그는 곧 "주님은 우리에게 하나님을 대변하는 분입니다"라고 말한 것입니다. 심지어 "주님이 곧 하나님이십니다"라는 말이었을 수도 있습니다. 어떤 면에서 이것은 가장 황당한 호칭 중 하나였습니다. 그리고 정치적 함의와 종교적 함의 모두를 가졌을 것입니다.

&

이것은 예수님과 함께 보낸 3년이 마침내 가져다준 중요한 통찰이자 인식이었습니다. 그러나 그다음에 나오는 내용은 열두 제자들이 이해한 예수님의 정체성을 완전히 수정하는 것이었습니다. '그리스도'라는 말은 영광의 이미지를 가지고 있었습니다. 그들 가운데 계신 하나님이 예수님을 통해 나타났습니다. 하나님이 그들의 수준으로, 가족과 일과 식사와 장보기와 같은 평범한 생활을 하는 그들의 일상으로 내려오셨습니다.

그런데 이 고백에 대한 예수님의 반응은 그것을 아무에게도 입 밖에 내지 말라는 엄명이었습니다. 그것은 마치, "이것에 대해서 말하면 너희는 오해를 받을 것이다. 너희들이 '그리스도'라는 말을 쓰는 것을 사람들이 들으면, 분명 그들은 이상한 추측들을 할 것이다. 그러니 입을 다물어라! 그 누구에게 어떤 말을 해서도 안 된다. 한 마디도 하지 마라"고 말하는 것과 같았습니다.

&

그렇다면 왜 예수님은 이것을 비밀로 하기를 원하셨을까

요? 지금까지 하신 일이 결국 그들이 예수님 안에서 하나님을 알아보도록 준비시키는 일 아니었던가요?

제자들이 예수님을 온전히 인간으로 받아들이고 함께하기까지 3년이 걸렸습니다. 이제 그들은 예수님을 그리스도로, 하나님의 기름부음 받은 자로, 그들 가운데 계신 하나님으로 인식했습니다. 그들은 결코 생각하지 못했을 방식으로, 그러니까 하나님이 피와 살을 가진 그들과 똑같은 인간으로서 그들의 하나님이 되시고 그들과 함께하신다는 것을 그들에게 이해시키는 일이 쉽지 않다는 것을 예수님은 아셨습니다.

베드로가 예수님을 하나님의 기름부음을 받은 그리스도로 규명하게 되면서, 예수님은 하나님이 그들 가운데 계시다는 것의 의미를 완전히 수정해 주어야 했습니다. 그래서 예수님은 지체하지 않으시고 자신이 "큰 고난을 받고, 장로와 대제사장과 서기관들에게 버림을 받아 죽임을 당하고, 사흘 후에 다시 살아날 것"^막 _{8:31, NRSV}이라고 말씀하셨습니다.

예수님은 이 말씀을 "그들이 놓치지 않도록 쉽고 분명하게" 하셨습니다_{막 8:32, 메시지}.

이제 막 예수님의 진정한 정체성을 깨달은 베드로는 자기 귀를 의심했고, 예수님이 자신도 이해 못할 말을 하는 것이라고 생각했습니다. 그래서 예수님께 이상한 소리 하지 말라고 항의했습니다. 그러자 예수님은 마찬가지로 강력하게 베드로에게 입을 다물라고 하면서 그를 '사탄'이라고까지 불렀습니다. "썩 비켜라, 사탄아! 지금 헛소리를 하는 건 너다. 너는 하나님이 나를 통해 너

제5부 "예와 아멘과 예수"

희에게 어떻게 일하시는지 모른다."막 8:33, 저자 의역

그러고 나서 예수님은 자신이 이제 막 한 말을 부연하셨습니다. "누구든지 나와 함께 가려면 내가 가는 길을 따라야 한다. 결정은 내가 한다. 너희가 하는 것이 아니다. 고난을 피해 달아나지 말고, 오히려 고난을 끌어안아라. 나를 따라오너라. 그러면 내가 방법을 일러 주겠다. 자기 스스로 세우려는 노력에는 아무 희망이 없다. 자기를 희생하는 것이야말로 너희 자신, 곧 너희의 참된 자아를 구원하는 길이며, 나의 길이다. 원하는 것을 다 얻고도 참된 자기 자신을 잃으면 무슨 유익이 있겠느냐? 너희 목숨을 무엇과 바꾸겠느냐?"막 8:34-37, 메시지

제가 좋아하는 신학자 중 한 사람인 애니 딜라드Annie Dillard는 "희생 없는 삶은 경멸스럽다"라는 강렬한 말로 예수님의 말씀을 표현했습니다.[6]

예수님이 의심의 여지 없이 '사람'이라는 사실을 제자들이 충분히 이해하고 받아들이는 데 3년이 걸렸습니다. 지금 우리는 베드로가 전한 예수님의 이야기 중반에 와 있습니다. 이제 복음서의 후반부인 세 달 동안 제자들은 예수님이 또한 의심의 여지 없이 '하나님'이라는 사실을 깨닫고, 우리의 영원한 구원이 된 예수님의 희생적 죽음을 받아들일 것입니다.

❧

우리에게 나타난 하나님의 현존인 예수님은 우리와 같은 인간이셨습니다. 하나님이 인간의 형태를 입으셨습니다. 내 코를 만

지고, 내 팔꿈치를 만지는 단순한 행위로 확인할 수 있는 그러한 인간의 형태를 가지셨습니다. 내가 21세기의 미국에서 메릴랜드와 몬태나의 길을 걷는 것처럼, 1세기의 팔레스타인에서 땅 위를 밟고 걸으신 역사적 인간이셨습니다. 예수님은 자궁에서 나처럼 아홉 달을 계셨습니다. 우리는 예수님의 이름만 아는 것이 아니라 그분의 어머니의 이름도 압니다. 한 가정이 있었고, 친구도 있었습니다. 하나님을 알려고 굳이 추측할 필요가 없습니다. 하나님이 어떤지, 어떤 모습으로 자신을 계시하셨는지 알고 싶으십니까? 거울을 보십시오. 친구들을 보십시오. 배우자를 보십시오. 거기에서 시작하면 됩니다. 눈과 귀, 손과 발을 가진 인간, 친구들과 함께 식사하는 인간 말입니다. 우유 사러 가게에 가고, 하이킹을 하고, 야생화를 꺾고, 낚시를 하여 해변에서 요리해서 친구들과 함께 먹고, 일도 했습니다. 나무를 다루고, 집을 짓고, 고기를 잡았습니다. 기도도 했습니다. 우리가 집과 학교와 월마트와 교회를 드나들듯, 예수님도 집과 회당과 성전을 드나들었습니다. 그리고 우리가 죽으면 묻히듯, 예수님도 죽어서 묻히셨습니다.

이것의 의미는 예수님은 추상적이거나 일반적이거나 거창한 원칙이나 진리가 아니라는 것입니다. 그리고 그리스도인들은 전반적으로 이 사실을 강조했습니다. 하나님은 자신을 인간의 몸을 통해서, 성육신을 통해서 우리에게 계시하셨습니다.

물론 이것이 전부는 아닙니다. 예수님은 그냥 인간이 아닙니다. 예수님은 또한 신이기도 합니다. 완전한 인간이실 뿐만 아니라 완전한 하나님이십니다. 그러나 우리가 먼저 직면해야 하는 것은, 그리고 복음서 저자들이 실제로 직면하는 것은, 이 신성이 인간성을 손톱만큼도 감소시키지 않고, 눈물 한 방울만큼도 희석시키지 않는다는 것입니다. 먼저, 하나님이 인간의 육신을 입으셨고 우리 가운데서 예수님으로 사셨다고 성경은 확실하게 말하고 네 명의 복음서 저자들은 이 증언을 강조합니다. 먼저 인간에서 시작이 됩니다. 하나님은 우리에게 그렇게 자신을 알리십니다. 복음서 저자들은 또한 예수님의 십자가 죽음과 부활, 곧 우리의 구원에 대한 증언도 강조합니다. 우리의 인간으로서의 삶 그리고 영원에서의 삶은 모두 예수님 안에서 인격성을 가집니다.

하나님이 이보다 더 쉽게 우리에게 자신을 알려 주실 방법이 있었을 것이라고 생각하십니까? 더 쉽게 그분을 만나고 그분을 따를 방법이 있었을까요? **예수님**밖에 없습니다.

하지만 많은 사람들, 어쩌면 대부분의 사람들이 보이는 하나님보다는 보이지 않는 하나님을 훨씬 더 쉽게 믿습니다. 그러한 보이지 않는 하나님을 볼 수 있는 형태가 바로 예수님입니다.

☙

그렇다면 이 사실을 복음으로, 최고의 복음으로 받아들일 것 같지 않습니까? 하지만 막상 따져 보면, 우리는 하나님이 우리 같기를 원하기보다는 우리가 하나님 같아지고 싶어 합니다. 많은 사람들이 인간 예수가 우리에게 하나님을 계시한다는 사실을 그다지 반기지 않습니다. 하나님은 어때야 한다는 우리 나름의 생각이 있습니다. 우리가 하나님 같아질 수 있다고, 우리가 자신의 삶과 남의 삶을 통제할 수 있다고, 우리가 하나님과 같은 권위를 행사하거나 적어도 하나님에 대한 권위자가 될 수 있다고 약속하는 종교나 영성의 종류를 계속 찾아다닙니다.

잘난 체하는 뱀이 우리의 첫 부모에게 그들이 "하나님과 같아질 수"[창 3:5] 있다고 약속했을 때, 그들이 생각한 것은 우리가 오늘날 아는 모든 제약을 가진 인간의 모습이 아니었다고 확신해서도 좋습니다. 그들은 그보다 더 거창한 무엇을 생각했습니다. 알아야 하는 모든 것을 알고 나머지 피조물보다 우월한 자리에 있는 것을 상상했습니다. "하나님과 같다"라는 말을 뱀으로부터 들었을 때, 그들이 무슨 생각을 했을지 우리는 쉽게 상상할 수 있습니다. '권력', '통제', '모든 것을 주도함', '모든 것을 앎', '자기 마음대로 함', '아무런 제약 없이 자신이 원하는 것은 다 함'과 같은 생각일 것입니다.

하나님과 같아지기 위해서 우리가 보통 취하는 방법은 먼저 인간의 형태로 자신을 계시하시는 하나님을 제거하고 내가 되고 싶은 신의 모습으로 하나님을 상상하고, 이 하나님에게 내가 가진 신에 대한 환상을 부여하고, 자신이 주도하는 것입니다.

이렇게 만들어 낸 신을 일컫는 오랜 용어는 '우상숭배'입니다. 여느 때와 마찬가지로 지금 이곳에서 가장 인기 있는 종교가 바로 이것입니다. 앞 세대에게 이 우상은 나무와 돌, 금과 은으로 만든 것이었습니다. 오늘날에는 말과 사상, 추상과 원칙으로 만들어진 경우가 더 많습니다. 그러나 이것을 우상으로 규정하는 공통 요소는 그것이 인간이 아니고, 비인격적이고 비관계적이라는 것

제5부 "예와 아멘과 예수"

입니다.

우상숭배에는 언제나 부작용이 있습니다. 인간보다 더 큰 존재, 신과 같은 존재가 되고자 함으로써 우리는 덜 인간적이 되고 비인간이 됩니다. "[우상을] 만들고 그것을 믿는 사람은 모두 그것과 같이 될 것이다"시 135:18, NRSV. 사람은 참 잘 안 변합니다.

하나님과의 관계를 발전시키면서 우리는 원래 주어진 우리의 인간성과 개인성과 관계성을 잃지 않도록 이러한 환상들에 주의해야 합니다. 저는 온전한 인간으로 자라고 싶습니다. 예수님이 인간이셨던 것처럼 인간이고 싶습니다. 예수님의 길을 따라 건강한 인간으로 살고 싶습니다. 여러분과 그렇게 하고 싶습니다.

아멘.

2

"야생동물들과 함께"

이사야 40:1-5
마가복음 1:1-13

마가복음 서두에 나오는 중요한 단어는 창세기 서두에 나오는 중 요한 단어에서 가져온 것입니다. 바로 '처음'이라는 단어입니다. **"처음**[태초]에 하나님이……창조하셨다"^{창 1:1}. 마가복음은 똑같은 말로 시작합니다. "……복음의 **처음**[시작]이다"^{막 1:1, NRSV}.

마가복음의 첫 독자들은 마가의 동료 유대인이었습니다. 그 래서 이 '처음'이라는 말은 마가와 함께 자랐고 지금 이 글을 쓰고 있는 독자들의 주의를 끌었을 것입니다. 하나님의 창조의 '처음' 과 하나님의 아들 예수의 이야기의 '처음'이 서로 병렬구조를 이 루고 있습니다. 여기서 저자의 의도는 분명합니다. 바로 예수님의 이야기는 새로운 이야기가 아니라 첫 이야기의 연속이라는 것입 니다.

제5부 "예와 아멘과 예수"

마가는 계속해서 '길'이라는 용어가 두드러지게 나오는 이사야를 인용함으로써 자신의 이야기를 옛이야기 안에 위치시킵니다. '길'이라는 말과 그 동의어들은 모든 유대인이 잘 아는 단어였습니다. 특히 시편에 자주 등장하기 때문인데, 시편에서 '길'은 우리가 실제로 걷는 길을 의미할 뿐만 아니라 그 길을 걷는 방식도 의미합니다. 길은 우리가 택하는 행로일 뿐만 아니라, 걷든 자전거나 자동차를 타든, 우리가 그 행로를 가는 '방식'이기도 합니다. 우리가 말하는 방식, 우리의 영향력을 사용하는 방식, 서로를 대하는 방식, 아이를 양육하는 방식, 독서하는 방식, 예배하는 방식, 투표하는 방식, 정원을 가꾸는 방식, 스키를 타는 방식, 느끼는 방식, 먹는 방식 등 우리 삶의 특징을 이루는 오랫동안 누적된 다양한 방식들을 다 포함합니다.

나중에 예수님은 자신이 '길'이라고 명확하게 밝히십니다. "내가 길이요 진리요 생명이다"요 14:6, KJV. 그리고 더 나중에 바울은 벨릭스 앞에서 재판을 받을 때 그리스도인 공동체를 일컫는 말로 이 말을 사용했습니다. "그 길을 따라서……나는 우리 조상의 하나님을 섬깁니다"행 24:14, NRSV. 이야기가 진행됨에 따라서 우리는 예수님이 우리가 하나님께로 가는 길이 된다는 것을 보게 됩니다. 예수님은 또한 하나님이 우리에게 오시는 길이기도 합니다.

❧

마가는 계속해서 예수님의 이야기를 창세기의 이야기와 나란히 놓습니다. "광야에서 사십 일간 사탄의 유혹을 받으신"막 1:13

예수님은 에덴 동산에서 유혹을 받은 하와를 연상시킵니다. 하와는 "다른 어떤 야생동물보다도 간교"하다창 3:1, NRSV고 묘사되는 뱀이 자신을 "속였다"창 3:13, NRSV고 말했습니다. 이 뱀이 어떤 모습인지 우리는 모릅니다. 아마도 우리가 본 뱀들하고는 다를 것입니다. 역겹게 생기지는 않았을 게 분명합니다. 친구를 가장하는 똑똑한 존재의 모습이었겠지요. 하나님이 추궁하시자 하와는 "뱀이 저를 속였습니다"창 3:13, NRSV라고 변명을 하는데, 이 말은 뱀이 아직 땅 위를 미끄러져 다니는 동물이 되는 저주를 받기 전이었음을 암시합니다. 성 바울이 고린도에 있는 그리스도인들에게 때로는 사탄이 "빛의 천사"로 가장을 하고 나타난다고 경고한 것고후 11:14이 저는 흥미롭습니다. 이 창세기의 뱀은 인상적인 '빛의 천사'나 그와 비슷한 모습에 더 가깝지 않았을까 생각합니다. 분명, 코브라나 다른 독사처럼 위협적인 모습으로 나타나지는 않았을 것입니다. 종종 악은 악처럼 보이지 않습니다. 어쨌든, 예수님은 하와가 "속은" 것과 달리 그 유혹에 넘어가지 않으셨습니다.

∽

세 가지 일이 빠르게 연달아 일어났습니다. 예수님이 세례를 받으셨고, 유혹을 받으셨고, 구원 사역을 시작하셨습니다. 세례는 예수님이 하나님의 사랑받는 아들막 1:11임을 보여주는 사건이었습니다. 예수님의 일은 이 세상을 구원하는 것이었습니다. 능력 있고 연민 많으신 예수님은 곧바로 자신이 해야 하는 일로 뛰어들어 그 일을 해내셨습니다. 유혹은 예수님의 세례와 예수님의 일 중간에 놓여 있습니다. 그것은 선택이 아닙니다. 유혹이 세례와 일 두 가지를 함께 묶습니다.

그 유혹의 배후에는 성령이 계셨는데, 이 말은 하나님이 배후에 계셨다는 뜻입니다. 이것은 성가신 간섭, 그러니까 계획대로 잘되었을 일이 갑작스레 방해를 받은 게 아닙니다. 예수님이 세례를 받으실 때 내려오신 성령, 그리고 나중에 예수님이 설교하고 치유하시는 일을 하도록 힘을 주신 성령이 예수님을 광야로 내모신 것입니다. "내몰았다"막 1:12는 것은 다소 강한 어감의 말입니다. 그럴 필요가 있었습니다. 이것은 살짝 치는 것, 양심을 두드리는 "세미한 소리"왕상 19:12가 아닙니다. 가차 없이 미는 것입니다.

"유혹하다"막 1:13로 번역된 그리스어는 이중의 의미가 있는데 곧 '유혹'과 '시험'입니다. 그래서 저는 마가가 사용한 이 한 단어의 이중적 의미를 계속 인식시키기 위해서 두 단어를 하이픈으로 연결해서 '유혹-시험'이라는 말을 쓰도록 하겠습니다.

예수님의 세례와 예수님의 일이 지속적으로 연결되려면 유혹-시험이 있어야만 했습니다. 예수님이 세례를 받아들이시고 자신의 일에 순종하는 것이라면, 유혹-시험을 겪으셔야 했습니다. 자신이 '누구'인가와 '무엇'을 할 것인가가 서로 연결되려면, 그 둘을 엮어 주는 유혹-시험 같은 것이 있어야 했습니다.

☙

유혹-시험의 장소는 광야입니다. 그곳은 영적인 의미가 가득한 곳이었습니다. 히브리 사람들의 집단 세례라고 볼 수 있는 홍해에서 그들은 노예로서 그 물로 들어갔지만 나올 때는 하나님의 백성으로서 새로운 삶을 인식하는 자유인이었습니다. 그다음에 그들은 그 광야에서 40년을 보냈습니다. 유혹과 시험을 받으면서 이집트에서의 노예생활과는 반대되는 자유의 삶을 하나님과 사는 법을 배웠습니다. 그 시간은 바로의 노예가 아니라 하나님의 자유로운 백성이 되는 법을 배우는 시간이었습니다. 그들은 하나님께 의지하는 법을 배웠습니다. 하나님이 어떻게 그들을 돌보시는지 배웠습니다. 하나님의 법을 배웠습니다. 다른 나라들의 신이 요구하는 것과 언약의 하나님의 뜻을 구분하는 법을 배웠습니다. 광야는 이 세상이 중요하게 여기는 대부분의 것이 없는 곳입니다. 도시도 없고 문화도 없습니다. 그러나 하나님에 대한 경험은 충만합니다. 다른 것이 없는 상황에서 그들에게는 하나님만이 그들이 다루어야 할 현실이 되었습니다. 이러한 폭넓은 하나님 체험, 유혹-시험을 다 체득하고 난 뒤 그들은 광야를 떠나 가나안에서 새로운 삶, 구원을 얻은 자유의 삶을 시작했습니다. 그들이 홍해의 세례에서 곧바로 가나안의 자유로 갈 수는 없었던 것으로 보입니다.

그리고 이제는 예수님이, 이스라엘이 기다려 온 메시아가 광야에 나타났습니다.

우리는 광야를 나쁜 곳, 빈 곳, 쓸쓸한 곳으로 생각해서는 안 됩니다. 그곳에는 식물과 인간이 만든 물건들은 없었지만 하나님으로 가득했습니다.

✍

제5부 "예와 아멘과 예수"

광야에서 예수님은 "야생동물들과 함께 있었고, 천사들이 그분의 시중을 들었습니다"막 1:13. 그곳은 에덴을 연상시키는 세계입니다. 야생동물이 인간의 길들임으로 본성을 잃지 않은 곳입니다. 하나님의 창조세계, 야생동물과 같은 생명이 가득한 하나님의 창조세계입니다. 또한 주의력이 떨어지는 자녀들을 방해하는 다른 목소리 하나 없이 하나님이 현존하는 드문 환경입니다. 그곳에서 하나님의 종인 천사들이 우리의 필요를 섬깁니다. 방해받지 않는 원래의 창조세계로 돌아간 느낌입니다. 야생동물이 '가공되지 않은 아름다움과 순수한 에너지가 깃든 자연세계 질서 전체'를 대변한다면, 천사는 '성령이 주시는 무한히 복잡하고 다양한 친밀성'을 접하게 해줍니다. 사막은 빈 곳이라고요? 결코 그렇지 않습니다. 거기에는 야생동물과 천사들이 있습니다.

헨리 데이빗 소로Henry David Thoreau가 2년 이상 월든 호수로 들어가서 살 때 그는 이와 비슷한 것을 갈망했습니다. 『월든』Walden은 중요하고 지혜로운 기록으로 통찰이 가득합니다. 그러나 소로는 하나님의 창조세계 중에서 자연과 가시적인 면만 다룹니다. 여기에는 천사도, 섭리와 축복도 없습니다. 창조세계의 절반이 생략된 셈입니다. 그 책의 내용에 우리는 감사하지만, 그것으로는 부족합니다. 우리는 하나님이 창조하신 모든 것, 보이는 것과 보이지 않는 것, 동물과 천사 **모두**를 원합니다. 그리고 광야에서 우리는 그것을 얻습니다.

광야에서 우리는 기본으로 돌아갑니다. 바로 창조와 그 창조의 하나님입니다. 매우 물질적이고 매우 영적입니다. 그곳은 물질적인 삶이 중요하고 영적인 삶이 중요한 곳입니다. 둘 중 그 어느 것도 배제되거나 축소될 수 없습니다. 그래서 예수님이 사막으로 들어가실 때 우리는 걱정할 필요가 없습니다. 자신의 세례의 의미를 찾고 자신의 일을 할 힘을 얻을 수 있는 최상의 장소로 들어가시는 것이기 때문입니다.

ↄ◠

이렇게 우리는 '광야'가 가지는 오랜 의미를 압니다. 그 분위기도 압니다. 그러나 그곳에서 어떤 일이 일어납니까? 예수님이 "사탄의 유혹을 받으셨다"^{막 1:13}고 기록되어 있습니다. '광야'라는 말이 아무리 영광스럽게 들려도, 사탄이라는 말은 어둡습니다. 광야의 순수한 대기 속에 갑자기 누군가 침입합니다. 하와의 뱀이 에덴의 땅에 독을 먹인 것처럼, 그는 이곳을 타락시킬 수 있는 존재입니다.

'유혹'이라는 말이 이중의 의미를 가지고 있다는 것을 앞에서 언급했습니다. 그것은 '시험'이라는 뜻이고 또한 '유혹'이라는 뜻입니다. 둘 중 하나일 수 있고, 둘 다일 수도 있습니다.

일상의 경험에서 시험은 필요합니다. 우리는 비행기가 승객을 태우기에 안전한지 보기 위해서 시험해 보고, 큰 고기가 잘 지탱할 수 있는지 보려고 낚싯줄을 시험해 보며, 치료가 될지 해가 될지 보려고 약을 시험해 봅니다. 골리앗을 상대하러 가는 다윗에게 사울 왕의 견고한 갑옷이 입혀졌습니다. 그러나 목동의 옷만 걸쳐 본 다윗은 그 갑옷을 벗으며 이렇게 말했습니다. "이건 내가 시험해 보지 않아서 입고 갈 수 없습니다. 입어 본 경험이 없는데, 어찌 이 중요한 전쟁에서 시도해 볼 수 있겠습니까"^{삼상 17:39}.

시험은 인생에서 생략해서는 안 되는 일입니다. 적어도 중요한 일에서는 말입니다. 시험해 보는 일이 없으면 자신감도 없습니다.

그러나 '유혹'은 또한 '악의를 가지고 시험하다'라는 뜻도 있습니다. 망하게 하려고 일부러 압력을 가하는 것입니다. 시험을 받는 일에 크게 반대하는 사람은 없습니다. 그 과정이 힘들다 하더라도 결과는 유용하기 때문입니다. 그러나 우리는 유혹은 반기지 않습니다. 왜냐하면 그것은 적대적이고 부정적인 압력을 받는 것이기 때문입니다. 우리를 시험하는 사람은 우리가 발전하기를 원하지만, 우리를 유혹하는 사람은 우리가 퇴보하기를 원합니다. 그러나 유혹자는 우리를 강하게 만들 수도 있습니다. 왜냐하면 우리에게 결정을 강요하기 때문입니다. 그는 선택하는 능력을 일깨워 줍니다. 선택은, 압력과 상황과 유전을 넘어서서 우리가 누구이고 무엇이 될 것인가를 받아들이는 능력을 발견하게 해줍니다.

예수님은 이 두 가지를 모두 경험하셨습니다. 예수님을 시험하기 위해서 하나님은 그분을 광야로 내모셨습니다. 그곳에서 예수님은 자신을 유혹하는 사탄을 만났습니다. 시험-유혹의 조합은 예수님이 하나님과 사탄, 선과 악, 믿음과 의심의 씨름에서 견디기 위해서 가능한 모든 일을 경험하는 역경이었습니다. 나중에 히브리서를 쓴 저자는 예수님의 경험을 다음의 말로 우리에게 설명했습니다. "우리의 대제사장은 우리의 연약함을 공감하지 못하는 분이 아니라, 모든 면에서 우리와 같은 유혹을 받으셨지만 죄는 없으신 분입니다. 그러니 우리 이제 확신을 가지고 은혜의 보좌로 나아갑시다. 그래서 필요한 때에 도움을 받을 수 있는 자비와 은혜를 받읍시다"히 4:15-16.

　　광야에서 예수님은 자신이 하나님께 전적으로 헌신할 수 있음을 확신하기 위해서 시험을 받으셨습니다. 세례는 하나님의 아들로서 그분이 되어야 하는 모습을 선포했고, 시험은 앞으로 예수님이 자신의 일을 할 때 세례가 선포한 그 모습 **그대로**의 존재가 되기 위함이었습니다. 우리와의 관계가 자신과 아버지와의 관계처럼 되게 하기 위한 것이었습니다.

❧

　　예수님은 40일간 광야에 계셨습니다. '40'이라는 특정 숫자는 시험의 목적을 강조합니다. 예수님 시대의 의사들에 의하면, 40일은 태아가 자라서 처음으로 움직이고 식별 가능한 인간의 형태를 띠는 데 필요한 시간이었습니다. 그리스 사회에서는 종종 남자가 마흔이 되어야 전문직을 가질 수 있었습니다. 모세는 시내산에서 율법을 받을 때 40일을 있었습니다. 그리고 이어서 이스라엘 백성은 하나님의 백성으로 성숙해지기 위해서 40년간 광야에 머물렀습니다. 예수님에게 40일은 집중적으로 성장해서 성숙해지는 시간이었습니다. 예수님은 태아 상태의 메시아라 할 수 있는 세례에서 40일간의 유혹을 지나 완전한 인간이 되어 나오셨습니다. 하나님의 메시아로서 하나님 나라의 통치를 시작할 준비가 된 사람의 아들이 되셨습니다.

'40'은 유한한 숫자입니다. 끝없이 펼쳐지는 숫자가 아닙니다. '40'을 셀 때 우리는 끝이 있음을 알고, 그다음에 다른 무엇이 시작됨을 압니다. 광야가 아무리 필요하다 해도 그것은 한시적이고, 지나가는 시간이며, 인생 전체를 지배할 장소는 아닙니다. 광야의 삶은 힘듭니다. 영원히 견딜 수 있는 시간이 아닙니다. 어떤 사람들은 그곳에 정착했습니다. 성 안토니우스Antonius나 다른 사막 교부들은 영웅적이기는 했지만, 그들의 삶은 정상적이지 않았습니다. 사막이 진지하게 일을 하기에 반드시 좋은 여건은 아닙니다. 언제나 "준비" 상태로 살 수는 없는 것입니다.

여기에서 우리가 주목하는 것은 우리에게 무엇이 맞고 우리가 무슨 일을 할지를 알아보는 시험의 시간입니다. 우리가 세례를 통해 받은 것의 의미가 무엇인지를 발견하는 집중적 경험의 시간입니다. 그 시간은 복음의 삶, 곧 하나님 나라의 삶의 그 어느 부분도 그저 단순한 정보나 개념으로 남지 않게 해주는 시간입니다.

❧

그래서 베드로는 마가의 성실한 기록을 통해서 우리에게 예수님을, 우리와 똑같은 인간의 생명으로 성육신하신 하나님으로 소개하고 있는 것입니다. 예수님의 인간성을 하나님의 선물로 진지하게 받아들이십시오. **여러분**의 인간성을 하나님의 선물로 진지하게 받아들이십시오. 여러분에게 주시는 하나님의 선물입니다.

아멘.

3

"예수께서 산으로 올라가셨다"

창세기 1:22, 28, 2:3
마태복음 5:1-11

평생을 미국무부에서 외교관으로 근무한 친구와 최근에 만났습니다. 그는 일본, 영국, 벨기에 그리고 사이프러스에서 오래 일했고 결국에는 피지의 미대사가 되었으며, 그 사이사이에 여러 유럽 나라에서도 조금씩 살았습니다. 그는 심지어 런던과 같은 세계적인 도시에서도 사람들이 가지는 암묵적 가정과 그들의 정신적·영적 세계를 감지하는 데 얼마나 오랜 시간이 걸리는지 모른다고 했습니다. 그리고 그 과정에서 그가 얼마나 많은 실수를 했고, 얼마나 많은 오해를 받았고 또한 유발했는지 모른다고 했습니다.

우리는 그저 그 사람을 보는 것만으로도 그의 생각과 기분을 정확하게 이해한다고 생각합니다. '다들 나처럼 생각하고 느끼는 거 아니야? 그렇지 않다면 그들이 비합리적이거나 덜떨어진 것이지'라고 생각합니다.

국제 외교는 시간이 걸리는 일이고 주의해서 들어야 하는 일입니다. 자녀 양육도 시간이 걸리고 주의해서 들어야 하는 일입니다. 우정도 시간이 걸리고 주의해서 들어야 하는 일입니다. 그리고 성경도 시간이 걸리고 주의해서 들어야 하는 일입니다.

성경 곧 하나님의 말씀은 하나님 나라의 언어에, 그 단어의 의미와 문장의 구성 방식에 익숙해지기 위해서 필요한 기초 문법입니다.

❧

오늘 본문은 예수님의 유명한 설교의 서문입니다. 이 설교는 기록된 예수님의 첫 설교인 산상수훈으로, 여덟 개의 복이 그 서문을 구성하고 있습니다. 이 서문을 제대로 이해하면, 예수님이 하나님 나라의 언어에 대해서 가르치신 사실상 모든 것을 해석할 수 있는 정확하고도 포괄적인 상상력을 얻는 것입니다. 이 서문은 여덟 개의 문장으로 되어 있고, 각 문장은 간결하고 군더더기가 없습니다. 각 문장은 '복되다'blessed라는 단어로 시작됩니다(영어 문장의 경우가 그렇고 한국어 문장은 '복이 있다'가 중간에 나온다―옮긴이).

예수님은 선생입니다. 그러나 그것이 예수님의 제일 임무는 아닙니다. 마태는 첫 네 장에서 예수님이 무엇보다도 "우리와 함께 계시는 하나님"마 1:23임을 분명히 합니다. 하나님이 우리에게 육신으로, 인간으로 오신 것이고, 우리는 이것을 '성육신'이라고 합니다. 예수님은 속속들이 하나님이셨습니다. 그리고 동시에 속속들이 인간이셨습니다. 우리가 겪은 것을 다 겪으시고, 우리의 언어를 쓰시고, 우리의 언어를 이해하셨습니다. 우리는 결코 예수님을 선생의 차원으로 축소시킬 수 없습니다. 그렇지만 예수님이 가르치신 이 새로운 하나님 나라 언어는 집중해서 최대한 정확하게 배울 필요가 있습니다. 예수님의 첫 설교의 서문에 나오는 여덟 개의 문장은 다음과 같습니다.

마음이 가난한 사람은 복이 있나니,

하늘나라가 그들의 것이기 때문이다.

애통하는 사람은 복이 있나니,

그들이 위로를 받을 것이기 때문이다.

온유한 사람은 복이 있나니,

그들이 땅을 유산으로 받을 것이기 때문이다.

의에 주리고 목마른 사람은 복이 있나니,

그들이 채워짐을 받을 것이기 때문이다.

자비로운 사람은 복이 있나니,

그들이 자비를 받을 것이기 때문이다.

마음이 순결한 사람은 복이 있나니,

그들이 하나님을 볼 것이기 때문이다.

평화를 이루는 사람은 복이 있나니,

그들이 하나님의 자녀라 불릴 것이기 때문이다.

의를 위해서 박해받는 사람은 복이 있나니,

하늘나라가 그들 것이기 때문이다.마 5:3-10, NRSV.

그리고 그다음에 아홉 번째 복으로 전환이 이루어집니다. 첫 여덟 개의 복은 일반적인 사람(그들)을 일컫습니다. 그러나 아홉 번째 복도 있는데, 이 복은 개인적입니다. "너는 복이 있다." 그리고 예수님이 이 산에서 하신 설교 나머지는 전체가 이렇게 일반적인 것에서 개인적인 것으로 집중이 됩니다 마 5:13-7:27.

☙

우리처럼 집중력이 길지 않은 사람들에게 이 팔복은 암송하기 딱 좋게 구성되어 있는데, 여러분이 암송을 하실 수 있기를 바랍니다. 팔복은 말하자면 유명한 영어 교과서 『맥거피의 리더』 *McGuffey's Reader*와 같다고 볼 수 있습니다. 노르웨이와 이탈리아와 독일과 팔레스타인에서 이주해 온 우리의 할머니와 할아버지들은 우리가 그토록 즐기는 메릴랜드의 강과 애팔래치아 언덕 부근에 정착지를 이루시고 바로 이 책을 가지고 영어를 공부했습니다. 이 팔복을 하나님 나라의 『맥거피의 리더』라고 생각하면 좋겠습니다. 그것을 여러분이 암송하면, 예수님이 우리에게 주시는 하나님 나라의 가르침 전체를 받아들일 수 있을 만큼 포괄적인 상상력을 개발할 수 있을 것입니다.

예수님이 말씀하신 모든 것을 이 여덟 개의 복의 틀로 보면 우리가 일상을 사는 방식이 크게 달라질 것입니다. 이것은 삶의 질이 달린 문제입니다. 잘 살 것인지 잘 못 살 것인지, 진실하게 살 것인지 거짓되게 살 것인지, 서둘러 다른 것을 하기 전에 이 복들을 주의해서 찬찬히 들을 것인지 아니면 예수님의 가르침을 다 안다고 생각해 버릴 것인지를 정해 줄 것입니다.

예수님은 하나님이 다스리는 세계 곧 하나님 나라에서 사는 것이 어떤 것인지를 우리에게 가르쳐 주십니다. 죄와 죄책에 대한 반사작용으로 살지 않도록, 우리보다 더 강한 사람들이 시키는 대로 살지 않도록, 아무거나 닥치는 대로 하면서 절박하게 살지 않도록, 냉소주의와 악의 속에서 생존을 위해 살지 않도록, 그리고 자기 자아를 주인으로 모시면서 이기적으로 살지 않도록 예수님은 우리를 훈련시키십니다. 우리가 하나님 나라에 내재하는 실재에 따라 살도록, 믿음과 사랑으로 살도록 예수님은 우리의 생각과 감정을 훈련시키십니다. 그런데 믿음과 사랑 이 두 단어는 너무 진부하고 낡아서 하나님 나라에서 다시 상황화될 필요가 있습니다.

৯৯

예수님은 '복되다'라는 말로 시작하십니다. 그 말이 여덟 번 반복됩니다. 하지만 현재를 사는 우리는 이 말의 혁명적 여파를 이해하는 게 거의 불가능합니다. 하지만 상상력을 한껏 동원하면 1세기의 문화, 문학, 경제, 사회구조 그리고 일상생활에 대해서 우리가 아는 것들에 기반을 두어서 그 상황을 유추해 볼 수는 있습니다. 그리고 그렇게 할 때 가장 놀랍게 다가오는 것은 이 '복되다'라는 단어가 얼마나 이상하게 들리는가 하는 것입니다.

미국 사람들은 행복이 모든 사람의 권리라고 생각합니다. 우리 민족의 신조가 '행복의 추구'이고 그것이 우리의 정통 교리입니다. 그래서 주변에 온통 웃는 얼굴들입니다. 광고에 나오는 사람들이 행복하게 웃고 있습니다. 연예인들도 무슨 일을 하든지 일단 웃습니다. 정치인들도 좌파 우파를 막론하고 다들 웃습니다. 우리는 어릴 때부터 기분이 어떻건 웃는 법을 배웁니다. 심지어 거짓으로 행복한 체를 하더라도 행복한 것이 교양이 되었습니다.

고대 세계는 그렇지 않았습니다. 아무도 행복을 기대하지 않았습니다. 행복한 존재는 신들밖에 없었습니다. 행복은 인간의 몫이 아니었습니다. 사람들은 덕, 용기, 탁월함, 선함을 추구하라는 교훈을 받았지, 행복하라는 교훈을 받지는 않았습니다. 인생은 고통으로 가득했습니다. 비극이 존재의 진실이었습니다. 비극이 그 당시 무대 연극의 가장 흔한 형식이었습니다. 잘 살고 용감하게 사는 것, 우아하고 아름답게 사는 것은 중요했지만, 행복하게 사는 것은 중요하지 않았습니다.

만약 어떤 우연으로 행복했다면, 그 사실을 숨겼습니다. 신들이 알아보고 인간이 자신들의 영역을 침범한 것이 기분 나빠서 그 짧은 행복을 빼앗아 갈 수 있었기 때문입니다.

그런데 문명의 변방에 있던 이름도 잘 모르는 한 무리의 사람들이 행복을 표현하기 시작했습니다. 그들은 그 행복을 '복'이라고 불렀습니다. 그리고 그 말을 많이 사용했습니다. 이 세상의 창조 이야기에서 그들은 중요한 곳에 네 번이나 그 말을 사용했습니다. 그리고 기도와 찬송에서도 계속 사용했습니다. 하나님으로부터 복을 받고 서로를 축복하는 이야기를 했습니다. 그들은 본질적인 선함을 인식했고, 거기에서 풍요로운 온전함이 넘쳐서 자신들의 삶으로 흘러 들어오는 것을 보았습니다. 그들은 그들의 선조 아브라함이 약속받은 대로 복의 근원, 모든 민족을 위한 행복의 근원이 되었습니다. 그들은 축복의 위대한 찬송을 불렀습니다. 그리고 서로에게 복을 선언했습니다.

그것은 매우 이상한 행위였고, 그래서 대개는 그들을 무시했습니다.

∽

예수님이 오셔서 자기 세대의 사람들에게 (왕이나 황제나 장군이 아닌) 하나님이 다스리는 세계가 어떤지를 가르치기 시작하셨을 때, 그분은 그 위대한 단어 '복'('행복한', '운이 좋은')을 사용하셨습니다. 그리고 그것을 강조하기 위해서 자기 설교의 서문에서 여덟 번이나 반복하셨습니다. 이 하나님 나라의 세계에서 사는 법을 배우면서 사람들은 이 복을 경험했습니다. 주변 마을과 도시와 나라 그리고 바다를 넘어 일곱 대륙에까지 이 공동체는 퍼지고 늘어났습니다. 이제는 이 메시지를 모든 사람이 듣게 되었습니다. 많은 사람들이 믿게 되었고, 어떤 사람들은 그대로 살기까지 합니다.

∽

우리는 지금 아주 묘한 입장에 있습니다. 많은 사람들이 행복해지는 것이 가능하다고 생각합니다. 사람들에게 자신이 행복하다고 말하고 행복해지라고 권고합니다. 그러나 많은 사람들이 사실은 행복하지가 않습니다. 불만이 있고 저항이 있습니다. 탐심이 있고 낙심이 있습니다. 그런데 우리는 그것을 부끄러워합니다.

감히 공개적으로 말하지 못합니다. 그래서 얼굴은 웃습니다. 우울을 감추기 위해 화장을 합니다. 불만을 잊기 위해서 밝은 색의 옷을 입습니다. 자기 연민을 외면하기 위해서 웃고 있는 유명인사들의 사진을 도배합니다.

고대 사람들은 신들이 벌을 줄까 두려워 행복을 나타내려 하지 않았습니다. 우리 현대인들은 이웃이 우리를 싫어할까봐 불행을 드러내려 하지 않습니다. 고대 사회는 행복을 기대하지 않았고, 약간의 행복에 놀랐습니다. 현대 사회는 언제나 행복하기를 기대하고, 그렇지 않으면 무척 불만스러워합니다.

그때 예수님이 나타나서 "너는 복되다"라고 말씀하십니다. 그것을 반복하십니다. 그분의 제자들도 반복합니다. 그리스도인들도 계속해서 반복합니다. 심지어 그냥 주문처럼 하는 말이라도 말입니다. 이러한 반복이 쌓여서 이 세상은 변했습니다. 사람들이 불행을 당연하게 여기는 세상에서 행복을 기대하는 세상으로 변했습니다. 이 변화는 그리스도의 말을 축으로 일어났습니다. 저는 이렇게 기대의 방향을 바꾼 것은 놀라운 성취이고, 대단한 승리라고 생각합니다. 물론 그것이 보편적이고 완벽하지는 않지만, 무언가 중요한 일이 일어난 것은 사실입니다.

☙

그러나 또 다른 일, 어쩌면 그보다 더 놀라운 일이 일어났습니다. 행복은 누구나 얻을 수 있다고 이제는 거의 모든 사람이 확신하는 세상이 되었습니다. 그런데 그 행복을 얻는 길을 가르쳐 준 사람은 무시합니다. 이건 말이 좀 안 되지 않습니까? 그리스도가 제시하신 목표는 받아들이면서 그 목표에 도달하는 가르침은 무시하는 게 말입니다. 그리스도의 약속은 진리로 받아들이면서, 그것이 우리 삶에서 성취될 수 있도록 그분이 제시하시는 과정은 거부하는 게 말입니다.

하나님은 우리가 복 받기를 원하십니다. 아홉 번이나 그렇게 말씀하십니다. 하나님이 우리에게 원하시는 그 선함, 그 복됨을 우리가 결코 놓치지 않게 하십니다. 그리고 우리가 그 복을 얻을 수 있는 여덟 가지 행위를 제시하십니다.

- **마음이 가난한 사람**: 하나님의 영으로 채워지기 위해서 우리의 교만을 버립니다.
- **애통하는 사람**: 다른 사람들의 고통을 피하기보다 나눕니다.
- **온유한 사람**: 우리의 열정을 연마해 부드러움을 발휘합니다.
- **의를 위해 주리고 목마른 사람**: 소비 사회의 욕구를 거부하고 하나님과 그리고 다른 사람들과 깊은 인격적 관계를 계발합니다.
- **자비로운 사람**: 정죄하고 탓하는 것으로 이 세상의 잘못과 문제들에 반응하지 않고, 대신에 우리 자신이 직접 연민 어린 섬김을 실행합니다.
- **마음이 순전한 사람**: 사소한 잡담에 빠져들지 않고 하나님께 중심을 둡니다.
- **평화를 이루는 사람**: 어떠한 위치에 있든지, 그가 누구든지, 우리가 이겨야 하는 라이벌이 아니라 온전하게 사랑해야 하는 형제와 자매

로 사람들을 보기로 결심합니다.

- **의를 위해서 박해받는 사람**: 대다수의 사람들이 하는 일이 무엇이건 거기에 따르는 안일함을 거부하고, 대신에 사랑과 은혜를 필요로 하는 어려운 진리를 살아내는 좁은 길을 따릅니다.

하나님은 우리가 행복하기를 원하십니다. 우리에게 복을 주십니다. 그것은 확실합니다. 하나님은 또한 그분이 뜻하시는 복을 우리가 받고 그대로 살려면 어떻게 해야 하는지 친절하게 설명해주십니다. 하나님은 "너희가 행복하길 원한다. 하지만 어떻게 해야 행복해지는지는 너희가 시행착오를 겪으면서 스스로 최대한 알아낼 일이다. 행운을 빈다!" 이렇게 말씀하시지 않습니다.

그렇지 않습니다. 하나님은 정확하게 설명을 해주십니다.

☙

불행히도 복과 관련된 이 여덟 개의 조건을 사람들은 행복에 방해가 되는 것이라고 생각하고 흔히들 멸시하고 거부합니다. 그래서 그들은 계속해서 불행합니다. 그러면서 의아해합니다. '왜지?' 어쩌면 그들은 행복으로 초대하는 이 여덟 개의 문장 안에 들어 있는 기쁨의 깊이를 다시 한 번 들여다보아야 할 필요가 있는지도 모릅니다.

그리스도인은 이것을 받아들여 귀하게 여기고, 그래서 즐거움과 만족을 누려서 주변 사람을 놀라게 합니다. 복된 사람입니다! 아멘.

4

"우리가 구하는 대로 해주십시오"

스가랴 8:1-8
마가복음 10:17-22

그 사람은 예수님께 질문을 제대로 했습니다. "제가 무엇을 해야 영생을 물려받겠습니까?[얻겠습니까?]"막 10:17 그는 진하게, 깊이 있고 철저하게 살고 싶어 합니다. 영원히 남을 그런 삶을 말이지요. 거기에는 풍요로움의 함의가 있습니다. 그저 시간상으로 오래 혹은 영원히 사는 게 아니라, 마음에 남는 그런 종류의 삶을 뜻합니다. 저는 이 삶을 사소하게, 가볍게 사는 삶과 대조시킵니다.

고대 이스라엘과 초대 교회에서, 그리고 지금 하나님의 백성으로서 그리스도 우리 왕 교회에 모인 사람들의 삶에서, 하나님은 그 삶의 중심이십니다. 하나님은 우리가 죽은 다음에야 처음으로 만나게 되는 멀리 있는 신이 아닙니다. 예수님은 우리에게 "땅에서도 아버지의 뜻이 이루어지게 하소서"마 6:10, NRSV라고 기도하라

고 가르치셨습니다. 그리고 "하나님의 나라가 너희 가운데 있다"눅
17:21, NASB고 말씀하셨습니다. 우리는 지금-이곳의 백성입니다. 영원
은 언제나 현재를 통해서 우리 삶에 들어옵니다.

그 사람의 질문은 옳았습니다. 그리고 그 답을 빨리 얻고 싶
어서 예수님께로 달려갔습니다. 이 질문을 하면서 예수님 앞에 꿇
어앉은 그를 보면서 우리는 그가 얼마나 긴박하게 그 답을 얻고
싶었을까 생각하게 됩니다.

그는 질문을 제대로 했고, 질문의 대상도 제대로 택했습니
다. 베드로의 대변인으로서 마가는, 예수님이 1세기의 팔레스타인
에서 대화하시고 행동하시는 것을 듣고 보는 것은 곧 예수님 안에
계시된 하나님을 정확하게 그리고 개인적으로 직접 경험하는 것
임을 독자들이 분명하게 인식하도록 해야 했습니다. 예수님은 우
리 자신이 사는 것과 똑같은 환경에서 하나님으로 사셨습니다. 그
분 자신이 그렇게 말씀하셨습니다. "[너희가] 생명을 얻도록, [너희
가] 생명을 더 풍성히 얻도록 하기 위해서 내가 왔다"요 10:10, KJV. 우
리가 예수님의 이야기를 대할 때 그것은 곧 하나님을 대하는 것임
을 이해하게 해준 것은 베드로이고, 마가는 그 베드로가 예수님과
경험한 것을 기록했습니다. 우리가 질문을 하고 그에 대한 예수님
의 답변을 들을 때, 그 말은 정말로 생명을 확언하고 회복하는 하
나님의 말씀이자 하나님의 현존입니다.

성경에 기록된 예수님의 대화와 만남뿐 아니라, 세계 곳곳
의 다양한 언어권에서 다양한 삶을 사는 수백만 사람들의 증언이
그 사실을 확증합니다.

이 사람은 큰 기대를 가지고 예수님께로 달려와 그 앞에 무릎을 꿇고 앉았습니다. 질문을 제대로 했고, 질문의 대상도 제대로 찾아왔습니다. 예수님은 그의 말을 들으셨고, 그를 사랑하셨고, 그에게 대답하셨습니다. 그런데 그렇게 예수님이 자기 말을 듣고, 자기를 사랑하고, 자기에게 답을 주시는 경험을 한 그 사람이 얼굴에 수심이 가득한 채 떠나고 맙니다.

∽

저는 그 사람을 쫓아가서 말하고 싶습니다. "지금 큰 실수를 하는 겁니다. 당신이 들은 말을 잘 이해하지 못한 것 같은데, 당신과 이야기를 나눈 분이 누구인지 모르십니까? 돌아와서 다시 들어 보십시오. 예수님이 다시 한 번 말씀하시게 하십시오. 당신은 자신이 하는 일이 마음에 들지 않습니다. 안 그러면 왜 당신의 얼굴이 그늘졌겠습니까? 당신이 사는 방식에는 자유가 없습니다. 당신의 미래에도 기쁨이 없고, 당신이 가는 길에는 희망이 없습니다. 가지 마십시오. 이 사랑을 떠나지 마십시오."

하지만 그는 떠납니다. 오늘 아침 여기에 계신 분 중에 예수님의 사랑을 마주 대하고 예수님의 말씀을 듣고 그냥 떠나 버릴 분들이 계신지 모르겠습니다.

∽

이 대화는 기대에 찬 만남으로 시작되어서 실망스런 떠남으로 끝을 맺습니다. 도대체 무슨 일이 일어난 것일까요?

이 사람은 잘 살아온 사람입니다. 도덕적으로 살았습니다. 돈도 잘 벌었습니다. 하지만 무언가가 만족스럽지 못했습니다. 그렇지 않다면 왜 예수님을 찾아왔겠습니까? 그는 흠 없는 도덕성과 오랜 세월 동안 누린 물질적 풍요에도 자신이 기대하는 것을 얻지 못했고, 그래서 예수님께 도움을 청하러 온 것입니다. 그는 잘 살기 위해서 자신이 할 수 있는 일은 다 했습니다. 율법을 지키고, 자신의 능력을 잘 사용했습니다. '내가 무엇을 놓친 것일까?' 그는 생각했습니다.

제 생각에 그는 참 생명, 영원한 생명을 누린다고 하기에는 무언가가 부족하다는 느낌 때문에 진지한 고민에 빠졌던 것 같습니다. 무결한 도덕성은 사람에게 만족스러운 자아 이미지를 주지 않습니까? 물질적 축복은 하나님의 축복의 징표 아닙니까? 바른 일을 하고 좋은 것을 얻는다면, 만족해야 하지 않습니까?

예수님이 그를 쳐다보시고 그를 사랑하십니다. 그리고 그 사랑, 하나님의 사랑에서 예수님은 그에게 필요한 것을 말씀하십니다. "너에게 한 가지 부족한 것이 있다. 가서 네가 가진 것을 다 팔아서 가난한 사람들에게 주어라. 그러면 하늘에 네 보물이 있을 것이다. 그런 다음 와서 나를 따라라"막 10:21.

그에게 부족한 것이 무엇입니까? 그는 자신의 존재와 자신이 가진 것을 누릴 자유가 부족했습니다. 자기 자신을 위해서 실천한 도덕성은 그를 경직되게 했습니다. 그는 악을 행하지 않는 것만 할 수 있을 뿐, 선한 일을 하지는 못했습니다. 그의 물질적 소유가 쌓이고 넘쳐서 그를 작은 공간으로 몰아넣었고, 거기에서 그는 즐기거나 자유롭게 쓸 여유를 가지지 못했습니다.

그래서 "네가 가진 것을 다 팔아서 가난한 사람들에게 주라"는 것입니다. **그러면** 그의 목에 무겁게 매달린 맷돌 같은 소유물이 해결될 것입니다. "와서 나를 따르라." **그러면** 강박적인 도덕의식의 문제가 해결될 것입니다. 물질도 도덕적 습관도 부인되지 않았습니다. 오히려 새로운 관계, 하나님과의 인격적인 관계 속으로 가져옴으로써 둘 다 유용하게 쓰이게 되었습니다.

예수님이 물질에 대해서 아무런 반감이 없으셨다는 것을 여러분이 이해하기를 바랍니다. 기독교는 지구상에서 가장 물질적인 종교입니다. 성경과 기독교의 역사 곳곳에서 물질은 선하다고 말합니다. 하나님이 그것을 만드셨고, 그리스도가 그것을 구원하셨습니다. 하나님은 나사렛 예수라는 인간의 몸으로 우리에게 오셨고, 우리가 그 영광을 봅니다요 1:14. 우리와 함께하시는 하나님의 이야기에는 만지고, 보고, 듣고, 맛보고, 냄새를 맡는 일들이 나옵니다. 오감 전부가 사용이 되고 그것은 믿음의 삶에서 최고의 잠재력을 발휘합니다. 믿음으로 살 때 우리는 물질적으로 그리고 감각적으로 살아납니다. 몸이 악하다고 누가 말할 때마다, 육신은 부끄러운 것이라고, 물질은 악하다고, 사물은 속되다고 말할 때마다, 물질과 영을 분리시키고, 보이는 것과 보이지 않는 것을 분리시키려 할 때마다, 교회의 사상가와 성인들은 그렇게 하지 못하게 하고 그들을 다시 땅으로 데려와 머리에 세례의 물을 부어 주고, 주의 만찬의 빵과 포도주를 입에 넣어 주고, 십자가에 대한 그리스도의 기억을 그들 눈앞에 떠올렸습니다.

따라서 예수님이 그 사람에게 그의 소유를 다 팔아서 가난한 사람들에게 주라고 하셨을 때, 그것은 그 물질 자체가 문제가 있어서 그런 것이 아니었습니다. 만약에 문제가 있었다면, 그것을 가난한 사람들이 소유하는 것도 문제가 되었을 것입니다. 그렇지 않습니다. 물질도 사물도 소유물도 선합니다. 그러나 그것이 사랑의 관계를 방해하고, 그 관계를 축복하기보다 막는다면, 사랑이 흐르게 하기 위해서 만들어진 통로를 막아 버린다면, 그것이 원래 있어야 하는 자리로 되돌려 놓아야 합니다. 팔아야 합니다. 가난한 사람들에게 주어야 합니다. 생명을 표현하는 일에, 하나님의 생명을 표현하는 일에 사용해야 합니다.

　　그리고 예수님은 도덕성도 반대하지 않으셨습니다. 기독교는 이 세상에서 가장 도덕적인 종교입니다. 모세가 선포한 시내에서의 계시는 모든 행동의 핵심을 꿰뚫고, 우리가 느끼거나 생각하거나 행하는 것 중에서 도덕적이지 않은 것은 하나도 없음을 보여 줍니다. '도덕'이란 모든 것이 누군가에게 이롭게 또는 해롭게 사용될 수 있다는 뜻입니다. 모든 것이 생명을 가져오거나 죽음을 야기하거나, 도움을 주거나 다치게 할 수 있습니다. 다시 말해, 도덕이란 그 어느 것도 중립적이지 않으며, 목적과 별개로, 그것을 행하는 의지와 별개로 존재하는 것은 하나도 없다는 뜻입니다. 모든 행동, 느낌 그리고 생각은 우리의 의도와 합해지면 창조적이 되거나 파괴적이 됩니다. 우리의 사랑 혹은 증오의 영향을 받습니다. 모든 권력은 도덕적입니다. 모든 대화와 모든 일이 도덕적입니다. 모든 것은 세우거나 무너뜨리거나 둘 중 하나를 합니다.

그리스도는 말과 행동이 가지는 엄청난 존엄성을 우리에게 일깨워 주십니다. 별 생각 없이 쓰는 가장 일상적인 말과 행동도 마찬가지입니다. 그리스도는 모든 말과 행동이 생명을 확언하고 사랑을 표현하는 것이 되도록 우리를 훈련시키십니다.

❧

그러면 우리는 어떻게 해야 합니까? 간단합니다. 소유물을 선물로 사용하십시오. 도덕성을 사랑의 수단으로 사용하십시오. 창조의 물질들을, 이 놀라운 물질세계를 사용하고, 자신의 인간성을, 사랑을 선택하고 표현할 수 있는 능력을 사용하십시오. 자기 손에 그리고 마음에 가진 것을 사용하십시오. 이웃과 함께 이웃을 위해 사용하십시오.

이 이야기의 핵심 문장이 무엇인지 아십니까? "예수께서 그의 눈을 주목하여 보시더니, 그를 사랑스럽게 여기셨다!"입니다(막 10:21, 메시지). 예수님은 당신을 사랑하십니다. 이것이 바로 예수님을 만나는 모든 이야기의 핵심 문장이며, 여러분 인생의 핵심 문장입니다.

'사랑'은 우리 언어에서 가장 포괄적이고 친밀한 관계의 용어입니다. 하나님이 곧 사랑이시라는 것은 이 구원-믿음의 삶의 모든 것을 이해하는 기초입니다. 하나님은 결코 비인격적이시지 않고, 무엇을 위한 도구가 될 수 없습니다. 하나님의 본질은 사랑입니다. "예수께서 그의 눈을 주목하여 보시더니, 그를 사랑스럽게 여기셨다"는 이 문장이 없이는 그 뒤에 나오는 것을 이해할 수 없습니다. 예수님께서 그를 사랑하셨기 때문에 그 뒤에 나오는 이야기가 가능합니다.

그렇다면 그 질문을 한 이 사람에게 예수님이 주시는 핵심 명령은 무엇인지 아십니까? 사실은 두 개의 명령이 있습니다. 첫째는, "네가 가진 것을 다 팔아서 가난한 사람들에게 주어라"입니다. 둘째는, 그런 다음(즉 도덕적으로 살고 돈을 버는 것에 온통 매여 있는 그 정체성을 포기하고 난 뒤에), "와서 나를 따라라"입니다. 하지만 그 사람이 이 두 번째 명령을 제대로 듣기나 했을지 의문입니다.

예수님은 그에게 자신의 동료가 되라고, 도덕적 규칙을 지키는 대신에 사랑을 받는 새로운 삶의 방식을 배워서 인생에서 뜻 있는 일을 하라고 그를 초대하십니다. 예수님의 말은 사실상 이것입니다. "그래, 네가 할 수 있는 일이 무엇인지 말해 주었다. 이제 너를 위해서 내가 무엇인가를 해주겠다. 내가 너를 사랑하니 네 생명을 되돌려 주겠다. 진짜 네가 누구인지 네게 보여주겠다."

이 대화에서 저는 여러분이 이 말을 듣기를 바랍니다. 예수님이 하신 모든 말씀과 행동은 이 전제를 가지고 있습니다. 즉 예수님은 우리를 있는 모습 그대로 사랑하신다는 것입니다. 이 전제를 가지고 예수님은 우리에게 자신과 함께하고 자신을 동료로 받아들이라고 청하십니다. 다시 말해, 자신을 따르고, 날마다 일터와 가정에서, 기쁠 때나 슬플 때나 그분의 사랑을 경험하라고 청하십니다.

❧

이 이야기에는 무언가 굉장히 미국적인 요소가 있습니다. 저는 살면서 교회 문화가 크게 바뀌는 것을 보았습니다. 예수님을 **따르는** 것에서 예수님으로부터 **무엇인가를 얻어 내는** 문화로 바뀌었습니다. 요즘에 사람들이 교회에 나오게 만드는 말은 전부 소비의 언어입니다. 복음이 여러분에게 인생의 주도권을 줄 것이고, 행복하게 해주고 성공하게 해줄 것이라고 말합니다. 그리고 이러한 캠페인 속에서 교인이 만 명, 이만 명, 삼만 명이 되는 교회들이 전국적으로 막 생겨납니다. 사람들은 무엇인가를 **얻기** 위해서 이 교회들로 모여듭니다. 그들은 철저하게 소비자들입니다.

그러나 예수님이 언제나 우리의 기대에 부응하는 것은 아닙니다. 우리가 요구하는 것, 혹은 우리가 필요하다고 생각하는 것을 언제나 주시는 게 아닙니다. 예수님이 안 주시면 우리는 낙심하거나, 기운이 빠지거나, 실망하거나, 채널을 돌려 버리거나, 우리가 요구하는 것을 줄 것 같은 다른 교회를 찾아갑니다.

그러나 모든 복음 이야기가 우리가 생각하는 성공 이야기는 아닙니다. 예수님께로 오는 어떤 사람들은 자신이 원하는 것을 얻지 못하고, 자신이 듣고 싶은 말을 듣지 못합니다. 우리가 살펴본 이야기의 그 남자도 그랬습니다.

우리 문화의 많은 사람들이 예수님께로, 하나님께로 와서 자신들이 아주 부지런히 능력껏 작업한 일을 잘 마무리하게 도와주시기를 구합니다. 하나님을 임금도 적게 주는 파트타임 보조직원으로 끌어들이되, 주도권은 자신이 계속 가지기를 바랍니다. 예수님이 그렇게 하시지 않으면, 예수님의 사랑과 진리가 자신을 변

제5부 "예와 아멘과 예수"

화시키게 하는 대신에 그들은 자신들이 제시하는 대로 원하는 일을 해줄 다른 사람을 찾아 떠나 버립니다.

❧

이 사람을 사랑하신 예수님은 사태를 이해하셨습니다. 그 사람의 부가 그의 생명을 조르는 촉수라는 것을 예수님은 아셨습니다. 그 사람의 도덕적 강박이 자기 의로 퇴보하여 그의 삶을 비인격의 황무지로 만드는 것을 보셨습니다. "나를 따르라"는 예수님의 명령은, 하나님의 사랑을 받는 법을 배우고 그것이 그의 인생의 중심이 되게 하라는 초대였습니다.

예수님은 지금도 그렇게 하십니다. 우리의 삶을 깊이 들여다보시고 우리가 구원의 삶을 살기 위해서 필요한 것이 무엇인지를 감지하십니다. 모든 사람에게 똑같은 **말**을 하시지는 않지만, 똑같은 **일**은 하십니다. 우리가 자유롭게 예수님을 따르게 해주십니다. 나중에 누가가 들려준 이야기에서 이 남자는 예수님에게 똑같은 질문을 했습니다. "제가 무엇을 해야 영생을 물려받겠습니까?[얻겠습니까?]" 예수님은 그에게 "네 이웃을 사랑하라"는 메시지가 담긴 사마리아인의 이야기를 들려주셨습니다눅 10:25-37, NRSV.

예수님은 사랑으로 우리 각자에게 고유한 것이 무엇인지 진단하십니다. 정확하게 무엇이 잘못되었는지를 이해하시고, 우리 삶에 스며든 특정한 문제들이 무엇인지를 진단하신 다음, 권위와 자비로 우리를 거기에서 구해 주십니다. 예수님의 사랑은 우리 삶에서 잠든 부분들을 깨워 영원한 생명의 찬란함과 기쁨을 보게 해줍니다. 이러한 깨어남은 고통이나 어려움이나 씨름 없이 이루어지지 않습니다. 깨어 있는 것은 자는 것보다 더 많은 에너지를 요구합니다. 더 고통스러울 수도 있습니다. 자는 사람들은 고통받지 않습니다.

∾

저는 이 그림이 도움이 된다고 생각합니다. 노버트 위너 Norbert Wiener가 쓴 책에서 배운 것입니다.[7] 발달 초기에는 (게나 딱정벌레처럼 뼈가 밖에 있는) 외골격의 생물은 재난으로부터 보호를 받기 때문에 이롭습니다. 그러나 어느 시점이 되면 그 이점을 상실합니다. 생존율은 높지만 발달이 멈춥니다. 허물을 벗어 다른 형태가 된다 해도 기억이 없기 때문에 발달도 없습니다. 자신이 이룬 발달이 다음 단계로 이어지지 않습니다. (고양이와 인간처럼 뼈가 안에 있는) 내골격의 생물은 외부의 위험에 매우 취약하기 때문에 처음에는 불리합니다. 그러나 다른 개체의 따스한 돌봄과 보호를 통해 일단 생존하고 나면 더 높은 형태의 의식으로 발달할 수 있습니다.

예수님께 그 질문을 한 사람은 외골격을 가지고 자기 인생을 살았습니다. 그의 물질적 부와 도덕적 성취는 껍데기처럼 다 밖에 있었고, 그것이 그를 자기 이웃과 자기 하나님으로부터 분리시켰습니다. 그에게는 변화가 필요했습니다. 하나님의 사랑이 그렇게 할 수 있습니다. 예수님이 그를 사랑하셨습니다. 예수님은 여러분을 사랑하십니다. 우리가 그 사랑에 반응하면 자기 인생의 그 어느 때보다도 더 살아 있게 될 것입니다. 그 사랑이 우리가 가진 모든 것을 기쁨과 복을 나누는 데 쓸 수 있게 해줄 것입니다. 그 사랑이 우리 안에 있는 모든 것을 아름다움과 평화의 관계를 만드는 데 쓸 수 있게 해방시켜 줄 것입니다.

마지막으로 한마디 하겠습니다. 그 사람이 어떻게 하면 영생을 물려받을 수 있느냐고 물었을 때 거기에서 두드러지는 단어가 '물려받다'인 것을 눈치채셨습니까? **물려받는다는 것은** 우리가 미래에 받는 것입니다. 그러나 예수님은 현재시제로 답을 하셨습니다. "팔라……주라……오라……따르라", 이 네 개의 동사가 현재시제로 되어 있습니다. 영원한 생명은 단지 미래의 삶만이 아닙니다. 그것은 지금 시작되는 삶입니다.

저는 오래전부터 스페인 아빌라의 성 테레사Teresa of Avila의 말에 깊은 감명을 받았습니다. "지불은 이 생에서 시작된다."[8]

그렇게 하시겠습니까? 그분을 따르시겠습니까?

아멘.

5

"주인님, 그냥 두시지요"

하박국 3:17-19
누가복음 13:6-9

예수님은 이야기를 들려주셨습니다. 예수님은 이야기를 잘하셨습니다. 좋은 이야기들이 늘 그렇듯 예수님의 이야기는 우리의 상상력을 뚫고 들어와 나름의 생명력을 가집니다. 종종 우리도 모르는 사이에 이야기의 세계에 들어가 있는 우리 자신을 발견하곤 합니다. 그렇게 되면 예수님은 목적을 이루신 것입니다. 우리가 **예수님**의 관점에서 인생을 이해하고, 하나님 나라의 내부에서 우리 자신과 하나님과 서로를 보게 되는 그 위치에 서 있게 되기 때문입니다.

　예수님이 들려주신 이야기를(그리고 성경의 많은 부분을 차지하는 다른 많은 이야기들을) 가져다가 그것을 쓰는 **방식**은 신경 쓰지 않고 그저 사용할 수 있는 진리나 도덕으로 정제해 버리는 게 마귀가 하는 일입니다. 마귀는 우리가 이름을 아는 사람들이나 우리가 책임이 있는 현지의 상황과는 별개로, 이 이야기를 들려주시는 예수님과는 별개로 그것을 사용하게 만듭니다. 마귀는 지력이 뛰어납니다. 하나님에 대한 **사상**을 우리가 토론하게 만들기를 아주 좋아합니다. 하나님에 대한 사상에 너무 깊이 빠져 버려서, 우리가 하나님에 대해서 읽거나 이야기를 할 때 사실 하나님이 그 자리에 **계시다**는 것과 우리가 사랑하도록 우리 삶에 두신 사람들이 바로 앞에 있다는 것도 제대로 인식하지 못하게 만들 때, 마귀는 성공적으로 자기 임무를 수행한 것입니다.

모든 복음서의 이야기는 예수님을 이야기꾼으로 제시합니다. 예수님이 들려주신 이야기는 나름의 형식이 있습니다. 우리는 그것을 '비유'라고 부릅니다. "비유가 아니고서는 그들에게 말씀하지 않으셨다"마 13:34, DRA. 비유는 듣는 사람이 상상력을 발휘해서 참여해야 하는 말하기 방식입니다. 예수님은 사람들과 길 위에서 이야기하시면서 그 자리에서 다소 즉흥적으로 짧게 이야기들을 만들어 내셨습니다. 비유라는 말의 문자적 의미는 '무엇과 함께 던지다'입니다. 그래서 우리의 첫 반응은 "이게 왜 여기 내 앞에 있지?"입니다. 그래서 질문을 던지고, 생각하고, 상상합니다.

"비유는 날래고 정확한 몸짓으로 나타난다. 비유는 연약하다. 거의 모든 힘이 그것을 듣는 사람에게 있기 때문이다."[9] 비유를 들으면, 먼저 연결되는 지점이 보이기 시작하고 관계들이 보이기 시작합니다. 비유는 새로운 것을 알려 주기보다는 오랫동안 목전에 두고도 지나쳐 온 것을 알아보게 해줍니다. 혹은 우리가 제대로 이해하지 못해 중요하지 않다고 여겼던 것을 진지하게 바라보게 해줍니다. 그래서 자신도 모르는 사이에 거기에 연결되는 것입니다.

비유는 메시지를 멀찌감치 두거나 가려 둡니다. 천천히 이해하게 하고, 즉흥적인 편견의 반응을 막고 전형적인 틀에 끼워 맞추지 못하게 합니다. 비유는 비스듬하게 비껴서 듣는 사람에게 다가옵니다. 별 생각 없이 듣다가, 아무런 예고도 없이, 직접 그 단어를 사용한 게 아닌데도 '하나님!'이라는 말과 마주하게 됩니다. 존 도미닉 크로산John Dominic Crossan은 비유는 마치 발밑에서 땅이 갈라지는 지진과도 같다고 말했습니다.[10]

대부분의 비유는 하나님이나 하나님 나라를 직접 언급하지 않습니다. 대부분이 농부와 재판관과 희생자, 동전과 양과 탕자, 결혼식 피로연, 곳간과 탑을 짓는 일, 전쟁에 나가는 일, 빵을 달라고 한밤중에 잠을 깨우는 친구, 환대의 예절, 범죄자와 걸인 그리고 거름에 대한 이야기들입니다.

예수님은 자신이 만나는 사람들과 대화할 때 무엇보다도 비유를 사용하셨습니다.

&

대부분의 사람들이 예수님의 비유 중에서 특별히 좋아하는 비유를 하나쯤은 가지고 있습니다. '선한 사마리아인의 비유'와 '탕자의 비유'는 인기가 높습니다. 제가 제일 좋아하는 비유는 '거름 이야기'[무화과나무의 비유]입니다.

그 내용은 다음과 같습니다.

어떤 사람이 포도원에 무화과나무를 심었다. 그리고 와서 열매를 찾
았더니 하나도 없었다. 그래서 포도원지기한테 말했다. "자, 지금까
지 내가 삼 년이나 이 무화과나무에서 열매를 얻을까 하고 살펴봤는
데 하나도 얻지 못했다. 그러니 잘라 버려라. 쓸데없이 땅 낭비하지 말
고." 그러자 포도원지기가 대답했다. "주인님, 올해는 그냥 두시지요.
제가 그 둘레를 파고 거름을 주겠습니다. 그래서 내년에 열매를 맺으
면 좋은 일이고, 그렇지 않거든 잘라 버리십시오."눅 13:6-9.

꿍

예수님은 이 비유를 고향 갈릴리를 떠나 유월절 축제를 보
내러 예루살렘으로 가시는 길에 들려주셨습니다. 그 길은 사마리
아를 지나서 가는 길이었습니다. 사마리아는 유대인들에게 적대
적이었습니다. 유대인과 사마리아인은 700년간 서로 사이가 좋지
않았습니다.

사마리아 지역으로 넘어 들어간 첫날, 예수님과 제자들은
밤을 보낼 장소를 찾았습니다. 그러나 사마리아인들은 적대적이
었습니다. "우레의 형제" 야고보와 요한은 화가 난 나머지 하늘에
서 불을 불러 그들을 즉시 죽이고 싶어 했습니다. 유대인에게 그
것은 자연스러운 반응이었습니다. 성경에도 선례가 있는 일이었
습니다. 몇백 년 전 바로 이곳에서 엘리야가 하늘에서 불을 불러
서 아하시야 왕의 졸개들을 태웠습니다왕하 1:1-16. 그러나 예수님은

엘리야가 아니었습니다. 그래서 그 형제들을 꾸짖으셨습니다.

예수님의 비유에 나오는 농부의 성급한 "잘라 버려라"는 야고보와 요한이 무례한 사마리아인들 앞에서 보인 분노와 비슷합니다. 정원사의 "주인님, 올해는 그냥 두시지요. 제가 그 둘레를 파고 거름을 주겠습니다"라는 대답은 예수님이 하실 법한 반응과 매우 비슷합니다.

사람들이 예수님 자신이나 제자들을 환영하리라는 환상을 품지 말라고 예수님은 이미 제자들에게 주의를 주셨습니다. 이전에도 두 번 사마리아를 지나 예루살렘으로 가는 길을 준비할 때 예수님은 제자들에게 무슨 일이 일어날지 말씀하셨습니다. 앞으로 자신이 버림받고 죽임을 당할 것이라고 말입니다눅 9:22, 44. 그리고 우리가 잘 알듯이 예수님이 유월절을 보내러 예루살렘에 도착하셨을 때, 사람들의 적대감과 증오는 그 예언대로 예수님을 죽음에 이르게 했습니다.

Ꮛ

예수님은 책으로 읽고 공부하는 단어가 아닙니다. 토론할 단어도 아닙니다. 예수님은 육신이 되신 말씀입니다요 1:14. 살아 계신 말씀, 생생한 목소리, 인간의 형태를 입고 실제의 나라(팔레스타인)와 실제의 시간(1세기)에서 이름이 있는 사람들(마리아와 마르다, 베드로와 안드레, 야고보와 요한)과 빵과 생선과 포도주를 드신 하나님의 말씀입니다. 이 음성, 이 육신이 되신 말씀의 음성에 제대로 응답하려면, 우리가 사는 동네에서 우리를 알고 우리가 아는 사람들, 먼저 배우자와 자녀들, 친구와 동료 같은 사람들과 함께 참치 요리와 시금치 샐러드를 먹으면서 그 음성을 듣고 거기에 대답해야 합니다. 일반적인 것이나 익명의 사람이 있을 수 없습니다. 육성과 육체 없는 말이 있을 수 없습니다.

기독교 공동체와 그 지도자들은 이 사실을 잘 압니다. 주의하지 않으면 쉽게 믿음을 잃고, 아무 생각 없이 배신하게 되고, 예수님과 그리고 서로와 반응하고 순종하는 인격적 관계를 잃는다는 것을 압니다. 그래서 우리는 참여의 언어, 따름의 언어, 순종하기 위해서 듣는 언어, 비인격화된 잡담들을 경계하는 언어를 개발해야 합니다.

예수님의 비유가 우리의 언어를 참여의 언어로 유지하게 하는 데 얼마나 중요한지 생각해 보셨습니까? 그 언어는 정의롭고 친절한 행동, 하나님과 함께 겸손하게 걷는 행동미 6:8에 참여하고 깨어 있게 하는, 무엇에 **대한** 언어가 아니라 무엇과 **함께하는** 언어입니다. 비유는 무심함을 방지해 주는 언어의 방어막입니다. 예수님은 우리가 예수님의 존재와 행위에 참여하게 하기 위해서 비유를 즐겨 사용하셨습니다.

ϖ

영적 지도자들은 하나님과 하나님 나라를 위해서 살라고 우리를 부추기는 일에 우리는 익숙합니다. 그러나 이 '거름 이야기'는 그와 반대입니다. 행동하지 말라는, 참으라는 명령을 받을 때가 있는 것입니다. '거름 이야기'는 하나님에 대해 인내할 것을 말하는 이야기입니다. 하나님은 서두르시지 않습니다.

'거름 이야기'는 우리의 길을 멈춥니다. 행동을 부추기는 대신에 멈추게 합니다. 무언가 마음에 들지 않는 일을 만났습니다. 하나님 나라에 도움이 안 되는 사람, 그저 "아까운 자리만 차지하는" 사람을 만났습니다. 그래서 그 농부처럼 인내심을 잃고 물리적으로든 말로든 그를 없애려 합니다. "그 남자를 잘라 버려라", "그 여자를 잘라 버려라", "그것을 잘라 버려라." 우리는 이렇게 절단하는 것으로 하나님 나라의 문제를 해결합니다.

'거름 이야기'는 이러한 우리의 요란하고 공격적인 문제 해결의 미션을 저지합니다. 조용한 목소리로 (그 정원사라고도 할 수 있는) 예수님은 말씀하십니다. "잠깐만. 너무 서두르지 말게. 시간을 좀 더 주게. 나무에 거름을 좀 주도록 하겠네." 하지만 그런 수고로 인해 예수님은 죽임을 당하셨습니다.

그래서 누가는 "잘라 버려라"와 같은 조급한 전략에 대한 예수님의 반응에 주목하게 하기 위해서 "그냥 두시지요"라는 명령을 씁니다.

❧

거름은 결코 빠른 해결책이 아닙니다. 즉각적인 결과가 없습니다. 무슨 변화가 있는지 보려면 오랜 시간이 걸립니다. 결과가 목적이라면 나무를 잘라 버리는 게 맞습니다. 땅을 갈아 버리고 새롭게 시작하는 것입니다. 우리는 새로운 일을 벌이는 것을 좋아합니다. 아기를 낳고, 배에 명명식을 하고, 첫 출근을 하고, 전쟁을 시작하는 것들 말입니다. 그러나 거름을 주는 일에는 그러한 흥분이 없습니다. 극적이지도 우아하지도 않습니다. 거름은 느린 해결책입니다. 이 세상의 문제를 바로잡는 일에서 예수님은 작고, 보이지 않고, 조용하고, 느린 것을 선호하십니다. 누룩, 소금, 씨앗 그리고 거름처럼 말입니다.

거름은 세계 경제의 인기 품목이 아닙니다. 그것은 쓰레기입니다. 그래서 보이지도 않고 냄새도 나지 않게 그것을 모아서 버릴 효과적인 시스템을 만듭니다. 그러나 지혜로운 관찰자는 이 쓸모없어 보이는 쓰레기 안에 유기물과 생명에 필요한 것들이 잔뜩 들어 있다는 것을 압니다. 엔자임, 미네랄, 영양분, 에너지원이 거기에 있습니다. 부활의 물질들입니다.

예수님께 신실하려면 우리가 해서는 안 되는 일, 할 수 **없는** 일이 있습니다. 우리 손으로 해결하는 것, 범죄와 함께 범죄자도 해치워 버리는 것과 같은 일들이 그 예입니다.

❧

거름. 하나님은 서두르시지 않습니다. 우리는 "주님을 기다려라"는 명령을 반복해서 받습니다. 그러나 즉흥적 만족이라는 미국의 약속에 길들여진 예수님의 추종자들은 그러한 조언을 잘 받아들이지 못합니다. 우리 시대의 이사야와 같은 오이겐 로젠스토크-휘시Eugen Rosenstock-Huessy는 두 대전의 폭력을 경험한 사람으로서 이렇게 썼습니다. "우리 시대의 가장 큰 유혹은 말 그대로 조급함이다. 즉 기다리고, 겪고, 고통받기를 거부하는 것이다. 우리는 우리의 동료들과 창의적이고 심오한 관계를 맺으며 사는 데 필요한 대가를 치르려 하지 않는 것 같다."[11]

거름. 침묵. 거름은 "내게 이루어지이다"[눅 1:38]의 상태로 다시 들어가는 것을 의미합니다. 즉 죽음을 삶으로 바꾸는 조용한 에너지, 부활의 에너지에 굴복하는 것입니다. 언어는 말하는 것과 침묵하는 것 두 가지로 구성되어 있습니다. 언어의 기술은 말하는 기술만큼 침묵의 기술도 필요로 합니다. 잘 듣지 않고 말하는 데서 많은 오해와 불상사가 일어납니다. 저는 솔 벨로의 이 말을 좋아합니다. "침묵은 풍요롭다. 입을 다물면 다물수록 더 비옥해진다."[12] 침묵은 부활의 거름입니다.

하나님은 행동하시는 하나님이십니다. 우리는 계속해서 "사람의 자녀들에게 베푸시는 그분의 놀라운 일"[시 107:31, KJV]에 주목하라는 요청을 받습니다. 그러나 하나님은 또한 기다리는 분이시기도 합니다. "어떤 이들이 생각하는 것처럼, 주님은 약속을 더디 이루시는 분이 아닙니다. 그분은 여러분을 위해 참고 계십니다. 그것은 그 누구도 멸망하지 않고 모두가 회개에 이르게 하고 싶으시기 때문입니다"[벧후 3:9, NRSV]. 예수님을 따르는 사람은 누구나 이 더딤에 익숙해져야 합니다. "어떤 이들이 생각하는 그런 더딤"에 말입니다.

☙

이 '거름 이야기'가 예수님을 따르던 사람들의 상상력 속에 침투하고 며칠 뒤 예수님은 예루살렘에 들어가셨습니다. 그리고 그 주가 채 가기 전에 골고다의 십자가에 매달리셨습니다.

빌라도와 가야바는 예수님을 제거해야 한다는 속된 합의에 이르렀습니다. 로마 군대가 지키고자 하는 소중한 평화에 위협이 되었기 때문입니다. 그리고 가야바와 그의 사두개파 부하들이 예루살렘 성전에서 운영하는 매우 벌이가 좋은 사업에도 위협이 되었습니다. 예수님은 자신들의 목적에 필요한 땅을 "차지하는"눅 13:7 사람이었습니다. 그래서 예수님을 죽였습니다. 예수님과 그분의 나라를 이 땅에서 제거했습니다. 그랬다고 생각했습니다. 예수님은 그들의 적대적인 폭력에 대해서, 며칠 전 사마리아를 지나가는 길에 들려준 이 비유, 이 '거름 이야기'에 나오는 말로 응하셨습니다. 십자가에 달리신 예수님이 처음 하신 말은 기도였습니다. "아버지, 저들을 용서해 주십시오"눅 23:34.

영어 번역본에서는 십자가에서 예수님이 기도하신 이 단어와 '거름 이야기'에 나오는 단어의 연결성을 제대로 보여주지 못합니다. "잘라 버려라"눅 13:7는 농부의 명령은 "십자가에 못 박으시오"눅 23:21라는 군중의 외침과 겹쳐집니다. 아버지께 "저들을 용서해 주십시오"눅 23:34라고 하는 예수님의 기도는 그 정원사가 "그냥 두시지요"눅 13:8라고 한 말의 반복입니다. 어떤 문맥에서 이 그리스어aphes는 '손 떼다', '놔 두다', '내버려 두다'라는 뜻입니다. 죄나 죄책과 관련된 문맥에서는 '용서하다', '면제하다'라는 뜻입니다. 예수님이 우리에게 가르쳐 주신 기도에 나오는 것과 같은 단어입니다. "우리의 죄를 용서하소서"눅 11:4. 여기에서 비유와 기도의 문맥이 서로 겹쳐집니다.

무화과나무를 보고 성급하게 농부가 "잘라 버려라"고 한 말이 정원사의 "그냥 두시지요"로 막아졌습니다. 예수님에게 가해진 폭력이 "아버지, 저들을 용서해 주십시오"라는 말로 막아졌습니다.

❧

이 거름에 푹 빠져 있는, 그러니까 용서를 많이 받은 우리가 중요하게 보아야 하는 것은, 예수님이 우리를 위해서 하신 용서의 기도가, '십자가에 못 박으라'는 그 무리가 잘못을 인정하거나 고백해서, 혹은 그 뒤로 우리 중 누군가가 그렇게 인정해서 하신 기도가 아니라는 것입니다. 선제 용서입니다. 예수님은 우리가 용서가 필요한지도 모를 때에 미리 우리의 용서를 위해서 기도하셨습니다. "자기들이 무엇을 하는지 모르기"^{눅 23:34} 때문입니다. 아무런 조건이 없었습니다. 놀라운 은혜입니다.

아멘.

6

"죽음의 죽음"

시편 22:1-3
마가복음 15:6-41

그리스도는 예수님으로 나타난 하나님의 계시입니다. 육신이 되신 하나님, 성육신하신 하나님입니다. 우리는 예수님의 이야기를 읽고 기도하면서, 그분의 삶과 말씀과 태도가 우리의 상상력을 형성해 가게 합니다. 초대 교회 교부 이레니우스Irenaeus는 "하나님의 영광은 온전히 살아 있는 사람"이라는 유명한 말을 했습니다.[13] 이 말은 분명 사실입니다. 그러나 그게 전부가 아닙니다.

베드로의 설교에 의거한 마가의 복음이 결말로 치닫으면서 예수님은 유월절 축제를 보내러 예루살렘으로 가시는 길에 앞으로 있을 일, 곧 자신의 죽음막 8:31, 9:31, 10:33-34에 대해서 제자들을 세 번 준비시키십니다. 그리고 그 일이 일어났습니다. 그냥 죽으신 게 아니라, 십자가에서 서서히, 고통스럽게 죽는 폭력적인 죽음을 맞이하셨습니다.

⌘

죽음은 예수님의 삶의 결정적 행위이며 "이유"입니다. 예수님은, "이 이유 때문에 내가 이때에 왔다"요 12:27, NRSV고 말씀하셨습니다. 그 죽음은 예루살렘 밖에서 금요일 정오에서부터 오후 세 시까지, 세 시간에 걸쳐서 일어났습니다. 죽으시면서 예수님은 기도하셨습니다. 한 문장으로 된 일곱 개의 기도를 드리셨습니다. 네 명의 복음서 저자 그 누구도 이 일곱 개를 자기 책에 다 적지 않았습니다. 마가는 첫 기도를 기록했습니다. "나의 하나님, 나의 하나님, 어찌하여 나를 버리셨습니까?"막 15:34, NRSV

교회는 예수님의 현존을 실천하기 위해서 시편 22:1의 인용인 우리 구주의 이 말을 따라서 기도했습니다. 우리는 우리의 구원이 이루어지는 이 신비, 이 "깊이"시 130:1 안에 우리의 영혼을 담급니다. 우리는 우리의 죽음이 예수님의 죽음과 일치하기를, 그분의 희생적 삶과 일치하기를 바라고, 우리의 모든 것을 기꺼이 바치는 것이 되고, 부활에 대한 증언이 되기를 바랍니다.

⌘

예수님의 죽음은 진짜 죽음이었습니다. 그분의 죽음은 역사적 사실입니다. 예수님의 생애에서 죽음만큼 자세하게 기록된 것이 없습니다. 사도신경에서 "죽으시고 묻히셨다"고 말하듯, 우리의 죽음과 똑같이 모든 면에서 육체적인 죽음이었습니다. 그분의 심장이 멈추고, 뇌가 멈추고, 체온이 뚝 떨어져 죽었습니다. 그러나 그게 다가 아니었습니다. 바이탈 사인이 멈춘 게 다가 아니었습니다. 구원이 이루어졌습니다. 예수님의 죽음을 통해서 신적 사건이 일어났습니다. 자발적이고 희생적인 예수님의 죽음은, 죽음에 이르는 이 세상의 죄를 위한 희생물 곧 죽음을 정복하는 죽음, 죽음의 죽음이었습니다.

이것은 큰 신비이며, 어쩌면 우주에서, 하늘과 땅에서 가장 큰 신비인지도 모릅니다. 그리고 엄밀히 말해, 헤아릴 수 없는 신비입니다. 최고의 지성을 가졌다는 사람들이 그것을 헤아려 보려는 시도를 해보지 않은 게 아닙니다. 그들의 생각과 기도가 쓸모없지는 않습니다. 우리의 삶이 근본적으로 그리고 포괄적으로 재창조되는, "값을 치르고, 치유받고, 회복되고, 용서받았다"고 우리가 그토록 힘차게 노래하는 그러한 구원의 신비에 우리가 완전히 문외한이 되지 않게 하기 위해서, 심오하고도 영원한 삼위일체의 사역에 대해 그들은 통찰을 주기도 하고 일별하게 해주기도 합니다. 그러나 결국, 십자가와 우리의 구원이 어떻게 이루어지는지에 대해서는 욥이 말한 "그분이 다니는 곁길 같은 것"욥 26:14 정도의 이해밖에 하지 못한다는 것을 깨닫습니다. 만약 하나님을 이해했다고 생각한다면, 하나님을 오해한 것입니다.

이 신비는 그리스도인이 살고 죽고, 믿고 사랑하고, 용서하고 용서받는 방식을 형성합니다. 그것은 우리가 단지 그 앞에 서서 호기심에 찬 질문을 던지는 신비가 아니라, 그 안에 거하는 신비입니다.

예수님의 십자가 죽음은 신체적이고 역사적인 차원에서는 쉽게 이해할 수 있고 설명할 수 있습니다. 그러나 예수님이 십자가에서 성취하신 구원은 그럴 수가 없습니다. 그리고 우리를 계속해서 십자가로 데려오는 것은 검시관의 부검이 아닌 바로 이 구원의 성취입니다. 예수님의 죽음을 재방문하는 것은 꽃을 들고 사랑하는 사람의 무덤을 찾아가 그의 죽음을 기억하는 것과 다릅니다. 우리는 기억하거나 경의를 표하기 위해서 십자가에 가는 게 아닙니다. 우리를 위해서 죽으신 예수님과 함께 날마다 죽는 것의 의미를 파고들기 위해서 우리는 여기에 있습니다.

성 바울은 이러한 행위를 영원한 예수님의 죽음에 동참하고자 날마다 우리의 죽음을 기도하는 것이라고 표현했습니다. 바울이 "나는 그리스도와 함께 십자가에 못 박혔습니다"갈 2:20, NRSV라고 한 것은, 예수님의 죽음이 주는 구원을 경험하는 동시에 그 의미를 파고든다는 뜻이었습니다. "나는 날마다 죽습니다!"고전 15:31라고 그가 쓴 것은, 예수님의 길을 따라 십자가로 가면서 날마다 자신이 드리는 삶의 희생을 증언하는 것이었습니다. 그가 그리스도인 형제자매들에게 "여러분은 죽었고, 여러분의 생명은 하나님 안에 계신 그리스도와 함께 감추어졌습니다"골 3:3, NRSV라고 쓴 것은 예수님의 죽음이 하시는 구원의 일에 그들을 동참시키는 말이었습니다. 자신도 로마의 처형을 받을 몸으로 감옥에서 갇혀 있던 바울은, 예수님이 "죽음에 이르기까지, 심지어 십자가에서 죽기까지 순종하셨다"고 쓰면서 독자들에게 "예수 그리스도 안에 있었던 그 마음이 여러분 안에도 있게 하십시오"빌 2:8, 5, NRSV라고 촉구합니다.

우리 그리스도인은 두 번 죽습니다. 첫 죽음은 우리가 예수님을 따라나서면서 자신을 부인하고 그분의 십자가를 지기로 할 때 죽는 죽음, 혼자 격리되어 자만하며 사는 게 아니라 예수님의 희생에 동참하며 순종과 믿음으로 살기로 할 때 죽는 죽음입니다.

우리는 자신의 죽음을 놓고 기도하시는 예수님과 함께 기도합니다. 이 기도는 우리가 그리스도 안에서 세례를 받을 때 죽는 죽음을 받아들이고 수용하게 해주는 기도입니다. 그때 우리는 죽고 그리스도와 함께 일으킴을 받아 부활을 목격하게 됩니다롬 6:5-11.

죽음은 인간에게 타협의 여지가 없는 일입니다. 그것은 또한 예수님의 제자가 되는 데에도 타협의 여지가 없는 요소입니다.

그러나 이 사실도 기억해야 합니다. 십자가에서 죽으시는 예수님을 묵상하고 그 예수님과 함께 기도하는 것은 병적인 체험을 하라는 게 아닙니다. 그리스도의 공동체 안에는 극도의 금식, 의도적인 수면 부족, 거친 옷 입기, 스스로 채찍질하기와 같은 자기 몸을 학대하는 행위를 통해서 예수님의 십자가 고통을 경험하고 전유하려는 그리스도인들이 있었습니다(이러한 행위는 중세의 '훈육' 방식이었습니다). 스스로에게 웃지 않는 훈련을 부과한 어느 수사의 이야기를 저는 무척 좋아합니다. '예수님이 고통받으셨는데 어찌 감히 웃을 수 있는가? 그건 신성모독이다!' 그러나 그의 동료 수사들은 그에게 짜증을 내며 말했습니다. "마음껏 우울해하십시오. 하지만 혼자 있을 때만 하십시오. 괜히 주변 사람 다 우울하게 만들지 마시고요."

우리의 모든 기도는 빈 무덤, 곧 부활의 자리에서 시작됩니다. 십자가에서 예수님이 드리신 기도를 따라할 때도 마찬가지입니다. 우리는 부활에서 시작합니다. 예수님의 죽음도 우리의 죽음도 부활과 분리해서는 이해할 수도 동참할 수도 없습니다. 십자가와 부활은 나뉘지 않는 단 하나의 구원의 세계의 남극과 북극, 곧 참 복음의 양극입니다. 두 극 중에서 하나라도 치우면 구원은 무너집니다. (고통에 집착하는) 병적 행위와 (스스로를 괴롭히는) 피학증은 기도에서 설 자리가 없습니다. 우리가 십자가에 다가가는 자세는 무엇보다도 감사입니다.

&

이제 다시 예수님이 십자가에서 드리신 기도로 돌아가서 시편 22편의 그 세 문장을 봅시다.

> 나의 하나님, 나의 하나님, 어찌하여 나를 버리셨습니까?
> 왜 나를 돕지 않으시고, 내 신음소리를 듣지 않으십니까?
> 오 나의 하나님, 내가 낮에 울 때 주님은 답이 없고,
> 밤에 울어도 쉼을 얻지 못합니다 시 22:1-2, NRSV.

죽음은 우리를 끊어 버립니다. 마지막 내침입니다. 그리고 궁극적으로 불가해한 것이기도 합니다. 나는 더 이상 어디에도 속하지 않습니다. 혼자입니다. 그리고 설명도 없습니다. 우리가 예수님을 따라 십자가로 가면서 날마다 죽는 은유적 죽음은, 많은 그리스도인들이 습관적으로 구하는 좋은 죽음을 기대하게 하고 준비시켜 줍니다. 이 작은 죽음들(그리고 더러는 그렇게 작지도 않은 죽음들)—막다른 길, 거절, 당혹스러운 일, 무시, 버림받음, 답을 얻지 못하는 질문들, 실수—은 각각 마지막 죽음의 그림자입니다. 실제로 죽어 땅에 묻히기까지 우리는 수만 번 죽습니다.

구원의 길을 가는 예수님의 제자들이 놀라는 것 한 가지는 하나님이든, 배우자든, 자녀든, 친구든, 그들로부터 버림을 받고 절망에 차서 "왜?"라고 외치는 사람이 그렇게 많다는 것입니다. 버림받은 예수님의 이 외침을 우리는 반복해서 듣습니다. 교회에서 가정에서 이 외침은 수 세기 동안 울려 퍼지고 있습니다.

그러나 아무리 주의해서 한참을 들어도 우리는 결코 "왜?"에 대한 대답을 듣지 못합니다.

"왜?"라고 기도하시는 예수님과 함께 우리도 그 기도를 하는 게 도움이 될까요? 저는 도움이 된다고 생각합니다.

하나님으로부터 버림받은 그 느낌을 기도하신 예수님이 사실은 자신이 어려서 암송한 시편 22편의 그 기도, 고통스러운 격리, 처참한 감정, 육체의 고통을 표현하는 그 시편을 기도하는 것이라는 것을 아는 게 도움이 될까요? 저는 도움이 된다고 생각합니다.

이 기도를 끝까지 드리면 하나님이 "내게서 그 얼굴을 숨기지 않으시고 내가 부르짖을 때 들으셨다"시 22:24, NRSV고 증언할 수 있었던 (다윗과 예수님과 그 밖에 많은 사람들의) "큰 회중"22:25, NRSV에 도달하게 된다는 것을 아는 게 도움이 될까요? 이 기도의 끝은 시작과 많이 다르다는 것을 아는 게 도움이 될까요? 저는 도움이 된다고 생각합니다.

그리고 십자가에서 드리신 이 첫 기도가 마지막 기도가 아니라는 것을 아는 게 도움이 될까요? 예수님은 계속 기도하십니다. 여섯 개의 문장으로 이루어진 여섯 개의 기도가 더 있습니다. 깨어진 삶에서 나오는 깨어진 기도의 파편들입니다.[14]

예수님은 아직 기도를 마치지 않으셨습니다. 우리도 마찬가지입니다.

아멘.

7

"그분은 여기에 계시지 않다"

시편 16편

마가복음 16:1-8

어쩌면 믿기 힘드시겠지만, 한 해 중 제가 준비하는 데 가장 어려움을 겪는 설교는 바로 이 부활절 설교입니다. 늘 그랬습니다. '언젠가는 좀 쉬워지겠지'라고 생각하지만, 결코 그렇게 되지 않습니다. 왜 쉬워지지 않을까요? 부활 주일에는 평소보다 많은 사람들이 예배를 드리러 오고, 성가대의 우렁찬 목소리와 승리의 찬송가로 음악도 흥겹고, 마침 나무에 새순도 나고 싹도 올라오는 따뜻한 계절이라 분위기도 아주 좋습니다. 어디를 보나 부활절이 왔음을 알 수 있고, 제가 부활절 설교에서 하려는 것들과 어울립니다. 그래서 쉬워야 하는데, 그렇지가 않습니다.

올해는 게다가 제가 설교해야 할 본문 때문에 더 어렵습니다. 바로 성 마가의 복음 16장입니다. 마태, 마가, 누가, 요한, 이 네 명의 복음서 저자는 인간의 형태로 하나님의 사랑을, 그리고 우리의 구원을 계시하기 위해서 우리 역사로 들어오신 예수님(성육신)의 이야기를 들려줍니다. 우리가 하나님을 정확하게 그리고 쉽게 이해하고 받아들일 수 있게 하려고 하나님 자신이 인간의 몸을 입으셨습니다. 이것은 참으로 신기한 이야기입니다. 놀라운 연민, 생생한 가르침, 격렬한 갈등의 이야기입니다. 네 명의 저자가 차례로 들려주는 이 이야기를 들으면서, 그리고 우리가 직접 읽으면서, 갑자기(혹은 서서히) 이것이 종교 지침서가 아니라는 것을 이해하게 됩니다. 이것은 '하나님이 여기 계시다'는 선언입니다. 하나님이 현존하시고, 우리 편에 계십니다. 하나님은 우리가 현실을 알기 원하시고, 자신이 하는 일에 우리가 건강한 참여자가 되기를 원하십니다. 이 모든 내용이 예수님을 통해서 우리에게 개인적으로 전달되었습니다.

이 이야기에서 놀라운 것 중 하나는, 그 안에 참으로 신기한 것들이 많지만—하나님이 여기저기에 나타나십니다—사람들은 다들 매우 평범하다는 것입니다. 유명인사나 영웅이 하나도 없습니다. 모든 것이 우리에게 익숙한 부류의 사람들과 상황에서 일어났습니다. 여기에 기록된 어떠한 말도 메릴랜드에서 해서 이해 못할 말은 없습니다.

수요일 아침 6시 집을 나서서 교회로 걸어가는 도중에 저는 갈릴리의 냄새를 맡았습니다. 저는 두 번, 봄에 갈릴리에 가서 일주일을 보낸 적이 있는데, 그곳의 봄은 메릴랜드의 봄과 같습니다. 그리고 그곳에서 걷고 말씀하셨던 그리스도는 여기에서 가르치고 설교하시는 그리스도와 동일합니다.

네 명의 저자는 이 사실, 곧 이 이야기가 **우리**와 상관있는 이야기라는 것을 분명하게 하기 위해서 세심한 주의를 기울였습니다. 누구 하나 제외되는 사람 없이 모두가 포함됩니다. 여성이라서, 외국인이라서, 아이라서, 아파서, 장애가 있어서, 신입이어서, 가난해서, 범죄자여서, 실패자여서, 너무 어려서, 너무 늙어서 무시를 당하거나 중요하게 취급되지 않았다면, 이 책을 읽으면서 자신도 거기에 끼어 있음을 곧 발견하게 될 것입니다. 거기에서 자신의 이름을 보고, 자신이 사랑받고 부름받고 구원받은 존재라는 것을 알게 될 것입니다. 예수님이 살아내신 하나님의 이야기에는 여러분도 포함되어 있습니다.

예수님이 그들도 하나님의 이야기에 포함되어 있다고 분명하게 말씀하신 영향력 있는 한 그룹의 사람들이, 자신들의 이야기에 하나님이 들어오는 것을 거부하기로 결정한 순간 이 이야기는 절정으로 치닫기 시작합니다. 그래서 그들은 예수님을 체포하고, 재판을 하고, 죽입니다. 이 예수님의 수난 이야기는 이 세상에서 가장 힘 있는 글 중 하나입니다. 그것은 우리의 상상력에 너무 깊이, 철저하게 박혀 있어서 이 이야기의 영향을 어떤 식으로든 받지 않은 이야기나 연극이나 시가 거의 없을 정도입니다. 이 이야기를 모르는 사람도 사실은 알고 있는데, 너무도 강력하게 우리의 경험에서, 역사에서, 그리고 세계에서 맥박 치며 '여기'에 그리고 '저기'에 있기 때문입니다. 네 명의 복음서 저자들은 초월적 능력을 발휘해서 이 사건을 우리에게 전해 주었습니다. 내용은 구체적이고, 구조는 짜임새 있고, 등장인물들은 생생합니다.

~

이 세상에는 많은 고통, 많은 악이 있습니다. 우리에게 조금이라도 가치가 있는 종교를 가질 것이라면, 우리 삶에 조금이라도 변화를 가져올 하나님을 믿을 것이라면, 우리는 최악의 상황을 알아야 합니다. 이것이 바로 그 최악입니다. 최악이라고 해서 숨기고 싶은 부끄러운 일 같은 게 아닙니다. 이것이 바로 절정입니다. 이것을 향해서 모든 것이 움직였습니다. 예수님의 십자가는 눈에 띄지 않는 곳에 숨겨야 하는 불행한 사건이 아닙니다. 이것이 바로 종착지, 목적지입니다. 그리고 그 누구도 거기에 감동받지 않는 사람이 없습니다. 예수님이 이 세상으로 들어오셔서 이처럼 극도의 역경 속에서도 굴하지 않고 용감할 수 있다면, 그토록 위대한 "실패"가 될 수 있다면, 나도 무슨 일이 닥치든 의미와 사랑을 가지고 살 수 있습니다.

그러나 이 끝은 끝이 아닙니다. 부활이 있습니다. 자기 삶에 하나님을 원하지 않던 사람들에 의해 죽임을 당한 예수님은, 그들이 원하든 원하지 않든 그들의 하나님이 되기 위해서 하나님에 의해 살아나셨습니다. 그리스도께서 부활하셨습니다. 우리는 이 부활을 부활절에 기념합니다. 나아가서 매 주일 기념합니다. 한 해에는 51개의 미니 부활절들이 있습니다.

~

네 명의 복음서 저자 모두가 자기 나름의 방식으로 이 부활절 이야기를 들려주고 있습니다. 끔찍한 경험의 행복한 결말입니다. 그런데 마가만은 이 이야기를 행복한 결말로 맺지 않고 있습니다.

마태, 누가, 요한은 이 부활의 결론에서 살아나신 예수 그리스도가 제자들에게 자신의 존재를 나타내시는 이야기를 들려줍니다. 이 세 명의 전도자들은 이 특이한 사건을 믿기 힘들어하는 사도들의 모습, 그들이 의심하고 황당해하는 것을 보여준 뒤, 그들이 믿음과 기쁨과 순종을 다지는 확인의 과정을 설명합니다.

그러나 마가는 그렇지 않습니다. 마가는 살아 계신 예수님을 보여주지 않습니다. 마가는 믿는 제자들을 보여주지 않습니다. 기뻐하는 사람도 순종하는 사람도 나오지 않습니다.

마가의 부활 이야기는 네 개의 복음서 중에서 가장 짧습니다. 잘 들어 보십시오.

안식일이 지나자, 막달라 마리아와 야고보의 어머니 마리아와 살로메는 예수께 가서 바르려고 향료를 샀다. 한 주가 시작되는 첫날 아침 일찍 해가 뜰 무렵에, 그들은 무덤으로 갔다. 그들은 서로 "누가 무덤 입구에 있는 돌을 굴려 줄까?" 하고 말했다. 그런데 문득 고개를 드니 커다란 그 돌이 이미 치워져 있었다. 그들이 무덤 안으로 들어갔더니 웬 흰옷 차림의 젊은 남자가 오른쪽에 앉아 있었다. 그들이 보고 몹시 놀라자, 그가 그들에게 말했다. "놀라지 마라. 너희가 십자가에 달리셨던 나사렛 예수를 찾는구나. 그분은 살아나셨고 여기에 계시지 않다.

봐라. 이곳이 그들이 그분을 누인 자리다. 자, 가서 제자들과 베드로에게 그분께서 너희보다 먼저 갈릴리로 가신다고 전하여라. 그분이 전에 말씀하신 대로, 너희는 거기서 그분을 뵐 것이다." 그들은 공포와 놀람에 사로잡혀 나와 무덤에서 도망하였다. 그리고 너무 두려워서 아무에게 아무 말도 못하였다막 16:1-8, NRSV.

∾

마가는 우리에게 예수님의 시신을 돌보러 온 세 명의 여자를 보여줍니다. 그리고 빈 무덤을 보여줍니다. 아마도 천사였을 젊은 남자가 세 여자에게 예수님이 부활하셨다고 말하고, 다른 사람들에게 이것을 전하라고 명합니다. 그런데 세 명의 여자는 천사의 명령을 듣지 않고 아무에게 아무 말도 하지 않습니다(그리스어는 이런 이중 부정의 표현을 좋아합니다). 그리고 성 마가의 복음서에 나오는 마지막 말은 놀랍게도, "두려워서"입니다.

이 세 여인의 이름을 우리는 압니다. 막달라 마리아, (예수님의 형제) 야고보의 어머니 마리아, 살로메. 막달라 마리아의 이름이 제일 먼저 나옵니다. 이 여자에 대해서 우리가 아는 것은 그가 매우 힘든 삶을 살다가 예수님에 의해 건짐받았고, 그래서 특히나 더 고마워하는 제자라는 것이 전부입니다. 이 세 명 모두가 무덤에 온 것은 예수님에 대해 고마워하고 존경하는 마음이 컸고, 그래서 그분의 죽음을 슬퍼하며 충성스럽게 그분을 기억하기 위해서였습니다.

그러나 그렇게 충성스러웠고 예수님께 생명의 빚을 졌음에도, 예수님이 살아나셨다는 선언에 대한 그들의 반응은 불순종과 불신앙이었습니다. 그들은 천사의 메시지를 전하라는 명령을 받았지만 순종하지 않았습니다. 예수님이 살아나셨고 약속을 지키셨다는 증거를 직접 보지는 못해도 말로는 들은 것인데, 그들은 경배하고 노래하는 대신에 두려워서 침묵했습니다. 예수님 안에 하나님이 살아 계신다는 놀라운 소식을 듣고도 믿지 않을 사람이 누가 있을까요? 가서 친구들에게 그 소식을 전하라는 천사의 명령을 듣고도 순종하지 않을 사람이 누가 있을까요? 하지만 두 명의 마리아와 살로메는 그렇게 하지 않았습니다.

우리가 이미 마태, 누가, 요한의 이야기를 통해서 사건의 전말을 알고 있다는 사실을 일단 접어 둡시다. 이 여인들이 나중에는 순종해서 그 메시지를 전한 것을 우리는 알고 있습니다. 그들이 경배했고, 즐거워했고, 믿었다는 것도 압니다. 그러나 지금은 그렇게 하지 않습니다. 그리고 그들이 그렇게 하지 않았다는 사실을 우리에게 알리기 위해서 성 마가는 애를 씁니다. 자신의 복음서가 애매한 결말을 맺게 놔둔 것입니다. 성경의 이야기를 이렇게 마쳐도 되는 걸까요? 부활절 아침에 목사가 이런 설교를 하기를 여러분은 원할까요?

❧

마가가 하는 일은 바로 이것입니다. 그는 이제 정말 힘든 부분에 와 있다고, 쉽지 않을 것이라고 말하는 것입니다. 막달라 마리아에게 쉽지 않은 일이었고, 야고보의 어머니 마리아에게도 쉽지 않은 일이었고, 살로메에게도 쉽지 않은 일이었습니다. 그리고 여러분에게도 쉽지 않은 일이 될 것입니다.

지금까지는 모든 것이 이보다 쉬웠습니다. 치유를 받고, 가르침을 듣고, 예루살렘까지 예수님을 따라가고, 끔찍한 고통을 경험하고, 예수님이 죽는 것을 지켜보고, 예수님의 시신을 돌보러 무덤까지 왔습니다. 아이를 주일학교에 보내고, 교회에 나오고, 그리스도께 집중하는 삶을 살기로 결심하고, 좋아하지 않는 이웃을 사랑하고 하는 일들이 쉽다는 것은 아니지만, 이보다는 쉬웠습니다.

이제 그림이 갑자기 바뀌었습니다. 그들이 이전에 경험한 것의 연장이 아닌, 다른 풍경이었습니다. 하나님이 예수님 안에 그리고 여러분 안에 살아 계시고 현존하시는 것입니다. 그들이 한 어떤 일도 이것을 설명해 주지 못했습니다. 우리가 하는 어떤 일도 이것을 설명해 주지 못합니다. 그들이 주도한 일이 아닙니다. 우리가 주도한 일이 아닙니다. 그들이 통제하지 않았습니다. 우리가 통제하지 않습니다. 그들은 자신이 원하는 것을 예수님께로부터 얻어 내는 소비자가 아니었습니다. 우리도 예수님께로부터 원하는 것을 얻어 내는 소비자가 아닙니다. 우리는 예수님의 안내로 성지를 방문하는 관광객이 아닙니다.

부활은 전세를 역전시킵니다. 이제 더 이상 내가 하나님을 위해서 무엇을 하는 게 아니라, 하나님이 나를 위해서 하십니다. 더 이상 필요에 의해서 혹은 호기심 때문에 하나님께 끌리는 게 아니라, 하나님이 연민과 사랑으로 내게 다가오십니다. 내가 준비가 되었든 되지 않았든, 하나님에 대해 무슨 느낌이 있든 없든 상관없이 말입니다.

부활은 소비자 종교와 은혜로운 복음을 나누는 분기점입니다. 우리를 두 부류로 나누는 사건입니다. 하나님이 자신에게 무엇을 주기를 바라는 사람과, 하나님이 자신에게 무엇을 주기를 원하시는지 아는 사람. 하나님의 심부름을 몇 개 해주고 자기 삶에 의미를 좀 얻고자 하는 사람과, 하나님이 자기 안에서 구원을 이루시게 하는 사람. 자신의 삶을 개선하기 위해서 하나님께 요구하러 교회에 오는 사람과, 믿음과 소망의 삶을 살라는 하나님의 말씀을 들으러 교회에 오는 사람.

하나님께 무언가를 원하거나, 하나님을 위해서 무언가를 하거나, 하나님께 우리의 생각을 말하는 것은 아무런 문제가 없습니다. 그러나 하나님은 우리 삶과 우리 세상에 자유롭게 살아 계시는, 우리를 위하시는 분이시며, 우리는 그저 그 하나님을 믿고 순종하고 예배하고 흠모할 뿐이라는 사실을 깨닫는 순간이 옵니다. 저는 그것을 부활의 지점, 자기 자신에게 골몰하던 시기에서 자신에게 골몰하시는 하나님께 집중하는 시기로 넘어가는 지점이라고 부릅니다. 부활절 아침과 그 뒤에 오는 우리의 모든 주일은 바로 그것을 표시하는 것입니다. 이제 사전 작업은 끝났고 경주는 시작되었습니다. 영원한 삶이 시작되었습니다. 여러분은 준비가 되셨습니까? 받아들이겠습니까, 거절하시겠습니까?

❧

그래서 부활절 설교를 준비하기가 힘듭니다. 제가 무엇이라고 말할 수 있겠습니까? 여러분을 가르치는 것, 예수님이 하신 말씀을 설명하는 것은 쉽습니다. 여러분이 무엇을 잘못했고 무엇이 죄인지를 지적하는 일은 쉽습니다. 무엇을 하도록 촉구하고, 충고해 주고, 착하게 살라고 부추기는 일은 쉽습니다. 그러나 부활절에는 그런 것들이 다 별로 중요하지 않게 들립니다. 중요한 것은 예수님이, 하나님이 살아 계시다는 것입니다.

그리고 이 말은 저나 여러분이 주도하는 게 아니라, 하나님이 주도하신다는 뜻입니다. 여러분이 하나님께 오는 게 아니라, 하나님이 여러분께 오신다는 뜻입니다. 더 이상 죽은 예수님을 돌볼 필요가 없다는 뜻입니다. 살아 계신 예수님이 여러분 안에서 새로운 삶을 주도하고 계십니다.

이것은 우리가 기대한 것이 아닙니다. 기대할 수 있는 일이 아닙니다. 그래서 두려워하는 게 당연합니다. 자신이 어디에 서 있는지를 알았던 한 가지 삶의 방식이 끝나고, 무슨 일이 일어날지 모르는 또 다른 생활 방식이 시작되는 것이기 때문입니다.

막달라 마리아, 야고보의 어머니 마리아, 살로메가 예수님이 자신들 가운데 살아 계시다는 것을 깨닫고, 자신들에게 정체성을 주던 사소한 종교적 일들이 더 이상 필요하지 않다는 것을 깨달았을 때 그들은 두려웠습니다. 그들은 믿음과 은혜, 희망과 순종의 심연을 바라보며 그 가장자리에 서 있었습니다. 그들은 **살** 준비가 되어 있었습니다. 그러나 역시 힘들었습니다.

그들이 얼마나 오래 두려워하며 주저하고 망설였을까요? 몇 분? 몇 시간? 마가는 말하지 않습니다. 하지만 영원히 주저하지는 않았습니다. 그날이 가기 전에 그들이 믿었다고 다른 복음서 저자들은 말해 줍니다. 그들은 순종했습니다.

그리스도께서 그들 안에 살아 계셨기 때문에 그들은 자신들이 생각하는 것보다 더 준비가 되어 있었습니다. 여러분도 마찬가지입니다. 이 부활절의 해가 지기 전에 믿고 순종하고, 살 준비를 하십시오. 그리스도께서 여러분 안에 살아 계십니다.

아멘.

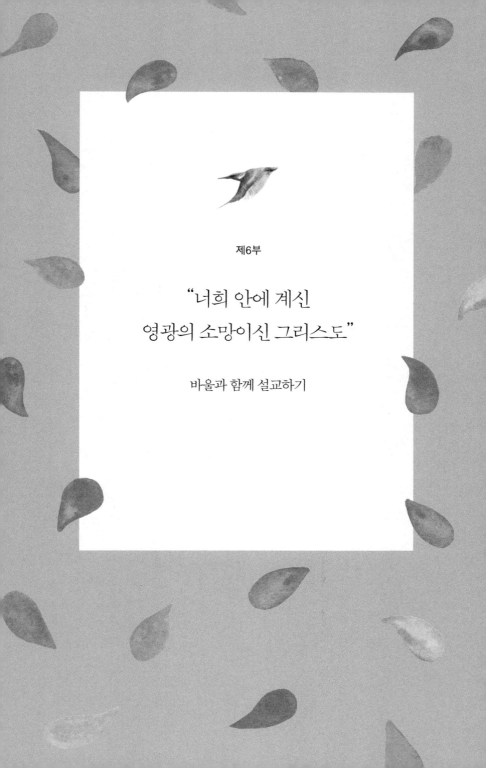

제6부

"너희 안에 계신
영광의 소망이신 그리스도"

바울과 함께 설교하기

서문

다소의 바울은 기독교 교회의 첫 신학자였습니다. 많은 사람들에게 그는 여전히 설교 신학의 가장 영향력 있는 설교자입니다. 우리가 오해하지 않게 하기 위해서, 도덕적 강요나 감상주의에 빠지지 않게 하기 위해서, 스스로를 훈련시킨 신학자와 목회자들이 세대마다 하나님의 사람들 중에 있었습니다. 설교는 성경을 통해 우리에게 계시된 하나님에 근거를 두어야 합니다. 하나님에 대한 거짓말과, 의도는 좋지만 결국은 미신인 것들로 가득한 문화 가운데서 목사들은 최대한의 도움을 필요로 합니다. 교회는 처음부터 "바울에서 시작하라"는 데 뜻을 같이했습니다. 그 후로 세기마다 위대하고 능력 있는 신학자들이 계속 나왔지만, 신학의 세계에서는 바울이 황금 기준입니다.

네 가지 요소가 바울의 신학적 상상력을 구성하고 있습니다. 이것은 신학적 목사-설교자로서 우리의 상상력을 구성하는 기본 요소입니다.

첫 번째는 성경에 대한 복종입니다. 모든 복음 설교는 성경을 잘 알고 거기에 복종하는 데서 나온다는 것을 저는 당연하게 생각합니다. 여기에서 핵심 단어는 '복종'입니다. 바울의 편지들을 읽다 보면 바울이 스스로 답을 찾아가는 독립적 사상가가 아님을 곧 알게 됩니다. 그는 새로운 궁극적 진리를 찾아서 "종교적"인 사상을 가지고 이리저리 실험해 보는 사색가도 아닙니다. 그의 사고는 하나님이 성경에 자신에 대해서 그리고 자신의 목적에 대해서 계시하신 모든 것에 종속되어 있습니다. 바울에게 성경은 우리가 오늘날 구약성경이라고 부르는 히브리 성경이었습니다. 편지를 쓰는 바울의 생각은 성경에 단단히 고정되어 있었습니다.

우월한 지성은 종종 자만심에 차서 남을 내려다봅니다. 뛰어난 책을 쓰는 사람은 이민 노동자보다 더 높다고, 큰 기업의 재정을 관리하는 여자는 공중 화장실을 청소하는 여자보다 더 높다고 생각하기가 쉽습니다. 그러나 텐트메이커로 생계를 유지하면서 역사적으로 매우 탁월한 지성을 발휘한 바울에게는 그러한 교만이 없습니다. 그의 사고 과정은 성경의 계시에 의해서 그에게 전해진 것에 지배당하고 거기에 복종하고 있습니다. 그는 성경에 계시된 말로 사고하고 기도합니다. 바울과 성경의 관계는 시험공부를 하는 학생과 책의 관계가 아니라, 예수님의 제자로서 그 책을 사는 관계였습니다. 바울은 인생의 전반부에는 바리새인으로 살면서 성경을 열심히 그러나 잘못 사용했습니다. 그리고 인생의 후반부에는 그리스도인으로서 똑같은 성경을 마찬가지로 열심히 그러나 다르게 **살았습니다**. 그 차이는 이것입니다. 적극적인 바리새인으로서 그는 그리스도인들을 반대하는 분노의 운동을 지지하는 데 성경을 **사용**했습니다. 그러나 믿는 그리스도인으로서 그는 성령이 성경을 사용해서 자기 안에 그리스도가 형성되게 했습니다. 거기에 **굴복**한 것입니다. 성경은 그에게 언어를 주고, 그의 상상력을 형성하고, 그의 인생을 구성했습니다. 성경은 바울에게 거대한 현존이었고, 그의 글을 이끄는 광대한 지평이었습니다.

예를 들어, 제일 먼저 나오는 바울의 편지인 로마서에서만도 그는 39권의 구약성경 중에서 17권으로부터 70개의 인용문을 인용했습니다. (20개를 인용한) 이사야와 (15개를 인용한) 시편을 그는 가장 좋아했지만, 그의 폭은 넓어서 창세기에서부터 말라기까지 거의 다 섭렵했습니다. 그런데 그것은 시작에 불과합니다. 바울은 열한 개의 편지를 더 썼습니다. 그는 단지 인용만 하는 게 아니라, 그 이야기 안에 **거합니다**. 그는 자신의 예언자-시인 선조들이 쓴 모든 것을 아주 잘 아는 듯한 인상을 줍니다. 이 풍요로운 하나님의 말씀의 서사를 아주 능숙하게 다룹니다. 성경은 그에게 "자전적"이 되었습니다(알렉산더 화이트의 문구).

바울의 신학적 상상력의 두 번째 특징은 신비에 대한 과감한 수용입니다. 설교자들은 자신이 모든 것을 설명해야 한다고 생각하기 쉽습니다. 그러나 바울은 신비를 개의치 않고, 신비를 좋아하고, 신비를 수용합니다. 로마서 11장에 나오는 그의 외침을 들어 보십시오.

> 하나님의 부요함과 지혜와 지식의 깊이여!
> 그분의 판단은 참으로 가늠하기 힘들고, 그분의 길은 이루 다 헤아릴 수 없다!
>
> "누가 주님의 생각을 알았으며,
> 누가 그분께 조언했는가?
>
> 누가 그분께 선물을 주었으며,
> 누가 그 보답을 받았는가?"롬 11:33-35, NRSV

이해하거나 도식화할 수 없는 하나님 앞에서 보이는 이러한 경건하면서도 열정 넘치는 반응이 바울의 가장 치열한 논리 중에 나온다는 사실은 중요합니다. 바울에게 신비는 최선의 설명을 한 뒤에 남는 것이 아닙니다. 신비는 하나님의 본성과 그분의 일에 내재하는 것입니다.

성령께서 우리 안에 그리스도의 삶을 형성하실 때, 우리는 어쩔 수 없이 우리가 이해할 수 있는 것 혹은 설명할 수 있는 것 이상의 것을 하나님 안에서 만나게 됩니다. 하지만 그 이상의 것이라는 게 우리에게 숨겨진 무슨 비밀 같은 게 아닙니다. 평범한

제6부 "너희 안에 계신 영광의 소망이신 그리스도"

사람들은 제외되는 비밀 정보가 아닙니다. 그것은 죄로 인해 작아진 우리 자신보다 더 큰 세계 안에서 살라는 열린 초대입니다.

우리는 신비를 답답해하는 면이 있습니다. 무슨 영문인지 너무 궁금해합니다. 그러나 그러한 조급함은 성숙을 방해합니다. 무지의 영역을 뚫고 실재를 설명하는 인간의 지적 능력은 물론 대단합니다. 공격적인 지적 활동은 상상을 초월하는 결과들을 만들어 냅니다. 지식의 불도저로 복잡하게 얽힌 신비의 덤불을 시원하게 밀어 버리는 것을 익숙하게 보아 온 현대의 지성이, 바울이 다루는 신비, 지식이 늘어나도 줄어들지 않고 깊이를 더해가는 그 신비를 대수롭지 않게 생각하는 것은 이해할 만합니다.

바울이 포용하는 신비는 물리쳐야 하는 어둠의 신비가 아니라, 들어갈 수 있는 빛의 신비입니다. 하나님과 그분의 일은 우리가 설명하고 재생산할 수 있는 것으로 축소될 수 없습니다. 신비를 수용하는 데에는 상당한 겸손이 필요합니다. 왜냐하면 신비 안에 있을 때 우리는 아무것도 통제할 수 없고, 관리하거나 담당자 행세를 할 수 없기 때문입니다.

바울의 신학적 상상력을 구성하는 또 한 가지 두드러지는 요소는 그의 언어입니다. 구원의 복음을 이루는 데 언어가 제일 중요하기 때문에 이것은 그리 놀랍지 않습니다. "말씀이 네 가까이, 너의 입술과 마음에 있다"롬 10:8, 신 30:14 인용. 그리고 물론 예수님이 바로 그 말씀입니다. 인간의 결정적 특징 중 하나인 언어는, 육신이 되신 말씀이신 하나님이 계시하고 일하시는 중요한 방법입니다. 따라서 단지 우리가 언어를 **사용**한다는 사실뿐 아니라, 우리가 그 언어를 사용하는 **방식**이 중요합니다. 바울이 언어를 사용하는 방식은 은유를 많이 사용하는 것입니다. 그의 글에서 은유가 없는 문단이 거의 없습니다.

이 사실은 중요합니다. 왜냐하면 은유는 언어를 정확하게 사용하는 방식이 아니라 그 반대이기 때문입니다. 은유는 정확하게 의미를 고정하기보다는 오히려 풀어 줍니다. 은유는 정의하거나 규정하기보다는 확장하고 생각이 행동으로 옮겨 가게 합니다. "주님은 나의 반석이시다"시 18:2라고 할 때처럼, 우리가 하나님은 '반석'이라는 은유를 사용하면, 반석이 하나님을 정의하는 게 아닙니다. 문자적으로 이 표현은 말이 되지 않습니다. 그래서 우리의 상상력을 동원해서 다른 차원에서 의미를 찾게 합니다. 문자적 의미 이상의 것을 말해 줄 수 있는 관계들과 울림들을 찾도록 우리의 상상력을 가동시킵니다. 은유 앞에서는 수동적일 수가 없습니다. 상상하면서 그 안으로 들어가야 합니다. 은유는 믿음과 순종의 참여로 우리를 끌어들입니다.

애매한 자투리나 모호한 것 없이 단정하고 깔끔한 것을 좋아하십니까? 상아탑의 지식인들과 실행에 집중하는 실용주의자들은 정리되고 정돈된 것을 좋아합니다. 그러나 바울은 그런 언어를 쓰지 않습니다. 바울은 정의하기 위해서가 아니라 일깨우기 위해서 말을 사용합니다. 그는 현미경에 놓인 표본처럼 비인격화된 하나님의 진리를 제시하지 않으며, 문장을 해부해서 진리를 끄집어내지 않습니다. 그는 "해부하기 위해서 죽이지" 않습니다.[1]

바울의 언어는 살아 있는 에너지의 장입니다. 그는 하나님을 정확하게 설명하겠다고 전문 용어를 만들어 내지 않습니다. 그는 은유의 냄새가 나는 평범한 것들, 평범한 행동들의 평범한 언어를 가져다가 자유롭게, 어쩔 수 없는 모호함들을 가진 채 그대로 편안하게 씁니다. 그는 시인처럼 언어를 씁니다. 살아 있는 신앙은 이러한 살아 있는 언어, 참여의 언어를 요구합니다.

바울의 신학적 상상력의 네 번째 요소는 지금도 지도상에서 찾아볼 수 있는 구체적인 도시에서 예배를 드린, (많은 경우 이름이 명시된) 남자와 여자들에게 쓴 편지를 통해서 그 내용이 우리에게 주어졌다는 것입니다. 손으로 쓴 편지는 가장 개인적인 글쓰기 방식입니다. 바울의 신학적 상상력은 고귀한 진리와 예수 그리스도 복음의 아름다움을, 지금도 회중으로 모이는 평범한 사람과 비범한 사람, 건강한 사람과 병든 사람, 아이와 노인, 회의주의자와 신자들이 이해할 수 있는 말로 표현할 수 있게 해주었습니다.

학계에서의 신학 연구는 유용하고 중요하지만, 실제적인 실천은 각 회중에서 일어납니다. 신학은 대화와 기도, 예배와 공동체에서 살아납니다. 신학은 하나님에 대해서 이야기하는 게 아니라, 바울처럼 이름을 아는 공동체에서 사람들과 서로 관계를 맺으며 공동체로 사는 것입니다.

교실에서 신학을 배운 사람들은 신앙을 명제와 추상적 개념과 설명으로 이해하려고 하는 것이 신학이라고 생각합니다. 거기에는 이야기도 없고 사람도 없습니다. 그러나 바울은 그렇지 않습니다. 그의 신학은 믿음을 사는 많은 사람들과 함께 공동체 안에서 기록되었습니다. 바울은 자기 신학에 사람들의 이름을 가져와서 우리가 신학을 비인격적인 것으로, 살지는 않고 그저 생각하고 논쟁만 하는 것으로 여기지 않게 합니다.

우리의 첫 결정적 그리스도인 신학자가 우리와 같은 사람들과 함께 현장에서 이 구원의 삶의 의미와 관계를 풀어간 사람이어서 다행입니다. 바울은 자신의 모든 신학을 예외 없이 가장 개인적인 글쓰기 형식인 편지로 기록했습니다.

우리의 정신과 영혼을 신학의 대가인 바울의 세계에 깊이 담그다 보면, 거기에는 추상적이고 거창한 진리도 가벼운 일화도 없음을 알게 됩니다. 바울의 신학은 성숙한 구원의 삶을 이루어가는 데 계속해서 유효한 모델입니다. 그 모델은 바로 성경에 대한 복종, 신비의 수용, 은유의 언어 그리고 이름이 있는 구체적인 사람들과 관계를 맺는 공동체에 대한 강조입니다.

1

"이제 하나님의 의가"

시편 80편

로마서 3:21-26

지금 극장가에는 아방가르드 흐름에 부합하는 길고도 지루한 연극이 공연되고 있습니다. 이것을 보신 교회 분들은, 현대 사회가 하나님에 대해서 가지는 입장을 아주 정확하게 묘사한 것이라고도 했습니다. 이 연극은 사뮈엘 베케트Samuel Beckett가 쓴 『고도를 기다리며』Waiting for Godot라는 작품입니다.

두 떠돌이가 종잡을 수 없는 대화를 하며 기다리고 또 기다립니다. 무대는 다소 황량합니다. 나무 한 그루, 앉아 있을 통나무, 사람이 지나갈 수 있는 길이 전부입니다. 극의 전환이나 변화 같은 것은 없습니다. 두 떠돌이가 대화하는 것을 듣는 분절 없는 하나의 긴 장면입니다. 그들은 갈 곳이 없습니다. 인생에는 더 나은 무언가가 있을지도 모른다고 생각하지만, 그게 무엇일지에 대해서는 아무런 단서가 없습니다. 그래서 그들은 고도가 와서 이 인생의 단조로움과 무의미함을 깨 주기를 기다립니다. 그런데 막상 그가 와도 그를 알아보지 못할까봐 걱정이 더해집니다. 그들은 무엇 하나 명쾌하게 생각하는 게 없습니다. 앞으로 무슨 일이 일어날지 생각하고 대화하는 일에 서툴기 짝이 없습니다. 고도가 없어서 불안하지만, 그가 와도 그를 알아보지 못할 것 같아서 그가 오기를 기다리는 마음도 마찬가지로 불안합니다.

이 연극은 우리의 삶과 하나님의 부재에 대한 비유입니다. 우리는 하나님이 없어서 당혹스럽지만, 하나님이 온다 해도 놓칠까봐 불안해합니다. 하나님의 부재로 인한 공허가 우리를 동요하게 만듭니다. 하나님이 나타나면 무슨 일이 일어날지 몰라서 긴장하고 불안해합니다. 하나님이 나타나든 나타나지 않든 불안하기는 마찬가지입니다. 하나님이 나타나실 것이라는 가능성마저도 우리를 불안하게 만듭니다. 하나님의 존재와 부재 모두가 우리 삶 깊은 곳에 있는 문제들을 보여줍니다.

그러나 지금 우리는 브로드웨이가 아닌 로마에, 아니 로마서에 있습니다. 우리에게 요행스럽게도 하나님과 우리의 관계를 이야기하는 바울도 이와 동일한 문제에 관심이 있었습니다. 그래서 바울의 사고와 이해의 덕을 볼 수 있습니다. "로마에서는 로마의 법을 따라야 한다"는 격언을 따라, 가장 중요한 이 문제에 대해 우리를 인도하는 바울의 사고를 따라가려 합니다.

바울은 경구로 말하는 재능이 있었습니다. 다시 말해, 복잡한 진리를 하나의 문장으로 표현하는 재능이 있었습니다. 그 문장

제6부 "너희 안에 계신 영광의 소망이신 그리스도"

은 이렇습니다. "율법과 예언자가 하나님의 의를 증언하기는 하지만, 이제 그 하나님의 의가 율법과 별개로 나타났다"롬 3:21, ESV.

바울의 사전에서 '율법'이란 '모세의 율법' 혹은 '토라'이고, 이 율법을 예언서와 같이 언급하면 구약성경 전체를 일컫습니다. 그렇다면 '나타나다'라는 말은 무엇입니까? 당연히 예수님입니다. 예수님은 하나님의 의입니다. 하나님의 의가 이제는 더 이상 책에 나오는 말이나 모닥불에 둘러앉아 하는 이야기가 아니라, 육신이 되신 말씀이 되었습니다. 피와 살을 가진 사람이 되신 하나님이 현실의 땅과 현실의 시간으로 오신 것입니다.

마가에서부터 시작해서 네 복음서의 저자는 우리가 갈릴리의 예수님을 깨닫고 그분의 일에 동참하게 하려고 최선을 다했고, 그렇게 하는 과정에서 우리는 예수님을 대하는 것은 곧 하나님을 직접 대하는 것임을 알게 되었습니다. 바울은 바로 그 사실, 그 계시를 확장해서 하나님의 모든 것이 우리 삶의 일상적 환경에 주어졌다고 말하는 것입니다. 추상적인 것, 피가 없는 "진리"는 하나도 없습니다. 다시 말해, 하나님이 여기에 계시고 **우리가** 그 하나님의 현존에 동참하는 것입니다.

이러한 하나님의 나타남을 설명하는 단어가 성경에 있습니다. 바로 '독사'*doxa* 곧 '영광'입니다. 영어로는 주로 '독솔로지'doxology라고 표현하는데, 우리는 예배 때 그 영광을 노래하기도 합니다. 어떤 사람들은 '광채'라고도 번역합니다. 찬란함, 광휘, 드문 가치, 눈부신 순결 등의 의미를 담고 있습니다.

저는 지금 바울이 서 있는 강렬한 흐름의 전통을 전하려 하고 있습니다. 그 거센 흐름에서 사람들은 하나님의 현존이 나타내는 빛을 포착했습니다. 이 빛이 하나님에 대해서 바울이 아는 모든 것에 엮여 있습니다.

성경에는 이러한 사례가 일찌감치 등장합니다. 모세가 시내산에 두 번째로 가서 십계명을 다시 받을 때였습니다. 그 앞에 일어난 사건으로 불안했던 모세는 하나님이 자신의 리더십에 대해서 어떻게 생각하는지 궁금했습니다. 그래서 하나님께 주님의 길을 보여달라고 부탁했습니다출 33:13. 모세는 대담했습니다. "제게 주의 영광을 보여주십시오"출 33:18, NIV. 하나님은 거기에 동의하시고 그에게 말씀하셨습니다. "내 영광이 지나갈 때, 내가 너를 바위틈에 두겠다"출 33:22, NIV. 그렇게 모세가 제대로 보호를 받게 하신 뒤 하나님은 자신을 보였고, 아찔하게 찬란한 빛을 발하며 그 영광의 광채를 드러내셨습니다.

또 하나의 사례가 있습니다. 시편 80편에 나오는 증언입니다. 이 시편은 갈수록 더 강렬하게 "오 하나님, 우리를 회복하소서. 주님의 얼굴에 빛을 내셔서 우리가 구원받게 하소서!"시 80:3, 7, 19라고 세 번을 외치는 강력한 기도입니다. 이 기도를 드린 사람들은, 우리에게 자신을 드러내시고 자신의 광채를 보이시는 것이 하나님이 우리를 대하시는 방식 중 하나라는 것을 아는 사람들이었습니다. 그들은 또한 우리가 하나님이 필요할 때 드릴 수 있는 가장 현실적인 기도는 그 영광의 증거를 보여달라고 단순하게 직접 구하는 것임을 알았습니다.

히브리 사람으로서 바울은, 자신의 역사 곧 이스라엘의 역

제6부 "너희 안에 계신 영광의 소망이신 그리스도"

사를 보고 아브라함에서부터 에스라까지 하나님이 자신을 드러내신 행위, 구원과 심판의 행위를 곳곳에서 알아보았습니다. 역사에는 하나님의 행위가 두드러졌고, 그 행위는 하나같이 일하시는 하나님을 보여주었습니다. 그것은 하나의 계시였습니다. "그분은 바다에 발자국을 남기시고, 폭풍을 타고 다니신다."[2]

하나님은 우주의 숨은 관리자도 아니고, 알 수 없는 우주의 힘도 아니며, 신비롭고 비밀스러운 영도 아닙니다. 하나님은 자신을 예배하는 사람들 사이에 **알려진** 존재입니다. 그 증거는 바로 하나님이 자기 자신을 보이신다는 것입니다. 바울은 하나님의 광채로 가득한 전통을 물려받은 상속자였습니다. 신들은 넘치게 많았습니다. 그러나 그 신들은 자신을 보이거나 자기 의도를 선언하지 않았습니다. 그 신들은 사실 부재하는 것으로 유명했고, 바울의 문화에서 가장 두드러지는 종교적 기념비는 "알지 못하는 신"에게 바쳐진 아테네의 제단이었습니다[행 17:23].

고도에 대해서 이야기하는 두 떠돌이처럼, 고대 사회는 신들에 대해서 이야기하고, 그들에 대한 소문을 퍼뜨리고, 끝도 없는 신학적 잡담을 했습니다. 그러나 신들은 행동하지도 평범하게 말하지도 않았습니다. 우리 시대처럼, 하나님이 부재하는 시대였습니다.

고대 사회의 탁월한 지성 중 한 사람인 키케로[Marcus Tullius Cicero]는, 이 혼란에 질서를 부여하고 이 신들의 세계를 좀 설명해 보고자 『신들의 본성』[De Natura Deorum]이라는 책을 썼습니다. 이 책에서 그는 시모니데스라고 하는 사람의 이야기를 들려줍니다. 그는 폭군

히에로로부터 신이 무엇 혹은 누구냐는 질문을 받았습니다. 현인 시모니데스는 하루 생각할 시간을 달라고 했습니다. 다음 날 그는 시간을 더 달라고 했습니다. 그는 계속해서 생각할 시간을 두 배씩 늘려갔습니다. 마침내 그는 대답을 했습니다. "생각하면 할수록 더 모호해집니다."[3] 이 말은 곧 그가 베케트의 떠돌이들과 함께 나무 둥치에 자리를 잡고 앉아 막연히 기다리고 있다는 뜻입니다.

그래서 바울이 하나님의 의가 나타났다고 말할 때, 우리는 그가 이 말을 하는 사회를 염두에 두어야 합니다. 소문과 징조와 혼란의 어두운 세계, 두 떠돌이의 세계 말입니다! 바울은 우리에게 영광이 나타났던 히브리의 긴 역사를 기억하라고 말합니다. 바위틈에 있던 모세와 시편 80편은 신학자 칼뱅이 "눈부신 무대"[4]라고 말한 그러한 광채를 보여줍니다.

❧

그래서 우리는 묻습니다. "하나님이 그토록 분명하게 자신을 보여주신다면, 왜 그토록 많은 사람들이 그분을 보지 못하는가?" 참으로 많은 뛰어나고 똑똑하며 정직하고 예민한 남자와 여자들이 하나님을 보지 못했다고 말한다는 사실을 우리는 부인할 수가 없습니다. 박식함을 부인할 수 없는 버트런드 러셀Bertrand Russell은 에세이 모음집을 출판했는데, 거기에는 '나는 왜 그리스도인이 아닌가'라는 글도 들어 있습니다. 그리고 지성과 감수성의 드문 조합을 보이는 알베르 카뮈Albert Camus는 가장 비겁한 행동은 하나님을 믿고 신뢰하는 것이라고 했습니다. 그렇다면 우리는 어떻게 반응해야 합니까?

우리는 다시 바울에게 도움을 구할 수밖에 없습니다. 바울은 "이제 그 하나님의 의가……**별개로 나타났다**", 곧 우리가 모세와 예언자로부터 배운 긴 역사 외에 추가로 나타났다고 말합니다 **롬 3:21**. 하나님의 의가 우리 시대에 사람으로 우리와 함께하신 하나님, 곧 예수님 안에 나타났습니다. 다시 말해, 바울은 로마에 있는 자신의 그리스도인 회중에게 하나님을 보는 것은 지성이나 진지함이나 정직함이나 감수성의 문제가 아니라 마땅히 답을 찾을 곳에서 찾는 것, 곧 그들이 사는 곳에서 최단 거리로 불과 2,400킬로미터 정도밖에 떨어져 있지 않은 그 동네에서 사셨던 예수 그리스도를 바라보는 문제라고 말하는 것입니다. 바울은 독자들에게 이것이 현재 진행 중인 사건이라는 것을 깨달으라고 요청합니다.

바울은 말합니다. "하나님이 자신을 계시하신 예수님께 집중함으로써 하나님이 하시는 일에 동참하도록 하십시오." 기독교 교회는 처음부터 이것이 바로 구원받은 삶의 핵심이라고 주장했습니다.

비그리스도인, 곧 이러한 헌신을 하지 않은 사람, 하나님이 자신을 결정적으로 보여주신 그리스도와의 인격적 관계로 들어가지 않은 사람에게 하나님에 대한 이러한 집중은 매우 교만해 보일 것입니다. 그러나 그리스도인, 곧 그리스도께 이렇게 집중했고 그곳에서 하나님의 광채를 깨달은 사람에게는 평범한 논리에서 나오는 상식적 진리처럼 보일 것입니다. 이 시점에서 왜 누구는 믿고 누구는 안 믿는지를 이해하려는 것은 본질에서 벗어나는 것입니다. 지금 중요한 것은 하나님이 자신을 보여주고 드러내는 것에 대한 바울의 믿음과 기대와 경험이 예수 그리스도의 나타나심으로 결론에, 절정에, 결정적 구현에 이르렀다는 것입니다. 바울의 말로 하면, "그리스도 안에 하나님의 모든 충만이 몸으로 거하고 계십니다"^{골 2:9, KJV}.

바울이 쓰는 "하나님의 의"라는 표현은 지금 보여지고 나타나고 명백해진 것에 대한 정확한 표현입니다. '의'는 우리가 일상적으로 쓰는 말이 아니기 때문에 좀 생각을 해보아야 합니다. 우리는 하나님의 성품에 대해서, 하나님이 어떠하신지에 대해서 이야기하는 게 더 쉽습니다. 그러나 그렇게 하면 바울의 의미하는 바를 많이 놓치게 될 것입니다.

성경에서 말하는 '의'는 두 가지 측면이 있습니다. 한편으로는 '최종적·궁극적 올바름'입니다. 이것은 절대적 진리로서 다른 모든 것은 그 앞에서 상대적이 됩니다. 마치 국가에서 정하는 기준 수치들처럼 흔들 수 없는 것입니다. 옳고 진실한 것의 기본적이고 변할 수 없는 기준, 곧 완벽한 의입니다.

그러나 여기에는 또 다른 측면도 있습니다. 왜냐하면 이러한 의의 절대적 기준은 수동적이고 죽은 사물이 아니기 때문입니다. 의에는 모든 사람과 모든 것을 자신과 같이 만들고자 하는, 곧 모든 것을 바로잡고자 하는 활동이 연결되어 있습니다. 올바름에는 열정적 인격의 차원, 곧 예수라는 이름을 가진 사람이 사람들의 삶 속 깊이 그 의를 개발하고자 하는 차원이 있습니다. 그분은 진리이시지만, 또한 사랑이시기도 해서 잃어버린 것을 구하고자

제6부 "너희 안에 계신 영광의 소망이신 그리스도"

합니다. 예수 그리스도를 통해서 우리는 하나님이 절대적 진리라는 것과 하나님이 사랑을 나누고자 하신다는 것을 배웁니다. 절대적 진리만으로는 냉정하고 소원합니다. 그리고 사랑만 있다면 감상주의에 빠질 것입니다.

좀 뜻밖이긴 하지만 프리드리히 니체는 "모든 진리는 내게 피의 진리다"(혹은 "모든 진리는 몸으로 실천해 보아야 한다"—옮긴이)라는[5] 말로 우리의 주의를 끕니다. 우리는 바로 이러한 관점에서 하나님의 의를 이해해야 합니다. 하나님은 추상적이지도 않고, 철학자의 연구 주제도 아닙니다. 의는 예수님 안에서 그리고 우리 안에서 **살고** 있습니다. 사랑으로 우리에게 자신을 나타내시고, 우리를 자신의 의에 동참시키고자 하시는 그분은 이 우주의 창조주시며 주권자십니다. 이것은 십자가에 달리신 예수님이 보여주듯 니체가 말한 피의 진리 중 하나입니다.

이것이 바로 로마에 있는 사람들에게 쓴 바울의 편지에 반복해서 나타나는 주제입니다. 하나님은 우리를 구원하려 하시고, 예수 그리스도가 그 증거라는 복음을 바울은 반복해서 전합니다. 바울의 말로 하면, 그것은 "모든 믿는 사람에게 구원을 주시는 하나님의 능력입니다.……왜냐하면 그 안에 하나님의 의가 믿음을 위해 믿음을 통해서 나타났기 때문"입니다 롬 1:16-17, NRSV.

ↁↁ

이제 다시 처음에 살펴보았던 베케트의 두 떠돌이 이야기로 돌아갑시다. 그들에게 이중의 문제가 있었던 것을 기억하실 것입니다. 그들은 하나님의 부재에 불안해하면서도 하나님이 나타나도 자신들을 알아보지 못할까봐 더 불안해했습니다. 그들은 기다렸지만, 그 기다림에는 평온함도, 희망도, 기쁨도 없었습니다. 그 떠돌이들이 바로 우리입니다.

'하나님은 자신을 드러내시는가? 그리고 드러내신다면 우리는 그분을 알아볼 수 있는가?' 바울은 말합니다. "그렇습니다. 하나님은 자신을 드러내십니다. 그리고 예수라는 사람에게서 우리는 그 하나님을 알아볼 것입니다. 하나님은 자신의 광채, 자신의 영광을 드러내십니다. 그리고 그 광채는 바로 의입니다." 바울은 이것을 "복된 소식" 곧 '복음'이라고 불렀습니다. 이것은 정말로 복음입니다.

이것이 바로 하나님에 대한 기독교의 가르침과 설교의 핵심 메시지입니다. 바울의 모든 관심사는 **우리가** 거기에 집중하게 하는 데 집중되어 있습니다. 이것은 정말로 성숙한 집중력이 필요한 일이기 때문입니다. J. B. 필립스J. B. Phillips는 바울의 생각과 글을 한 번도 제대로 집중해서 보지 않은 사람들이 참으로 많다고 말했습니다.[6] 주일학교에서 색칠 공부를 뗀 순간부터, 혹은 머리가 굵어진 대학생의 자만심에 취해 모든 종교를 프로이트의 이론으로 설명하려던 때부터 그들은 기독교의 주장들에 대해서 더 이상 생각하지 않았습니다. 프랜시스 베이컨Francis Bacon은 이렇게 썼습니다. "'무엇이 진실인가?' 하고 조롱하듯 빌라도는 묻고, 답도 기다리지 않고 가버렸다."[7] 이 문장은 우리를 사로잡고 우리의 상상력을 자극합니다. 그가 만약 남아서 보고 들었다면 어떻게 되었을까요?

진실을 알게 되지 않았을까요? 그러나 빌라도는 국가, 정의, 정치, 사회의 문제들에 골몰해 있었습니다. 그에게는 대답을 들을 시간이 없었습니다. 그는 대답에 신경 쓰지 않았습니다.

'하나님', '진리', '사랑'은 사전으로 정의될 수 없고, 정치인이 가볍게 넘길 수도 없습니다. 이 지구상의 많은 남자와 여자들이 그것을 살았고 살고 있습니다. 어쩌면 여러분은 지금 바로 그러한 사람 옆에 앉아 있는지도 모릅니다. 그래서 우리는 이 예배의 자리에 정기적으로 나타납니다. 그리스도 안에서 나타난 이 하나님의 의에 집중하기 위해서 말입니다.

아멘.

2

"유대인은 표적을 구하고 그리스인은 지혜를 구한다"

이사야 53:7-9
고린도전서 1:18-25

저는 슬로건에 대한 불신이 아주 큽니다. 공식의 형태로 주어지는 것 혹은 손쉬운 대답은 저를 불편하게 합니다. 채식주의로 모든 질병을 치료할 수 있다고 하는 사람들, 혹은 꽃을 나눠 주는 것으로 전쟁을 종식시킬 수 있다고 생각하는 사람들, 혹은 모든 사람에게 문자를 가르치면 무지가 사라질 것이라는 사람들, 혹은 모든 공산주의자를 죽이면 자유가 보장될 것이라고 하는 사람들 말입니다. 에릭 호퍼Eric Hoffer가 "진정한 신자들"이라고 부르는, 자신들의 체계에 맞을 때까지 현실을 깎아내는 사람들 말입니다. 단순화는 이렇게 절단을 통해서 성취됩니다.

사실 현실이란 복합적이고 다양합니다. 이 세상은 풍요롭고 정교합니다. 인생은 잡다하고 풍부합니다. 모든 것을 설명하는 공식, 모든 것을 해석하는 슬로건, 모든 문제에 맞는 답변, 이런 것들은 너무 많은 것을 제외시킵니다. 목사가 되고 나서 저는 더 조심해야 했습니다. 종교의 세계는 어쩌면 다른 어떤 세계보다도 더 많이, "대책 없이 단순한 사람들"을 끌어들이는 것 같기 때문입니다.

그러나 제가 점점 더 존중하게 된 한 가지 요약문이 있습니다. 성 바울 안에서 일하시는 성령의 천재성에서 나온 글입니다. 1세기의 회중에게 보낸 여러 편지에서 바울은 그 말을 여덟 번 했는데, 단 세 단어입니다. "십자가에 달리신 그리스도." 여러분의 예상과는 다를 것입니다. "하나님은 사랑이시다"도 아니고 "이웃을 사랑하라"도 아닙니다. "계명을 지켜라"도 아닌, "십자가에 달리신 그리스도"입니다. 생각하면 생각할수록 이 말은 짧지만, 축소라기보다는 집중이며, 현실을 흐리는 게 아니라 또렷하게 보이게 하는 것, 희석이 아닌 정제라는 것을 알게 됩니다.

이 날카롭고 예리한 문구는 혼란이 큰 상황에서 나온 말입니다. 바울은 고린도라고 하는 그리스의 도시에 있는 그리스도인들에게 편지를 쓰고 있었습니다. 그리스도의 이름으로 모인 회중 가운데 그렇게 요란하고 논쟁이 많고 잘 싸우는 회중도 드물 것입니다. 기독교 신앙을 해석하거나 표현하는 방식에서 다들 생각이 다른 회중이었습니다. 그들의 목사로서 바울의 임무는 그 신앙을 설명해 주고, 그들의 다양성을 연합으로 바꾸며, 그들의 혼란스러운 복잡함을 유기적 조화로 바꾸는 것이었습니다.

어떤 사람들은 교육을 강조했습니다. "이 교회를 강의실로 바꿉시다. 사실 우리는 위대한 철학자와 도덕주의자들의 땅에 사는 그리스인들 아닙니까. 그리스도 안에서 우리는 하나님의 모든 지혜를 가지고 있지 않습니까. 이런 철학적 자원을 사용해서 하나님의 지혜 안에서 그것이 어떻게 완성되는지를 보여줍시다. 헤라클리투스와 플라톤과 아리스토텔레스를 가져다가 예수님이 어떻게 그들을 완성시키는지 보여줍시다."

또 어떤 사람들은 초자연적인 것을 강조했습니다. "보십시오. 우리는 종교가 넘쳐나는 도시에 살고 있습니다. 이집트의 신비주의, 그리스의 신화, 페르시아의 비교 등 사람들이 황당한 약속들을 하고 있습니다. 치유를 하는 곳들, 비전을 보여주는 단체들, 황홀경을 경험하게 해주는 전례들이 곳곳에 있습니다. 그런데 우리 그리스도인들은 가장 큰 기적을 보인 종교를 믿지 않습니까. 우리는 홍해를 가르고, 기브온에서 해를 멈추고, 40년간 광야에서 빵과 메추라기로 사람들을 먹이고, 나병 환자 나아만을 고치고, 예수님을 죽은 자 가운데서 살리신 하나님을 예배합니다. 우리는 이같이 더 크고 더 나은 기적을 그저 보여주기만 하면 됩니다. 그러면 도시 전체가 숨도 못 쉬게 흥분해서 잔뜩 기대하게 될 것입니다."

그들은 이것을 놓고 토론하고 논쟁했습니다. 바울은 그것에 대해서 다 듣고 그들에게 편지를 써서 "우리는 십자가에 달리신 그리스도를 전한다"고전 1:23고 했습니다. 그들은 바울이 한 말의 의미를 깨달았습니다. "그렇지. 어떻게 그것을 놓칠 수 있었단 말인가?" 이 세 단어는 교회의 설교에 핵심이 되었고, 그들의 예배의 상징, 그리고 그들의 존재에 대한 설명이 되었습니다. 그것은 지금도 마찬가지입니다.

몇 년 전 이 예배당이 거의 완성되어 갈 때, 로버트 샤록 장로
가 오하이에 있는 자기 가족 농장에서 미국산 흑호두나무 잘라낸
것을 몇 개 구해서 차 지붕에 실어 왔습니다. 그리고 자기 작업실에
서 여기 성단소에 걸린 십자가를 만들어서 이 예배당의 중심으로
삼았습니다. 이곳으로 들어올 때 이 십자가를 놓칠 수 없습니다.

　　오늘 아침 저는 이 회중으로부터 받은 선물인 십자가를 목
에 걸고 있습니다. 많은 사람들이 십자가를 걸고 다닙니다. 십자가
는 어디를 가나 기독교 신앙의 결정적 상징으로 여겨집니다.

❧

　　제가 제일 좋아하는 회중이 둘 있습니다. 하나는 바로 여기
그리스도 우리 왕 교회의 회중입니다. 저는 매일, 매주, 매해 여기
에 있습니다. 저는 우리 회중이 다른 기독교의 회중보다 더 나은
지 못한지 모르지만, 제가 있는 곳이 여기이고, 참 활기차고 다양
하면서도 어려움 또한 많습니다. 제가 다른 곳에 정신을 팔 수 없
을 만큼 많은 일들이 이곳에서 일어나고 있습니다. 이곳에서 저는
많은 것을 배웠고, 많은 것을 경험했습니다.

　　우리가 함께 예배하러 모일 때마다 저는 하나님이 우리와
무언가 특이한 일을 하고 계신다는 느낌을 새롭게 받습니다. 우리
자신을 벗어나 더 크고 멋있는 무엇으로 들어가도록 살짝 부추김
을 받는 느낌입니다. 그리고 나서 우리는 흩어져서 한 주를 보냅
니다. 어떤 사람들은 고통의 늪을 지나면서 허덕이고, 또 어떤 사
람들은 지루한 직장 일을 하거나 아무런 흥미도 없는 관계 속에

살면서 인생이 이게 전부인가 생각하고, 또 어떤 사람들은 흥이 나서 휘파람을 붑니다. 서로 다른 환경에서 아주 다양하게 살고 있습니다. 하루하루가 완전히 똑같은 사람은 없습니다. 우리는 변하거나 자라거나 퇴보하거나 흔들립니다.

저는 기도할 때 여러분을 기억하며 하나님이 여러분 각자에게 원하시는 축복에 집중하는 것을 좋아합니다. 저는 성경을 공부하면서 여러분과 함께하는 인생의 지금 이 순간에 그 말씀이 정확한 의미를 가지도록 하나님의 말씀을 전할 방법을 찾는 것을 좋아합니다. 그냥 편안하게 만나든 위기의 순간에 함께하든, 같은 인간으로서 여러분과 함께 있으면서 형제와 자매가 연합하며 거하는 것의 의미를 실현하고, 서로에게서 그리스도를 보는 것을 좋아합니다. 이 모든 것을 좋아합니다. 여러분의 목소리를 듣는 것, 여러분의 가정을 방문하는 것, 여러분의 눈에 나타나는 표정 보는 것을 좋아합니다.

하지만 때로는 이 모든 게 피곤하기도 합니다. 너무 많은 아픔과 고통이 있고, 제가 답할 수 없는 질문들, 죄 그리고 오해가 너무도 많습니다. 그만두고 싶어집니다. 좀 편하게 살고 싶습니다. 그 누구도 진지하게 혹은 개인적으로 생각할 필요가 없는 가십 칼럼니스트로 사는 건 어떨까 하는 망상도 가집니다. 사람들의 어두운 이면에 대해서 아는 게 많으니 아마도 제가 아는 것을 팔아먹는 걸로 제법 괜찮게 살 수 있을 것입니다.

그러나 그것도 곧 싫증날 것이라 생각합니다. 그런 망상들은 오래가지 않습니다. 자고, 기도하고, 예배하고 나면, 저는 다시

제6부 "너희 안에 계신 영광의 소망이신 그리스도"

이곳으로 돌아와 여러분과 함께하는 은혜의 삶을 즐깁니다.

❧

그리스도 우리 왕 교회와 더불어 제가 제일 좋아하는 회중은 고린도 회중입니다. 1세기의 그리스도인 회중 가운데서 우리가 조금이라도 아는 게 있는 회중은 열일곱 개입니다. 아는 정도는 다르지만, 그래도 이들에 대해서는 조금이라도 압니다. 그중에서 저는 고린도의 회중을 가장 좋아합니다. 제일 잘해서가 아닙니다. 아마도 빌립보 회중이 제일 모범적이었을 것입니다. 영향력이 가장 큰 회중도 아니었습니다. 아마도 예루살렘 회중이 제일 영향력이 컸을 것입니다. 가장 크지도 않았습니다. 아마도 에베소 회중이 제일 컸을 것입니다. 가장 전략적이지도 않았습니다. 아마도 안디옥 교회가 제일 전략적이었을 것입니다. 그러나 고린도 회중은 가장 현실적인 회중이었습니다.

고린도에서는 다른 어떤 곳보다도 많은 일이 일어났던 것 같습니다. 죄와 은혜와 감정이 얽힌 일들이었습니다. 회중에서 일어날 수 있는 잘못된 일들은 다 일어났습니다. 논쟁, 파당, 성 문제, 차별, 무례, 바보 짓, 잘난 체하기. 그러나 회중에서 일어날 수 있는 좋은 일도 다 일어났습니다. 용서, 세례와 성찬을 중심으로 하는 삶에 대한 깊은 감각, 화해를 위한 열정적 움직임, 지나칠 정도로 관대한 헌물, 공동체 안에서 성령의 삶을 살고자 하는 결의.

신약성경에 나오는 회중을 객관적으로 평가하려는 게 아니라, 제가 개인적으로 선호하는 것을 말씀드리는 것입니다. 다른 어떤 회중보다도 고린도에 대한 정보가 제일 많다는 것도 그 이유 중 하나일 것입니다. 그러한 자세한 내용이 그 장소에, 언제나 실제의 사람과 실제의 상황을 다루는 그 구체성에 끌리게 합니다. 바로 그런 것들이 회중에서의 삶을 풍요롭고 다채롭게 하는 것이기 때문입니다.

❧

고린도⋯⋯그리스도 우리 왕, 그리스도 우리 왕⋯⋯고린도. 저는 이 두 회중의 삶에 깊이 관여했습니다. 물론 문화적 상황은 전혀 다릅니다. 1세기의 고린도와 20세기의 벨 에어는 사회적 공통점이 별로 없습니다. 그러나 다른 많은 중요한 일들, 늘 중요하고 앞으로도 결코 중요하지 않을 수 없는 다른 많은 일들에서 우리는 같습니다. 우선, 우리는 우리 존재의 근원과 뿌리를 어떤 사건에 두고 있습니다.

어떤 사건입니까? 십자가에 달리신 그리스도입니다.

사실 거기에서 시작하고 싶은 사람은 아무도 없습니다. 교회에 오는 사람은 특히 그렇습니다. 우리는 거창한 데서 시작하고 싶어 합니다. "하나님은 사랑이시다", "인생에는 목적이 있다." 혹은 거창한 비전이나 끝내주는 제안에서 시작하고 싶어 합니다. "미국을 다시 하나님께로." 혹은 자극적인 도전에서 시작하고 싶어 합니다. "네 마음껏 하여라." 혹은 충격적인 질책으로 시작하고 싶어 합니다. "회개하지 않으면 죽는다."

하지만, "십자가에 달리신 그리스도"를 원하는 사람은 아무도 없습니다.

누가 그것을 원하겠습니까? 그래서 바울은 두 개의 대안을 제시합니다. "유대인은 표적을 구하고 그리스인은 지혜를 구합니다"고전 1:22. 바울은 교회에 오는 우리와 같은 사람을 두 부류 곧 유대인과 그리스인으로 나눕니다. 유대인은 성경적 배경이 어느 정도 있는 사람들입니다. 그들은 선조들의 기적 이야기를 들으며 자랐습니다. '하나님이 불타는 덤불에서 모세에게 말씀하셨는데, 그 덤불이 타지 않았다. 이집트의 노예생활에서 건짐받았다. 만나와 메추라기로 40년간 광야에서 살았다. 여리고 성 전투에서 성벽이 무너졌다.' 반면에 그리스인은 지혜와 답을 구하는 다른 모든 사람입니다. 즉 유대인은 하나님으로부터 기적을 기대하는 사람들이고, 그리스인은 하나님으로부터 대답을 기대하는 사람들입니다.

그러나 바울은 모든 것을 근본에서부터 바꾸는 기본적인 행위로 돌아가게 합니다. 십자가에 달리신 그리스도.

우리 사회는 기적에 대한 기대 때문에 오히려 질이 떨어졌습니다. 믿음으로 사는 인간이 되는, 매우 깊이 있고, 끝도 없이 어려우며, 영광이 넘치는 일에 관여하지 않기 위해서 하나님을 초자연적 지름길로 이용합니다. 혹은 모든 굵직한 질문들—이게 다 무슨 의미인가? 왜 내게 이런 일이 일어났는가? 죽음 이후에 삶이 있는가? 행복한 사랑을 하고 성공적인 일을 할 수 있는 공식은 무엇인가?—에 대한 답을 기대하는 마음 때문에도 천박해졌습니다.

그러나 하나님은 우리가 그런 식으로 살기를 원하지 않습니다. 기적과 표적으로, 그러니까 관계성 없는 능력, 관계성 없는 신기한 오락으로 살기를 원하지 않습니다.

그리고 사상과 지혜로, 그러니까 관계성 없는 지식, 개인적 참여가 필요 없는 정보로 살기를 원하지도 않습니다.

우리는 십자가에 달리신 그리스도를 설교합니다.

어떤 일이 실제로 일어났습니다. 우리가 생각하거나 연구할 수 있는 사상이 아니라, 우리가 조작하거나 사용할 수 있는 권력이 아니라, 하나의 사실입니다. 역사적인, 시간과 공간의 사건입니다. 인격적인 사실입니다. 십자가에 달리신 그리스도.

이것이 중심입니다. 바울은 다양한 사람이 모인, 그러나 매우 종교적인 이 고린도 공동체에게 쓰고 있습니다. 그들은 답을 달라고 요구했고, 기적에 호기심을 가졌습니다. 사실 우리와 별반 다르지 않습니다. 바울은 그들을 다시 삶의 중심으로 데려옵니다. 십자가에 달리신 그리스도.

중요한 것은 하나님이 우리에게 하신 일에 전적으로 집중하는 것입니다. 하나님은 우리에게 오셨고, 자신의 사랑을 보여주셨으며, 우리를 구원하고 회복시키겠다는 결의를 입증하셨습니다. 우리에게 참 자아를 돌려주기 위한 희생물로 자기 자신을 바치셨습니다. 이 신비는 무척 큽니다. 어떻게 하나님이 우리와 같은 존재가 될 수 있습니까? 고대 팔레스타인에서 어느 날 일어난 희생적 죽음이 어떻게 이천 년 후, 14,500킬로미터 정도 떨어져 있는 여러분에게 급진적인 변화를 가져온다는 말입니까? 이 신비는 깊고도 헤아릴 수 없는 것이지만, 그 사실 자체는 명백합니다. 무슨 일인가가 일어났습니다. 예수님이 십자가에 달리셨습니다.

제6부 "너희 안에 계신 영광의 소망이신 그리스도"

진짜 사람이 진짜 죽었습니다. 그 안에서 하나님이 우리를 향한 자신의 뜨거운 사랑을 보이셨고, 우리 안에서 자신의 구원을 이루셨습니다.

우리가 질문을 할 것이라면, 이 질문을 던져야 합니다. "하나님이 무슨 일을 하셨는가?", "하나님은 무슨 일을 하고 계신가?" 그분이 하신 일과 하고 계신 일을 봅시다. 저는 여러분의 상상력을 추측에서 참여로 바꾸고 싶습니다. 하나님은 지금도 무엇인가를 하고 계십니다. 하나님은 어제 내 삶에서 무엇을 하셨습니다. 그것을 보도록 구하십시오. 지금도 내 삶에서 일하고 계신 그분을 보고 계십니까?

하나님은 비인격적으로 행하지 않으십니다. 비인격적으로 말씀하시지 않습니다. 그러니까 기적을 기대하지 말고, 답을 달라고 아우성치지 마십시오. 육신이 되신 말씀 안에서 하나님께 집중하십시오. 십자가에 달리신 그리스도께, 여러분에게 주시는 그분의 희생제사에 집중하십시오.

◈

오늘 아침 여러분은 단지 설교를 들으러 여기에 온 게 아닙니다. 여러분은 성찬의 성례를 행하면서 그 설교에 참여하기 위해서 왔습니다. 이 성례에서 우리는 십자가에 달리신 그리스도를 기념하고 예배합니다. 어떤 면에서 이것은 아주 단순하고, 매우 일상적이며, 매우 실제적입니다. 빵과 포도주. 여기에 앉은 저와 여러분. 우리는 여러 세대의 그리스도인들을 통해서 전해져 온 말씀을 듣고 말합니다.

　우리는 위대한 사상이나 여러분의 인생을 설명해 주는 일련의 답변들 때문에 여기에 있는 게 아닙니다. 우리는 단조로운 일상에서 벗어나게 해줄 대단한 공연을 보기 위해 여기에 있는 게 아닙니다. 우리는 그리스도를 받으러 여기에 왔습니다. 우리는 십자가에 달리신 그리스도를 전합니다. 하나님은 큰 사랑으로 우리에게 오셨습니다. 하나님 없이는 충만하고 온전하고 영원한 인간의 삶을 살 수 없습니다. 우리는 잘 살기 위해서, 완전해지기 위해서 여러 가지 다른 방법들을 시도합니다. 그런데 아무것도 소용이 없습니다. 우리 스스로의 힘으로는 그런 삶을 얻을 수 없습니다. 하나님이 우리를 위해서 그 삶을 완성시켜 주십니다. 그리스도가 오십니다. 십자가에 달리신 그리스도. 그 일이 일어납니다. 우리 인생이 구원받습니다. 우리 죄가 용서받습니다. 우리는 주어지고 드러난 것을 받습니다. 하나님이 하신 것, 하나님이 하시는 것을 받습니다. 우리를 위해서 하셨고, 우리에게 주셨습니다.

　세속화된 구원의 이야기는 그저 구출의 이야기일 뿐입니다. 외부에서 누가 와서 우리를 곤란한 상황에서 구해 줍니다. 그러나 십자가에 달리신 그리스도는 안에서 일하십니다. 곤란한 상황으로 들어가셔서, 자신이 그것을 받으시고, 구원의 생명으로 변하는 희생이 되십니다. 그리스도의 십자가는 모든 희생을 마무리하는 희생입니다. 구원을 이루었고 계속해서 구원을 이루는 마지막 희생입니다.

　아멘.

제6부 "너희 안에 계신 영광의 소망이신 그리스도"

3

"그리스도께서 우리를 해방시켜 자유를 누리게 하셨다"

창세기 15:1-6
갈라디아서 5:1-2, 13-15

갈라디아 사람들에게 보낸 편지는 바울이 가장 화를 많이 내는 편지입니다. 바울은 예수님의 제자가 되어서 그리스도인의 공동체가 형성되던 초기에 그 일원이 되었습니다. 예수님께서 십자가에서 죽으시고 부활하신 뒤, 베드로와 다른 사도들은 예루살렘에서 좋은 소식을 전했고, 많은 사람들이 회심했습니다. 처음에 회심한 사람들은 대부분 유대인이었습니다. 유대교 당국은 사도들이 예수님에 대해서 설교하는 것을 막으려 했고, 심지어 감옥에 넣기도 했지만 큰 성과를 보지 못했습니다. 한번은 예루살렘에서 하루에 삼천 명이 회심하기도 했습니다^{행 2:14-41}. 그러나 그리스도인을 반대하는 폭력은 계속되었습니다. 어느 날 현지 교회 집사 중 한 사람인 스데반이 설교를 하는데, 강경파 바리새인들이 그가 히브리 전통의 유효성을 문제 삼는다는 이유로 그를 돌로 쳐 죽이기로 했습니다. 스데반이 한 일은 일찍이 예수님을 십자가에서 죽게 한 "형사상의" 범죄와 같은 것이었습니다. 당시에 열성적이었던 사울이라고 하는 사람이 스데반을 죽이는 사람들의 옷을 지켰습니다. 그들은 "사울이라고 하는 청년의 발 앞에 겉옷을 두었습니다"^{행 7:58,}
NRSV. 그렇게 기독교의 첫 순교자 스데반은 돌에 맞아 죽었고, 그때 (나중에 바울로 개명한) 사울은 그 처형의 공범자였습니다^{행 6:8-7:60}.

스데반을 돌로 쳐 죽인 사건을 계기로 그리스도인에 대한 폭력이 크게 증가했지만, 유대인이든 이방인이든 사람들의 회심을 막지 못했습니다. 최근에 회심한 바울과 함께 바나바가 파견되어 그리스와 로마인들에게 전도하면서 이방인들을 위해서 일했습니다. 그들은 오늘날 터키의 일부인 로마령의 갈라디아 지방에서 일을 시작했습니다.

෴

신약성경 교회의 초기 역사인 사도행전 중간 즈음에 가다 보면, 그리스도인들 사이에서 지도력의 중심이 주로 유대인들이 사는 예루살렘에 있는 베드로와 사도들에서, 로마령의 이방인 사회에 사는 로마와 그리스인들을 위해서 일하는 바울과 바나바 그리고 나중에는 실라에게로 옮겨 가는 것을 볼 수 있습니다. 베드로와 그의 제자들은 유대인 사회에서 일하는 것을 우선으로 했고, 바울과 그의 제자들은 이방인 사회에서 일하는 것을 우선으로 했습니다.

기독교 교회의 형성에서 바울이 주요 지도자로 등장하는 것은 놀라운 일입니다. 돌로 쳐 죽이는 형벌을 가할 수 있는, 유대교 율법에 대한 이단적 활동을 하는 그리스도인들을 체포하러 가는 길에 다메섹 도상에서 갑작스레 회심을 하기 전까지, 그는 명실상부한 바리새인이었습니다.

바울이 초기에 일하러 갔던 이방인 지역 중 하나가 로마령의 갈라디아였습니다. 그는 네 개의 도시를 언급합니다. 비시디아 안디옥, 이고니움, 루스드라 그리고 더베행 13:13-14:7. 바울과 바나바는 따뜻한 환대를 받았습니다.

갈라디아에는 바리새 계열의 유대인들이 있었던 것으로 보입니다. 그들은 회당의 일원들을 예수의 길로 회심시키는 바울과 바나바의 역동적 사역에 대해서 듣고, 분개하여 새 회심자들에게 가서 그들을 바울과 바나바의 잘못된 가르침으로부터 "구하려" 했습니다. 바울은 이에 대해 듣고 화가 나서 편지를 썼습니다. 그것이 바로 갈라디아서입니다.

☙

바울이 얼마나 화가 났는지는 그가 글을 쓴 방식에서 알 수 있습니다. 모든 바울의 편지는(지금까지 알기로 바울은 열일곱 개의 편지를 여러 교회와 개인들에게 썼습니다) 일정한 양식을 갖추고 있습니다. 먼저 인사말로 시작을 하고 편지를 쓰는 대상인 교회나 개인에게 감사를 합니다. 즉 먼저 인사가 있고 그다음에 감사가 있습니다. 바울은 친구들에 대한 감사, 하나님이 그들에게 하신 일에 대한 감사와 함께, 그들을 알고 그들과 그리스도의 삶을 나눈 것을 축복으로 여기는 마음이 제일 컸습니다. 그가 쓴 모든 편지는 이 양식을 따릅니다. 단 하나만 제외하고 말입니다. 갈라디아서를 쓸 때 그는 너무 화가 나고 언짢아서 감사의 말을 잊어버렸습니다. 그리고 반反복음을 가르치는, 그러니까 하나님에 대해서 거짓말을 하는 특정 사람들에 대한 저주를 퍼붓습니다갈 1:6, AMP. 이 거짓말이 갈라디아 사람들이 그리스도 안에서 새롭게 경험하는 자유로운 삶을 망치고 있었습니다. 그래서 바울은 그들에게 "그가 저주를 받을 것이다.……그가 저주를 받을 것이다"갈 1:8-9라고 말합니다. 격한 언어입니다!

하나님에 대한 진리는 바울이 다메섹으로 가는 길에 예수 그리스도라는 인격을 통해서 왔습니다. 예수님은 그가 영 잘못 이해하고 있다는 것을 보여주었습니다. 그가 따른 것은 반反복음이었습니다. 바울은 하나님이 우리 편이라고 확신하게 되었습니다. 죄는 우리를 없애 버리려고 하나님이 쓰시는 구실이 아니라, 하나님이 우리의 삶으로 들어와서 우리를 자유롭게 해주시는 계기가 된다고 믿게 되었습니다.

이 위대하고 모든 것을 포괄하는 하나님의 진리를 말하기 위해서 바울은 '복음'이라는 말을 즐겨 썼습니다. 복된 소식입니다. 그가 그 말을 처음 쓴 사람은 아니지만, 성경의 다른 어떤 저자보다도 그 말을 많이 썼습니다. 지금 우리에게 전해진 바울의 글에서 그는 이 단어를 65번이나 썼습니다.

바울은 이 단어를 이스라엘의 가장 위대한 설교자 이사야에게서 배웠습니다. 이사야는 매우 침울한 상태에 빠져 있던 백성에게 말하면서 이 단어를 소개했습니다. 그 백성은 엄청난 재난에서 간신히 살아남아, 이제는 바빌론으로 유배를 간 정복당한 백성이었습니다. 그들은 자신의 전통과 단절되었고, 세계의 웃음거리가 되어 굴욕과 조롱을 당했습니다.

이사야의 설교는 이 백성에게 전환점이 되었습니다. "'위로하여라. 내 백성을 위로하여라.' 너희 하나님께서 말씀하신다.……높은 산에 올라라, 오 시온이여. 복된 소식[복음!]을 전하는 자여.……[네 목소리를] 높이고, 두려워 말라. 유다의 성읍들을 향해 말하여라. '너희 하나님을 보라!'"사 40:1, 9

복된 소식. 복음. 600년 된 이사야의 설교가 바울의 머릿속에 떠오르고 거기에서 '복음'이라는 단어를 봅니다. 그 단어는 하나님이 화가 났거나 무관심하거나 비인격적인 게 아니라, 하나님은 사랑하시고 모든 것의 중심에 구원이 있고 그 중심에서 모든 인생이 자유롭게 산다는 말을 전할 수 있는 단어였습니다.

❧

모든 그리스도인의 이야기는 자유의 이야기입니다. 각각의 이야기는 어떻게 그가 편협한 생각에서, 다른 사람들의 시선에서, 죄로 인해 하나님과 분리된 자아의 감옥에서 벗어났는지를 말해 줍니다. 우리는 변할 자유가 있습니다. 변화의 과정은 언제나 좋은 이야깃거리가 되지만 결코 깔끔한 공식은 아닙니다.

미국의 뛰어난 소설가이자 시인인 로버트 펜 워렌Robert Penn

Warren은 한 인터뷰에서 이런 말을 했습니다. "모든 사람은 모든 문제에 대한 확고한 해결책을 원합니다. 오랫동안 저는 길 가는 사람들을 멈추고 무엇이 세상을 변화시켰는지 설명하곤 했습니다!"[8] 그러나 그는 성숙해졌고, 제가 단답형 시스템이라고 부르는 것을 믿지 않게 되었습니다. 그 대신에 그는 이야기를 들려주는 법을 배웠습니다.

그것이 바로 바울의 방법입니다. 이야기. 우리는 누가가 들려준 이야기를 통해서 바울의 인생에 대해 많이 알게 됩니다. 누가는 사도행전에 바울에 대해서 세 개의 이야기를 썼습니다행 9:1-30, 22:1-21, 26:1-23. 바울은 자신의 말로 네 번째 이야기를 들려주는데, 바로 갈라디아 사람들에게 들려준, 자기 인생에서 일어난 변화, 자신이 쓰는 모든 글의 배경이 된 변화에 대한 이야기입니다. 그 이야기를 세 부분으로 나누어서 들려드리겠습니다.

ဢ

이야기의 첫 번째 부분에서 바울은 "내가 전에 유대교에 있을 때"갈 1:13, NRSV를 설명합니다. 그는 유대교 가정에서 자랐고, 유명한 예루살렘의 랍비 가말리엘에게서 교육을 받았습니다. 집안도 좋고 교육도 잘 받은 것이지요. 그러한 신분과 교육의 특권에 더해 바울은 비범한 열정과 능력을 보였습니다. "내 백성 가운데 동년배들 사이에서 그 누구보다 유대교에 능했습니다"갈 1:14. 그는 다른 방법을 찾겠다고 반항하지도 않았고, 탕자처럼 방탕하게 살지도 않았으며, 가족의 기대를 저버리지도 않았습니다. 자신의 전통을 좋아했고, 그 안에서 일했습니다.

바울은 자신이 한 일을 이렇게 묘사합니다. "나는 하나님의 교회를 몹시 박해하였고, 아주 없애 버리려고 했습니다"갈 1:13, NRSV. 바울이 자란 종교 사회에서는 예수의 교회가 악하다고 배웠습니다. 그래서 그는 이 세상의 질서를 바로잡고 사람들을 선하게 만들겠다는 야망에 사로잡혔습니다. 그들이 스스로 선해지지 않는다면 자신이 선해지게 만들겠다고 생각했습니다. 그리고 끝내 교정이 되지 않는다면 제거해 버리겠다고 마음먹었습니다.

바울에게 종교란 일을 하고 일이 일어나게 하는 것이었습니다. 하지만 그게 과연 종교일까요? "종교는 당위가 아닌 존재의 문제입니다."⁹ 다시 말해, 종교는 하나님에 대한 인식입니다. 무엇보다도 하나님이 우리에게 주시는 것에 대한 열망입니다. 하나님이 주시는 자비와 사랑을 향해 자유롭게 자발적으로 손을 내미는 것입니다.

T. H. 화이트T. H. White가 쓴 아서 왕 이야기 마지막 권에는 이제 노인이 되어 봉쇄 수녀원의 원장이 된 구에너비어의 이야기가 나옵니다. 구에너비어는 "하나님에게는 관심이 없었다. 그는 뛰어난 신학자였지만, 그게 전부였다"라고 묘사되어 있습니다.¹⁰ 바울이 "전에 유대교에 있을 때"의 모습이 바로 그러했습니다. 뛰어난 신학자였지만, 개인적으로 하나님께 관심이 없었습니다. 그는 자신이 받은 교육을 이용하느라 너무 바쁘고, 종교 프로젝트를 운영하느라 너무 바쁘고, 자신의 풍부한 문화적 유산과 신학적 전문성을 남에게 강요하는 일에 지나치게 몰두해 있었습니다. 그는 하나

님을 위해서 낼 시간이 없었습니다. 적어도 그리스도인들이 말하는 그 하나님에 대해서는 말입니다.

∾

바울의 이야기에 나오는 두 번째 부분은 하나님의 계시입니다. "하나님이……내가 그 아들을 이방인들에게 선포할 수 있도록 내게 자기 아들을 기쁘게 드러내셨을 때"갈 1:15-16, NRSV. 이때까지 바울은 랍비의 교육을 받고 종교가 적성에 맞는 특권 있는 히브리 사람이었습니다. 그런데 바울의 인생이 완전히 뒤집어졌습니다. 그때까지는 자신감 있고 가정환경도 좋은 성공한 사람이었습니다. 그런데 갑자기 모든 게 달라졌습니다. 하나님이 주변이 아닌 중심에 자리 잡았습니다. 바울은 더 이상 하나님을 위해서 무엇을 하는 사람이 아니었고, 하나님이 그를 위해서 일하셨습니다. 바울이 주인공인 극적 사건의 배경에 하나님이 있는 게 아니라, 하나님이 중심에서 일하시고 만들어 가셨고, 바울은 그에 따라 움직이고 만들어졌습니다.

바울은 자신이 태어나기도 전에 자신을 향한 하나님의 뜻이 이미 이루어지기 시작했음을 알았습니다. "내가 태어나기도 전에 나를 택하신 하나님이"갈 1:15라는 구절을 바울은 예언자 예레미야를 하나님이 부르신 사건에서 기억하고 있었습니다렘 1:5. 이제 바울은 그 말을 하나님이 자신에게 하는 말로 듣고 있었습니다.

이 말은 우리에게도 적용될 수 있습니다. 우리는 어쩌다가 하나님의 관심을 받게 된 사람들이 아닙니다. 우리는 우연한 존재가 아닙니다. 인류의 어떤 생물학적 작용 과정에서 그냥 생겨난 존재들이 아닙니다. 우리는 각자 택함을 받았으며, 하나님으로부터 **미리** 사랑을 받았습니다.

하나님이 바울에게 예수라는 인격을 통해 자신을 드러내셨을 때, 그것은 마치 하나님이 그에게 이렇게 말씀하시는 것과 같았습니다. "바울아, 보아라. 너는 영 잘못 알고 있다. 네 생각은 뛰어나고, 네 신학도 탁월하고, 내 열심도 나무랄 데 없지만, 너는 영 잘못 알고 있다. 너는 종교가 알고 행하는 문제라 생각하지만, 사실은 그렇지 않다. 종교는 하나님이 너를 위해 무엇을 해주시게 하는 것이다. 하나님이 너를 사랑하게 하고, 구원하게 하고, 축복하게 하고, 이끌게 하는 것이다. 네가 할 일은 보고 믿고 기도하고 순종하는 것이다. 우선 나는 네게 예수를 통해서 나 자신을 보일 것이다. 그 안에서 너는, 내게 중요한 일은 너와 함께 있는 것이고, 너를 온전하게 하는 것임을 알게 될 것이다. 그 안에서 너는, 내가 내 길을 강요하지 않고, 내 뜻을 강제하지 않는다는 것을 알게 될 것이다. 그 안에서 너는, 내가 악을 다루는 방식은 나 자신을 희생 제물로 드려서 십자가를 받아들이는 것이고, 그 행위를 통해서 악의 세력이 무너졌으며 구원이 성취되었음을 알게 될 것이다. 부활에 관해서는 증거를 살펴보아라. 그러면 그것이 정신 나간 소문이 아니라, 이 땅에서 일어나는 다른 명백한 사실들 못지않은 사실이라는 것을 알게 될 것이다."

어쩌면 바울은 자기 인생에서 처음으로 말하지 않고 들었는지도 모릅니다. 그는 보여주려 하지 않고 보았습니다. 사람들을 다그치지 않고 하나님을 예배했습니다. 그때까지는 자신의 유대교 전통과 랍비의 교육이 하나님에 대해서 그가 알아야 하는 모든 것을 가르쳐 주었고, 남은 일은 나가서 그것을 실행하는 것이라고 생각했습니다. 이제 그는 자신이 하나님에 대해서 무엇을 아느냐가 아니라, 하나님이 자신에 대해서 무엇을 아시고, 어떤 뜻을 가지시고, 무엇을 보여주시고, 무엇을 명령하시는지가 핵심이라는 것을 깨달았습니다. 바울이 아니라 하나님이 중심에 있었습니다. 바울은 그러한 하나님의 뜻에 굴복하고, 하나님이 자기 안에서 일하시게 했습니다. 그와 동시에 그는 다른 사람들을 자기 뜻에 따르게 하고, 그것이 최선이라고 그들을 강요하던 일을 그만두었습니다.

바울이 다메섹 도상에서의 순간을 "내가 그리스도인이 되기로 결심했을 때"가 아니라 "하나님이……내게 자기 아들을 기쁘게 드러내셨을 때"갈 1:15-16, NRSV로 설명한 것은 중요하다고 생각합니다. 회심은 하나님의 일입니다. 하늘의 비전을 우리가 이래라저래라 할 수 없습니다. 하나님의 뜻을 우리가 마음대로 조작할 수 없습니다. "인간은 하나님이 말씀하시게 할 수 없다. 인간이 할 수 있는 일은 하나님의 천둥이 울릴 때 귀를 막지 않을 수 있도록 살고 생각하는 것뿐이다."[11]

예수님과 그렇게 만나고 난 뒤 바울은 아라비아로 가서 그 모든 것을 자기 안에 소화했습니다. "나는 다른 사람과 의논하지 않고……아라비아로 갔습니다"갈 1:16-17. 바울은 서둘러 일을 재개하려 하지 않았습니다. 서두를 필요가 없었습니다. 하나님이 일하신

제6부 "너희 안에 계신 영광의 소망이신 그리스도"

다는 것을 알았기 때문입니다. 하나님이 그를 필요로 하는 게 아니라, 그가 하나님을 필요로 했습니다. 아라비아는 사막이었습니다. 그가 자신에게 일어난 일을 깨달을 수 있는 조용하고 빈 곳이었습니다.

☙

이 이야기의 세 번째 부분은 예루살렘에서 일어난 일입니다. "그리고 삼 년 후에 나는 게바[베드로]를 만나러 예루살렘으로 갔고, 거기서 그와 함께 보름을 보냈습니다"갈 1:18. 그리스어로 '방문하다'는 '히스토레오'historeo 곧 '히스토리'history라는 말과 어원이 같습니다. 이 단어의 용례 중에는 "앉아서 이야기를 교환하다"도 있습니다. 바울은 베드로가 어떤 사람인지 알아보러, 혹은 자신이 정말로 제대로 회심했다는 것을 그에게 증명하러 찾아간 게 아닙니다. 두 사람은 불 앞에 다리를 뻗고 앉아 각자의 이야기를 나누었습니다.

"하나님이 베드로 당신을 어떻게 사로잡았습니까?"

"아 그때, 갈릴리 호숫가에서……그럼 바울 당신은 어떻습니까? 당신의 이야기를 해주시지요."

그리고 바울은 다메섹 도상에서 자신이 경험한 트라우마와 희열을 들려주었습니다.

모든 그리스도인의 이야기는 공유될 필요가 있습니다. 우리의 이야기를 들려줄 수 있는 사람이 몇 명은 있어야 합니다. 모든 이야기는 다릅니다. 그러나 일종의 계시처럼, 개인의 진실이 드러나는 이야기라는 점에서는 같습니다. 우리가 느끼는 것이 타당하고 건강하다는 것을 어떻게 알 수 있습니까? 우리의 이야기가 비정상적 심리 현상이 아니라는 것을 어떻게 알 수 있습니까? 이야기를 해보십시오. 이야기를 하다 보면 우리를 구별하시고, 개인적으로 우리를 부르시고, 자기 아들을 우리에게 계시하시는 하나님의 은혜의 공통된 플롯을 알아보게 됩니다. 또한 하나님은 우리 각자의 몸과 감정과 생각의 특징들을 존중하시고 그것을 세심하게 사용하셔서, 각자의 이야기를 아주 새롭고 독창적이게 하신다는 것을 알게 됩니다.

바울은 자신의 이야기를 다른 사람들이 따라야 하는 모델로 만들지 않았습니다. 그는 친구와 대화하면서 그 이야기를 했고, 그 친구도 자신의 이야기가 있었습니다. 예루살렘을 방문했을 때, 베드로와 바울은 경쟁자가 아니라 파트너가 되었습니다. 바울은 베드로와는 아주 다른 경로로 그리스도인이 되었습니다. 베드로는 거칠고, 세속적이며, 경건하지 않은 사람이었습니다. 반면 바울은 세련되고, 도시적이며, 경건한 사람이었습니다. 베드로는 죄의 삶에서 돌아섰고, 바울은 종교의 삶에서 돌아섰습니다. 베드로는 함께 먹고 이야기하고 일했던 예수님과 길고도 진한 개인적 관계를 통해서 회심했습니다. 바울은 예수님과 개인적으로 시간을 보낸 적이 한 번도 없었고, 다메섹 도상에서 잠깐 그분을 보았을 뿐입니다. 베드로는 그리스도인 공동체의 지도자로 세워짐으로써 자기 경험의 진정성을 곧바로 확인받았습니다. 바울은 그리스도인을 죽이는 일을 즐긴다는 평판을 안고 여러 해를 살아야 했습니다.

모범적인 회심은 없습니다. 감정의 차원에서든 전례의 차원에서든, 미리 정해진 의식도 없습니다. 우리는 모두 다릅니다. 하나님은 같으시고 우리 안에서 같은 구원을 이루시지만, 매번 새로운 이야기를 만들어 내십니다. 믿음의 공동체에서 우리는 서로에게 자신의 예수님 이야기를 하면서 자기 이야기와 친구들의 이야기가 가지는 다양한 특징들을 받아들이고 즐거워하는 법을 배우게 됩니다.

아멘.

4

"사랑 안에서 진리를 말하며"

시편 68편

에베소서 4:1-16

성숙한 그리스도인이 된다는 것, 바울의 말로 하면 "그리스도의 장성한 분량에"엡 4:13, NRSV 이르기까지 자란다는 것의 의미는 도대체 무엇일까요? 에베소 사람들에게 쓴 바울의 편지는 이 질문에 대한 답을 할 수 있는 배경을 제공해 줍니다. 이 편지의 핵심에 있는 한 문장에 우리는 초점을 맞추어야 합니다. "사랑 안에서 진리를 말하며 우리는 머리이신 그리스도께로 모든 면에서 자라야 합니다" 엡 4:15.

우리 모두는 태어납니다. 우리가 다른 모든 사람과 가지는 공통점입니다. 예외가 없습니다. 탄생으로 인해 우리는 거대하고 복잡하고 깨어지고 부담되는……그러나 아름다운 세상 안으로 발을 버둥대며 울면서 들어옵니다. 그리고 조금씩 날마다 우리는 배

제6부 "너희 안에 계신 영광의 소망이신 그리스도"

워 갑니다. 어머니의 젖을 먹고, 잠을 자고, 일어납니다. 그러다가 어느 날은 일어서서 직립보행 인간의 면모를 보여주어 주변 사람을 감탄하게 합니다. 머지않아 우리는 언어도 쉽게 구사하게 되고, 명사와 동사를 자유자재로 사용합니다. 자라는 것입니다.

예수님은 이 탄생의 사건을 또 다른 종류의 탄생의 은유로 사용하셨습니다. 바로 하나님을 향해 살아 있게 되는 탄생입니다. 살아 있던 것에서 하나님을 향해 살아 있는 것으로 바뀝니다. 하나님의 거룩, 하나님의 뜻, 하나님의 나라, 권세, 영광에 살아 있게 됩니다. 인생에는 어머니의 젖, 자고 깨는 것, 말하고 걷는 것 이상의 의미가 있습니다. 바로 하나님이 있습니다.

예수님은 어느 날 밤 예루살렘에서 랍비 니고데모와 대화를 하시면서 탄생의 은유를 사용하셨습니다. "너는 다시 태어나야 한다"요 3:7, ESV. 니고데모는 이 은유를 이해하지 못했습니다. 문자주의자들, 특히 종교적 문자주의자들은 은유를 잘 이해하지 못합니다. 은유는 보이는 것과 보이지 않는 것을 유기적으로 연결시켜 주는 단어입니다. 보지 못하는 하나님과 관련된 모든 대화에서 은유는, 언어를 생생하게 와 닿게 해주는 중요한 역할을 합니다. 은유가 없으면 밋밋한 추상성과 막연한 일반성만 있게 됩니다.

예수님은 은유를 좋아하셨고 많이 사용하셨습니다. "중생"이 그중에서 가장 기억에 남는 것 중 하나입니다. 그러나 니고데모는 이해하지 못했습니다. "사람이 다시 한 번 어머니의 배 속으로 들어갔다 나올 수 있습니까?"요 3:4, NRSV 그러나 예수님이 이 중생의 은유를 설명하셨기 때문에요 3:5-21 니고데모가 결국에는 이것을 이해했을 것이라고 우리는 어느 정도 확신할 수 있습니다. 은유에도 불구하고, 혹은 은유 때문에 니고데모는 다시 태어났습니다. 태어나기만 한 게 아니라 자랐습니다. 예수님이 장사되실 때 그가 거기에 있었다는 사실은, 예수님과 그 대화를 한 이후로 그의 이해가 계속해서 자라서 하나님의 세계 안에서 더 성숙해졌다는 증거입니다.

탄생, 그리고 성장. 사람이 할 수 있는 가장 중요한 성장은 그리스도인으로서의 성장입니다. 다른 모든 성장은 이 성장의 준비이거나 이 성장에 부수적인 것입니다. 생물학적·사회적·정신적·감정적 성숙은 궁극적으로 모두 그리스도 안에서 자라는 것에 흡수됩니다. 물론 반드시 그렇게 되는 것은 아닙니다. 인간의 임무는 신체와 감정과 정신에서뿐만 아니라, 하나님과 다른 사람과의 관계에서도 성숙해지는 것입니다.

성경은 성숙과 자라는 것에 대해서 말합니다. 우리가 나무나 꽃이나 아이들이 자라는 것을 보면서 느끼는 감탄과 기쁨의 요소가 성장에는 늘 있습니다. 세례 요한의 성장에 대한 마지막 말은 바로 이것입니다. "아이는 자라며 심령이 굳세어졌다"눅 1:80. 그리고 이와 거의 똑같은 말을 예수님에 대해서도 합니다. "아이는 튼튼하고 지혜롭게 자랐으며, 하나님의 은혜가 그 아이 위에 머물렀다"눅 2:40. 바울은 에베소서에서 이와 비슷한 용어를 사용해서 그리스도인들이 해야 할 일을 묘사합니다. 그리스도 안에서 성숙해지는 것의 은유로서 그는 '자라다'라는 말을 씁니다. 우리는 "성숙해지고, 그리스도의 장성한 분량에 이릅니다.……우리는 머리이신 그리스도께로 **모든 면에서 자라야 합니다**"_{엡 4:13, 15, NRSV}.

∾

약 6년 전 저희가 처음 여기에 이사 와서 맞이한 봄에, 뒷마당에 쌓아 둔 퇴비더비에서 복숭아나무가 자라기 시작했습니다. 마당에 나무가 한 그루도 없었기 때문에 하나라도 생기니 좋았습니다. 우리는 그 나무를 옮겨 심고는 자라는 것을 지켜보았습니다. 모양새도 없고, 그 후로 생긴 다른 나무들보다 크지도 좋지도 않았습니다. 잘라 버릴까도 했습니다. 하지만 올 여름 거기에서 복숭아가 열렸습니다. 나무가 그렇게 자라고 있으니 그냥 두었습니다.

무엇이 자라는 것을 지켜보는 일은 언제나 신나는 일입니다. 참으로 신비롭고, 시작보다 창대하고, 얼마 전에는 흙더미에 불과했던 것에서 참으로 아름다운 게 나옵니다. 그리고 그 과정은 그 당시에 함께 일어나고 있는 다른 일들과는 별 상관이 없어 보입니다. 성장이라는 것의 끈질김은 흥미롭고 즐거우면서도 가늠이 잘 되지 않는 일입니다.

∾

바울은 여기에서 보이지 않는 어떤 것을 이야기하기 위해서 신체적인 성장의 은유를 썼습니다. "튼튼하고 지혜롭게 자랐으며, 하나님의 은혜가 그 아이 위에 머물렀다"_{눅 2:40}.

바울의 언어 사용에서 한 가지 두드러지는 요소는 은유를 사용하는 기술입니다. 그는 성경을 읽으면서 그것을 배웠습니다.

성경에 가장 많이 나오는 은유 중 하나는 하나님을 '반석'이라고 일컫는 것입니다. "하나님은 나의 반석이시다"시 18:2, NIV. 산을 타다가 재미있게 생긴 바위를 보고는 그것을 모셔 놓고 하나님으로 숭배해야겠다고 생각하는 사람은 없을 것입니다. 비록 이것이 사실 무근의 이야기는 아니지만 말입니다. 그리고 강에서 작은 돌멩이들 중에서 제일 마음에 드는 것을 하나 골라다가 지갑이나 주머니에 넣고 만지작거리면서 그것을 향해 기도할 생각을 하는 사람도 없을 것입니다. 물론 토끼의 발을 가지고 그렇게 하는 사람들이 있다는 이야기는 들어 본 적이 있습니다.

믿음의 사람들에게 은유가 그토록 중요한 언어의 요소인 이유는 우리가 다루는 많은, 어쩌면 대부분의 것들이 우리의 감각으로 느낄 수 있는 게 아니기 때문입니다. 대부분의 실재는 보이지 않고 들리지 않습니다. 보고 듣고 만지고 맛보고 냄새 맡을 것이 참으로 많습니다. 꽃과 일몰의 다양한 색깔들, 가락과 곡조, 리듬과 악센트의 조화, 부드럽거나 거친 질감, 달거나 신 맛, 향기와 악취. 그러나 하나님 나라에서의 삶은 이보다 더 크고 포괄적인 실재입니다. 내가 보고 듣고 냄새 맡고 만지고 맛보는 대부분의 것들은 보이지 않는 것들, 아름다움, 진리, 선함, 그리고 무엇보다도 하나님을 향한 창 혹은 문임을 우리는 곧 알게 됩니다. 그러나 이러한 보이지 않는 것들이 곧 추상적인 것, 계량화나 수치화할 수 있는 것을 의미하는 것은 아닙니다. 성육신("말씀이 육신이 되어서 우리 가운데 거하시는 것"요 1:14)은 만질 수 없는 것을 우리가 만질 수 있게 해줍니다. 그리고 그렇게 만질 수 있게 해주는 것은 대부분 은유입니다.

바울은 여기에서 신체적 성장과 영적 성장을 혼합시켰습니다. 겉과 속, 몸과 영혼을 가진 인간 전체를 일컬은 것입니다. 성장은 하나님이 어떻게 이 창조-구원의 세계 곧 하나님 나라 안에서 일하시는지를 설명하기 위해서 예수님이 사용하신 은유입니다.

ᴄꜱ

"그리스도께로……자라다"^{엡 4:15}라는 말을 처음 듣거나 읽은 사람들의 마음에 불처럼 일어난 그 흥분을 재현할 수 있을까요?

한번 해봅시다.

우리가 성장에서 만족스러운 결과를 얻으려면, 성장이라는 말과 함께 오는 '그리스도께로'라는 말에 계속해서 유의해야 합니다. '그리스도께로'는 성장을 정의하는 말이기는 하지만, 성인으로 자란다는 의미로 보통 사용되는 그런 의미는 아닙니다.

우리 문화에서 어른으로 성장한다는 말은 주로 화장품이나 향수나 담배를 살 수 있는 어른을 뜻하는 것으로 사용합니다. 진짜 여자가 된다는 말은, 치수를 재고 분류하고, 판에 박힌 미소를 짓는 미인 대회를 연상시킵니다. 그리고 '성인'이라는 말은 정서적으로는 청소년과 같은 사람들을 위해 만든 영화를 뜻하기도 합니다.

바울은 '자라다'라는 말을 우리가 정확히 이해할 것이라고 생각하지 않았고, 그래서 '그리스도께로'라는 말이 필요했습니다. 성숙한 성인의 모습은 바로 그리스도입니다. 자란다는 것은 바로 그리스도를 의미합니다. 그것을 염두에 두지 않으면, 유명한 운동 선수나 영화배우 같은 것을 생각할 것입니다. 그것도 나쁘지는 않지만, 딱히 우리가 기대한 것은 아닙니다.

그리스도가 진정한 성인으로의 성장을 규정해 줍니다. 우리 땅에서 33년을 사신 예수 그리스도라는 사람이 성숙한 어른의 의미를 이해할 수 있게 우리의 상상력을 훈련시켜 줍니다. 그래서 우리는 예수님의 이야기에 빠져들어 예수님이 정의하시는 삶의 모습을 찾습니다.

✌

또 한 가지 성장에 대해서 이야기할 것이 있습니다. 그것은 바로 성장에는 전인이 관여한다는 것입니다. 우리의 일부만 자랄 수는 없습니다. 성장은 특수 임무가 아닙니다. 팔이나 다리만, 귀나 발만 전문으로 할 수 없습니다. 그렇게 된다면 서커스 같은 데서나 필요한 별난 모습을 갖추게 될 것입니다.

우리가 오해하지 않게 하기 위해서 바울은 자신이 말하는 바를 좀 더 상세히 설명합니다. **"모든 면**에서 자라야 합니다"엡 4:15. 예외가 되는 부분은 하나도 없습니다. '모든 면'이란 모든 것을 포함한다는 뜻입니다.

자라는 일을 일요일이나, 한 시간의 묵상이나, 자녀에 대해서만 국한시키는 사람들이 있을 것입니다. 그들은 대하기 힘든 사람은 상대하지 않습니다. 우리는 거의 본능적으로 특정 부류의 사람과는 아예 교류를 하지 않는 경우가 많습니다. 혹은 배우자나 자녀나 상사와의 관계는 성장의 예외 영역으로 둡니다. 세금 신고할 때 면세 사항을 최대한 빼곡히 적어 넣듯, 우리가 성장에서 제외시키는 영역들을 길게 나열할 수 있습니다.

바울은 그것을 용납하지 않습니다. "**모든 면**에서 자라야 합니다." 우리가 미숙하거나 무지하게 남아 있을 수 있는 영역은 하**나도** 없습니다.

ᥬ

여기에서 한 가지 자명한 것을 놓치기가 쉽습니다. 그것은 바로 바울이 성인들을 대상으로 성장에 대해서 쓰고 있다는 사실입니다. 우리는 신체적이든 감정적이든 성장을 종종 아이들의 문제로 국한시킵니다. 그러나 여기에서 바울이 말하는 것은 무엇보다도 어른들을 위한 것입니다.

제가 말하고 싶은 것은 이것입니다. 우리 자녀나 다른 사람의 자녀에 초점을 맞추는 것은 그리스도 안에서의 성장에 대해서 말하는 바울의 글에 대한 바른 반응이 아닙니다. 성장해야 하는 것은 저이고, 또한 여러분입니다. 베드로는 다른 표현으로 같은 말을 했습니다. "순수한 영적인 젖을 사모하십시오. 그것으로 여러분이 구원으로 자랄 수 있도록 말입니다"벧전 2:2, NRSV.

바울은 성장에 필요한 것이 무엇인지를 놀라운 말로 설명합니다. "사랑 안에서 진리를 말하는"엡 4:15 것, 이것이 바로 우리가 부름받은 성장을 위한 커리큘럼입니다. 자신의 온 존재로 진리를 표현하는 사람이 되십시오. 단지 말이 아니라 사랑으로 그렇게 하십시오. 성실하게, 사랑으로 정의되는 자신의 모습으로 사십시오.

이 말이 의미하지 않는 것 한 가지는, 진리를 말하거나 진리 선언을 하는 것입니다. 자기 자신의 성장이든, 남의 성장을 돕는 일이든, 그것은 정확한 충고 혹은 정확한 정보를 주는 것으로 하는 게 아닙니다. 여러분의 말뿐 아니라 여러분의 인생이 이야기를 합니다.

이처럼 그리스도 안에서 자라는 일은 "사랑 안에서 진리를 말하는" 것으로 하는 일이고, 그 결과는 여러 세대에 걸쳐 나타납니다. 우리의 성장은 하나님의 관심사일 뿐만 아니라 우리의 자녀, 친구, 이웃의 관심사이기도 하며, 그들에게 큰 영향을 미치는 일입니다.

∾

성장과 관련된 이야기는 예수님이 들려주신 이야기 중에서도 최고의 것들입니다. 저는 '거름 이야기'를 제일 좋아합니다. 어떤 사람에게 무화과나무가 있었는데, 열매를 보러 갔더니 하나도 없어서, 정원사에게 나무를 잘라 버리라고 했습니다. 열매도 맺지 못하는 나무가 소중한 공간을 차지할 필요는 없다는 이유에서였습니다. 그러나 정원사는 한 번 더 기회를 주자고 했고, 그러면 자신이 특별히 관심을 두고 주변에 흙을 파고 거름을 주어서 열매를 맺게 해보겠다고 했습니다. "내년에 열매를 맺으면 좋은 일이고, 그렇지 않거든 잘라 버리십시오."눅 13:6-9.

유예 기간을 요청한 정원사는 예수님입니다. 여러분의 삶을 찾아가 보면 거기에 열매가 있을까요? 성장이 있을까요? 그렇지 않다 해도, 끝은 아닙니다. 섣부른 판단은 없습니다. 그 정원사는 우리 모두에게, 여러분에게 그리고 저에게 복음을 전합니다. 예수님이 전하고 계십니다. 예수님이 적극적으로 우리 삶에 거름을 주시고, 하나님이 우리에게 의도하시는 모든 것을 맺도록 함께 일하십니다. 바울의 말대로 "우리 모두가 하나님의 아들을 믿고 아는 일에 하나가 되고, **성숙**해지고, 그리스도의 **장성한** 분량에"엡 4:13, NRSV 이르기까지 예수님은 그렇게 하실 것입니다.

아멘.

5

"내게 능력 주시는 분 안에서"

이사야 26:1-9
빌립보서 4:2-20

처음으로 롤스로이스 자동차를 구매한 영국의 한 신사에 대한 기사를 이번 주 「뉴욕타임스」 신문에서 읽었습니다. 그는 광고에서도, 매뉴얼이나 자동차 자체에서도, 이 엔진의 마력이 얼마인지를 말해 주는 데가 없어서 문의를 했더니, 자기네 자동차의 마력에 대해서는 이야기하지 않는 게 롤스로이스의 방침이라는 말을 들었습니다. 돈을 상당히 지불하고 산 차이기 때문에 마땅히 마력을 알 권리가 있다고 생각한 그는 회사에 편지를 써서 그 정보를 달라고 했습니다. 그리고 며칠 후 전보가 집으로 왔는데, "충분하다"라는 한마디의 답이 적혀 있었다고 합니다.

충분하다. 저는 신약성경에서 이와 같은 조용한 확신을 보게 됩니다. 요란한 광고도 없고, 강매하는 외침도 없습니다. 세일

즈맨의 압박이 없습니다. 자랑도 없고 허풍도 없습니다. 그보다는 오랜 경험을 통해서 자신을 잘 알고 중요한 것들을 잘 파악하고 있는 사람들의 확신과 여유가 있습니다. 하나님을 신뢰하고, 그 하나님의 사랑과 용서와 인도를 경험하는 이 새로운 믿음의 삶에 대해서 이야기할 때, 그들은 그러한 충분함의 어조를 띱니다. 담담해서 오히려 더 확신에 차 보입니다.

ↂ

　바울이 빌립보에 있는 회중에게 쓴 편지를 마무리하는 부분에서, 이러한 충분함을 보여주면서 우리의 참여를 청하는 몇 가지 문장을 오늘 여러분에게 제시하고 싶습니다. 이 문장들 사이에 흩어져 있는 세 개의 단어가 이 **충분함**을 보여줍니다. 그 세 단어는 바로 '모든'ᵃˡˡ, '다'ᶠᵘˡˡ 그리고 '각각의'ᵉᵛᵉʳʸ입니다. "내게 능력 주시는 분 안에서 나는 모든 것을 할 수 있습니다.……나는 다 받았고, 그 이상을 받았습니다.……나의 하나님이 예수 그리스도 안에 있는 영광의 풍성함에 따라 여러분 각각의 필요를 채우실 것입니다" 빌 4:13, 18-19. **모든, 다, 각각의.**

　이 세 개의 단어는 그 맥락을 떠나서는 정확하게 이해하기가 힘듭니다. 이 말은 바울이 쓴 편지의 결말에 나옵니다. 이 편지는 바울이 기쁨의 에너지와 믿음의 활력을 잔뜩 불어넣은 편지입니다. 이 편지의 전반적 내용은 믿음의 삶, 곧 복음이라고 하는 거대하고 현실적이며 장엄한 실재의 산물입니다. 이것은 그냥 말이 아니라 살아 있는 경험에서 나오는 말입니다. 그리고 바울이 이것을 쓸 때 로마의 감옥에 있었다는 사실을 아는 것도 중요합니다. 그는 자신이 감옥에 갇혀 있었다는 사실을 세 번이나 언급했습니다빌 1:7, 13, 14, NIV.

이 말을 하는 이유는 기쁨의 말들이 나오는 이러한 배경을 모른 채 그저 과장된 말로 여기고 무시하기가 쉽기 때문입니다. 선전 문구처럼 생각하고, 그냥 흥에 겨운 사람의 감탄으로 여기기 쉽기 때문입니다. 그래서 저는 여러분이 이 글을 쓴 사람은 아주 현실적인 사람이라는 사실을 기억해야 한다고 강조하는 것입니다. 그는 1세기의 정치적·영적 갈등의 틈바구니에서 살아남은 사람이었습니다. 그는 몇 푼의 뇌물에 넘어가 자신이 믿지 않는 것을 쓰기에는 너무도 정직한 사람이었습니다. 그리고 인생에 대한 검증되지 않는 환상을 품기에는 너무도 경험이 많은 사람이었습니다. 그는 또한 자기 삶에 통합시키지 않은 것을 우리에게 전하기에는 너무도 진정성 있는 사람이었습니다. 바울은 박해와 억압, 의심과 두려움, 불안과 악이 가득했던 삶을 머지않아 떠날 사람이었습니다. 그래서 간단하면서도 강력한 '모든', '다', '각각의'와 같은 말을 들을 때, 우리는 그것을 과장으로 치부할 수가 없는 것입니다. 단지 소망 사항일 뿐이라고 무시할 수가 없는 것입니다. 그의 말을 진지하게 받아들이는 게 우리에게 이롭습니다.

이 말은 진정성 있고, 진지하고, 검증된 말입니다. 진지하게 받아들이십시오. 그것의 진정성을 시험해 보십시오. 오늘 아침 이 회중 가운데 예배를 드리는 이 행위에서, 그리고 한 주 가운데 이 믿음의 삶을 살면서 개인적으로 기도할 때 그것의 충분함을 경험하십시오.

～

　제일 먼저 나오는 '모든'은 확고한 성숙을 보여줍니다. "나는 어떠한 상태에 있든지 만족하는 법을 배웠습니다. 나는 비천하게 살 줄도 알고, 풍족하게 살 줄도 압니다. 어떠한 상황에 처하든 나는 풍족함과 굶주림, 풍부함과 결핍의 비밀을 배웠습니다. 내게 능력 주시는 분 안에서 나는 모든 것을 할 수 있습니다"빌 4:11-13.

　쉬운 말로 하자면, 바울은 산전수전을 다 겪었습니다. 잘나 가던 때도 있었고 그렇지 못한 때도 있었습니다. 그는 베테랑입니다. 확고하게 성숙한 사람입니다. 역경도 성공도 그를 놀라게 하지 못했습니다. 그는 극한 상황들을 경험한 사람이었습니다. 그는 하나님이 자기 안에서 하신 일이, 날씨든 정부든 사람이든 외부에서 자신에게 가하는 일보다 훨씬 더 중요하고 지속적이고 진짜라는 것을 알았습니다.

　미성숙은 순진함과 경험 사이의 단계, 자신이 가진 것이나 자신이 함께 있는 사람이나 자신이 있는 곳을 바꿈으로써 자기 자신도 바꿀 수 있을 것이라고 생각하는 단계입니다. 성숙은 자기 내면에서 개발되어 나오는, 그래서 의미 있는 행위로 반응하는 삶의 방식입니다. 그러한 반응은 그리스도 안에서 믿음으로 형성되고 새롭게 된 성숙함에서 나옵니다.

　성숙한 그리스도인은 자신이 모든 것을 하지 않아도 되기 때문에 모든 것을 할 수 있습니다. 그들은 불안해하면서 계속해서 사소한 것들에 신경 쓰지 않아도 되기 때문에, 그리고 온 세상에 대한 책임을 자기 어깨에 짊어지지 않아도 되기 때문에 살아갈 힘을 얻습니다.

우리가 할 수 있는 게 별로 혹은 아무것도 없는 경우가 참으로 많습니다. 날씨도 어쩔 수 없고, 다른 사람들의 감정도 어쩔 수 없습니다. 경제도 마찬가지입니다. 가족이나 우리의 몸이나 정부에 맞춰 가며 사는 수밖에 없는 경우가 대부분입니다. 그러나 우리가 할 수 있는, 커다란 차이가 있는 일이 하나 있습니다. 그것은 바로 우리 삶의 중심을 우리를 향한 하나님의 사랑의 위대한 행위에 의탁하는 것입니다. 우리는 각 사람이 완전히 고유한 개인임을 발견할 수 있습니다. 삶의 모험을 감수하며 하나님과 관계를 맺고, 그럼으로써 삶의 활력을 얻고 중심을 잡을 수 있습니다.

그렇게 할 때 우리는 바울의 말이 과도하거나 허풍이 아니라는 것을 알게 됩니다. "내게 능력 주시는 그리스도 안에서 나는 모든 것을 할 수 있습니다"빌 4:13, NKJV.

☙

두 번째 단어는 '다'입니다. 만족한 고객의 모습을 보여주는 단어입니다. "내가 다 받았고, 그 이상을 받았습니다. 여러분이 에바브로디도 편에 보내준 선물을 받아서 나는 풍족합니다. 그것은 하나님이 받으실 만하고 하나님을 기쁘시게 하는 향기로운 제물입니다"빌 4:18.

이 본문을 자세히 보면, 바울이 이제 막 친구들로부터 돈을 받은 것을 알 수 있습니다. 그는 재정적 도움이 필요했고, 빌립보에 있는 회중이 그 소식을 들었습니다. 그들은 다니면서 헌금을 거두었고, 그들 중 한 사람인 에바브로디도가 로마에 가서 바울에서 그것을 전하겠다고 자원했습니다.

이러한 성경본문을 저는 다른 어떤 본문보다도 좋아합니다. "하나님이 이 세상을 이처럼 사랑하셔서"요 3:16라든가 "하나님께서 그리스도 안에서 이 세상을 자기와 화해시키셨습니다"고후 5:19, NKJV라든가 "내가 부활이요 생명이니"요 11:25와 같은 더 유명하고 멋있는 본문을 무시하는 게 아닙니다. 그래도 저는 "내가 다 받았고, 그 이상을 받았습니다"와 같은 문장을 특별히 좋아합니다. 그는 실제로 돈을 받았습니다. 이것은 믿어야 하는 진리가 아닙니다. 가슴을 흔드는 감정도 아닙니다. 성가대가 부르는, 하늘로 올라가는 찬양도 아닙니다. 바울은 자기에게 필요한 돈을 받았습니다. 그리고 에바브로디도가 그것을 전달하는 수고를 했습니다. 이름이 지목된 친구입니다. 그는 직진 거리로 1,000킬로미터 되는 거리를 걸어서 그에게 가져다주었습니다.

교회에서 돈 이야기를 너무 많이 한다고 불평하는 말을 들었습니다. 그 말이 무슨 뜻인지 저는 압니다만, 불평의 초점이 맞지 않다고 생각합니다. 왜냐하면 저는 돈 이야기 같은 것은 오히려 교회 밖에서는 덜 듣고 교회 안에서는 좀 더 듣고 싶기 때문입니다. 왜냐고요? 제 영혼뿐 아니라 제 전체를 진지하게 대하는 사람들과 함께 있고 싶기 때문입니다. 내 영혼의 상태뿐 아니라, 내 인생의 자질구레한 일들도 복음이 중요하게 여긴다는 것을 알고 싫습니다. 카드에 적힌 그런 맹숭맹숭한 문구로 이루어진 종교는 싫습니다. 석양과 두근거리는 가슴에 대한 깔끔한 슬로건으로 이루어진 종교는 싫습니다. 저는 제 인생으로, 제 지갑과 수첩으로 들어와 금액으로 증거를 남기는 그런 실제적인 것을 원합니다. 그리고 사람들이 제 이름을 알고, 저도 그들의 이름을 알고 싶습니다. 내가 섬길 수 있고 필요한 때에 나를 섬겨 줄 수 있는 사람들을 원합니다.

예수 그리스도의 복음은 사람들이 서로를 돌보고, 서로의 필요에 반응하고, 집으로 사람들을 맞아들이고, 그들에게 잠자리를 제공하고, 식사를 대접하고, 그들의 필요를 위해 돈을 거두는 공동체를 만듭니다. "내 어려움에 함께해 주어서 고맙습니다"라고 바울은 말했습니다빌 4:14. 어떻게 함께했습니까? 바울에게 돈을 좀 주었습니다. 그리스도인은 몸과 영혼, 물질적인 것과 영적인 것을 분리하지 않습니다. 빌립보의 회중은 분리하지 않았습니다. 그리고 그들 중 한 사람인 에바브로디도는 로마까지 그 돈을 가지고 가겠다고 자원했습니다.

෴

세 번째 단어는 '각각의'입니다. 이것은 관대한 나눔입니다. "그리고 나의 하나님이 예수 그리스도 안에 있는 영광의 풍성함에 따라 여러분 각각의 필요를 채우실 것입니다"빌 4:19.

바울은 이기적이거나 혼자 놀거나 특이한 사람이 아닙니다. 그는 그리스도 안에서 자신에게 지금 일어난 일이 누구에게나 일어날 수 있다고 확신합니다. 에바브로디도가 로마의 감옥에 있는 바울을 방문한 것과 같은 일은 누구나 경험할 수 있습니다. 바울이 받은 것도 누구나 받을 수 있습니다. 믿음은 거기에 맞는 기질을 가진 사람, 특정한 양육을 받은 사람, 혹은 그런 성향의 사람, 혹은 인생이 쉬운 사람들만 가지는 게 아닙니다. 믿음의 행위는 우리 인간성에 기초적이고 기본적인 무엇을 다룹니다. 그 기본의 단계에서 우리는 그리스도를 만나고 변화되고 만족을 얻습니다. "나의 하나님이 여러분 각각의 필요를 채우실 것입니다." **각각의**.

그렇다고 누구나 다 같은 것을 느끼는 것이 아니며, 같은 생각을 가지는 것도 아닙니다. 다 같은 방식으로 사는 것도 아닙니다. 생활수준도 다 같지 않습니다. 그러나 우리를 진지하게 대하시고, 완전히 용서하시고, 영원히 사랑하시고, 우리의 모든 필요를 채우시는 그 하나님을 우리 모두 받습니다.

이런 것을 말해 줄 바울과 같은 사람이 제게는 필요합니다. 이 편지를 써 주어서 바울이 고맙습니다! 제가 만나는 많은 사람들이 저를 보고 제게 무언가 근본적으로 모자라는 게 있다고 말합니다. 대개는 직접 말로 하지 않지만, 그 느낌은 어쨌거나 전달됩니다. 저는 감수성이 부족하고, 모든 진리를 이해할 만한 지성도 없습니다. 저는 충분하지 않습니다. 그러한 평가에 저도 대체로 동의합니다. 그런데 바울과 같은 사람이 와서 나의 이러한 결함과 단점들을 넘어서 그리스도께서 만드시고 약속하신 것을 알아보고 제게 말합니다. "각각의 필요."

복음은 우리에게 어떤 삶의 방식을 부과하고 그것에 준해서 살아야 한다고 말하지 않습니다. 복음은 안에서 새로운 생명을 만들어서 그것을 살아내도록 우리를 격려하고 방향을 제시해 줍니다. 그것은 확고부동한 굽힐 수 없는 요구가 아니라 약속입니다. 그 약속이 우리에게 주어졌고, 실제로 실현되며, 믿음의 행위로 경험됩니다. 해결할 수 없는 문제들에서 잠시 눈을 떼고, 인생의 막다른 골목에 달한 것 같은 강박에서 벗어나, 자기를 바라보는 새로운 방식, 자기 자신에 대해 다르게 느낄 수 있는 방식을 발견하게 됩니다. 하나님이 우리를 어떻게 보시는지 보게 됩니다. 우리에 대해 어떻게 느끼시는지 깨닫게 됩니다. "나의 하나님이 예수 그리스도 안에 있는 영광의 풍성함에 따라 여러분 각각의 필요를 채우실 것입니다"라고 누가 하는 말을 들어도 이제는 그것이 동화같이 들리지 않고, 아주 사실적인 일상의 진리로 다가옵니다.

❧

'모든'은 확고한 성숙을 뜻합니다. "나는 어떠한 상태에 있든지 만족하는 법을 배웠습니다.……내게 능력 주시는 분 안에서 나는 **모든** 것을 할 수 있습니다"빌 4:11, 13.

'다'는 만족한 고객의 모습입니다. "나는 다 받았고, 그 이상을 받았습니다. 나는 풍족합니다"빌 4:18.

'각각의'는 관대한 나눔입니다. "그리고 나의 하나님이……여러분 **각각의** 필요를 채우실 것입니다"빌 4:19.

모든, 다, 각각의—충분합니다.

아멘.

제6부 "너희 안에 계신 영광의 소망이신 그리스도"

6

"위의 영역을 열망하십시오"

시편 110편
골로새서 3:1-17

창조세계 안에서, 그리고 그것 너머의 영역에서 우리를 향하신 하나님의 목적을 아주 희미하게라도 일별하는 것은 좋은 발전입니다. 기독교 교리를 제대로 이해하면 거기에서 여유로움을 볼 수 있습니다. 그러나 기독교 신앙의 사상과 신념에 익숙해지고 나면 벅찬 시의 리듬을 잃어버리고 묵묵히 밭을 가는 산문에 정착할 때가 종종 옵니다. 불꽃 튀는 상상력의 세계가 행위라고 하는 더 무거운 회색 세계 아래로 잠겨 버리는 것입니다.

  기독교의 사상은 아름답습니다. 신학은 한때 과학의 여왕이라는 말을 들었습니다. 도로시 세이어즈Dorothy Sayers는 기독교의 복음을 가리켜 "인간의 상상력에 충격을 준 가장 흥분되는 드라마"라고 했습니다.[12] 그러나 행위의 영역으로 들어가면 그러한 화려함이 사라집니다. 어떤 사람은 그리스도인에게 문제는 "그게 너무 일상적인 것"이라고 말했습니다. 그러나 만약 그리스도인의 삶이 의미가 있으려면, 우리가 깨어나서 잘 때까지의 시간에 하는 일들, 일상적 일과의 영역, 평범한 대화, 습관적인 반응, 가벼운 응대의 영역으로 결국에는 들어와야 합니다. 짜릿한 모험의 감정을 너무 오랫동안 유지할 수는 없습니다. 하루 종일 거창한 생각만 할 수는 없습니다. 우리는 음모와 살인에 둘러싸여 하루에 서너 번을 심오한 독백을 하는 햄릿이 아닙니다. 그보다는 이런 말을 하는 T. S. 엘리엇의 J. 알프레드 프루프록과도 같습니다.

아니! 나는 햄릿 왕자가 아니고, 그럴 운명도 아니었다.

나는 대신으로서 한두 장면의 서두에 나와

극의 시작을 알리는 사람,

왕자에게 조언을 하고, 말 잘 듣는 시종으로

공손하고, 시켜 주면 기뻐하고,

사리에 밝고, 신중하고, 꼼꼼하지.[13]

그래서 결국 우리는 우리의 행위 안에서, 평범한 "프루프록"의 삶에서, 그리스도에 대해서 이야기할 수밖에 없습니다. 예수님이 우리의 일상적 행위 가운데로 들어오신다면, 사람들은 그 가운데 정말 무엇이 있을지도 모른다고 생각하기 시작할 것입니다. 그리고 우리 자신도 삶의 평범함 속으로 걸어 들어오지 않는 사상이나 진리에 대해서 말하는 것으로는 오래 만족할 수 없을 것입니다.

골로새에 사는 그리스도인들에게 보낸 편지에서 바울은 우리의 행실에 대한 지침으로 시작하지는 않지만, 편지의 절반도 쓰기 전에 그 이야기를 꺼냅니다.

∽

오늘 우리의 본문은 세 번째 장에 나오는 세 개의 구절입니다. "여러분은 그리스도와 함께 살아나지 않았습니까? 그렇다면 그리스도께서 하나님 우편에 앉아 계신 위의 영역을 열망하십시오.······이 땅에 속하는 부분들을 다 죽이고······하나님께서 택하신 백성에게 어울리는 옷을 입으십시오."골 3:1, 5, 12, NEB.

바울은 수사적 질문과 이어지는 세 개의 명령으로 바른 '설명'에 이어서 바른 '삶'을 사는 주제로 옮겨 갑니다. 이 명령을 진지하게 받아들이고 기도하면서 묵상하면, 그리스도인의 행위를 이해하는 데 큰 도움이 될 것입니다. 그러나 그 명령에 순종하기에 앞서, 앞에 나온 질문을 반드시 들어야 합니다.

"여러분은 그리스도와 함께 살아나지 않았습니까?"라는 질문은 '예'라는 답을 가정하면서 그 앞에 일어난 일과 우리를 긍정적 관계에 놓습니다. 이 질문을 듣고 우리는 창조 안의 그리스도를 기억합니다. 하나님의 놀라운 구원의 역사, 그분의 숱한 사랑과 은혜, 구원의 세계 전체를 기억합니다. 그리고 어떻게 우리가 이행위에 들어가서 그 일부가 되었는지를 기억합니다. 이 모든 것이 "그리스도와 함께 살아났다"라는 이 문장에 요약되어 있습니다.

우리의 행실에 대해서 이야기하기 전에, 우리를 대신해서 하신 그리스도의 행위를 먼저 되돌아볼 필요가 있습니다.

바른말하기로 정평이 나 있는 바울의 말을 받아들인다면, 기독교의 진리에 대한 모든 논의는 먼저 하나님과 우리 안에서 행하신 그분의 일에서 시작해야 합니다. 그 우선순위를 언급하지 않는다면, 모든 것이 다 혼란스러워집니다. 바울은 그 우선순위를 결코 놓치지 않습니다. 로마에 있는 사람들에게 쓴 편지에서 그는 열한 장을 하나님의 행위에 할애하고 나머지 네 장을 우리의 행실에 대해서 씁니다. 갈라디아서에서는 첫 네 장이 하나님의 계획에 대한 것이고, 나머지 두 장이 우리의 반응에 대한 것입니다. 에베소서는 정확하게 반반입니다. 첫 세 장은 하나님의 목적에 대한 것이고, 나머지 세 장은 우리의 역할에 대한 것입니다.

따라서 그리스도인의 삶에 대한 논의를 우리가 하는 일에서 시작하는 것은 불가능합니다. 그것은 마치 배의 청사진도 안 나왔는데 출정식 행사에 대해서 이야기하는 것과 같습니다. 혹은 달이 있는지도 확실히 모른 채 달에 가는 것에 대해서 이야기하는 것과 같습니다. 혹은 중국어를 한 자도 모르면서 중국어로 소설을 쓸 계획을 세우는 것과 같습니다.

그렇다면 바울의 질문은 우리가 위대한 구원의 사건에 참여했음을 상기시켜 주는 질문입니다. 우리는 그리스도와 함께 살아났습니다. 하나님의 모든 구속의 행위가 우리에게 초점이 맞추어져 있습니다. 우리 스스로는 우리 자신이 될 수 없습니다. 우리는 그리스도 안에 있는 남자와 여자입니다. 이것을 깨닫고 자주 숙고

해야만 우리의 행위에 대해서도 안전하게 이야기할 수 있습니다.

෴

이것을 고상한 삶으로의 부름, 더 나은 것을 향한 이상주의적 도전으로만 본다면 우리는 크게 요점을 놓치는 것입니다. 우리 행위의 영역은 "그리스도께서 하나님 우편에 앉아 계신" 영역이라고 정의되고 있습니다골 3:1, NEB. 그곳은 그리스도께서 앉으신 곳이고, 구원이 핵심 사안이고, 사랑이 있는 곳이고, 은혜가 마음껏 나누어지는 곳입니다. 다시 말해, 우리의 열망은 막연하게 위를 향하는 게 아니라 구체적으로 우리의 삶을 다스리시는 그리스도를 향한 것입니다.

우리가 그분의 명령에 순종한다면, 그것은 우리의 행위에 깊은 영향을 미칠 수밖에 없습니다. 왜냐하면 그리스도의 다스리심은 우리의 목표와 목적에서 그리스도가 확고하게 살아 있게 할 것이고, 그렇게 되면 우리의 행위는 당연히 영향을 받을 것이기 때문입니다.

젊은 남자가 어떤 여자를 보기 위해서 도시를 가로질러 3킬로미터의 길을 걷기 시작했다고 합시다. 그가 걷는 목적과 목표는 여자를 만나고 저녁 시간을 함께 보내는 것입니다. 그의 상상 속에 그 여자가 생생합니다. 생각을 안 할 수가 없습니다. 식품점을 지나다가 여자가 제일 좋아하는 사탕을 기억하고는 그것을 한 상자 삽니다. 꽃가게를 지나다가 여자의 어깨 쪽에 꽃이 있다면 얼마나 아름다울까 하는 생각에 코사지를 하나 삽니다. 아는 사람을 지나쳐도 그들을 보았는지조차 기억에 없습니다. 하지만 교회를 지나가면서는 특히나 유심히 바라봅니다. 왜냐하면 여자가 한번은 그곳에서 결혼하고 싶다는 말을 하는 것을 들었기 때문입니다. 여자의 집이 가까워 오자 그는 쇼윈도에 비친 자기 모습을 점검하고, 넥타이를 만지고, 모자도 바로잡습니다. 그 집 문 앞에 도착할 무렵이면 그 3킬로미터를 걷는 동안 그가 한 특별한 행동이 적어도 열 개는 넘을 것인데, 그것이 전부 상상 속의 여자로 인한 것입니다. 그 여자가 그의 행위 가운데 있는 것입니다.

이 이미지가 바로 다스리시는 그리스도의 이미지이며, 우리가 "그리스도께서 계신 위의 영역을 열망"골 3:1, NEB해야 한다는 것의 의미입니다. 이 다스리시는 그리스도가 우리의 열망과 꿈에 살아 계시다면, 우리는 전에 꿈도 꾸지 않았던 일들을 할 것입니다. 그리스도께서 우리의 상상력에, 우리의 목적에, 우리의 목표에 계실 것입니다.

✥

두 번째 명령은 그에 비해 거의 무시무시한 수준입니다. "이 땅에 속하는 부분들을 다 죽이고"골 3:5, NEB. 첫 번째 명령에서 이 명령으로 옮겨 가는 논리를 조지 맥도날드George MacDonald는 다음과 같이 잘 설명했습니다.

우리가 좀처럼 앞으로 나아가지 못하는 이유는 그리스도가 아닌 우리 자신을 보기 때문이다. 우리 자신의 더러운 발이 남긴 자국을, 그리고 우리의 더러운 옷이 남긴 흔적을 보기 때문이다.……각자 주인이 남긴 발자국에 자기 발을 얹어 주인의 모습은 지워 놓고, 그래도 여전히 그게 주인의 모습이라 생각하며 다른 사람은 얼마만큼 왔는지 주인의 모습이라 착각하는 자기 발자국과 비교한다. 혹은 옹졸한 사람이나 저지르는 옹졸한 잘못을 해놓고 그게 자신을 더럽혔다고, 친구나 자녀나 하인들 앞에서 창피하다고 슬퍼해 마지않는다. 그러나 정작 해야 할 일은, 서둘러 동료에게 고백과 보상을 하고, 자업자득의 불명예를 쌓은 하찮은 자신을 잊고, 우리 안에 진정한 인간됨을 재촉할 수 있는 유일한 영광을 향해 눈을 들고, 우리가 자기 자신이라고 심각하게 오해하는 그 시시한 존재를 죽이는 것이다.[14]

"눈을 들고……그 시시한 존재를 죽이는 것이다." 그리스도의 다스림에 생각을 고정하는 영혼의 차원만이 있는 게 아닙니다. 이 일 전체를 망쳐 버릴 수도 있는 것을 가차 없이 다루는 차원도 있습니다. 우리의 행위를 가짜 연기로, 웃음거리로 만들 수 있는 것을 뿌리 뽑는 일도 있습니다.

4세기에 이집트 사막의 은자로 살았던 성 안토니우스는 교회사에서 이 명령을 최대한 문자적으로 취해서 "이 땅에 속하는 부분들을 다 죽인" 사람의 대표적 예입니다. 젊었을 때 그는 이미 유복한 농부였는데, 하루는 교회에 앉아서 들은 복음 설교가 마치 자기 자신에게 개인적으로 하는 말처럼 들렸습니다. "가서 네 소유를 팔아서 그 돈을 가난한 사람들에게 주고 와서 나를 따르라" 마 19:21. 그래서 그는 자신이 가진 모든 것을 팔아 그 돈을 가난한 사람들에게 주고 사막으로 나가서 그 후로 85년을 살았는데, 그동안에 단 네 번만 잠깐 도시를 다녀간 게 전부였습니다. 마귀와 악마와의 힘겨운 대결, 생생한 유혹, 자신을 부인하고자 한 극도의 노력, 그리고 한마음으로 하나님을 추구한 그의 이력은 그를 모든 사막 교부 중에서도 으뜸으로 만들었습니다. 그는 최대한 문자적으로 그리고 완벽하게 이 땅에 속한 것들을 죽였습니다. 그의 유일한 동료는 사막을 어슬렁대는 자칼과 허물어진 무덤에서 그와 함께 사는 전갈들이었습니다. 그의 살아생전에 많은 사람들이 그를 모방하려 했고, 그래서 그가 마침내 백오 살의 나이에 사망했을 때는 안토니우스의 금욕주의와 헌신을 따라하면서 깔개와 바구니를 짜는 은자들로 그 사막이 가득했습니다.

그러나 사막 교부들 사이에는 이러한 내핍생활을 과시하는 경향, 일종의 자기 부인에 대한 자랑이 있었는데, 이것은 기독교의 요점을 놓친 행위임이 분명했습니다. 그래서 이 명령을 예수 그리스도의 해석을 통해서 이해하는 것이 좋습니다. 그리스도는 부인을 위한 부인을 하지 않으셨고, 이 세상을 특별히 거부하지 않으셨으며, 금욕도 하지 않으셨습니다. 오히려 예수님은 하나님을 섬기는 일을 방해하는 거치적대는 것들은 다 치워 버리셨습니다. 자기 목숨을 다른 사람을 위해서 내어놓는 것을 만류할 만한 다른 일들은 철저하게 거절하셨습니다. 다시 말해, 그리스도에게서 우리가 보는 것은 자기를 죽이는 것, 자기중심성을 죽이는 것, 자아를 십자가에 못 박는 것입니다. 우리가 죽여야 하는 것은 바로 이것입니다.

세 번째 명령은 "하나님께서 택하신 백성에게 어울리는 옷을 입으십시오"골 3:12, NEB입니다. 이것은 우리 속에 있는 것을 공개적으로 보여주는 옷을 입으라는 긍정적인 명령입니다.

우리는 상징으로 삽니다. 우리의 모든 관계는 기호에 기초해서 이루어집니다. 다른 사람의 속을 들여다보고 그 사람의 뇌에서 일어나는 사고의 발달을 분별하거나, 누군가의 마음에서 일어나는 감정의 흐름을 바꿀 수 있는 사람은 아무도 없습니다. 그렇다고 우리가 무지하다는 것은 아닙니다. 내면에 무엇이 있는지를 찾아낼 방법은 있습니다. 얼굴 표정, 입에서 나오는 말, 걷는 자세, 선택하는 옷, 몸짓. 사람은 자기 내면의 실체가 무엇인지를 여러 가지 방법을 통해서 보여줍니다. 우리는 "옷을 입는 것" 곧 기호로 표시하는 것, 내적인 것의 외적인 증거를 보여주는 것으로 그렇게 합니다.

바울은 이미 우리의 삶이 "하나님 안에서 그리스도와 함께 숨겨졌다"골 3:3, NEB고 말했습니다. 아무도 보지 못합니다. 그리스도 안에 있는 사람과 그리스도 안에 있지 않은 사람의 외양은 똑같습니다. 심전도 검사에서 그리스도인의 심장이 다르게 뛰는 것으로 나타나는 게 아닙니다. 아이큐 검사도 그리스도인의 뇌와 비그리스도인의 뇌를 구분하지 못합니다. 여권 사진을 검토하는 입국심사관은 성인과 죄인을 가려내지 못합니다. 우리의 삶은 정말로 "하나님 안에서 그리스도와 함께 숨겨졌"습니다.

그렇다면 "하나님께서 택하신 백성에게 어울리는 옷"은 무엇입니까? 바울은 "연민, 친절, 겸손, 부드러움, 인내"골 3:12, NEB를 말합니다. 이것이 바로 우리 안에 있는 그리스도를 드러내는 말과 행동과 태도입니다.

이것은 그리스도를 모방하기 위해서 모방하는 게 아니라, 이 내적 실재를 보여주기 위한 기호와 상징을 택하는 것입니다. 이 '옷'을 입는 것은 우리 자신의 선함에 대한 증언이 아니라—왜냐하면 그것이 곧 우리의 진짜 감정을 나타내는 게 아닌 경우가 너무도 많기 때문에—우리 안에 있는 그리스도의 숨겨진 실재에 대한 증언입니다.

⚖

"그리스도와 함께 살아난" 우리는 이 세 가지를 하라는 명령을 받았습니다. "그리스도께서 계신 위의 영역을 열망하고", "이 땅에 속하는 부분들을 다 죽이고", "하나님께서 택하신 백성에게 어울리는 옷을 입으십시오"골 3:1, 5, 12, NEB. 이것이 바로 우리 이웃이 우리의 행동을 통해 볼 수 있는 그리스도의 영역입니다.

제가 바울을 제대로 이해했다면, 바울은 여기에서 그리스도인의 실적에 대한 관심을 거의 혹은 전혀 보이지 않습니다. 바울은 우리가 좋은 기록을 남기는 데 관심이 있지 않습니다. 그리스도를 따르는 삶은 값싼 율법주의가 아니며, 침울하게 하나님의 규칙을 따르는 게 아닙니다.

우리가 지금 이야기하는 주제와 관련해서 아마도 가장 많

제6부 "너희 안에 계신 영광의 소망이신 그리스도"

이 읽힌 책이 토마스 아 켐피스Thomas à Kempis의 『그리스도를 본받아』 *De Imitatione Christi*일 것입니다. 그는 이 책에서 마지막으로 이렇게 도전합니다. "참으로 많은 사람들이 영적 성장을 하지 못하고 진지하게 자신의 잘못과 씨름하지 못하는데, 그 이유는 단 하나다. 힘든 일로부터 도망치는 것. 우리는 격투를 벌이는 것을 좋아하지 않는다."[15] "마귀는 자지 않으며, 육신도 아직 죽지 않았다. 따라서 결코 전투 준비를 멈추어서는 안 된다."[16]

그리고 나서 그는 이 기도를 드립니다. "오 주님! 제 본성으로는 불가능한 것을 주님의 은혜로 가능하게 해주십시오."[17]

아멘.

7

"나의 자녀 오네시모를 위하여"

전도서 11:1-6
빌레몬서 1:8-14

오늘 아침에 저희가 보고자 하는 이 짧은 개인 서간에는 세 명의 이름이 등장합니다. 한 사람의 이름은 여러분도 잘 아는 이름입니다. 나머지 두 이름은 잘 모를 수도 있습니다. 바울의 이름이 제일 유명합니다. 그는 1세기의 그리스도인들에게 편지를 썼고, 그 편지를 오늘날까지 우리가 읽고 있습니다. 어느 면으로 보나 그는 인류 역사에서 가장 창의적이고 멋있는 사람 중 하나입니다. 문명의 역사에 우뚝 선 거인 중 한 사람이지요. 그가 이 편지의 저자입니다.

이 이야기에 나오는 두 번째 사람은 빌레몬이며, 그가 이 편지의 수신자입니다. 만약에 그의 이름이 익숙하다면 여러분은 이제는 사라져 가는, 어린 시절에 성경의 모든 책 제목을 외운 세대

제6부 "너희 안에 계신 영광의 소망이신 그리스도"

중 한 사람일 것입니다. 왜냐하면 그의 이름이 이 서신서의 제목이기 때문입니다. 바울이 그에게 편지를 썼습니다. 하지만 이것을 책이라고 부르는 건 좀 과장입니다. 바울이 로마의 감옥에서 지금은 터키에 속하는 어느 도시(골로새)에 사는 친구에게 쓴 한 페이지의 짧은 개인 서신이기 때문입니다. 여러 해 전 바울이 그곳을 지나가며 설교하고 회중을 세우고 할 때 그는 빌레몬을 만났습니다. 빌레몬은 회심했고 자기 집에서 모임을 가지도록 사람들을 초대했습니다. 그곳에서 그들은 예배하고, 함께 기도하고, 성경을 뒤적이고, 성례를 기념하고, 그리스도의 생명을 사는 서로의 삶을 격려했습니다. 지금 우리가 하는 것과 같이 말입니다.

세 번째 사람의 이름은 아마도 많은 사람들이 잘 모를 것인데, 오네시모입니다. 그는 빌레몬 집의 종이었습니다. 골로새 교회가 빌레몬의 집에서 모였기 때문에, 오네시모는 이 초기 그리스도인들의 그룹을 알았을 것입니다. 그러나 소위 이 그리스도인이라고 하는 사람들은 그에게 더 많은 일을 의미할 뿐이었습니다. 청소할 것도 더 많아지고, 차릴 식사도 늘어나고, 심부름도 많아졌습니다. 오네시모는 종으로 사는 게 싫었고, 특히—이것은 제 생각입니다만—맨날 자유에 대해서 말하는 한 무리의 그리스도인들의 종으로 사는 게 싫었습니다. 어느 날 그는 할 만큼 했다 싶었습니다. 그래서 자신이 가져갈 수 있는 건 다 챙겼습니다. 한계에 다다른 그는 도주에 필요한 돈을 주인으로부터 훔쳐서 떠났습니다. 로마는 도주한 종들이 가기에 좋은 곳이었습니다. 대도시라 쉽게 사람들 사이에 묻힐 수 있었습니다. 그래서 오네시모는 로마로 향했습니다. 새로운 사람들이 많이 드나드는 로마에서는 눈에 띄지 않고 지하로 숨어들기가 쉬웠습니다.

로마에서 오네시모는 전혀 뜻밖의 사람을 만났습니다. 로마 감옥에 있던 바울을 만난 것입니다. 어떻게 그렇게 만나게 되었는지에 대해서는 전혀 알려진 바가 없습니다. 다만 그 만남의 결과 오네시모가 그리스도인이 되었다는 것만 알려져 있습니다.

그리고 오네시모는 옛 주인인 빌레몬에게로 돌아가 자수하기로 했습니다. 그래서 바울은 오네시모 편에 빌레몬에게 주는 편지를 보냈습니다. 이 편지는 놀라운 내용을 담고 있습니다. 아마도 마틴 루터 킹의 '버밍엄 감옥에서 보낸 편지'에 버금가는 편지일 것입니다.

〰️

빌레몬과 그 회중에 있는 두 사람—압비아라고 하는 (빌레몬의 아내일 수도 있는) 여성, 그리고 바울이 "우리의 전우"라고 부른 (빌레몬과 압비아의 아들일 수도 있는) 아킵보라고 하는 남자—에게 일반적 인사말을 한 뒤, 바울은 오네시모와 그의 주인 빌레몬을 화해시키는 본론으로 들어갑니다.

바울은 먼저 빌레몬과 그가 새로 얻은 기독교 신앙을 사는 방식에 대한 존경을 표합니다. "내가 그대를 기억하며 기도할 때마다 하나님께 감사를 드립니다. 주 예수와 모든 성도를 향한 그대의 사랑과 믿음에 대해서 듣고 있기 때문입니다. 그대의 믿음을 나누는 일이, 그리스도 안에서 전부 우리의 것인 선함에 대한 지

제6부 "너희 안에 계신 영광의 소망이신 그리스도"

식을 더욱 촉진시키기를 기도합니다. 형제여, 그대를 통해서 성도들의 마음이 새롭게 되었으니, 내가 그대의 사랑으로 큰 기쁨을 누리고 위로를 받습니다"몬 1:4-7.

바울이 빌레몬을 아주 높이 평가한다는 게 자명해 보입니다. 바울은 그의 집에 자주 갔었고 거기에서 그의 사랑과 믿음을 보았습니다. 빌레몬은 복음으로 인해 인생이 다 바뀐 사람이었습니다. 로마 감옥에 있던 바울은 그곳에 들리는 사람들을 통해서 흩어져 있는 기독교의 회중에서 일어나는 일들을 들었습니다. 그 소식에서 빌레몬의 이름이 아마도 자주 언급되었을 것입니다. 빌레몬은 그리스도인들이 흔히 분리시키는 그리스도에 대한 믿음과 사람들에 대한 사랑을 결합시킨 사람이었습니다. 그는 예수 그리스도를 확고하고 성숙하게 믿는 동시에 자기 주변 사람들도 확고하고 성숙하게 사랑했습니다. 빌레몬은 자신이 가진 것을 나누었습니다. 그가 경험한 좋은 것을 다른 사람들은 그를 통해서 경험했습니다. 그래서 사람들의 삶이 그로 인해 새로워졌습니다. 빌레몬 곁에 있으면 소외감을 느끼거나 무시당하거나 무가치하게 여겨지지 않았습니다. 빌레몬은 친구들에게서 최선의 모습을 끌어내고 그들을 채워 주는 자질이 있었습니다.

❧

이제 바울은 편지의 핵심으로 들어갑니다. "필요하다면 그대에게 명령할 만큼 내가 그리스도 안에서 담대하지만, 사랑으로 인해 그대에게 호소하는 게 더 낫다고 생각합니다. 예수 그리스도께서 보내셨고 지금은 그분을 위해 죄수가 된 나 바울이, 내가 감옥에 있는 동안 나의 자녀가 된 오네시모를 위하여 그대에게 호소합니다."몬 1:8-10.

어떻게 그렇게 되었는지 궁금하지 않습니까? 오네시모는 로마에 거주하는 도주한 노예들 중 한 사람으로 불안하게 살고 있었습니다. 늘 위험에 노출된 상황이었지요. 만약에 붙잡힌다면 그 대가는 컸습니다. 최소한 고문이고, 죽을 수도 있었습니다. 대부분의 도주한 노예는 혼자서는 살기가 힘들었습니다. 평생을 주인에게 의존해 살았기 때문에 독립적으로 살 수 있는 자원이 없었습니다. 여생을 계속 숨어서, 도둑질하고 구걸하며 살아야 한다면 그 자유가 무슨 소용이겠습니까?

우리가 결코 알 수 없을 이야기는 어떻게 오네시모가 감옥에 있는 바울을 찾게 되었는가 하는 것입니다. 평생을 노예로 살아온 오네시모는 그 당시 자유로웠던 반면, 평생을 자유인으로 살아온 바울은 수감 중에 있었습니다. 그러나 오네시모는 자신의 자유가 즐겁지 않았고, 바울은 감옥에 있어도 전혀 요동하지 않았습니다.

오네시모가 바울을 면회하러 갔을 때 아마도 서로 대화를 하게 되었을 것입니다. 오네시모는 그리스도인이 되었습니다. 오네시모는 새로 얻은 이 삶을 바울을 섬기는 데 썼습니다. 그가 불과 얼마 전에 도망쳐 온 종의 역할을 바울을 위해서 자발적으로 했습니다. 두 사람 사이에 아버지와 아들과 같은 애정이 생기기 시작했습니다.

그러던 어느 날 결정을 했습니다. 분명 그 전에 오랜 대화와 기도가 있었을 것입니다. 오네시모는 빌레몬에게로 돌아가서 자수하기로 했습니다. 그는 나쁜 종이었습니다. 주인으로부터 돈을 훔쳐 도망을 갔습니다. 그러나 이제 그는 그리스도인으로서, 견딜 수 없어서 도망쳤던 그곳으로 돌아가서 거기에서 자기의 구원을 살아내기로 했습니다. 바울의 영적 지도하에 그는 자기가 빌레몬의 집에서 그토록 불행했던 이유는 그가 다른 사람의 종이어서가 아니라 하나님께 저항했기 때문이라는 것을, 자신의 사회적 조건 때문이 아니라 자신의 영적 상태 때문이었다는 것을 깨달았습니다.

그래서 그는 골로새로 돌아갈 채비를 했습니다. 그보다 앞서 빌립보 교회에 쓴 편지에서 바울은 이렇게 썼습니다. "형제 여러분, 내게 일어난 일이 정말로 복음을 증진시키는 데 도움이 되었다는 사실을 여러분이 알아주기 바랍니다. 내가 그리스도 때문에 감옥에 갇혔다는 사실을 이곳의 모든 경비대와 그 밖의 모든 사람이 알게 되었습니다. 그리고 대부분의 형제들이 내가 감옥에 있기 때문에 주 안에서 더 자신감을 얻게 되었습니다. 하나님의 말씀을 두려움 없이 더 담대하게 말하게 되었습니다"빌 1:12-14.

그리고 이제 바울은 골로새에 있는 빌레몬에게 오네시모를 중재하는 편지를 씁니다. 빌레몬에게 보내는 이 편지는 골로새서를 전해 준 바로 그 사람에게 맡겼습니다. 빌레몬이 골로새 교회에 속했다는 직접적 언급은 없지만, 골로새서에서 오네시모를 "여러분 중 한 사람"골 4:9으로 언급하는 것으로 보아 그가 골로새 교회의 일원이었음을 알 수 있습니다. 바울과 함께 로마에 있던 그리스도인 중 한 사람인 두기고가 오네시모와 동행하기로 했습니다 골 4:7-9. 그리스도 안에서 새 동료가 된 두 친구는 편지를 들고 함께 길을 나섰습니다.

가는 길에 그들이 바울의 두 편지, 골로새 교회에 보내는 편지와 빌레몬에게 보내는 편지에 대해서 서로 이야기를 나누었을 것이라는 생각을 저는 떨칠 수가 없습니다. 바울이 빌레몬에게 쓰는 편지에서 한 농담을 놓고 그들은 킥킥 하고 웃었을지도 모르겠습니다. "그가 전에는 그대에게 쓸모가 없었지만, 이제는 그대와 나에게 정말로 쓸모 있는 사람이 되었습니다"몬 1:11. 오네시모라는 이름의 뜻은 '쓸모 있는'입니다. 바울은 "'쓸모 있는'을 그대에게 돌려보냅니다. 기억하겠지만, 전에는 그가 그대에게 가장 쓸모 없는 종이었습니다. 그러나 지금은 그대와 나 모두에게 쓸모 있는 사람이 되었습니다. 쓸모없음-쓸모없음이 이제 쓸모 있음-쓸모 있음이 되었습니다. 이중으로 쓸모 있는, **진짜** 오네시모가 되었습니다!"라고 말장난을 하고 있는 것입니다.

❧

오네시모와 두기고는 길을 나섰습니다. 빌레몬과 골로새 교회로 돌아가는 길은 긴 여정이었습니다. 처음에는 걸어서, 그다음에는 더 멀리까지 배를 타고 가야 했습니다.

마침내 긴 항해가 끝이 났습니다. 그들은 항구 도시 에베소에 내려서 골로새까지 50여 킬로미터를 걸었습니다. 기대감이 더

해갔습니다. 전에 오네시모가 이 길을 걸었을 때는 화가 났고 두려웠습니다. 이제 그는 마음이 가볍고, 자신의 결정을 믿으며 자신감이 있었습니다. 그때 그는 도망자 신세였습니다. 지금은 두기고라고 하는 좋은 친구와 함께이고, 골로새 교회 공동체에서 더 많은 친구를 얻게 될 것을 기대하고 있었습니다. 하지만 빌레몬은 어떨까요? 그는 어떻게 오네시모를 받아들일까요?

문을 두드리는 소리가 들립니다. 아킵보가 나가서 누가 왔는지 보고는 "오네시모예요!"하고 안을 향해 외칩니다. 압비아와 빌레몬이 놀라서, 어쩌면 약간은 경계하며 나옵니다. 그들은 지금 이런 광경을 보게 되리라고는 생각도 못했습니다. 그들 기억에 무뚝뚝하고 고집 있는 사람이었던 오네시모가 지금은 자신에 차 있고 얼굴에 미소를 띠고 있습니다. 오네시모는 빌레몬에게 바울의 편지를 건넵니다. 빌레몬이 소리 내어 읽고 압비아와 아킵보는 듣습니다. "나는 그를 그대에게 돌려보냅니다. 내 마음을 보내는 것입니다. 내가 복음을 위해 감옥에 갇혀 있는 동안 그를 내 곁에 두고 그대를 대신해서 나를 섬기게 해도 좋았겠지만, 그대의 동의 없이는 아무것도 하지 않는 게 더 좋다고 여겼습니다. 그대의 선함이 강제가 아닌 그대의 의지에서 행해지는 것이기를 바랐기 때문입니다"몬 1:12-14.

바울이 빌레몬에게 얼마나 지혜로운 믿음의 친구입니까. 그는 선함을 강제할 수 없다는 것을 알았습니다. 미덕은 억지로 끄집어낼 수 있는 게 아니라는 것을 그는 알았습니다. 정신적이든 신체적이든 감정적이든, 그 어떠한 압력도 그리스도 안에서 사는 믿음의 삶을 키우거나 자극하거나 발전시킬 수 없다는 것을 그는 알았습니다. 그것은 빌레몬에게 달려 있는 일이었습니다. 바울은 오네시모와 관련해서 빌레몬에게 어떤 해결책을 강요하지 않을 것입니다. 그가 어떻게 사랑을 표현해야 하는지에 대해서도 규정하지 않을 것입니다. 빌레몬의 반응은 전적으로 자기 의지로 이루어져야 했습니다. "그대의 선함이 강제가 아닌 그대의 의지에서 행해지는 것이기를 바랐기 때문입니다"몬 1:14.

바울의 이러한 절제는 드문 것입니다. 무엇이 상대에게 좋은지를 알면 우리는 그 사람이 그렇게 하게 **만들고** 싶어 합니다. 결국 그 사람을 위하는 일이라고 생각하기 때문입니다. 그래서 그렇게 되게 할 수 있는 전략을 구상합니다. 하지만 그것은 잘못하는 것입니다. 바울의 방법만이 맞습니다. "그대의 선함이 강제가 아닌 그대의 의지에서 행해지는 것이기를 바랐기 때문입니다."

빌레몬은 계속해서 편지를 읽습니다. "그러므로 그대가 나를 동료로 생각한다면, 나를 맞이하듯이 그를 맞아 주십시오. 그가 그대에게 잘못을 했거나 빚을 졌거든, 모두 내게로 돌리십시오. 나 바울이 이렇게 친필로 씁니다. 내가 그것을 갚겠습니다. 그대가 내게 빚진 것에 대해서는 아무 말 하지 않겠습니다"몬 1:17-19.

모든 이웃이 그 집의 환대는 정말 대단하다는 것을 알았습니다. 빌레몬과 압비아와 아킵보의 집은 열려 있었고 따뜻했으며 즐거웠습니다. 그들의 집에서 모이는 교회는 그들의 웃음과 포용 속에서 성장했습니다. 그들은 다른 사람들과 이 풍요로운 가정생활을 나누는 것을 무엇보다도 기뻐했습니다. 자신들의 식사, 대화,

제6부 "너희 안에 계신 영광의 소망이신 그리스도"

노래와 이야기들을 말입니다. 바울도 그것을 종종 경험했습니다. 그러나 오네시모는 비록 그것을 보기는 했지만 늘 아웃사이더였습니다. 그러나 이제는 더 이상 아웃사이더가 아니었습니다. 그는 형제였습니다. "나를 맞이하듯이 그를[오네시모를] 맞아 주십시오" 몬 1:17.

돈에 관해서는 바울이 그 빚을 대신 떠맡았습니다. 채무 관계가 해결되었습니다. 오네시모는 자신이 훔친 돈을 보상할 수 있는 정직한 수단이 없었기 때문에 바울이 대신 해주기로 했습니다. 감옥에서 나오면 천막 몇 개를 지어서 금세 돈을 준비할 것입니다.

그리고 나서 마지막에 감동적인 한 문장을 명언으로 남깁니다. "형제여, 그렇습니다. 내가 주님 안에서 그대에게 혜택을 좀 받고 싶습니다. [여기 그대의 혜택, 그대의 오네시모가 있습니다.] 그리스도 안에서 내 마음을 새롭게 해주십시오" 몬 1:20.

아멘.

제7부

"태초에 말씀이 계셨다"

밧모섬의 요한과 함께 설교하기

서문

목회 설교는 언어에 뿌리를 두고 있습니다. 하나님이 말씀하시기 때문입니다. 하나님이 말씀하실 때 사건이 일어납니다. 성경은 창세기에서 "하나님께서……말씀하셨다"가 여덟 번 울려 퍼지는 것으로 그 서막을 엽니다. 그 말이 한 번씩 떨어질 때마다, 하나씩 순서대로 하늘과 땅의 요소들이 눈앞에 펼쳐지고, 하나님의 형상을 따라 만들어진 남자와 여자에서 그 과정은 절정에 달합니다. 시편 33편은 창세기 1장을 단 하나의 문장으로 압축합니다. "그분께서 말씀하시니 그대로 되었다"시 33:9. 창세기 1장은 그 이후에 나오는 성경의 모든 것이 진행되기 위한 준비입니다. 그것을 배경으로 성경의 명령과 약속, 축복과 초대, 질책과 심판, 지도와 위로가 쏟아져 나옵니다.

ϛ

복음서의 네 저자 중에서 제일 마지막에 오는 사람이 요한입니다. 요한은 예수님의 이야기를 비슷한 줄거리를 따르는 마태, 마가, 누가와는 사뭇 다르게 들려줍니다. 요한의 접근법은 같은 이야기를 들려주면서도 그 관점과 어조가 다릅니다. 소설가 존 업다이크John Updike는 우리가 마태, 마가, 누가를 "점진적 퇴적"으로 본다면, 요한은 "마치 변형 돌처럼 그 지층이 급격하게 굳어져" 다른 것으로 바뀌어 버린 것과 같다고 했습니다.[1]

요한이 이야기를 들려주는 것은 맞습니다. 그러나 그는 예수님의 말씀을 온갖 부류와 상태의 사람들과 나누는 대화와 담론으로 바꿉니다. 그 대화는 짧기도 하고 길기도 하고, 간결하기도 하고 자세하기도 하지만, 늘 '대화'입니다. 몇 번은 대화가 담론으로 발전하지만 대화의 톤을 늘 유지합니다. 언어의 주님은 누구를 지배하려 언어를 사용하시지 않고, 은혜와 사랑의 관계로 들어가기 위해서 사용하십니다. 그 언어로 공동체를 만드시고 그 언어가 기도로 성숙해지게 하십니다. 예수님의 언어는 그분의 현존 가운데서 개인과 개인이 나누는 대화입니다.

ϛ

성 요한의 복음은 이 언어를 강조하는 것으로 시작됩니다. 그는 '말씀'이라는 말을 세 번이나 반복합니다. "처음에 **말씀**이 계셨고, 그 **말씀**이 하나님과 함께 계셨고, 그 **말씀**은 하나님이셨다"

요 1:1. 그리고 그 말씀이 곧 예수님이라는 것을 우리는 이내 알게 됩니다. "그 말씀이 육신이 되어 우리 가운데 머무셨는데, 은혜와 진리가 가득했다. 우리가 그분의 영광을 보았다"요 1:14.

요한의 편지도(그는 세 개의 편지를 썼습니다) 마찬가지로 처음으로 돌아가서 이 "생명의 말씀"요일 1:1이 예수님임을 확신하는 사도의 경험을 증언합니다. 열두 명의 제자들이 보고 듣고 만진 것이 그 사실을 증명했습니다. 다섯 개의 감각 중에서 세 개(시각, 청각, 촉각)가 이 증명에 사용이 되었습니다요일 1:1. 이 예수님의 말씀으로 죄로부터 구원받은 삶이 시작되었고 사랑의 공동체에서 그 삶이 나타났습니다.

이 각각의 편지는 공동체에 침입한 사람들 때문에 언짢고 어쩌면 혼란에 빠진 사람들에 대한 목회적 관심에서 비롯된 것입니다. 요한은 자기 회중을 알았고 그들을 "사랑하는 자녀 여러분"요일 2:1, NIV이라고 애정을 담아 부릅니다. 그는 그들이 논쟁적이고 분란을 일으키는 아웃사이더들로부터 시험과 도전을 받고 있다는 말을 들었습니다요일 4:3-5, 요이 1:7. 요한은 이들을 '적그리스도'라고 부릅니다. 요한은 그 사람들을 진지하게 대하되, 그들의 말을 따르지는 말라고 당부합니다. 그 사람들에게 대항해서 쓸 수 있는 "무기"는 사랑밖에 없다고 요한은 말합니다.

두 번째와 세 번째 편지는 첫 번째 것보다 훨씬 짧지만, 여전히 인격적이며 교회를 불편하게 하고 어쩌면 혼란스럽게 하는 것들에 대해서 지도와 충고를 해줍니다. 그들의 목사로서 자신의 소명을 진지하게 받아들인 요한은, 자기 교인들에게 그들이 이미 잘하고 있는 일을 계속하라고 격려합니다.

그리고 마지막으로 요한이 받은 계시는 부활하시고 현존하시는 예수님을 인간의 말로 제시해 줍니다. 요한은 "하나님의 말씀과 예수 그리스도의 증언을 증거"합니다계 1:2. 이 부활하신 예수 그리스도는 자신을 알파벳으로 요한에게 설명합니다. "나는 알파요 오메가다"계 1:8. 그는 알파벳이십니다. A에서부터 Z까지, 그러니까 모든 단어가 만들어지는 모음과 자음 전부이십니다. 예수님은 깨어진 이 세상과 우리의 경험이 눈부신 거룩으로 발전해서 하늘과 땅에 있는 모든 것을 포함하는 장엄한 예배를 촉발하게 하십니다.

저를 계속해서 놀라게 하는 것은 밧모섬의 요한 목사가 정말로 성경을 속속들이 잘 알았다는 사실입니다. 요한계시록은 404개의 구절로 이루어져 있습니다. 그 404개의 구절에서 요한은 앞에 나오는 성경을 518번 언급합니다. 그러나 직접적 인용은 하나도 없습니다. 모든 언급이 암시로 이루어져 있습니다. 요한은 성경에 완전히 몰입한 목사였고, 거기에 자신을 굴복시켰습니다. 그는 단지 반복하거나 되뇌거나 증거 본문을 인용하는 게 아닙니다. 그는 성경을 자기 안에서 재창조해서 설교합니다. 그는 먼저 성경을 소화합니다. 그리고 나서 자신이 내면화한 성경을 살고 설교합니다.

요한계시록은 제가 삶으로서의 신학이라고 생각하는, 그러나 종종 영성 신학이라고 불리는 것에 철저하게 몰입해 있으며, 그 신학에 대한 결정적 발언입니다. 오스틴 패러Austin Farrer는 요한계시록을 "기독교 1세대가 만들어 낸 위대한 시"라고 했습니다.[2]

제7부 "태초에 말씀이 계셨다"

처음 읽을 때는 세 개의 서로 다른 장르로 기록된 성 요한의 책들이 매우 다르게 느껴지지만, 찬찬히 그리고 상상력을 발휘하며 읽으면 그렇게 서로 다른 문체(목회 이야기, 목회 서신 그리고 목회 시)로 기록되었음에도 모두가 매우 요한답게 읽힙니다. 한 목사의 마음과 정신과 영혼에서 나오는 내적 통일성을 확고하게 볼 수 있습니다.

❧

언어는 하나님이 의사소통하시는 일차적 방법입니다. 성경에서 언어는 매우 물리적으로 언급이 되고 있습니다. 물론 우리는 말씀을 듣습니다. 그러나 말씀을 보기도 합니다. "내가 그 음성을 보려고 돌아섰습니다"계 1:12. 우리는 말씀을 "곱씹기"도 하고시 1:2, 메시지, "맛보기"도 하고시 119:103, 말씀 안에서 "걷고" "뛰고" 합니다시 119:1, 32. 밧모섬에서 본 비전에서 요한은 손에 두루마리를 가진 "힘센 천사"로부터 그 두루마리를 받아서 먹으라는 말을 듣습니다계 10:1-2, 8-10. 그리고 요한은 그렇게 했습니다. 그는 그 책을, 하나님의 말씀을 먹었습니다. 그는 그것을 가져다가 먹고 자신의 머리만이 아닌, 살아 있는 몸 전체로 소화해서 자기 안에 소화한 그것을 설교했습니다.

우리는 3천 년이 넘는 세월 동안 이 하나님의 말씀으로 속속들이 형성된 거룩한 공동체의 일부입니다.

❧

우리 목사들이 설교자 요한에게서 결국 깨닫게 되는 것은, 비인격적이고 비관계적이고 듣지 않는 추상적 언어는 죽이는 언어라는 것입니다. "산 자들의 땅"에서 그것은 신성모독입니다. 강단에서 말하든 식탁에서 말하든 마찬가집니다. 목사들은 언어를, 이 신성한 언어를, 하나님의 말씀인 이 언어를 사용하는 방식에서 매우 주의해야 합니다. 요한의 언어의 세계로 들어설 때 우리는 그가 자신의 회중에, 그들의 장점과 약점, 시험과 어려움에, 전적으로 몰입해 있음을 곧 깨닫게 됩니다. 동시에 그는 그들이 살고 있는 정치적이고 경제적인 세계에 대해서, 죽임과 고통과 악에 대해서도 생각합니다. 그러고 나서 그는 이 모든 것을 고려하면서, 성령에 의해 형성된 놀라운 상상력으로 이 위대한 구원의 드라마에 자기 회중을 불러 모아 그들에게 포괄적인 이야기와, 분명한 지침과, '아멘'과 '할렐루야'가 넘쳐나는 극적인 시를 들려줍니다. 그런데 그 어디에도 진부한 표현이 하나도 없습니다.

∽

하나님의 말씀을 듣고 묵상하는 일을 설명하기 위해서 제가 택하는 은유는 "이 책을 먹으라"입니다. 이 은유는 성경의 마지막 책인 이 요한계시록에서 두드러집니다. 그 힘센 천사가 이 우주를 자기 강단 삼아 발 하나는 바다에 또 하나는 땅에 박고 서서 손에 성경을 들고 설교하는 그 장면에서 말입니다. 그 천사는 하나님의 말씀을 설교했습니다. 그가 들고 있던 책에서 흘러나오는 말씀은 성 요한의 귀에 천둥과도 같았습니다. 감명을 받은 요한은 노트와 연필을 가져다가 자기가 들은 것을 쓰기 시작했습니다. 그런데 하늘에서 어떤 음성이 그에게 들은 것을 쓰지 말고 그 책을 가져다가 먹으라고 말합니다. 그 책에 있는 말이 이제 막 읽혀서 그 지면을 떠나 누군가의 귀에 들어갈 수 있게 공중에 떠 있는 순간이었습니다. 땅과 바다로 울려 퍼지는 그 문장들의 천둥소리를 요한이 듣고 막 적는데 이내 저지를 당했습니다. 그렇게 하면 말에서 바람과 숨이 빠지고 소리 없이 지면에 정착할 것이기 때문입니다. 설교하는 천사가 이제 막 그 말을 지면에서 들어냈는데, 요한이 다시 그것을 지면으로 돌려놓으려 하고 있었던 것입니다. 그것은 마치 그 하늘의 음성이 "그 말이 지면을 벗어나 나가서 음파를 만들어 내고, 귀로 들어가고, 삶으로 들어가기를 원한다. 그 말이 설교되고 노래되고 가르쳐지고 기도되기를, **살아지기를** 원한다. 이 책을 네 배 속에 집어넣어라. 이 책의 말이 네 혈관을 타고 다니게 하여라. 이 말을 씹고 삼켜서 그것이 근육과 연골과 뼈가 되게 하여라"고 말하는 것과 같습니다. 그래서 요한은 그렇게 했습니다. 그 책을 먹었습니다.

저는 목회하는 동안 이 은유를 참 많이 사용했습니다. 이 성경이 우리에게 있다는 것의 의미에 대해, 그리고 어떻게 거룩한 공동체가 그것을 먹는 법을 배웠는지, 어떻게 그것이 성부 하나님, 성자 하나님, 성령 하나님이 창조하고 구원하고 축복하신 그리스도인 남자와 여자로 형성되게 했는지에 초점을 맞추고 그 의미를 명확하게 하기 위해서 이 은유를 사용했습니다.

〜

　나중에 저는 "이 책을 먹으라"고 하늘에서 울려온 음성과 짝을 이룰 은유를 웬델 베리의 시에서 발견했습니다. 40년간 소설과 시와 에세이를 쓰면서 베리는, 우리가 전체성이라는 것을 이해하고 유기적인 영적 전인으로 살 수 있도록 그리스도인의 상상력을 재구성해 주었습니다. 「정상에서」From the Crest라는 시에서 그는 "밭의 오래고 느린 성장을 견디는" 농장의 은유를 사용합니다.[3] 그의 글은 그리스도인의 삶을 형성하는, 성경과 회중의 형식에 대해서 숙고하게 해줍니다.

　베리가 자기 농장에서 보는 형식을 저는 제 회중에서 봅니다. 농장을 하나의 유기적 전체로 보되, 집과 헛간, 말과 닭, 태양과 비, 집에서 준비하는 음식과 밭에서 하는 노동, 기계와 도구, 계절들 간에 경계가 있어서 그것들의 상호 관계를 인식하는 곳으로 생각해 보십시오. 거기에는 안정적이고 여유로운 리듬이 있습니다.

　저는 농장에서 자라지는 않았지만 농사를 짓는 지역에서 자랐고, 그래서 종종 농장과 목장에 갔습니다. 당시 제 아버지가 정육점을 하셨기 때문에 우리는 종종 농장으로 가서 소와 돼지와 양을 사고 도살을 했습니다. 물론 예외는 있으리라고 생각합니다만, 제 어릴 적 기억을 더듬어 보면 서두르는 농부를 본 적이 한 번도 없습니다. 농부들은 부지런하지만, 일이 너무 많아서 서두르는 게 별 의미가 없었습니다.

　농장에서는 모든 것이 다른 무엇과 연결되어 있습니다. 그래서 서두르다가 땅과 계절과 날씨의 리듬을 깨 버리면 모든 게 다 무너져 버립니다. 지난주 혹은 지난달부터 일어나기 시작한 어떤 일을 방해하게 됩니다. 농장은 깔끔하지 않습니다. 너무도 많은 일이 자기 통제 밖에서 일어나기 때문입니다. 농장은 우리로 하여금 인내와 주의력을 배우게 해줍니다. "나는 나의 정신이/ 밭의 오래고 느린 성장을 견디기를/ 기다리는 동안 그 지나가는 시간을 노래하기를/ 가르치려 한다."

어떤 사물이나 사람이든 맥락과 별개로 취급한다면, 그러니까 계절이나 날씨나 땅의 상태나 기계의 상태나 사람들로부터 분리시켜 별개로 취급한다면, 그것은 침해당하게 됩니다. "농장은 하늘과 땅, 빛/ 그리고 비를 끊임없이 한데 모아/ 땅의 모양과 활동을/ 지었다 흩었다 다시 지었다 하면서/ 언제나 형식을 갖추어야 한다."

성경과 회중은 바로 이러한 형식이자 틀입니다. 매우 다양한 부류와 종류의 말씀과 예배자가 울타리 안에 모여 있는데, 말씀이 읽히는 맥락, 무리가 함께 모이는 맥락이 거기에 반드시 필요합니다. 우리는 길고 꾸준한 리듬을 따라 일하지만 그것을 통제하지는 않습니다. 우리는 묵상하며 이 말씀과 사람의 세계로 들어가 기쁘게 순종하고 동의합니다. "하늘과 땅[을]/ 끊임없이 한데 모[으는]" 이 책과 회중에 우리의 삶을 굴복시킵니다.

밧모섬의 요한은 우리에게 이 일을 해줍니다, 강단과 예배당, 교구생활과 회중 예배의 모든 요소를 다 함께 가져오는 데 적합한 목회적 상상력을 개발하도록 격려합니다. 그래서 이 물총새의 설교를 모아 놓은 책에 그가 최종적 발언을 하도록 하는 게 적합하다고 생각합니다.

∾

밧모섬의 성 요한이 제 안에 목회적 상상력을 개발하게 하는 과정에서 세 명의 저자가 큰 도움이 되었습니다. 오스틴 패러의 『이미지의 재탄생』*A Rebirth of Images*은 쉽게 읽히는 책은 아니지만, 밧모섬의 요한을 제외하고 패러는 다른 그 누구보다도 경건한 목회적 상상력의 작용을 잘 꿰뚫는 사람입니다. 한스 우르스 본 발사자르Hans Urs von Balthasar는 『기도』*Prayer*에서 묵상의 자세로 성경과 그리고 회중과 함께하는 것을 가르쳐 주었습니다. 찰스 윌리엄스는 소설, 시 그리고 비평을 통해서 은혜의 수단으로서 상상력의 작용을 보여주었고, 잘 **활용된** 상상력은 그리스도 안에서 온전한 몸과 영혼으로 사는 데 반드시 필요하다는 확신을 가지게 해주었습니다. 윌리엄스의 소설 『더 나은 으뜸 패』*The Greater Trumps*에 나오는 등장인물인 헨리 리는 이렇게 말합니다. "모든 것이 서로 상응을 통해서 같이 이어지지. 이미지는 이미지와, 움직임은 움직임과. 그게 없으면 관계라는 것도 없고 따라서 진리도 없지. 이 관계의 힘을 차지하는 게 우리의, 특히 자네와 나의 임무네. 무슨 말인지 알겠나?"[4]

저는 무슨 말인지 알 것 같고, 그래서 밧모섬의 요한과 함께 읽고 묵상하고 기도하면서 그것을 개발하는 것을 저의 임무로 삼았습니다.

1

"아버지, 아버지의 이름을 영광스럽게 하십시오"

이사야 40:3-5
요한복음 12:12-30

예수님이 기도하셨다는 것을 우리는 압니다. 복음서에는 예수님이 기도하신 이야기를 열아홉 번 언급하고 있습니다. 그런데 예수님이 실제로 하신 기도의 내용은 단 여덟 번밖에 나오지 않는다는 사실이 저는 흥미롭습니다. 오늘 제 설교 본문은 그중에서 가장 짧은 다섯 단어의 기도입니다. "아버지, 아버지의 이름을 영광스럽게 하십시오"요 12:28, NRSV.

이 기도는 요한이 들려주는 예수님 이야기의 거의 정중앙에 나오는 기도입니다. 첫 열한 장에서 요한은 우리로 하여금 예수님의 말씀과 행위에 몰두하게 합니다. "육신이 되신 말씀"요 1:14, KJV, 살아 계신 예수님을 보여줍니다. 우리가 "육신이 되신"이라는 부분을 진지하게 받아들이는 게 요한의 의도입니다. 삶의 모든 것, 인간 삶의 모든 것이 성례입니다. 거룩한 것의 계시를 담는 용기입니다. 육신과 피, 힘줄과 뼈가 된 말씀. 예수님은 모든 의미에서 인간이셨습니다.

요한복음의 마지막 열 장은 예수님의 죽음 이야기를 자세하게 하나씩 들려줍니다. 친구들인 나사로, 마르다, 그리고 마리아가 준비한 저녁식사를 하시는 예수님으로 먼저 시작합니다. 그때 마리아가 예수님의 발에 향유를 붓습니다. "내가 묻힐 날을 대비해"요 12:7 기름을 부은 것이라고 예수님은 해석하셨습니다. 그리고 그 이튿날 종려 주일에 예수님은 유월절 축제를 보내러 예루살렘에 들어가셨고, 무리가 그 뒤를 따랐습니다. 호산나를 부르던 한 무리의 사람들은 왕의 제관식에 참여한다고 생각했습니다. "이스라엘의 왕……오시는 이에게 복이 있기를!"요 12:13. '왕'은 제법 묵직한 주제입니다. 제자들이 예수님을 따르기 시작한 때부터 왕이니 메시아니 하는 이야기를 많이 들었습니다. 결정적 순간이 다가오고 있었습니다. 이제 곧 그 일이 일어날 것 같았습니다.

그러나 예수님은 자신의 죽음에 대해서 이야기하심으로써 왕을 운운하는 이러한 열띤 분위기에 찬물을 끼얹으십니다요 12:23-25. 여기에 그들의 왕이 있었고, 예수님이 그들의 메시아인 것은 맞았습니다. 그러나 그들이 생각하는 그러한 방식으로는 아니었습니다. 얼마 후면 그들은 예수님이 죽어가면서 하시는 말씀을 들을 것이고, 십자가에서 왕의 즉위 연설을 하시는 것을 들을 참이었습니다.

예수님은 힘든 일을 앞두고 계셨습니다. 그래서 제자들을 따로 모아서 그들과 긴 대화를 나누셨습니다요 13-17장. 먼저 그들의 발을 씻으시는 것으로 시작하셨습니다. 그리고 이어서 자신이 어떠한 방식으로 왕이 되고 메시아가 되는지, 그리고 그들이 어떻게 예수님을 왕이자 메시아로 경험하고 섬길 것인지에 대해서 반복해서 말씀하셨습니다. 서두르지 않고 인내심 있게, 예수님은 그들의 기대를 완전히 바꾸어 버리셨습니다. 그러고 나서 마무리 기도로 이 모든 것을 정리하십니다.

그다음 날 예수님은 십자가에 달리셨습니다.

❧

예수님의 기도는 결코 예수님의 삶과 분리될 수 없습니다. 기도는 그것 자체로는 주제가 되지 못합니다. 기도는 전문가의 활동이 아닙니다. 교향악단에서 어떤 사람들은 클라리넷을 전문으로 하고, 어떤 사람들은 오보에, 바이올린, 트롬본을 전문으로 합니다. 그러나 그리스도인의 삶은 그렇지 않습니다. 누구는 병자를 방문하고, 누구는 찬송가를 부르고, 누구는 돈을 내고, 누구는 기도하고 그러지 않습니다. 그리스도인의 삶에서는, 한 가지를 택해서 그에 따른 지도와 훈련을 받아 보고, 그중에서 자신이 좋아하는 일이나 잘한다고 생각하는 일을 전문으로 하지 않습니다.

기도는 계시와 성육신의 얽힘에서 따로 끄집어내어 기도의 전사가 되겠다고 자원하는 그런 일이 아닙니다. 그것은 숨쉬기의 비유에 더 가깝습니다. 살려면 해야 하는 일입니다. 숨쉬기와 관련된 질병은 있어도 탁월한 숨쉬기가 따로 있는 게 아닙니다. 어떤 한 사람을 지목해서 "저 사람은 숨을 아주 잘 쉬어"라고 말하지 않습니다.

기도는 삶 속에 같이 짜여 있는 것입니다. 기도는 예수님의 삶 속에 같이 짜여 있었습니다. 예수님이 기도하신 것에 대한 언급은, 예수님이 하신 다른 모든 일의 본질적 일부로 언급된 것입니다. 예수님이 기도하신 행위와 기도하신 내용은 그 맥락과 따로 분리해서 연구하고 그것 자체를 위해 실천할 수 있는 게 아닙니다.

∞

예수님의 생애와 예수님의 죽음의 두 부분으로 들려준 요한의 이야기에서, 그 두 부분을 이어 주는 것은 예수님의 이 다섯 마디 기도입니다. "아버지, 아버지의 이름을 영광스럽게 하십시오."요 12:28.

'영광'은 명사의 형태로든 동사의 형태로든, 성경에서 매우 큰 개념의 단어입니다. 이 단어가 뿜어내는 응축된 에너지를 이해하기에는 사전의 정의가 너무 부족합니다. 이 단어를 이해하기 위해서는 네 명의 복음서 저자들이 탁월하게 들려주는 예수님의 이야기 전체가 필요합니다. 그리고 토라와 예언서, 서신서와 계시록에 나오는 창조와 언약의 이야기 전체를 예수님 이야기의 배경으로 이해해야 합니다. 영광은 툭툭 끊어서 이해할 수 있는 게 아닙니다. 처음부터 끝까지 그 이야기 전체를 알아야 합니다.

저는 열 살 무렵에 우리 폴 존스 목사님을 통해서 '영광'이라는 말이 담고 있는 의미를 감지했습니다. 그의 목소리에서 그것을 알 수 있었습니다. 그는 웨일즈 분이었는데 목소리가 정말로 컸습니다. 웨일즈 지방 특유의 울림과 톤으로 강단에서 설교할 때의 그 목소리는 예배당 안을 쩌렁쩌렁 울렸습니다. 존스 목사님이 '영광'이라는 말을 발음할 때는 마치 오르간의 5미터 높이 파이프들처럼 저음에서부터 울리기 시작했습니다. 그리고 서서히 성량과 울림이 커지다가 마침내 예배당 안을 가득 채웠는데, 그 소리는 우리의 귀뿐만 아니라 우리의 가슴도 채우는 소리였습니다. 대부분의 사람들은 영광을 두 음절—glo-ry—로 발음하는데, 존스 목사님은 여러 음절—glo-o-o-o-ory—로 발음하면서 점점 더 소리가 커지고 높이가 올라갔습니다.

저는 그렇게 발음하는 그 단어를 무척 좋아했고 지금도 좋아합니다. 존스 목사님은 그렇게 회중의 삶에 그 단어가 울리게 함으로써 정말로 요한의 의도를 잘 전달했습니다. 그 단어의 사전적 의미가 무엇인지를 알게 된 것은 그로부터 수년 뒤였고, 그것이 성경의 언어에서 가지는 근본적 위치에 대해서 배운 것은 또 그로부터 수년 뒤였습니다. 그러나 저는 그 의미를 이미 알고 있었습니다. 그것은 하나님과 그리고 그 회중에 있는 우리와 상관이 있는, 무언가 매우 엄청난 일이 일어나고 있다는 뜻이었고, 존스 목사님이 그 단어를 말하는 그 순간에도 그러한 일이 일어나고 있다는 의미였습니다. 그 단어는 우리 삶의 모든 단편들을 모아서 예수님 안에서 완성되고 온전한 전체를 이루도록 이끌어 주는 단어이며 부활의 단어였습니다.

⁂

그러나 제가 일찌감치 이해한 '영광'이라는 말의 의미가 아무리 대단했다 하더라도, 제 삶에는 아무런 뿌리를 내리지 못하고 있었습니다. 자라면서 제게 필요한 것은 뿌리였습니다. 예배하러 가고 일하러 갈 때, 투표를 하고 자동차 타이어를 살 때, 암에 걸리고 수술을 받을 때, 생일과 기념일이 차곡차곡 쌓여 갈 때, 편지를 쓰고 책을 읽을 때 필요한 뿌리였습니다.

제가 찾는 뿌리는 "아버지, 아버지의 이름을 영광스럽게 하십시오"라는 기도 바로 앞에 나옵니다. "인자가 영광을 받을 때가 왔다. 내가 진실로 너희에게 말하는데, 밀알 하나가 땅에 떨어져서 죽지 않으면, 한 알 그대로 남아 있다. 그러나 죽으면, 많은 열매를 맺는다"요 12:23-24, NRSV. 저는 시인 맥신 쿠민Maxine Kumin이 쓴 표현을 좋아합니다. "나는 뿌리를 내리고 잎을 낸다."⁵ 제가 찾는 것은 바로 그런 것이었습니다.

예수님은 자신이 곧 죽을 것을 알았습니다. 예수님의 이 말씀을 들으면서 저는 영광의 뿌리는 죽음과 묻힘에 있다는 것을 알았습니다. 이것은 좀 시간이 걸리는 일이었습니다. 영광은 존스 목사님이 강단에서 천둥처럼 외친 것이 전부가 아니었습니다. 제가 영광에서 기대했던 것들은 포기하고, 미지의 영역으로 들어가야 했습니다.

저는 영광을 찾고 있었습니다. 그러나 저는 배움이 느렸습니다. 영광은 지금 내가 가진 것이 더 많아지거나, 이미 보는 것이 완벽해지는 게 다가 아니었습니다. 그리스도인의 삶은 나의 생물학적·지적·도덕적 삶이 일반 사람보다 몇 단계 더 높아지는 것이라고 저는 생각했던 것일까요? 기도는 자동차를 들어 올리는 기구처럼 내가 서 있는 지대를 조금 더 높이 올려서 하나님께 더 가까이 다가가게 하는 장치와 같은 것이라고 저는 생각했던 것일까요?

그런데 예수님은 그것과는 사뭇 다른 것을 이야기하셨습니다. 더 많이가 아니라 더 적어져야 했습니다. 더 단단히 붙잡는 게 아니라 놓아야 했습니다. "마음이 가난한 사람은 복이 있나니"마 5:3라고 예수님은 표현하시기도 했습니다. "자기 목숨을 구하려고 하는 사람은 잃을 것이요, 나 때문에 자기 목숨을 잃는 사람은 찾을 것이다"마 16:25, NRSV라고도 표현하셨습니다.

❧

배움이 느린 저로서는 예수님에게도 그 일이 쉽지는 않았다는 것을 아는 게 인내를 키우는 데 도움이 됩니다. 예수님은 자신의 짧은 기도를 순종이 아닌 질문으로 시작합니다. "지금 내 마음이 괴로우니, 무슨 말을 하여야 할까? '아버지, 나를 이 시간으로부터 구해 주십시오'라고 말할까?"요 12:27, NRSV

상실, 거절 그리고 죽음이라는 의미가 '영광'에 포함될 수 있도록 그것을 재정의하는 일은 예수님에게 쉬운 일이 아니었습니다. 그러한 영광을 위해서 기도하지 않고, 그것을 피하게 해달라고 기도할 생각을 예수님이 하셨다는 사실은 제 기도에도 약간의 여유를 줍니다. 예수님은 "아버지, 나를 이 시간으로부터 구해 주십시오"라고 기도하실 생각을 했습니다. 그러나 그 생각을 내뱉기는 했어도 실제로 기도하지는 않았습니다. 고려하는 순간, 바로 그가능성을 부인했습니다. 구해 달라는 기도를 하는 것은 자기 생명을 선물로 주는, 우리 모두가 구원받아 살 수 있도록 사랑으로 자기 생명을 희생하는 예수님의 기본적 정체성을 거절하는 행위였습니다. 그것은 기도의 본질을 침해하게 할 기도였습니다.

예수님이 하시지 않은 기도는 예수님이 하신 기도만큼 중요합니다. "모든 면에서 우리와 같은 유혹을 받으신"히 4:15 예수님이 "아버지, 나를 이 시간으로부터 구해 주십시오"라고 기도하시지 않았다는 사실은, 나 자신도 그렇게 기도하지 않을 수 있게 해줍니다. 예수님이 그렇게 하셨기 때문에 나도 할 수 있습니다. 나를 우선시하는 기도를 거절하고, 자기 유익을 챙기는 기도를 거절하고, 하나님을 피하는 방편으로 기도를 사용하지 않기로 할 수 있습니다.

먼저 '거절'이 있어야 하고, 그다음에 '예'가 옵니다.

'"나를 이 시간으로부터 구해 주십시오"라고 할 것인가?' 아니요. '"아버지, 아버지의 이름을 영광스럽게 하십시오"라고 할 것인가?' 예.

☙

이 기도를 순전한 마음으로 드리기까지는 평생이 걸릴지도 모릅니다. 그러나 기도하고 또 기도를 배우면서 우리는, 예수님이 날마다 '영광'이라는 단어를 재정의하시게 해야 하고, 그렇지 않으면 그 의미를 완전히 놓치게 된다는 것을 점점 더 분명히 알게 됩니다.

그리스인들은 놓쳤습니다. 예수님이 이 기도를 드리신 날

몇몇 그리스인들이 예루살렘에 있었다고 요한은 말합니다. 그들은 예수님을 보고 싶어 했습니다. 그들은 그 거룩한 도성의 관광객으로서 예수님을 보러 왔습니다. 예수님에 대해서 들었고, 그 영광에 대해서 들었고, 그래서 직접 보고 싶어 했습니다. 카메라를 준비하고 관광 책자를 챙긴 그들은 빌립을 가이드로 고용하려 했습니다 요 12:20-22.

안드레와 빌립이 이 이야기를 예수님에게 하자, 예수님은 거절하십니다. 그리스인들을 위해 사진 포즈를 취하는 대신 예수님은 자기 죽음에 대해서 말씀하셨습니다. 예수님이 자신의 생애 내내 말씀과 행동으로 보여주신 영광은 유명인사의 영광이 아니었습니다. "인자가 영광을 받을 때가 왔다" 요 12:23. 여기에서 '때'란 '죽을 때'입니다. 인자가 영광을 받기 위해서 인자가 죽어야 할 때가 왔다는 뜻입니다.

안드레와 빌립은 아마도 그 그리스인들에게 집으로 돌아가서 파르테논 신전 사진이나 찍으라고 말했을 것입니다. 예수님이 받으시는 영광은 영감을 주는 영광이 아니었습니다. 모방을 부추기지 않습니다. 눈에 띄지 않습니다. 화려하지 않습니다. 그리스 섬들의 태양과 모래를 선전하는 빤득빤득한 잡지나 여행 포스터가 보여주는 그런 장광이 아닙니다. 그것은 사진으로 찍을 수 없습니다.

℘

우리는 이것을 배우기 위해서, 우리 문화와 우리의 죄가 타락시킨 단어의 의미를 다시 배우기 위해서 예수님과 함께 기도합니다. 우리는 단어의 의미를 찾기 위해서 예수님이라는 사전을 찾아봅니다. '영광'이라는 단어를 거기에서 찾으면 무엇이 나옵니까? 무명, 거절, 희생적 삶, 순종적 죽음이 나옵니다. 그리고 그것들을 통해서 하나님의 밝은 현존이, 이 세상이 멸시하고 무시하는, 우리가 너무도 자주 멸시하고 무시하는 것에 빛을 비춥니다. 예수님의 삶과 죽음이 이 기도에서 초점이 맞춰지고 삶을, 삶의 모든 것을 조명합니다. 그래서 우리는 무릎을 꿇고 앉아서 말합니다. "영광, 저도 그런 삶을 살고 싶습니다. '아버지, 아버지의 이름을 영광스럽게 하십시오.'"

※

여러분이 놓치지 않았으면 하는 게 한 가지 더 있습니다. 이 기도는 예수님의 기도 중에서 유일하게 아버지의 음성을 들은 기도입니다. 예수님과 아버지는 같은 입장이었습니다. 예수님은 아버지의 이름이 영광스럽게 되기를 기도하셨습니다. 그리고 아버지는 예수님께 답합니다. "내가 이미 영화롭게 했고, 앞으로도 영화롭게 할 것이다." 요 12:28, 메시지. 이 기도 가운데는 세 개의 시제가 모두 들어 있습니다. 과거의 영광, 현재의 영광, 미래의 영광. 영광에 대한 기대는 영광에의 참여를 낳습니다.

아멘.

---

* 2013년 5월 5일, 그리스도 우리 왕 장로교회 창립 50주년 주일 설교.

제7부 "태초에 말씀이 계셨다"

2

"나는 선한 목자다"

에스겔 34:2-5, 11-12
요한복음 10:14-18

예수님은 자신을 비판하는 사람들과 활발한 논쟁을 벌이는 가운데 자신을 가리켜 선한 목자라고 하셨습니다. 이제 막 눈이 먼 사람을 고치신 뒤였습니다요 9장. 정말로 칭찬할 만한 일이지요. 그런데 불행히도 그 일을 하시면서 성경의 규칙을 어기셨습니다. 안식일에 그 사람을 고치신 것입니다. 그것은 모세의 율법에 어긋나는 일이었습니다. 하나님의 율법 치안을 자처한 일부 바리새인들이 그 이야기를 듣고, 고침을 받은 사람을 만나서 예수님이 정말로 그를 고치셨음을 확인하고 나서, 안식일에 사람을 고치는 것은 불가능한 일이라고 말했습니다. 게다가 그 사람이 자신이 앞을 보지 못한다고 거짓말을 한 것이라고까지 했습니다. "그것은 불가능한 일이다. 안식일을 지키는 게 다른 어떤 일보다도 우선이다." 바리새인들은 그의 부모를 찾아가서 대질심문까지 했습니다. 그 부모는 자기 아들이 날 때부터 앞을 보지 못한다는 사실을 확인해 주었습니다. 그래도 바리새인들은 믿지 못하고 그 사람을 회당에서 출교시켜 버렸습니다.

예수님과 바리새인은 이 눈먼 사람에 대해서 서로 반대의 입장에 서 있었습니다. 눈먼 사람은 무력한 사람의 전형입니다. 그는 어떻게든 도움을 받아야 무엇을 할 수 있습니다. 누군가가 인도해 주어야 합니다. 바리새인은 이스라엘에서 다른 사람을 감독하는 일을 맡은 지도자였습니다. 바리새인은 도움이 필요한 사람 모두를 지도할 책임이 있었습니다. 예수님도 이스라엘의 지도자셨기—비록 공식적으로 인정을 받은 지도자는 아니었지만—때문에 그 책임을 받아들이고 그 눈먼 사람을 도와주셨습니다.

그러나 바리새인과 예수님이 어떻게 그 눈먼 사람을 돌보았는지를 보십시오. 바리새인들은 그를 하나의 사례로 취급했습니다. 그들은 그를 추궁하고, 하나님이 용납하신 사람들의 무리인 회당에 있을 그의 자격을 시험했습니다. 그가 그 시험에 통과하지 못하자 그들은 그를 쫓아냈습니다. 그들은 자만심이 가득했고, 자신들은 매우 중요한 사람들이라는 인식을 가지고 있었으며, 회중을 순결하게 지켜야 한다는 책임감을 가지고 죄인을 용납하지 않았습니다. 그들은 판단하고 결정하고 적절한 조처를 취하는 것이 자신들이 맡은 일이라고 생각했습니다. 그 눈먼 사람은 평가하고 조처를 취해야 할 또 하나의 사례에 불과했고, 실제로 그렇게 조처를 취했습니다.

그와는 반대로, 예수님은 그를 인간으로 보셨습니다. 그의 필요를 보셨습니다. 예수님은 그의 죄, 부모, 개인사, 앞으로의 가능성에 대한 질문을 하지 않으셨습니다. 그 사람은 앞이 보이지 않았고, 따라서 도움이 필요한 게 당연했습니다. 그래서 예수님은 도우셨습니다. 그 도움은 그를 고치시는 것, 그의 시력을 회복시켜 주는 것이었습니다.

そび

그러고 나서 논쟁이 시작되었습니다. 한 사람이 다른 사람에 대해서 가지는 책임은 무엇인가? 그가 선하게 되도록 돕는 것인가, 아니면 그냥 돕는 것인가? 내가 다른 사람에 대해서 할 수 있는 일차적 반응이 그가 선해야 한다고 주장하는 것, 다시 말해 법과 질서, 도덕성과 예의 규범을 지키게 하는 것인가? 아니면 되는 대로 필요한 도움을 주는 것인가? 바리새인들의 논지는 이랬습니다. "아무리 그의 눈을 고쳤다 해도, 눈이 낫기 전보다 오히려 더 죄인이 되었다면 무슨 소용이 있는가? 가장 중요한 것은 하나님의 율법이다. 지도자가 다른 사람에 대해서 지는 책임은 그 율법을 시행하는 것이다. 사람들이 그 율법을 지키는지 확인하지 않고 그들을 돕고 다니면, 장기적으로는 그들을 전혀 돕는 게 아니다. 평생을 눈먼 상태로 지내지만 규칙을 지켜서 천국에 가는 것과, 평생 볼 수 있게 되지만 규칙을 무시해서 지옥에 가는 것 중에서 어떤 게 더 나은가? 눈먼 상태로 천국에 가는 게, 보게 되고 지옥에 가는 것보다 분명 더 낫다." 바리새인들의 이해에 따르면 그 사람이 회당에 있는 동안에는 의로웠지만, 율법을 어기면서 눈을 뜨게 되자 그는 안식을 어기는 일에 동참한 것이 되었고, 따라서 내쫓을 수밖에 없다는 것이었습니다.

이에 대한 예수님의 대답은 대략 이렇게 설명할 수 있습니다. "사람이 온전치 못하다면[그는 앞을 보지 못한다!] 규칙을 지키는 게 무슨 소용인가? 중요한 것은 하나님의 사랑, 하나님의 연민이다. 온전하게 태어난 우리의 책임은 그 사랑과 연민을 나누는 것이다. 사랑을 나누려는 열정 없이, 사람들이 율법을 지키게 하는 데에만 몰두하면 장기적으로는 그들을 전혀 돕는 게 아니다. 흠이 없이 옳게 살아서 나중에 하나님 앞에 서서 "저한테서 잘못 하나 찾으실 수 없을 겁니다"라고 말할 수 있는 것과, 힘들지만 하나님과 그리고 다른 사람들과 사랑의 인격적 관계로 들어가는 것 중에서 어느 것이 더 나으냐?"

예수님은 옳은 것보다 연민을 보이는 게 더 중요하다고 말씀하시는 게 분명합니다. 예수님은 연민이 많으셨습니다. 예수님이 안식일에 눈먼 사람을 고치셨다는 것을 알게 된 바리새인들은 자신들이 엄격하게 지켜 온 도덕적·사회적 질서가 무너지는 것을 느꼈습니다. 하지만 사랑 가운데서 형제와 자매들 그리고 하나님을 보면서 평생을 용서받은 자로서 도덕적·영적 공동체 안에서 함께 사는 게, 모든 것을 완벽하게 유지하되 사랑과 연민의 관계에 대해서는 무지한 채로 사는 것보다 더 낫지 않습니까?

이 사랑의 길이 바로 예수님이 자신을 '선한 목자'라고 규정하신 이야기를 요한이 들려주는 배경입니다. 바리새인들은 이 말의 의미를 즉시 이해했을 것입니다. 그들은 성경을 아는 사람들이었고, 시편 23:1의 "주님은 나의 목자시니"를 우리처럼 잘 알았습니다. 그리고 이사야의 유명한 말도 알았습니다. "[하나님이] 어린 양들을 친히 두 팔로 감싸 품에 안으시고 부드럽게 어미 양에게로 이끄시리라."사 40:11, NRSV.

그리고 에스겔의 말도 분명 알았을 것입니다(바리새인들은 성경을 속속들이 아는 사람들이었습니다). "아, 자기 것만 챙기는 너희 이스라엘의 목자들아! 목자는 양 떼를 먹이는 자들이 아니냐? 그런데 너희는 기름을 먹고 양털로 옷을 지어 입고 살찐 가축을 도살하면서, 양 떼는 먹이지 않는다. 그 연약한 자에게 힘을 주지 않고, 병든 자를 고치거나 다친 자를 싸매 주지도 않았다.……잃어버린 자를 찾지 않았다. 주 하나님께서 말씀하신다. 나는 목자들이 싫다.……내가 직접 내 양 떼를 찾고, 찾아낼 것이다.……내가 그들을 구할 것이다."겔 34:2-4, 10-12, NRSV.

그 눈먼 사람을 회당에서 쫓아낸 뒤에 그날 밤 집에 가서 시편 23편의 목자를, 이사야의 설교를, 그리고 그중에서 가장 두려운, 에스겔의 분노에 찬 말을 기억하고 자신들이 바로 예수님이 말한 그런 목자임을 깨달은, 그리고 나아가서 회개까지 한 바리새인이 얼마나 됐을지 모르겠습니다.

예수님이 자신을 선한 목자라고 했을 때, 이렇게 직접 그 논쟁을 눈앞에서 보면서도 바리새인들이 에스겔의 예언에 나오는 목자가 바로 자신들이라는 것을 알아채지 못하는 것이 과연 가능했을까요?

예수님이 목자로서 선하시다는 것을 보여주는 특징적인 행위가 있습니다. 바로 "나는 내 양들을 알고, 내 양들도 나를 안다"요 10:14 그리고 "나는 아버지를 안다"요 10:15입니다.

예수님은 우리를 인격적으로 아십니다. 우리의 이름을 아십니다. 우리의 필요를 아십니다. 예수님은 우리를 살아 계신 하나님의 놀라운 복합적 피조물로 보십니다. 하나님의 흔적을 가진 존재로 우리를 보십니다. 우리는 장기판의 말이 아닙니다. 다음 선거에서 투표하라고 재촉받는 시민이 아닙니다. 우리는 사회 체제 안에서 차지하는 자신의 위치에 의해 규정되는 존재가 아닙니다. 우리는 각자 고유하고 알아갈 가치가 무한히 많은 존재입니다.

예수님이 우리가 예수님을 알고 하나님을 알 것이라고 생각하는 것은 그리 우연이 아닙니다. 많은 지도자들, 이 세상의 대부분의 지도자들은 좋은 지도자이지만 '양'에게 자신을 알리지 않습니다. 그러나 서로를 알지 않으면, 하나님을 알고 하나님에게 알려지지 않으면 이 관계는 성립되지 않습니다. 예수님은 자신이 우리를 아는 것뿐만 아니라 우리가 예수님을 알아야 한다고 주장하십니다.

요즘 『보이지 않는 인간』*Invisible Man*이라고 하는 소설을 읽는 사람들이 많습니다. 아프리카계 미국인 랠프 엘리슨*Ralph Ellison*이 그 저자입니다. 그는 남들이 알아보지 못할 때의 기분이 어떤지를 잘 묘사합니다. 이 소설의 시작은 이렇습니다.

나는 투명 인간이다. 아니, 에드가 앨런 포우를 괴롭힌 그런 귀신이 아니고, 할리우드 영화에 나오는 심령체도 아니다. 나는 살과 뼈, 섬유질과 체액을 가진 실질적 인간이며, 지성도 가지고 있다고 말할 수 있다. 그런 내가 투명 인간인 이유는 사람들이 나를 보려 하지 않기 때문이다. 가끔 서커스 번외 쇼에서 보는 몸통 없는 머리처럼, 마치 내가 단단하고 왜곡시키는 거울에 둘러싸여 있는 기분이다. 내게 다가올 때 사람들은 내 주변과, 자기 자신 혹은 자기 상상력의 단편들만 본다. 나를 제외한 모든 것을 본다.

나의 이 투명성이 딱히 내 상피 조직에 나타난 생화학적 사고 때문도 아니다. 내가 말하는 이 투명성은 내가 만나는 사람들의 눈의 특이한 성질 때문에 나타나는 것이다. 실재를 보는 그들의 **내적인 눈**, 곧 물리적인 눈을 통과해 나와서 실재와 마주치는 그 눈의 구성의 문제다.[6]

이 소설은 나아가서 끔찍한 소외, 외로움에 대해서 이야기하고, 다른 사람들에게 보이지 않는 데서 오는, 사람들이 상대의 이름을 알지 못하고 자기 이름도 상대에게 알려 주지 않는 세계에서 사는 데서 오는 극심한 고통에 대해서 이야기합니다. 이러한 세상에서 예수님이 자신은 자기 양을 알고, 자기 양을 알기 때문에 그 양도 자신을 아는 선한 목자라고 선언하시는 것입니다.

❧

선한 목자의 두 번째 특징은 그가 자기 양을 위해서 자기 목숨을 내놓는다는 것입니다. 요한복음 10장의 전체 본문의 핵심 주제가 바로 이것입니다. 네 번이나 그것이 바로 선한 목자의 특징이라고 반복되고 있습니다요 10:11, 15, 17, 18.

선한 목자가 기꺼이 양을 위해서 자기 목숨을 희생한다는 사실은, 삯꾼 목자는 아무런 위험도 감수하려 하지 않는다는 말과 대조를 이룸으로써 강조가 됩니다. 위험이 닥치면 삯꾼 목자들은 도망칩니다. 늑대들이 양 떼를 덮치고 양들은 흩어집니다. 삯꾼 목자가 몇 마리 무지한 양들을 위해서 자기 목숨을 내놓을 이유가 무엇입니까? 애초부터 양을 보는 것도 돈을 벌기 위한 목적이었는데, 그 수단이 위협당하면 도망가는 게 당연한 것입니다.

그러나 선한 목자이신 예수님은 자기 이익에 지배당하지 않으십니다. 예수님은 하나님의 목자이셨습니다. 예수님은 자기 목숨을 내놓을 정도로 그 양들을 아끼셨습니다. 그리고 실제로 십자가에서, 자신이 이끌었던 그들을 대신해서 죽으심으로써 그렇게 하셨습니다. 우리가 잘 잊는 것인데, 사실 예수님은 십자가에서 죽으실 필요가 없었습니다. 그 고통을 피하실 수 있었습니다. 그러나 예수님은 자신이 이끌던 양을 생각하셨습니다. 예수님은 우리를 생각하셨고, 생각하십니다. 예수님이 자기 생명을 내놓기를 거부하셨다면, 더 이상 선한 목자가 아니었을 것입니다. 일이 힘들어지자 도망가셨다면, 다른 사람을 먼저 생각하고 다른 사람의 유익을 자기 유익보다 앞세우는 것이 가치 있는 일이라고 생각하실 이유가 전혀 없었을 것입니다. 그러나 희생적 삶은 부활의 삶을 낳았고, 그래서 지금 우리 앞에는 다른 사람을 위해서 사시는, 죽음을 정복하고 승리와 사랑으로 살아 계시는 그분의 그림이 있는 것입니다.

∽

예수님의 이야기를 쓰면서 요한은 우리 각자에게 의도된 바가 바로 이것이라는 사실을 우리가 개인적으로 깨닫게 하려 했습니다. 이것이 바로 완전한 삶, 좋은 삶을 산다는 것의 의미입니다. 선한 목자의 이야기는 요한이 가장 잘 쓴 이야기 중 하나이고, 제가 가장 좋아하는 이야기이기도 합니다.

우리가 자라고 성장하면서 인품과 선함을 갖춘 남자와 여자가 되어 갈 때, 우리는 인식하든 인식하지 못하든 특정한 모델의 영향을 받고, 종종 그 모델을 일상적 태도에 동화시킵니다. 어린 시절은 그러한 모델들이 형성되기에 아주 좋은 시기입니다. 제가 열 살쯤 되었을 때 동화한 모델 중 하나는 소설가 제임스 페니모어 쿠퍼James Fenimore Cooper가 쓴 『레더스타킹 이야기 시리즈』 Leatherstocking Tales—『사슴 사냥꾼』The Deerslayer, 『모히칸족의 최후』The Last of Mohicans, 『탐험가』The Pathfinder, 『개척자들』The Pioneers, 『초원』The Prairie—의 개척자 캐릭터 내티 범포입니다. 당시 저는 학교까지 열 블록 정도를 걸어 다녔는데, 그 길에는 커다란 노르웨이 단풍나무가 이어져 있었고, 저는 그 뒤에 아메리카 원주민이 숨어 있다고 상상했습니다. 학교로 가면서 저는 적들이 가득한 숲의 나무와 나무 사이를 숨죽이고 몸을 숨긴 채 은밀하게 다니면서 그들을 찾고 있다고 상상했습니다. 지금 돌이켜 보면 당시 동네 사람들이 제가 하는 행동을 보고, 통학 길에 이상한 짓을 하는 애가 하나 있다고 분명 생각했을 것입니다.

저는 이내 그 모델에서 벗어났지만, 그래도 종종 회상합니다. 그리고 지금은 아주 다른 상황에서 모델이라는 것을 생각합니다. 바로 요한이 들려주는 예수님의 이야기, 그리고 무엇보다도 선한 목자이신 예수님의 이야기입니다.

그리고 지금 제가 상상하는 것은 오늘 아침에 여기에 있는 모든 사람—모든 선생, 모든 기술자, 모든 의사, 모든 주부, 모든 경찰, 모든 상인—이 선한 목자이신 예수님을 모델로 삼고 예배당을 나서는 것입니다. 우리 주변의 사람들에게 관심을 가지고, 그들을 문제나 프로젝트나 수수께끼가 아닌 사람으로 대하는 선한 목자로서 우리 삶을 사는 데 그 예수님을 모델로 삼는 것입니다. 그러면 우리는 **사람**을 섬길 것이고, 그들을 위해서 우리 삶을 내놓을 것입니다. 너무 기대가 큰 것일까요? 그럴지도 모릅니다. 그러나 목자이신 그리스도의 삶이 우리의 정신과 몸으로 들어오는 것을 상상한다면 지나친 요구는 아닐 것입니다.

아멘.

3

"내가 길이다"

시편 1:1-3
요한복음 14:1-7

성 도마의 축일인 오늘 제가 설교할 본문은 두 개의 문장인데, 두 문장 모두 도마가 예수님 앞에서 한 말입니다. 첫 문장은 질문이고, 두 번째 문장은 기도입니다. 이 두 문장은 오늘 우리가 하는 일, 곧 하나님의 백성으로서 예배를 드리는 일과 하나님의 목회자를 임명하는 일을 생각해 보기에 좋은 이야기를 제공해 줍니다.

이 두 문장의 배경은 비슷합니다. 둘 다 예수님이 제자들과 대화를 하시는 상황이었습니다. 그날은 예수님이 십자가에 달리시기 전날인 목요일 저녁이었습니다. 예수님은 그들에게 "내가 너희를 위해서 자리를 준비하러 간다.⋯⋯내가 돌아와서 너희를 직접 맞이할 것이다.⋯⋯내가 가는 길을 너희는 안다" 요 14:2-4, HCSB.

그러자 도마가 끼어듭니다. "주님, 저희는 주님이 어디로 가시는지 알지 못합니다. 그러니 어떻게 그 길을 알겠습니까?"요 14:5, HCSB 예수님은 요한복음에 나오는 일곱 개의 위대한 자기 정의 중에서 여섯 번째의 자기 정의로 도마에게 대답하십니다. "내가 길이요 진리요 생명이다"요 14:6, HCSB.

예수님은 이제 떠나실 텐데, 나중에 다시 와서 자신을 따르던 자들을 데려가 그들이 자신과 함께 있게 하실 것입니다. 그리고 몇 문장 뒤에 예수님은 그들을 안심시킵니다. "내가 너희를 고아로 버려두지 않겠다"요 14:18, HCSB.

도마는 이 말을 오해했습니다. 그는 이해하지 못했고, 이해하지 못한다고 예수님께 이야기했습니다. 그에게 오해를 불러일으킨 단어는 '호도스'hodos(도로, 길, 거리, 통로)였습니다. 어딘가를 가기 위해서 지나게 되는 모든 지면을 일컫는 말입니다. 예수님은 "너희는 내가 어떤 길로 가는지 안다. 너희는 호도스를 안다. 너희는 길을 안다"고 말씀하신 것이었습니다.

도마는 더 혼란스러워졌습니다. "목적지를 모르는데 어떻게 길을 알겠습니까? 북쪽으로 사마리아를 지나서 가버나움으로 가시려는 겁니까? 동쪽에 있는 여리고 길을 따라 요단으로 가시려는 겁니까? 남쪽 길을 따라 베들레헴으로 가시려는 겁니까?"

예수님은 도마에게 좀 더 명쾌하게 설명을 해주시려 합니다. "내가 길이다." 도마는 그 말을 그대로 받아들입니다. "좋습니다. 하지만 어떤 길입니까?"

3년 전쯤, 도마는 다른 사도들과 함께 예수님으로부터 "나를 따르라"는 말을 들었습니다. 도마는 그 말을 받아들였고 그때부터 계속 예수님을 따랐습니다. 가버나움으로, 언덕 너머 고라신으로, 갈릴리 호숫가로, 낟알을 뜯으며 밀밭으로, 가정집과 회당으로 예수님을 따라다니며 예수님의 가르침과 설교를 들었습니다. 일 년에 세 번 그들은 예수님을 따라 사흘 여정으로 예루살렘에 가서 유월절, 오순절, 초막절 축제를 보냈습니다. 도마는 성실하게 순종하며 예수님을 따랐습니다. 예수님을 따라 이 모든 길을 오르내리며 다녔습니다. 그는 이 길을 손바닥 보듯이 잘 알았습니다.

그러나 예수님이 "내가 길이다"라고 말씀하시자, 도마는 혼란에 빠졌습니다. 도마의 지성에는 아무런 문제가 없었습니다. 그는 길이나 도로가 무슨 뜻인지 누구 못지않게 잘 알았습니다. 그러나 상상력은 좀 부족했습니다. 그는 문자주의자였기 때문에 은유는 잘 이해하지 못했습니다. 예수님이 지금 사용하시는 '길' 혹은 '도로'라는 말은 걷는 길이 아니라 삶의 길, 행하거나 말하거나 기도하는 방식을 의미하는 것이었습니다. 도마에게 "내가 길이다"는 이해하기 힘든 말이었습니다. "예수님은 아스팔트가 아닌 피부로 덮여 있는데……." 그는 머리를 긁적이며 생각합니다. '내가 길이라고? 무슨 말씀이시지?'

☙

예수님은 은유의 대가이셨고 자주 은유를 사용하셨습니다. 예수님과 오래 상관할 예정이라면 은유에 익숙해져야 합니다.

잘 들어 보십시오. 은유는 문자적 의미로 치면 거짓말입니다. 하나님을 가리켜 반석이라고 한다고 해서 하나님을 잘 이해하겠다고 지질학 수업을 듣거나, 하나님의 본성을 증명할 선캄브리아 시대의 증거물을 찾아서 현지답사를 가지는 않습니다. 예수님이 우리더러 소금이라고 하셨다고 해서 계란에 뿌려 먹을 비듬 조각을 동료 그리스도인들에게서 받아 오지 않습니다. 예수님이 니고데모에게 "너는 다시 태어나야 한다"고 하셨을 때, 니고데모의 답변은 사실상 이런 의미였습니다. "무슨 말씀이십니까? 좀 진지하게 말해 주십시오. 평범한 언어로 말씀해 주십시오."요 3:1-4.

그러나 결국 우리는 이해하게 됩니다. 은유는 그 말이기도 하고 그 말이 아니기도 합니다. 그리고 그 말이 아닌 게 그 말인 것보다 더 중요합니다. 은유는 정확한 정의나 설명과는 다르게, 새로운 의미를 만들기 위해서 그 은유를 말하는 사람과 함께 작업하라고 요청합니다. 은유는 우리의 상상력을 작동시킵니다. 무엇이 무엇과 연결되는지 보이기 시작하고, 보이는 것과 보이지 않는 것이 이어집니다. 은유의 자극을 통해서 우리는 실재 속에 내재하는 보이는 것과 보이지 않는 것의 모든 상호연관성을 다룰 수 있는 소질을 키우게 됩니다.

모든 것에는 우리가 보거나 듣거나 만지거나 맛볼 수 있는 것 이상의 무엇이 있습니다. 그리고 그 이상의 무엇에서 가장 큰 부분은 삼위일체로 나타나시는 하나님입니다. 복음은 하늘과 땅을 잇는 일이고, 그리스도인의 삶은 이 땅에서 나타나는 하나님의 거룩과 나라와 뜻이 하늘에서와 같아지기를 인내하며 끈질기게 염원하는 기도가 됩니다.

예수님의 길은 은유라는 것을 깨닫고 나면 그 말은 걷잡을

제7부 "태초에 말씀이 계셨다"

수 없이 확장됩니다. 그 길은 예수님이 말씀하시고, 기도하시고, 치료하시고, 인도하시고, 용서하시는 길이며……그렇게 계속 이어집니다. 우리는 가지고 있던 지도를 다 던져 버리고, 예수님이 우리에게 보여주시는, 대개는 보이지 않는 이 실재로 들어가도록 우리의 상상력을 작동시킵니다.

하나님의 백성—**우리**를 말합니다!—은 길이신 예수님에 대해서 계속해서 대화를 하고 있습니다. 이 대화에서 최대한 많이 얻어 내려면 우리는 그 언어에 능숙해져야 하고, 명사와 동사가 실험실의 표본인 양 현미경으로 공부하는 게 아니라 그 의미에 참여해야 합니다.

얼마 전에 친구와 제 여름 별장이 있는 몬태나 계곡 근처의 경치가 아주 좋은 산길을 운전해서 갈 때였습니다. 저를 만나러 온 그 친구는 그 지역을 구경하고 싶어 했습니다. 빙하가 깎아 놓은 산과 그곳의 강과 계곡을 지나면서 저는 잰과 제가 올랐던 봉우리를 가리키기도 하고, 지나가며 보이는 야생화의 이름을 늘어놓기도 하고, 장관을 이루는 150미터 높이의 폭포를 가리키기도 했습니다. 그런데 그가 아무 반응이 없기에 보니까 그는 지도를 보고 있었습니다. 그래서 제가 "좋은 걸 다 놓치고 있잖아! 저걸 좀 보게!"라고 말했더니, 그 친구는 지도에서 눈도 떼지 않고 "우리가 어디쯤 와 있는지 알고 싶어서"라고 대답했습니다. 제 친구는 **길**을 지도상의 선으로 축소시켰던 것입니다. 그는 도마를 연상시켰습니다.

그래서 우리는 서로가 필요합니다. 지도를 연구하기보다 살

아 있는 실재에 관한 대화를 계속해 나가기 위해서 목사와 회중이
필요합니다.

⌒⌒

도마가 말한 두 번째 문장은 기도입니다. 십자가에서 돌아
가시기 전날의 대화가 있고 열흘 후, 부활 후로는 일주일이 지난
그때에 도마가 다시 말했습니다.

일주일 전, 부활이 일어난 날 저녁에 예수님은 제자들에게
나타나셨습니다. 그리고 그들을 축복하시고, 부활의 영으로 그들
을 채우시고, 그들이 예수님의 목회 곧 목양 사역을 계속해 나가
도록 따로 세우셨습니다. 그러나 도마는 그 자리에 없었습니다.

그가 그 자리에 없었던 이유는 예수님을 따르지 않았기 때
문입니다. 다른 제자들도 딱히 더 나은 모습을 보인 것은 아니었
습니다. 그들은 가야바의 심복들이 너무 무서워서 문을 단단히 잠
그고 있었습니다. 그래도 여전히 어느 정도는 예수님을 따르고 있
어서, 적어도 그 자리에 있었습니다. 그러나 도마는 없었습니다.
예수님이 십자가에서 죽는 것을 본 그는 예수님을 따르는 것도
이제 끝났다고 생각했습니다. 더 이상 볼 게 없다고 생각했습니
다. 더 있다면, 도마에게는 그것을 볼 지도가 필요했습니다. 십자
가의 못이 지나간 구멍을 자기 눈으로 보고 직접 만지고, 창이 찌
른 옆구리에 손을 넣어 보고, 그렇게 부활로 바뀐 십자가의 죽음
이 자기 앞에 명백히 보이는 지도가 있어야 예수님을 따를 수 있
었습니다.

도마는 성실하게 순종하며 예수님을 따랐고, 예수님의 모든 몸짓을 지켜보고 모든 말을 들었습니다. 하나도 놓치지 않았습니다. 십자가에서 그는 자신이 예수님을 따르면서 걸었던 길이 막다른 골목에 다다른 것을 보았습니다. 그래서 그는 그만두었습니다. 여러분이라면 어떻게 하겠습니까? 더 이상 따를 예수님도 없고, 갈 곳도 없었습니다. 불과 며칠 전만 해도 예수님이 "내가 길이다" 라고 말씀하시는 것을 들었는데, 지금은 아무 길도 없다는 것을 볼 뿐이었습니다. 그 길은 십자가와 무덤에서 끝이 났습니다.

그러나 지금, 일주일 후에, 전에는 자기만 빠졌던 그 방에 다른 동료 제자들과 함께 있는데, 예수님이 다시 나타나서 그들을 다시 축복하셨습니다. 그리고 따로 도마를 지목하셔서 그에게 지도를 주셨습니다. 십자가의 상처가 그 손과 옆구리에 있는 아주 심오한 지도였습니다. 그리고 예수님은 그에게 믿으라고 요청하십니다.

이번에 도마는 질문을 하지 않습니다. 그는 기도합니다. 단 네 마디의 기도입니다. "나의 주, 나의 하나님!"요 20:28.

❧

저는 이 기도가 무척 좋습니다. 칼 바르트는 이 기도가 "신약성경 메시지의 정상" 중 하나라고 했습니다. 이 기도는 이제 죽고 장사된 예수님이 살아서 자기 앞에 계시다는 것에 대한 놀라움이었습니다. 이것은 예상 밖의 일이었습니다. 도마는 예수님을 따르는 일에 이런 것도 있으리라고는 생각지 못했습니다. 그는 모든 것이 다 끝났다고 생각했습니다. 그러나 도마는 혼자 내버려지지 않았습니다. 다른 제자들이 예수님이 참혹했던 십자가의 죽음에서 다시 살아나셨다고 증언했을 때, 도마는 믿지 않았습니다. 그는 예수님을 따라 예루살렘까지 간 사람 중 하나였습니다. 그는 자신을 부인했습니다. 그는 명령받은 대로 십자가의 길을 갔습니다. 그러나 도중에 그만두었습니다. 예수님을 따르는 일은 이제 끝났다는 것을 자기 눈으로 목격했습니다. 예수님의 손에 못이 박혀 십자가에 고정되는 것을 보았습니다. 창이 예수님의 옆구리를 찌르고 거기에서 피가 쏟아지는 것을 보았습니다. 그래서 그는 이제 다 끝났다고 결론 내렸습니다. 여기서 누가 그를 탓할 수 있겠습니까? 더 이상 길이 없고, 예수님을 따르는 것도 끝이 났다고 생각했습니다.

그런데 예수님이, 거기에 나타나신 것입니다. 도마는 그분을 보고서 정신이 없었습니다. 그리고 예수님은 너그럽게 그를 대하셨습니다. 자기 손의 구멍과 옆구리의 찔린 자국을 증거로 내어 주셨습니다. 그러자 도마의 입에서 기도가 튀어나왔습니다. "나의 주, 나의 하나님!"

❧

도마의 기도는 다음에 오는 일에 대해서 우리가 깨어 있게 해줍니다. 주님으로서 우리 삶을 다스리시고 우리가 전혀 기대하지 않았던 순간에 예배를 명하시는 예수님에 대해 깨어 있게 해줍니다.

제7부 "태초에 말씀이 계셨다"

그것은 순종입니다. "나의 주."

그리고 예배입니다. "나의 하나님."

우리가 아무리 많이 안다 해도, 예수님이 다음에 무엇을 하실지 혹은 어떻게 그것을 하실지를 알 만큼 충분히 알지는 못합니다. 그래서 우리는 질문을 합니다. 회중과 목사가 함께 대화하며 질문을 합니다. 그러면 예수님이 나타나십니다. 때로는 회중이 먼저 알아보기도 하고, 때로는 목사가 먼저 알아보기도 합니다. 그러고 나서 순종과 예배로 기도합니다. "나의 주, 나의 하나님!"

이것이 바로 목사와 회중이 함께하는 일입니다. 우리는 질문을 하고 기도를 합니다. 이 일을 한참 하고 나면 "나의 주, 나의 하나님!"이 "어떻게 우리가 그 길을 알 수 있습니까?"라는 질문을 이길 것입니다.

아멘.

4

"내가 떠난다……내가 보낸다"

시편 118:22-23
요한복음 16:4-15

오순절 이야기는 사도행전 2장에 나옵니다. 이 이야기는 성령께서 예수님의 제자들에게 내려오시고, 그 결과 예수님의 생명이 이제 그들 안에 있게 되는 이야기입니다. 오늘 복음서의 본문은 오순절 이전의 이야기인데, 그 일이 있기 50일 전에 일어난 일입니다. 오순절 이야기의 배경이 되는 이야기이고, 많은 배경 이야기가 그렇듯 주요 사건을 이해하고 거기에 참여하는 데 반드시 필요한 이야기입니다. 요한만이 이 이야기를 들려주고 있습니다요 13-17장.

☙

　예수님이 제자들과 보내는 마지막 밤을 맞이하게 되었습니다. 제자들은 그날 밤 예수님이 체포되시고, 다음 날 자기들이 보는 앞에서 조롱과 수치와 피로 얼룩진 십자가형을 받으시고 죽으실 줄 몰랐습니다. 그리고 물론 예수님이 그로부터 사흘 후에 부활하실 것도 몰랐습니다. 그들은 그날이 예수님과의 마지막 밤이라는 것을 몰랐습니다.

그러나 예수님은 아셨습니다. 그래서 자신이 시작한 일을 그들이 이어가도록 준비시키기 시작하셨습니다. 그들은 다음에 올 일을 전혀 몰랐습니다. 아무것도 몰랐던 이 제자들이 그로부터 몇 달 후 예수님이 하신 말과 행동을 하게 되었습니다. 사실, 그들은 "더 큰 일"을 했습니다요 14:12. 어떻게 그렇게 되었을까요?

그들이 했던 방식이 곧 우리가 따라야 하는 방식이기도 합니다. 그것은 바로 보이지 않을 때에도 예수님을 계속해서 따르는 것입니다. 그러나 놀랄 수도 있으니 마음의 준비를 하십시오. 아니, 실망이라고 해야 할지도 모르겠습니다. 왜냐하면 예수님은 이목을 끄는 일을 하시거나, 기억에 남을 신기한 기적을 행하시거나, 머리에 확고하게 박힐 매혹적인 은유를 주시지 않기 때문입니다. 예수님이 매우 잘하시는 기적과 은유가 없다면, 무엇이 남습니까? 그것은 바로 예수님이 계시지 않을 때에도 계속해서 예수님의 삶을 살고 예수님의 일을 하는 것, 그것뿐입니다.

그들은 예수님과 함께 저녁을 먹고 있었습니다. 그때 예수님이 일어나서 물 한 대야와 수건을 가지고 오셔서 제자들의 발을 씻기기 시작하셨습니다. 베드로가 거부했지만, 예수님은 그의 의견을 듣지 않으시고 계속해서 씻으셨습니다요 13:3-11. 그리고 나서 예수님은 말씀하시기 시작했습니다. 한참을 말씀하셨습니다. 우리에게 남아 있는 예수님의 대화 담론 중에서 가장 깁니다. 제자들은 집중해서 듣습니다. 그중에서 여덟 번을 그들은 끼어들거나 질문을 하는데, 그들의 그러한 짤막한 반응이 예수님의 이 긴 대화에 한 줄씩 들어가 있습니다요 13:12-16:33.

마지막으로 예수님은 기도하셨습니다. 기도하면서 그들이 함께 살아온 삶을 요약하시고 그것을 제자들이 앞으로 계속해서 살아갈 삶에 혼합시키십니다. 그들은 예수님의 삶과 사역을 묵상하며 자신들의 정체성을 잡아 갈 것이었습니다. 예수님이 그렇게 사시는 것을 보고 들은 사람에게도, 베드로와 도마와 빌립이 그렇게 사는 것을 보고 듣게 될 사람에게도 늘 같은 삶일 것입니다요 17장.

그게 전부였습니다. 예수님은 그렇게 예수님의 존재에서 예수님의 부재로 넘어가는 전환을 준비시키면서 제자들과 마지막 밤을 보내기로 하셨습니다. 먼저 제자들의 발을 씻기는 것에서 시작하셨습니다. 각 사람 앞에서 무릎을 꿇고 앉아서, 자기 손에 때를 묻혀 가며 제자들의 더러운 발을 씻으셨습니다. 그리고 자신의 아버지와 그들의 아버지께, 그들이 앞으로 계속할 일이 자신이 지금까지 해온 일의 연장이기를 염원하는 기도를 드리는 것으로 마치셨습니다.

이 패턴은 지금도 계속됩니다. 예수님의 이름으로 무슨 일을 하든지 먼저 무릎을 꿇는 것으로 시작하고, 마지막에는 하늘로 얼굴을 들어 아버지께 기도하는 것으로 마칩니다요 17:1. 더러운 발을 씻고, 성령 아버지께 기도하는 것이 우리 삶의 양극입니다. 예수님이 정해 주신 틀 안에서 하지 않으면 예수님의 삶을 살 수도,

예수님의 일을 할 수도 없습니다.

하지만 그게 다가 아닙니다. 그보다 훨씬 더 많은 일이 있습니다. 씻는 것과 기도 사이에 대화가 있습니다. 그 대화를 하나의 문장으로 요약한다면 이렇습니다. "내가 너희에게 진실을 말하는데, 내가 떠나가는 것이 너희에게 유익한 이유는, 내가 가지 않으면 보혜사가 너희에게 오지 않을 것이고, 내가 가면 내가 그분을 너희에게 보낼 것이기 때문이다."요 16:7, NRSV.

✺

예수님의 방식으로 예수님의 삶을 계속해서 살아나가도록 우리를 준비시켜 주는 이 대화의 형식은 그 내용만큼이나 중요합니다. 이것은 참여를 요청하는 형식입니다. 요한의 이야기 형식을 그 앞에 나오는 세 명의 복음서 저자들과 비교해 보면 제 말을 이해하실 것입니다.

마태, 마가, 누가는 모두 같은 형식으로 복음서의 이야기를 썼습니다. 대부분 갈릴리 동네에서 이루어진 3년 남짓한 예수님의 생애를 따라가다가 예루살렘에서 마지막으로 보내는 그 절정의 일주일로 끝이 나는 게 이 복음서들의 줄거리입니다. 대부분의 사건은 갈릴리에서 보낸 3년 동안에 일어나는데, 이 저자들은 예수님이 하신 일과 말씀을 소개해 주고, 사람들이 예수님에게 보인 다양한 반응들을 보여줍니다. 그들은 따르기도 하고, 질문하기도 하고, 오해하기도 하고, 예수님 안에 하나님이 계시된 것을 알아보기도 하고, 믿기도 하고, 마지막에는 증오하기도 하고, 결국에는 죽였습니다.

　이들은 모두 탁월한 작가들이고 따라서 축제와 배신과 조롱과 거절과 마침내는 영광에 이르는 그 마지막 주간에 이르기까지 점진적으로 예수님의 행적을 따라갑니다. 돌이켜 보면, 이 세 저자의 주요한 관심사는 모두 고통과 십자가 죽음과 부활이 일어나는 예루살렘과 그 마지막 유월절 주간으로 예수님을 그리고 우리를 데려가는 것임을 알 수 있습니다. 그들은, 여기에서 완성을 이루는 것은 **우리의** 그리고 이 **세상의** 구원이라는 것을 우리가 제대로 이해하는 데 필요한 만큼의 서사를 제공해 줍니다.

　그러다가 성 요한의 복음서를 펼치면, 첫 행부터 이것은 다른 복음서 저자들과는 매우 다른 문학의 세계라는 것을 우리는 알게 됩니다. 여유롭고 긴 대화, 이제 막 일어난 일(주로 예수님이 하신 일이나 말씀)에 대해서 곰곰이 생각하고 그 내용을 확장하는 담화, 그리고 이 모든 것을 하나의 전체로 모아 주는 긴 기도로 마치는 것이 요한의 특징입니다. 지금까지 우리에게 익숙한 예수님의 언어는 간결했고 경구 같기도 했는데, 이제는 여유롭게 반복도 하시고, 어떤 문구를 부연하다가 그만두시기도 하고, 맴돌다가 다시 부연하시기도 하는 예수님을 보게 됩니다. 마치 빛을 향해 원석을 들고 찬찬히 돌려 보면서 거기에 굴절되는 다양한 빛깔을 볼 수 있게 해주시는 것 같습니다.

　마태, 마가, 누가는 제법 빠르게 흐르는 강을 카약을 타고 지나가는 사람 같습니다. 이따금씩 물보라를 일으키기는 하지만, 이 강이 흐르는 곳이 곧 그들이 가야 할 곳임을 한 번도 의심하지 않습니다. 그러나 요한은 조용한 호수에 카누를 타는 사람에 더 가깝습니다. 서두르지 않고 그냥 물에 떠 있기도 하고 여유롭게 노를 젓기도 하면서 물가의 모습을 살펴보기도 하고, 바위의 모양도 바라보고, 골풀 속에서 고기를 잡는 백로도 보고, 물에 반사되는 구름의 모양도 응시합니다.

요한복음의 중간 지점인 12장에 가면 좀 속도가 붙는 것 같아 보이기도 합니다. 유다가 예수님에게 기름을 부은 마리아를 냉소적으로 비판했습니다. 종려 주일의 흥이 나사로를 죽이려던 음모를 누릅니다. 하늘에서 내려온 천둥과 예수님의 기도에 무리가 흥분합니다. 그러자 예수님은 조용히 숨으시고, 그러다가 또 갑자기 나타나서 긴급한 묵시의 말씀을 던지십니다. 아드레날린이 점점 치솟기 시작합니다.

복음서를 쓴 다른 형제들의 글을 이미 읽은 우리는 물론 그 다음에 일어날 일을 알고 있습니다. 진짜 사건, 그러니까 체포, 재판, 십자가형이 이제 곧 다음 페이지에 나올 것이라고 기대합니다. 그런데 막상 페이지를 넘기면, 무슨 일인지 요한은 갑자기 사건을 멈추고 이제까지 나온 담론 중에서 제일 긴 담론을 시작합니다(요 13-17장). 제가 가진 그리스어 성경으로는 열일곱 페이지입니다. 지금까지 나온 대화 담론 중에서 제일 길었던 것 두 가지는, 6장에 나오는 여섯 페이지 분량의 생명의 떡 담론과 8장에 나오는 다섯 페이지 분량의 세상의 빛 담론이었습니다.

요한은 우리가 속도를 늦추게 합니다. 진정하게 합니다. 가만히 앉아서 들으라고 그는 말합니다. 휴대 전화기를 *끄고*, 다이어리도 치우고, 우리가 그토록 잘 안다고 생각하는 이 이야기에 집중하라고 합니다. 요한은 영적 형성의 시간을 위해 우리를 예수님의 무리 안으로 불러들이고 있습니다. 부활과 오순절을 맞이할 준비를 시키는 것입니다.

☙

이 대화의 흐름은 쉽게 포착할 수 있습니다. 예수님은 두 가지를 계속 반복해서 말씀하십니다. 먼저 친구들에게 자신이 떠난다고 말씀하십니다. "나는 이 세상을 떠나 아버지께로 갈 것이다" 요 16:28, NRSV. 이 대화에서 예수님이 자신이 떠난다는 말을 제자들에게 하시는 게, 제가 세어 보기로 열다섯 번입니다. 두 번째로 계속 반복해서 하시는 말씀은 그들에게 성령을 보내신다는 것입니다. "내가 아버지께로부터 너희에게 보낼 것이다" 요 15:26, NRSV. 보혜사 또는 진리의 영이라는 이름으로도 불리는 성령은 직접 이름으로 혹은 대명사로 스물네 번 언급이 됩니다. 열다섯 번은 자신이 떠난다고 말씀하시고, 스물네 번은 자신과 아버지가 보내는 성령에 대해서 언급하신 것입니다.

예수님이 떠나십니다. 성령이 오십니다.

예수님이 떠나십니다. 그들은 다시는 예수님을 보지 못할 것입니다. 그러나 떠남은 버림이 아닙니다 요 14:18. 연락 두절을 하시지 않을 것입니다 요 14:13. 그냥 가버리고 잊어버리시는 게 아닙니다.

그리고 그 대화의 마지막에 긴 기도를 하십니다. 성경에 기록된 예수님의 기도 중에서 가장 긴 기도입니다 요 17장. 성령이 오십니다. 이 성령은 그들 안에 계실 것이고, 예수님이 그들 사이에서 하신 일을 그들 **안에서** 하실 것입니다. 성령—우리와 함께하시는 하나님, 우리에게 하나님을 보이시고 우리 안에 계시는 하나님—께서 우리의 삶과 일로 하여금 예수님의 삶과 일을 이어가게 하실 것입니다. 하나님이 예수님을 통해서 그들과 함께하셨던 것처럼, 하나님의 성령이 그들 안에 계셔서 다른 사람들을 위해서 일하게 하실 것입니다.

떠나는 것과 보내는 것은 한 쌍으로 일어나는 일입니다. 예수님이 떠나셔서 그들에게 부재하시게 되는 것이 곧 그들 안에 그리고 세상을 위해 존재하시는 성령의 임재가 됩니다. 예수님이 그들 사이에서 하신 모든 말씀과 행동이, 그들이 하는 말과 행동에서, **우리가** 하는 말과 행동에서 계속 이어집니다.

그들이 예수님의 현존을 통해서 경험한 것과 성령의 오심으로 그들이 경험하게 될 것 사이의 조화가 기도에서 더 분명해집니다. 대화는 요점이 없고 체계적이지도 않습니다. 우리가 흔히 생각하는 좋은 교수법이 아닙니다. 그러나 예수님은 여기에서 명쾌하게 설명하고 모호한 것들을 해결하시려는 게 아니라, 생생하게 살아 있게 만들려 하십니다. 윤곽도 전환도 없습니다. 개념 정의도 없습니다. 이 대화가 하는 일은 우리를 다른 존재의 현존에 몰입하게 하는 것입니다. 성령을 맞이할 준비를 시키시는 예수님의 현존을 느끼게 하는 것입니다. 우리는 이내 그분이 하시는 말보다 그분의 존재에 더 귀를 기울이게 됩니다. 이 떠남과 보냄의 단절 없는 관계에 우리는 이끌립니다. 예수님의 부재와 성령의 현존 사이의 연속성이 우리 안에 가득 차는 것을 느낍니다.

이 대화와 기도에 대해서 또 한 가지 생각할 것은, 대화에 명령형이 거의 없고 기도에는 전혀 없다는 것입니다. 예수님은 우리에게 일부 사람들이 '영성'이라고 부르는 것을 실천하는 방법을 알려 주시는 게 아닙니다. 그것을 어떻게 하는 건지 말씀해 주시는 게 아니라, 그것이 이루어지는 방식을 말씀해 주시는 것입니다. 영적 형성은 성령께서 하시는 일이고, 그리스도의 부활 생명을 우리 안에서 형성하시는 일입니다. 여기에서 우리가 할 수 있는 일은 많지 않습니다. 우주의 일(창조 때 하신 성령의 일)을 거들 수 없고, 예수님이 하시는 구원의 일(예수님의 세례 때 성령이 하신 일)을 도울 수 없는 것과 마찬가지입니다. 그러나 **성령**이 하실 수 있는 일은 많습니다. 부활 공동체가 바로 성령의 일입니다. 우리가 할 수 있고 해야 하는 일은 예수님이 떠나시는 것을 받아들이고, 몸으로 계실 때의 동료애와 신체적 접촉의 상실을 받아들이는 자리에 **있는** 것입니다. 그리고 예수님의 이름으로 아버지께서 보내시는 것을 받도록 그 자리에 계속 **있는** 것입니다. 그 자리에 **있으면서** 받아들이며 순종하는 것, 그 자리에 **있으면서** 기도하는 것입니다. "보십시오. 나는 주님의 여종입니다"눅 1:38.

✺

몇 년 전에 저희 아들로부터 전화를 받았습니다. "엄마, 아빠, 린이 임신했어요. 아기가 생겼어요." 그들의 첫 아이였습니다. 더 중요한 것은 우리의 첫 손자였다는 것입니다. 우리는 며칠 안

제7부 "태초에 말씀이 계셨다"

되어 두 시간을 운전해서 아들 부부가 학생으로 있는 프린스턴 신학교로 갔습니다. 잰은 흥분했고 기대에 부풀어 있었습니다. 하지만 저는 별 느낌이 없었습니다. 이미 세 자녀를 키운 입장에서, 지금 이 일이 더 특별할 이유가 없었습니다. 게다가 이 아기를 보려면 아직 여섯 달을 더 기다려야 했습니다. 이 임신이라는 것이 제 감정에는 아무런 작용을 하지 않았습니다. 저는 그저 덤덤했고 그냥 일상적 사건을 대하는 느낌이었습니다.

다음 날 집으로 돌아오면서 저는 잔뜩 들뜬 잰과는 달리 아무런 흥분도 느끼지 못하는 것에 대해 불평을 했습니다. "내가 왜 이러지? 왜 나는 아무런 느낌이 없지?"

잰이 말했습니다. "당신은 임신을 해본 적이 없어서 그래요."

"거 참. 그럼 내가 뭘 어쩔 도리가 없잖소."

잰은 제게 요람을 만들라고 했습니다. 그래서 집으로 돌아와서 저는 공공도서관에 가서 요람 사진을 찾았습니다. 저는 고전적 형식의 후드가 있는 요람을 만들기로 했고, 스케치를 한 뒤에 목재 가게에 가서 재고를 보고는 온두라스 마호가니로 소재를 골랐습니다. 날마다 저는 한 시간 정도 일찍 퇴근해서 작업실에서 요람을 만들었습니다. 저는 마지막 손질은 동유로 처리를 하기로 했습니다. 요람의 각 부분을 가장 고운 사포로 다듬고 또 다듬었습니다. 그다음에는 고운 철수세미로 또 계속 다듬었습니다. 동유는 한 번씩 칠할 때마다 색의 깊이를 더해 주었습니다. 그렇게 몇 번 바르고 나자 나무가 안에서부터 빛이 나는 느낌이었습니다. 요람의 각 부분마다 다듬고 붙잡고 계속 문지르면서 시간을 보냈습니다. 그러는 내내 그 요람 안에 놓일 아기를 계속해서 기대하게 되었습니다. 잰의 처방이 효과가 있었던 것입니다. 그 요람을 만들면서 말하자면 '임신'을 하게 된 것이지요. 손과 손가락으로 그 나무를 계속 만지고, 마호가니 안에 불이 붙은 것처럼 보일 정도로 기름을 계속 붓고, 그 요람 안에 곧 누일 아기를 상상하고, 불러오는 린의 배 속에 있는 그 생명에 대한 감사와 기대의 기도를 하는 시간을 그렇게 몇 주간 보냈습니다. 요람이 준비되었을 무렵에는 저도 준비가 되었습니다. 새 생명의 선물을 받을 준비가 된 것입니다.

예수님의 대화와 기도를, 상상의 그림을 그리며 반복하는 이러한 요람 만들기로 생각하십시오. 상상의 그림은 우리 안에서 계속되는 그리스도의 삶, 무릎을 꿇는 신체적 행동과 더러운 발, 물 한 대야, 수건이라는 물질들로 이루어진 삶입니다요 13장. 지금도 신실하게 예수님의 기도에 응답하고 계신다고 우리가 확신할 수 있는 그 거룩하신 아버지께 바친 예수님의 삶입니다요 17장. 반복은 우리의 기도하는 상상력 안에 반복해서 깊이 작용하는 예수님의 말씀입니다. "내가 떠난다.……내가 보낸다." 비움과 채움입니다. 예수님이 가시적으로 떠나시고 성령께서 비가시적으로 오십니다. 부활입니다.

우리 미국인들은 전형적으로 이런 일에 성급합니다. 중요한 일이 있을 때, 특히 오순절과 같은 중요한 일이 있을 때, 우리는 목표를 세우고 전략을 개발하기를 좋아합니다. 하지만 그것은 요한의 방식이 아닙니다. 그는 예수님의 이야기를 들려줍니다. 우리를 예수님께로 데려가서 우리가 예수님의 길로 형성되게 해줍니다. 예수님이 우리를 위해서 "우리가 하나인 것처럼 그들이 하나이기를, 내가 그들 안에 있고 아버지께서 내 안에 있기를"요 17:22-23, NRSV 기도하시는 그 방으로, 부활 공동체로 우리를 데려갑니다.

아멘.

5

"왜 베드로인가?"

시편 118:21-23
요한복음 21장

베드로는 복음의 이야기를 들려주는 데 두드러진 역할을 한 인물입니다. 그럼에도 어떻게 예수님을 따라야 하는지를 가르쳐 주고, 그리스도인에게 필요한 통찰과 지혜를 줄 수 있는 사람이 필요한 우리와 같은 사람들에게 그다지 믿을 만한 지도자 같아 보이지 않습니다. 베드로가 우리의 주님이자 구주이신 예수님과 관련해서 한 대부분의 말과 행동은 틀렸습니다. 그것도 조금이 아니라 완전히 틀렸습니다. 가이사랴 빌립보에서 예수님을 그리스도로 고백하고 난 뒤 예수님이 십자가에 달리시기 위해 예루살렘으로 가려하는 것을 막으려 한 것도 잘못된 행동이었습니다. 변화산에서 하나님의 영광을 순례자들을 위한 관광 거리로 바꾸려 한 것도 잘못된 행동이었습니다. 발을 씻을 때 예수님의 겸손과 거리를 두려한 것도 잘못된 행동이었습니다. 겟세마네에서 예수님이 체포당하실 때, 폭력으로 예수님을 도울 수 있다는 생각에 말고의 귀를 자른 것도 잘못된 행동이었습니다. 이런 사람을 제 목사로 두고 싶지 않을 것 같습니다.

그래서 제가 예수님을 따르는 사람들의 수호성인으로 여기는 성 요한이, 자기 복음서의 결론을 베드로를 중심으로 하는 이야기 세 개로 맺는 게 흥미롭습니다.

그리스도인의 삶은 복잡하고 요구가 큽니다. 그리고 하나님의 말씀을 설교하고, 성례를 집행하고, 장로회의 치리를 따르고, 무릎을 꿇고 여기에 함께 모인 장로와 목사와 그리스도 안의 형제와 자매들의 기도를 받는, 회중의 목사로서 따로 세움을 받은 사람에게도 마찬가지로 복잡하고 요구가 큽니다. 우리가 아무리 준비되었다 하더라도 그 준비는 늘 미흡합니다. 그래도 요한은 우리에게 큰 도움이 됩니다. 그리고 그가 마지막에 들려준 세 개의 성 베드로 이야기는, 오늘 우리의 피터 산투치Peter Santucci(유진 피터슨의 제자이자 조교였으며, 『유진 피터슨의 영성 시리즈: 스터디 가이드』를 공동 집필했다—옮긴이)—산투치의 뜻이 '작은 성인'이라고 하더군요—를 안수하는 일의 의미를 생각하기에 참으로 좋은 본문입니다.

&

책상에 앉은 요한을 생각해 보시기 바랍니다. 그는 이제 막 위대한 복음서 집필을 마쳤습니다. 이 책을 읽으면서 우리는, 우리 안에 그리고 우리가 함께 사는 사람들 안에 생명을 창조하는 말씀을 사용하시는 예수님과 함께 있게 됩니다. 그 장면과 대화에 참여하는 우리를 보게 되고, 예수님이 우리를 어디로 인도하든 굳은 일을 마다하지 않고 예수님을 따르며 살겠다고 결심합니다.

기독교의 회중 안에서 함께 예배하고 섬기는 우리와 같은 사람들이 할 수 있는 한 가지 심각한 오해는, 우리가 돈을 벌고 가정을 꾸리고 하는 이 평범한 세계와는 무척 다른 영적 세계가 따로 있다고 생각하는 것입니다. 세금을 내야 하고 기저귀를 갈아야 하는데 하나님께 집중하는 일은 쉽지 않습니다. 그리고 비만 내리는 시애틀의 겨울을 세 달쯤 보내고도 여전히 「참 아름다워라」This Is My Father's World라는 찬양을 부르고 싶은 사람이 어디 있겠습니까?

그러나 요한은 그런 생각을 용납하지 않습니다. 하나님이 예수님 안에서 살과 피가 되셨고, 동네 안으로 들어오셨고, 여느 아이라도 다 알아들을 수 있는 '빛', '빵', '문', '물', '바람'과 같은 말을 사용하셨습니다. 요한은 예수님이 우리를 이 세상에서 끄집어내시는 게 아니라 우리가 생각지 못했던 깊이로 밀어 넣으시는 것을 보여줍니다. 가나의 혼인 잔치의 포도주와 케이크에서부터 베다니의 악취 나는 나사로의 시신에 이르기까지, 예수님은 이곳에 완전히 안착하셨습니다. 요한은 이 놀라운 이야기를 천천히 여유롭게 들려주면서 많은 사람들을 등장시키고 그들의 다양한 반응들을 보여줍니다.

이 모든 일이 예수님의 부활에서 가장 만족스러운 절정을 이룹니다. 막달라 마리아가 무덤이 빈 것을 발견하고, 베드로와 요한이 달려와서 보고, 마리아와 예수님이 정원에서 가슴 저리는 인사를 주고받는 장면들이 빠르게 이어집니다. 마리아가 그 만남을 다른 제자들에게 보고하고, 예수님이 살과 피를 입은 몸으로 살아서 그들에게 나타나 그들을 축복하시고 사명을 맡기시고, 일주일 후에 다시 한 번 그렇게 하십니다. 이 두 번째 장면에서는 믿으려하지 않던 도마가 그 자리에서 예수님을 만나 부활을 믿는 다른 사람들과 한 무리가 되어 "나의 주, 나의 하나님!"요 20:28 하고 외칩니다.

정말 대단한 결론 아닙니까? 길게 늘어지고 반복되고 여유롭게 진행되던 몇 페이지의 대화가 갑자기 속도를 바꾸어서 우리를 긴장하게 만듭니다. '와, 부활이라니! 요한은 도대체 어떻게 하려는 것일까? 그리고 왜 베드로지?'

왜 그런지 한번 살펴봅시다.

ɛʓ

요한은 우리에게 베드로를 중심으로 하는 이야기 세 개를 들려줍니다. 첫 번째 이야기는 부활의 그 첫 주가 지나고 얼마 후에 갈릴리 바닷가에서 일어납니다. 제자들은 자기 일을 이어가라는 예수님의 명령을 받았습니다. "아버지께서 나를 보내신 것처럼 나도 너희를 보낸다"요 20:21. 그 이유는 나오지 않지만 열한 명의 제자 중에서 일곱 명이 자신들이 원래 고기를 잡던 곳으로 돌아가 있었습니다. 베드로가 친구들을 모아서 밤에 고기를 잡으러 간 것입니다(왜 네 명이 빠져 있는지는 나와 있지 않습니다).

전혀 앞뒤가 맞지 않는 이야기 같습니다. 예사롭지 않은 3년을 예수님과 함께 보냈고, 부활의 흥분으로 가득했던 일주일을 보냈으며, 예수님이 그들에게 자신의 영을 내쉬면서 자신의 말과 행위를 이어가라고 임명하신 사건까지 있었는데, 어떻게 다른 일도 아닌 다시 **고기 잡는** 일로 그들은 돌아간 것일까요? 지금쯤이면 지구 반 바퀴는 돌면서 예수님의 이름으로 말하고 행하고 해야 하는 것 아닙니까?

제 생각에는 일이 이렇게 된 것 같습니다. 베드로와 그의 친구들이 부활에 대해서 무엇을 기대했건, 지금 그들이 당면한 일에는 별 도움이 되지 않았습니다. 부활은, 만약 그것을 믿는다면, 다음 생과 관련된 것입니다. 죽고 묻히고 나서 천국에 갔을 때 일어나는 일입니다. 그러나 예수님의 부활은 이 땅에서 일어났습니다. 그리고 그것의 첫 목격자들은 천국에 있지 않았습니다. 그들은 자신들이 자란 그 지역에서 똑같은 길을 걸으며, 똑같은 사람들과 말하고 일하고 있었습니다.

그들은 부활이 **땅**에서 일어나는 것을 보았습니다. 그들은 예수님이 십자가에서 죽으시는 것을 직접 보았습니다. 그리고 그 광경을 본 그 눈으로 사흘 후에 살아나신 예수님이 그들과 함께 먹고 이야기하시는 것을 보았습니다.

이제는 그 부활이라는 것이 이 **땅**에 있는 **그**들과 상관이 있다는 것이 분명해졌습니다. 제 생각에는 이것이 예수님의 부활보다도 더 납득하기가 어려웠을 것 같습니다. 예수님은 부활에 의해 완전히 달라지셨습니다. 이제는 **그**들이 부활에 의해 완전히 달라지는 중이었습니다. 죽음 이후의 삶이라고 흔히 이해하던 부활이 이제는 완전히 바뀌어서 "산 자들의 땅"시 116:9에서 사는 삶이 되었습니다.

그래서 베드로는 친구들을 데리고 거룩한 도성, 종교의 중심지인 예루살렘을 나와 그들이 자란 동네, 그들의 고향이고 일터인 갈릴리로 돌아갔습니다. 예수님을 죽인 사람들이 그들도 죽이러 올지도 모른다는 두려움도 한몫 했을 수 있습니다. 그러나 저는 그것 말고 다른 이유가 있었다고 생각합니다. 현장의 평범한 일에 대한 직감, 그러니까 이 부활의 삶을 소화하고 살아내려면 자신들이 가장 잘 아는 지역에서 자신들이 가장 잘하는 일을 하며 시작해야 한다는 그러한 느낌이 있지 않았을까 생각합니다.

그래서 그 일곱 명의 어부 출신 제자들이 그날 밤 다시 고기를 잡고 있었다고 저는 생각합니다. 그들은 평범한 것에 몰입할 필요가 있었고, 그래서 자신들이 늘 하던 일을 다시 잡았습니다. **땅**에서 부활을 경험하고 실천하기 위해서 바다와 어선과 그물이 있는 친숙한 일터로 돌아간 것입니다.

그런데 그날 밤 그들은 별 성과를 거두지 못했습니다. 한동안 하지 않던 일이라 녹이 쓸었는지도 모릅니다. "그들은 아무것도 잡지 못했다"요 21:3.

해가 뜰 무렵, 예수님께서 바닷가에 서 계셨으나 육지에서 100미터 정도 떨어져 있던 제자들은 예수님을 알아보지 못했습니다. 예수님은 그들을 부르셨고, 그들이 아무것도 잡지 못했다는 것을 알게 되었습니다. 그래서 배의 반대편으로 그물을 던지라고 그들에게 지시하셨습니다. 그들이 그 말씀대로 하자, 고기가 그물에 가득 걸려들었습니다.

그때 요한이 예수님을 알아보고 베드로에게 말했습니다. "주님이시다!"요 21:7, 메시지. 베드로는 배를 저어 고기를 챙겨오는 일은 동료들에게 맡겨 두고 바다에 뛰어들어 바닷가까지 헤엄쳐 가서 예수님을 맞이했습니다. 바닷가에 와 보니 예수님께서 이미 물고기와 빵으로 식사를 준비해 놓고 계셨습니다. 그들이 제일 잘 아는 동네, 예수님의 인간성이 그토록 철저하게 드러났던 그곳 갈릴리로 예수님도 돌아오신 것입니다. 예수님은 그들에게 와서 먹으라고 하셨습니다. "아침식사가 준비됐다"요 21:12, 메시지. 작업복 차림으로 땀에 젖어 냄새나고 끈끈한 채로, 일곱 제자들은 자신들이 평생을 살고 일해 온 바로 그 땅에서 부활의 아침식사를 했습니다.

◈

베드로의 두 번째 이야기는 그 아침식사 이후에 오는 대화입니다. 그 대화에서는 똑같은 하나의 질문이 세 번 반복됩니다.

예수님의 첫 번째 질문입니다. "요한의 아들 시몬아, 네가 이 사람들보다 나를 더 사랑하느냐?"

베드로가 대답합니다. "예, 주님, 제가 주님을 사랑하는 줄을 주님께서 아십니다."

예수께서 말씀하셨습니다. "내 양들을 먹여라."

그런 다음, 예수께서 두 번째로 물으셨습니다. "요한의 아들 시몬아, 네가 나를 사랑하느냐?"

베드로가 대답합니다. "예, 주님, 제가 주님을 사랑하는 줄

제7부 "태초에 말씀이 계셨다"

을 주님께서 아십니다."

예수께서 말씀하셨습니다. "내 양들을 돌보아라."

예수께서 세 번째로 물으셨습니다. "요한의 아들 시몬아, 네가 나를 사랑하느냐?"

예수께서 "나를 사랑하느냐?" 하고 세 번째 물으시니 베드로는 근심이 되었습니다. "주님, 주님은 모든 것을 아십니다. 제가 주님을 사랑하는 줄을 주님께서 아십니다."

예수께서 말씀하셨습니다. "내 양들을 먹여라"요 21:15-17.

이러한 예수님의 질문과 베드로의 대답이 세 번 반복됩니다. 똑같은 질문을 세 번 하시자 베드로는 상심했습니다. 예수님은 나를 신뢰하지 않는 것일까? 나를 믿지 않는 것일까?

그로부터 일주일 전쯤 베드로는 예수님이 대제사장 앞에서 재판을 받으실 때 가야바의 안뜰에 있었습니다. 그날 밤은 추웠고, 베드로는 사람들과 목탄 불*anthrakian*, 요 18:18을 쬐고 있었습니다. 그날 밤 같이 안뜰에 있던 다른 구경꾼들은 베드로에게 예수님을 아느냐고 물었습니다. 베드로는 세 번이나 모른다고 대답했습니다. 마태와 마가는 이 이야기를 들려주면서 베드로의 부인 중 한 번은 저주를 동반한 부인이었다고 덧붙입니다마 26:74, 막 14:71. 이제 갈릴리 바닷가에서 베드로는 예수님이 또 다른 목탄 불(같은 단어, *anthrakian*)로 만드신 아침식사를 했습니다.

갈릴리 바닷가의 대화가 시작되었을 때 베드로는 이 대화의 요점을 알 수 없었을 것입니다. 그러나 예수님이 베드로에게 세 번째로 같은 질문을 하시자, 그 전주에 베드로가 예수님이 가야바 앞에서 재판을 받으실 때 이와 비슷한 목탄 불을 쬐며 했던 세 번의 부인이 생각나면서 그 끔찍한 밤의 수치심이 다시 살아났습니다. '아, 그래서 세 번이었구나.' 갈릴리 바닷가에서 예수님이 하신 세 번의 질문은 일주일 전 예루살렘의 재판 때에 베드로가 한 세 번의 부인을 뒤집고 구원해 주었습니다. 사랑을 세 번 확인함으로써 베드로는 예수님의 일—"내 양들을 먹여라"—을 이어갈 수 있게 되었습니다. 더 이상 어부가 아니라 그 위대한 목자의 발자취를 따라가는 목자로 소명이 바뀐 것입니다. 참으로 엄청난 이야기입니다. 첫 제자들 중에서 가장 두드러지게 실패한 베드로가 이제 용서받고 예수님의 일을 계속해서 이어갈 수 있게 된 것입니다. 베드로는 여생 동안 그 부인의 밤과 이 은혜의 아침의 연결성을 결코 잊지 않았습니다.

౦౿

요한은 예수님을 따르는 우리 안에 예수님의 삶과 사역을 활성화시키는 전략으로 베드로의 세 번째 이야기를 들려줍니다. 이 이야기는 예수님이 "나를 따르라"고 명령하신 이후에 나옵니다. 나를 따르라는 명령은 그 후로 두 번 더 반복됩니다요 21:19-22. 요한의 복음서에서 예수님이 하시는 명령은 이것이 마지막입니다.

이 말은 중요합니다. 베드로 그리고 그를 이어서 예수님의 일을 예수님의 방식으로 하게 될 우리가 그 말의 의미를 오해하지 않도록, 예수님은 "내 이름으로 이끌어라" 혹은 "내 양들을 지도하라"고 말씀하시지 않습니다. 예수님은 최대한 분명하고 간결하게 강조해서 두 번 더 반복하십니다. "나를 따르라……나를 따르라."

여기에는 예수님을 따르는 것이 어떤 것인지를 더 깊이 이해하게 해주는 맥락이 있습니다. 베드로는 예수님으로부터 앞으로 일어날 일에 대해서 아무런 환상도 가지지 말라는 말을 듣습니다. "네가 나이 들어서는 쇠약해져 네가 하고 싶은 일을 하거나 네가 가고 싶은 곳에 가지 못하게 될 것이다. 다른 사람이 네게 옷을 입혀 주고 너를 업고 다녀야 할 것이다. 그리고 너는 죽을 것이다" 요 21:18. "베드로야, 미안하지만 예수님을 따르는 일은 승리의 행진을 하는 일이 아니란다."

베드로는 이제 예수님을 따른다는 것은 십자가의 길을 가는 것이라는 것을 알았습니다요 21:18-19. 베드로는 지금까지 너무도 자주 예수님의 일을 자기 방식으로 해버렸습니다. 가이사랴 빌립보에서 그렇게 했고, 변화산에서 그렇게 했고, 발을 씻을 때 그렇게 했고, 예수님이 체포되실 때 그렇게 했습니다. 그러나 이제 베드로는 정신을 차렸고 회복되었습니다. "나를 따르라"요 21:19.

그런데도 베드로는 여전히 이해하지 못했습니다. 베드로의 세 번째 이야기는 베드로가 어깨 너머로 요한을 보면서 시작됩니다. 베드로가 예수님께 묻습니다. "저 사람은 어떻습니까? 그도 나이 들고 노쇠해서 큰 업적이 아니라 연약함과 죽음으로 하나님을 영광스럽게 할 것입니까?"요 21:21. 이에 예수님은 날카롭게 질책하십니다. "그것은 네가 상관할 일이 아니다. 너는 나를 따라오너라"요 21:22. 예수님을 따르는 일은 우리의 모든 주의력을 요구합니다. 다른 사람들은 어떻게 되나 궁금해할 시간이 없습니다. 우리는 오직 예수님만 바라보아야 합니다요 21:22. 비교를 하기 시작하는 순간, 순종하며 따르는 예수님의 말씀과 삶에 대한 집중력이 흐려집니다. 우리 문화의 유명인사들에게서 사역의 모델을 찾으려고 하면, 이 고유한 복음의 삶을 흐리게 됩니다. 예수님을 따르는 겸손한 삶을 유명한 지도자의 삶으로 바꾸기 시작하면, 그리스도인의 삶은 뒤집어집니다.

∾

그래서, 왜 베드로일까요? 그 이유는 요한이 자신의 복음서를 마무리하면서 우리와 같은 사람들이, 목사와 선생과 선교사뿐 아니라 정육점 주인과 제빵사와 양초 제작자와 같은 평범한 사람들이, 일상에서 사는 영광스런 부활의 삶은 어떤 모습인지 제대로 이해시키려 했기 때문입니다. 부활의 삶을 경험하고 거기에 참여하기 위해서 우리는 죽은 후까지 기다릴 필요가 없습니다. 우리가 사는 동네에서 우리가 함께 자란 사람들과 함께 그 삶을 살기 시작할 수 있습니다.

두 번째 이야기는 베드로의 정체성이, 가야바의 안뜰에서 예수님을 부인하던 어부에서, 갈릴리 바닷가에서 목탄 불에 둘러앉아 아침을 먹으면서 예수님이 임명하신 목자로 바뀌는 이야기입니다.

세 번째 이야기는 하나님 나라에서 베드로의 자리는 그리스도인의 공동체에서 (이끄는 사람이 아닌) 예수님을 따르는 사람이라는 것을 베드로가 기억할 것을 예수님이 주장하시는 이야기입니다. 그리스도인의 삶은 하나님을 위해서 위대한 일을 성취하는 것이 아니라, 예수님이 우리의 부족함과 실패를 사용하셔서 우리가 은혜와 사랑과 순종을 경험하는 삶으로 다시 돌아오도록 하는 것입니다. 예수님이 "나를 따르라"고 강조하심으로써 베드로는 희생적 죽음에 이르기까지 예수님을 따르고, 다른 사람들이 무엇을 하든 혹은 하지 않든 신경 쓰지 않을 수 있는 집중력을 회복했습니다. 그리고 이것은 우리에게도 마찬가지입니다. 그리스도인의 삶은 지도력이 아니라 '추종력'이고, 더 커지는 것이 아니라 더 작아지는 것입니다.

이것이 바로 "왜 베드로인가?"에 대한 답변입니다. 예수님의 부활 복음은 오직 성 요한이 기록한 대로만 살 수 있습니다. 다시 말해, 베드로처럼 현장과 평범한 것을 수용하고, 새롭게 해주시는 예수님의 용서를 계속해서 받아들이고, 문화든 유명인사든 다른 데 정신 팔지 않고 예수님을 따라야 합니다.

아멘.

6

"그 사랑을 바라보십시오"

아가 8:6-7
요한일서 3:1-2

신약성경에서 밧모섬의 요한은 다섯 권의 책을 씁니다. 여러분이 잘 아는 그의 복음서, 성경의 마지막 책인 예수 그리스도에 대한 계시, 그리고 짧은 편지 세 개—요한일서, 요한이서, 요한삼서—입니다.

복음서는 예수님의 설교와 기도를 목회자의 입장에서 기록한 것으로, 창세기에서 시작하여 예수님의 탄생과 삶과 죽음과 부활에서 완성이 된 신앙의 토대가 되는 이야기를 요한의 회중에게 제공해 주었습니다. 인간의 형태를 입으신 하나님이신 예수님이 우리 모두가, 요한의 표현을 빌리면, "하나님의 자녀"요 1:12가 될 수 있는 문을 열어 주셨습니다. 하나님이 우리와 개인적 관계를 맺으시고 우리의 아버지가 되십니다. 그 이상 개인적일 수가 없습니다.

그리고 아버지와 개인적 관계를 맺는 자녀들. 그 이상 개인적일 수가 없습니다.

요한계시록은 요한의 회중이 좋을 때든 힘들 때든—"풍족할 때든 부족할 때든, 기쁠 때든 슬플 때든, 아플 때든 건강할 때든"이라고 우리의 기도서에는 기록되어 있습니다—믿음을 지키도록 용기와 희망을 주기 위해서 기록한 목회자의 설교입니다. 요한계시록에서 요한은 그리스도 안에서 하나님의 구원을 받은 우리의 삶 전체를 수용할 수 있는 포괄적 상상력을 마련해 줍니다.

복음서와 계시록은 묵직한 책이고, 거룩한 상상력의 작업을 통해서 우리에게 그리스도인의 삶의 방대함, 복잡함 그리고 친밀성을 감지하게 해줍니다. 반면에 그의 편지들은 서로 갈등이 있는 자그마한 그리스도인의 공동체에 간략하게 쓴 세 개의 목회 서신입니다. 요한은 그들에게 그리스도의 삶이 얼마나 가까이 있는 것인지 보여주고 그 안으로 초대함으로써 그들을 도왔습니다. 이 편지에는 세 명의 이름이 언급되는데, 가이오와 데메드리오는 긍정적인 인물이고, 문제를 일으키는 사람은 디오드레베입니다.

❧

복음서와 계시록을 하늘로 높이 치솟아 들쑥날쑥하게 몇 킬로미터의 지평선을 이루는 거대한 산맥이라고 생각해 봅시다. 그리고 이 편지들은 10만 년 전 빙하가 지나가면서 만들어 놓은, 일요일마다 작은 교회에 예배하러 모이는 7, 80명이 모여 사는 작은 계곡이라고 생각해 봅시다.

요한이 서신에서 쓴 내용은 모두 산맥 같은 복음서와 계시록의 세계에 둘러싸인 것이지만, 그 서신은 또 하나의 산 혹은 계곡이 아닌, 자기만의 정체성을 따로 가지고 있습니다. 이 계곡은 사람들의 가정과 가족이 있고, 그들이 일하고 공부하고 놀고, 태어나고 죽는 곳입니다. 계곡 한쪽 옆으로는 강이 흐르고, 거의 매일 누군가가 거기에서 낚시를 합니다. 대부분의 사람들이 한 번씩 산으로 하이킹을 가고, 그곳의 신선한 공기와 멋진 풍경에 희열을 느낍니다. 이 계곡에서 사는 것을 그들은 좋아합니다. 낮이든 밤이든 어느 때나 산을 보면서 감탄할 수 있는, 이렇게 영감 있고 아름답고 건강한 곳에 살 수 있는 것이 참 행운이라고 생각합니다. 일요일 아침이면 그들 대부분은 '계곡 장로교회'에서 예배를 드리고 점심 도시락을 싸서 산으로 갑니다. 그리고 그 거대한 풍경과 높은 산이 뿜어내는 넘치는 아름다움과 진리에 마음껏 취합니다.

그러나 주중에, 계곡에 있을 때는 늘 그렇게 영감이 넘치고 아름답고 황홀한 게 아닙니다. 때로 그들은 그토록 그들을 감탄하게 하는 산을 잊어버리고, 마치 자기 자신들이 그 산인 것처럼 말하고 행동하기 시작합니다. 그리고 어떤 사람들은 산에서 경험했던 넘치는 아름다움에 사로잡혀, 마치 자기 자신들이 아름다운 존재인 양 행동하면서 다른 사람들이 그렇게 봐 주지 않으면 불끈합니다. 다툼이 생기고, 논쟁이 일어나고, 감정이 상하기 시작합니다. 한 번씩 대여섯 명의 사람들이 진저리를 내며 떠납니다. 산을 넘어서 좀 더 나은 사람들이 살 것이라고 확신하는 또 다른 계곡으로 갑니다.

그 계곡에서 무엇이 잘못된 것일까요? 좀 더 구체적으로는, 계곡 장로교회에서 무엇이 잘못된 것일까요? 요한의 편지는 어려움을 겪고 있던 사람들에게 쓴 것입니다. 어떤 어려움일까요?

예수님의 이야기나 예수님의 구원에 대해서는 아무런 문제가 없었습니다. 복음서와 계시록의 산맥들이 예수님을 확고하게 그들 시야에 두고 있었습니다. 이 회중이 정확히 무엇 때문에 서로 갈등을 일으키는지를 알려면 행간을 읽어야 하는데, 이번 주에 이 설교를 준비하면서 다시 살펴보니 그 문제는 사랑, 곧 그들에 대한 예수님의 사랑 그리고 그들의 서로에 대한 사랑과 관련이 있는 게 확실했습니다. '사랑'이라는 단어가 여기저기에서 계속 튀어나옵니다. 제가 세어 보니 이 세 개의 짧은 편지에서 51번이나 나옵니다.

이 사람들은 예수님에 대해서 많은 것을 알았습니다. 어떻게 **모를** 수 있겠습니까? 어디를 보나 그 증거가 있었습니다. 그 복음서와 계시록의 산맥을 그들은 매일 올랐습니다. 그러나 한 번씩 새나 동물이 나타나는 것도 보고, 이러저러한 이야기도 나누는 주말의 하이킹과 피크닉이 지나가면, 또다시 닷새나 엿새간은 서로를 마주하며 살아야 했습니다. 신선한 공기도 잔뜩 마시고 친목도 다지고 좋은 경치도 구경하며 예수님이 중심이 되는 대화를 한참 했으니 서로 못 지낼 이유가 없을 것 같지 않습니까?

그런데 그들은 서로 잘 지내지 못했습니다. 왜 산에서 내려오고 나면 사이좋게 지내는 게 그렇게 어려웠을까요? 제가 보기에 요한이 서신에서 다루는 내용은, 예수님의 이야기를 하고 예수님의 구원을 경험하는 것 이외의 상황에서도 화목하게 지내고자 하는 공동체에 대한 것입니다. 산에 있을 때는 예수님이 아주 잘 인식됩니다. 그러나 계곡으로 돌아올 때 그들은 예수님을 그냥 산에 두고 왔던 것입니다.

그래서 이 편지들은 이웃, 배우자, 자녀, 직장, 책임 맡은 일들이 있는 계곡에서 평범한 주중의 날들에 그리스도인들이 서로 사이좋게 지내고 **사랑**하며 지내는 것에 대한 편지입니다.

왜 사랑은 그토록 문제가 되는 것일까요? 영감 넘치고 활력 넘치는 그 산에서 그들이 대화하며 어울리던 예수님은 분명 그들을 확고하게 사랑하십니다. 그렇다면 왜 계곡에 내려와서는 사랑이 문제가 되는 것일까요?

어쩌면 이것 때문인지도 모릅니다. 그들이 예수님을 무엇보다도 복음서와 계시록의 산맥과 연결시키고, 심정적으로도 그게 맞다고 느끼는 것입니다. 처음 예수님에 대해서 배운 것이 산꼭대기에서였기 때문에, 매번 거기에 갈 때마다, 그러니까 매주 한 번 정도 갈 때마다 그들은 옛 감정을 되살립니다. 지난주의 하이킹이 진짜 좋았다는 말을 종종 합니다. 영적 경험이었다고도 종종 설명합니다. 예수님이 희열, 아름다움, 그리고 끝도 없이 펼쳐진 지평선과 연결되는 것입니다.

그러나 산 정상에서 사는 사람은 없습니다. 그래서 계곡으로 돌아오고 나면, 그들이 예수님으로부터 무엇을 느끼고 무슨 말을 들었든, 그것은 마치 남의 나라 일처럼 느껴지는 것입니다. 계곡의 사람들이 가진 진정성의 관점에서 보자면, 산에서의 경험이 계곡에서의 삶과는 상관없어 보이는 것입니다.

그렇다면 이 사람들의 목사인 요한은 어떻게 해야 합니까? 여러 면에서 그의 회중은 탁월한 회중이었습니다. 이들은 영적인 것을 좋아했습니다. 복음서와 계시록의 산맥을 오르는 것을 좋아했습니다. 그들은 자신들의 성지를 속속들이 알았습니다. 그 지역의 지도를 들고 다니면서 모든 성지를 다 가리킬 수 있었습니다. 장비도 마찬가지였습니다. 요한의 회중만큼 장비를 잘 갖춘 장로교 회중이 없었습니다. 자일이든 카라비너든, 등반에 필요한 최신 장비를 다 갖춘 회중이었습니다.

그러나 산을 탈 때의 그 모든 지식과 열정이 계곡에서는 별 쓸모가 없었습니다.

∽

요한 목사는 이 과제가 만만치 않다는 것을 알았습니다. 그는 거리를 다니면서 공원 벤치에서의 대화를 엿듣고, 동네 카페에 들러서 사람들의 잡담을 엿들었습니다. 그리고 그들이 예수님의 이름을 참 많이 쓴다는 것을 알아챘습니다. 그들의 언어에서는 '예수'가 핵심 단어였습니다. 그는 기분이 좋았습니다. 적어도 그들이 설교를 들었다는 뜻이니까요. 그러나 '예수'라는 이름이 큰 진리, 산의 진리와 관련된 문장에서만 나온다는 것도 그는 알아챘습니다. 그들에게 예수님을 대한다는 것은 주로 점심 도시락을 싸서 산길을 따라 8, 9킬로미터를 올라가는 것을 의미했습니다. 요한은 자신이 다니면서 엿들은 것들에 대해서 장로 중 한 사람에게 물어보았습니다.

"물어봐 주셔서 감사합니다, 목사님. 하지만 솔직히 말해서 여기 계곡에서는 평범한 일상을 대해야 하니까요. 그건 예수님을 잊어버리거나 존귀하게 여기지 않는 것의 문제가 아니라, 지금 우리가 상대해야 하는 것은 예수님이 아니라는 거죠. 예수님은 참 위대하시고, 제 마음을 다해 그분을 믿습니다만, 지금 제 가정생활이 얼마나 힘든지 목사님은 모르실 겁니다. 정말 위대함이라고는 하나도 찾아볼 수 없는 난장판이지요. 예수님이 제 삶에 계시지 않는다고 생각하지는 마세요. 예수님이 하신 일 그리고 다시 하실 일을 저 산들이 계속 상기시켜 주니까요. 하지만 지금 여기 계곡에서는 그와는 정반대로 행하는 아내를 상대해야 합니다. 목사님한테 자주 하소연했으니, 그 사람이 어떤지 목사님도 아실 겁니다. 그리고 존스네 가족이 일곱 자녀를 데리고 이사 온 뒤로 제가 얼마나 무례한 이웃을 상대해야 하는지 모릅니다. 게다가, 아 글쎄, 전에 강에 아들과 함께 낚시를 좀 하러 갔더니, 아주 더럽게 돈이 많은 그 오드가드 노친네가 거기에 손자 셋을 데리고 왔는데, 뚱뚱한 몸에 잔뜩 폼을 재면서 손자들한테 챙겨 준 아주 최신 낚시 장비를 자랑하면서 대나무 낚싯대로 낚시하는 제 아들을 비웃지 뭡니까. 그 비곗덩어리 노친네는 정말 질색입니다. 정말 때로는 일요일이 기다려집니다. 그 산에 가서 마음의 평안을 되찾고, 예수님과 정상을 오르면서 '할렐루야 시내'에서 조용한 시간을 좀 보내게 말입니다. 그런데 목사님, 제 월급을 올려 주고 암을 막아 줄 확실한 기도가 있다고 누가 그러던데요. 저희 집안에 암 내력이 있어서 최근에 걱정이 좀 되었거든요. 그 기도를 좀 가르쳐 주시겠어요?"

❧

요한은 그 장로에게 그가 부탁한 기도를 가르쳐 주지 않고 대신 특별 모임으로 회중을 모으라고 부탁하고는, 그들에게 예수님에 대해 재교육을 했습니다. 요한은 그들의 정체성에 초점을 맞추었습니다. 하나님이 우리를 사랑하시고, 우리는 하나님의 사랑받는 자들이라는 사실 말입니다. 요한은 다음과 같이 말문을 열었습니다.

"제가 보니, 많은 분들이 예수님을 산의 희열과 아름다움에 거하는 하나님으로만 생각하고 우리와 같은 인간으로는 생각하지 않게 된 것 같습니다. 기독교 복음의 핵심은 예수님이 하나님이신 만큼 인간이기도 하다는 것입니다. 예수님은 산에서만큼이나 계곡에도 계십니다. 그 증거는 그분이 우리를 사랑하시고 우리도 그분을 사랑할 수 있다는 것입니다. 이것은 인격적이고 관계적인 것입니다."

밧모섬의 요한 목사는 자신이 아는 예수님은 육신이-되신-하나님 예수밖에 없다고 회중에게 말합니다. 그리고 자기 개인의 경험을 이야기합니다. "이 예수님은 내가 함께 식사를 하고, 갈릴리를 함께 걷고, 직접 만지고, 보고, 들고 한 분입니다. 그분은 여

러분과 똑같은 인간입니다." 예수님이 아무리 영광스럽다 하더라
도 그들과 다를 게 하나 없는 인간이라고 요한은 강조합니다. "예
수님은 여러분의 엉망인 삶에, 이 계곡의 먼지에, 여러분의 일이든
가정이든 지금 그대로의 모습 가운데 계십니다."

무엇이 예수님의 진리인지를 결정하는 요한의 기준은 이것
입니다. "예수 그리스도, 곧 하나님의 아들이 살과 피를 지닌 진짜
사람으로 오신 것을 믿는다고 공개적으로 시인하는 사람은, 누구
나 하나님에게서 나서 하나님께 속한 사람입니다. 그러나 예수를
믿는다고 시인하지 않는 사람은, 누구든지 하나님과 아무 관계가
없습니다"요일 4:2-3, 메시지.

하나님의 자녀로서 우리가 가지는 공통의 정체성을 분명하
게 하기 위해서, 요한은 예수님이 육신을 입으신 하나님이고 우리
의 역사에 온전히 참여하신다고 주장합니다.

ↄ

요한 목사는 계속해서 말합니다. "우리는 사랑하라는 말을
들음으로가 아니라 사랑을 받음으로 사랑을 배웁니다. 사랑은 우
리의 유전자에 각인된 게 아닙니다. 인간에게 본질적인 많은 것들
이 우리가 별 기여하는 바 없이 저절로 일어납니다. 숨을 쉬는 것,
심장이 뛰면서 혈액을 순환시키는 것처럼 말입니다. 자궁에서 나
올 때 이미 반사적으로 빠는 능력이 다 개발되어 있습니다. 버둥
거리며 손발을 흔들고 비명을 지르기도 합니다. 안겨서 자고 귀여
운 소리를 내기도 합니다. 이 모든 것이 배우지도 훈련받지도 않

고 하는 일들입니다. 그러나 점점 발달이 이루어지면서 훈련과 가르침이 필요한 다른 일들이 생깁니다. 읽고 쓰는 것, 사회생활에 필요한 기술, 예술적·체력적 능력, 감정적·관계적 이해, 변속기 고치는 법, 컴퓨터 프로그래밍 하는 법, 달에 가는 법 등 말입니다. 이러한 습득된 행동들 중에서 가장 중요한 것이 사랑입니다.

대부분의 사람들이 이것을 압니다. 그러나 서른 정도가 넘어가면 사랑하고 사랑받는 일에 이미 여러 번 실패를 경험했기 때문에 그것은 도달할 수 없는 목표로 여겨지고, 그래서 그보다는 조금 더 도달하기 쉬운 것들, 바이올린을 연주한다거나 골프 게임을 한다거나 하는 것과 같은 일들로 인간의 정체성을 타협해 버립니다.

사랑에 대한 이야기가 별로 실용적이지 않다는 것은 저도 압니다. 여러분이 어깨를 으쓱하며 '이 보세요, 목사님, 무슨 말씀인지는 알겠는데, 정말로 애를 쓰고 또 썼는데도 안 되더라니까요. 그러니까 좀 더 현실적인 이야기를 하시는 게 어때요?'라고 말하는 게 보입니다."

요한 목사는 계속해서 말합니다. "이거야말로 정말 현실적인 이야기입니다. 그날 산에서 여러분이 배운 걸 기억하십니까? '말씀(그러니까 하나님)이 육신(그러니까 예수님)이 되어서 우리 가운데 거하셨다'요 1:14는 것 말입니다. 그것만큼 현실적인 게 없습니다. 그리고 이 말도 기억하십니까? '하나님이 이 세상을 이처럼 사랑하셔서……주셨다'요 3:16. 여러분, 하나님은 여러분을 사랑하셨습니다. 여러분은 사랑받는 자입니다. 제가 이상하거나 여러분과 어울리지 않는 말을 하는 게 아닙니다. 하나님의 사랑을 받는 자, 이게 바로 여러분입니다. 그러나 사랑을 받는 게 전부가 아닙니다. 사랑을 받으면 사랑을 할 수 있게 됩니다. 온전한 인간이 되기 위해서는 사랑을 할 수밖에 없습니다. **사랑을 받는 것이 사랑을 주는 것의** 시발점입니다.

요한 목사는 이제 서론을 마치고 요점을 찌릅니다. "물론 그러려면 '사랑'이라는 단어에 마치 따개비와 기생충과 때처럼 들러붙은 우리의 상상력과 자기중심적 습관들을 근본적으로 정화시켜야 합니다. 여러분이 경험하거나 상상하거나 심지어 환상을 품은 것들이 완전히 틀렸다는 말은 아닙니다. 그러나 그것들 대부분이 더 큰 무엇의 파편들에 불과한 것은 사실입니다. 천 조각짜리 퍼즐에서 단 하나의 조각일 뿐입니다.

"퍼즐 상자에 나오는 큰 그림, 하나님이 어떻게 우리를 사랑하시는지를 보여주는 큰 그림, 그 이야기 전체가 이제는 여러분 안에 사시는 예수님을 통해 명백하게 제시되었습니다. 그것은 사랑하는 자가 된 '사랑받는 자'막 1:11, 9:7의 이야기입니다. '하나님이 이 세상을 이처럼 사랑하셔서……'요 3:16. 이제 여러분이 하실 차례입니다. 자매를, 형제를, 이웃을, 배우자를, 비곗덩어리 노친네 오드가드를 사랑하십시오. 하나님이 여러분을 사랑하십니다. 그리스도께서 사랑은 어떻게 일어나는지 보여주십니다. 이제 여러분이 사랑하십시오. 사랑, 사랑, 사랑."

아멘.

7

"어린양의 결혼식 만찬"

시편 23편
요한계시록 19:1-9

문체가 사뭇 다른 복음서 하나, 세 개의 편지 그리고 요한계시록의 저자는 밧모섬의 요한이라고 초대 교회는 인정했습니다. 서로 문체가 다르기는 하지만, 자세히 보면 요한이 말하고자 하는 내용의 일관성이 보인다고 많은 사람들은 말합니다. 저는 요한의 글에 포괄적인 목회의 소명이 반영된 것을 보았습니다.

&

요한의 계시록이 왜 저에게 그토록 중요한지를 설명해 줄 이야기가 있습니다. 시월의 어느 토요일에 제 아내가 일곱 살짜리 손자를 데리러 그가 다니는 교회에 갔습니다. 한스는 첫 성찬을 받기 위한 교리 수업을 받고 있었습니다. 두 사람은 같이 차를 타고 아이들을 위한 원석 전시회가 열리고 있는 동네 박물관으로 갔습니다. 그리고 가는 길에 시립 공원에 들러서 점심을 먹었습니다. 공원 벤치에 앉아서 같이 점심을 먹었는데, 한스는 먹는 내내 쉴 새 없이 말을 했습니다. 사실, 교회를 떠나는 순간부터 한스의 말은 끊이지 않았습니다. 그러던 한스가 점심을 다 먹은 뒤에—한스의 점심은 자신이 직접 만든 상추 마요네즈 샌드위치였습니다("건강식으로 먹으려고 애쓰고 있어요, 할머니")—할머니로부터 조금 떨어져서 공원을 정면으로 향하고 앉더니 가방에서 조금 전에 목사님이 주신 신약성경을 꺼내 들고는 펼쳐서 자기 눈앞으로 치켜들고 읽기 시작했습니다. 눈으로 페이지를 오가며 경건하게 아무 말 없이 읽었습니다. 그렇게 조금 하더니 성경책을 닫고는 자기 가방에 다시 집어넣었습니다. "자, 할머니, 이제 됐어요. 박물관에 가요."

할머니는 감명을 받았지요. 그리고 신기하기도 했습니다. 한스는 아직 글을 읽을 줄 몰랐기 때문입니다. 글을 알고 싶어 하기는 했습니다. 누나는 글을 알았기 때문입니다. 하지만 자신이 글을 모른다는 것을 스스로도 **알고** 있었고, 때로는 마치 자신이 무엇이 아쉬운지 우리에게 재차 확인이라도 시키듯 "저는 글을 모르거든요"라고 말하곤 했습니다.

그런 한스가 그 가을의 토요일에 공원 벤치에서 신약성경을 "읽었다"는 것은 도대체 무엇일까요?

৩

그리스도인의 삶을 사는 이 일에서 가장 많이 외면당하는 성경 읽기 방식 중 하나가 상상력으로 읽고 영적 형성을 위해서 읽는 것, 그러니까 성경을 살기 위해서 읽는 것임을 저는 알게 되었습니다.

공원 벤치에서 한스는 성경의 지면을 눈으로 훑으면서 "읽었지만" 읽지 않았습니다. 엄숙하고 경건하게 성경을 대했지만 성경을 이해하지 못했고, 아주 소중하게 존경을 표하며 대했지만 성경과 그가 이제 막 먹은 상추 마요네즈 샌드위치가 혹은 성경과 이제 곧 방문할 박물관이 서로 상관이 있다는 사실을 전혀 이해하지 못했습니다. 옆에 있는 할머니조차 잠시 잊은 상태였습니다. 성경을 "읽는" 한스. 이것은 비유였습니다.

성경이 존경의 대상으로 비인격화된 것에 대한 비유였습니다. 성경 이전에 있었던 일과 성경 이후에 올 일이 성경과 분리되었습니다. 점심과 박물관으로부터 분리되었습니다. 공원에서의 성경이 길거리에서의 삶보다 고상한 것이 되었습니다. 독서대에 고귀하게 모셔진 성경과 디젤 트럭이 냄새를 피우며 시끄럽게 지나가는 길 사이에는 깔끔하게 관리된 널따란 잔디밭이 있었습니다.

ɛɔ

성 요한은 요한계시록 서두에 이렇게 자신을 소개합니다. "주의 날에 내가 성령 안에 있었습니다"계 1:10. 그날은 일요일이었고 요한은 예배를 드리고 있었습니다. 그때 나팔소리와 같은 음성이 들렸습니다. "네가 보는 것을 책으로 기록하여서 일곱 교회에 보내라"계 1:11. 요한이 그 음성의 진원지를 보려고 돌아서니, 거기에 예수님이 있었습니다.

요한이 이 장엄한 비전에서 제일 먼저 본 것이 예수님이었다면, 그가 두 번째로 본 것은 그의 회중이었습니다. 우리가 매주 주일 예배를 드리기 위해서 모인 이 모습, 예수님이 있고 서로가 있는 이 모습과 별 차이가 없습니다.

이 예배당에서 우리가 함께 배운 가장 중요한 것은 예배입니다. 그런데 요한계시록보다도 예배에 대해서 더 잘 가르쳐 주는 책이 성경에는 없습니다. 거기에는 노래와 찬송, 침묵과 열정이 있고, 그 안에서 우리의 상상력은 자극을 받아 보이지 않는 것이 보이게 되는 것을 공동체 안에서 느낍니다. 우리의 모든 감각이 동원됩니다. 우리의 눈이 한 번도 본적이 없는 것을 봅니다. 우리의 내면으로 들어와 스미는 음성을 듣습니다. 우리 주변 세상이 의미로 충만하게 살아납니다. 모든 것에 의미가 있습니다. 음성, 그림, 동물, 천사들이 있습니다. 게다가 우리는 단지 관람만 하는 게 아니라 거기에 동참하고 있습니다. 예배는 참여하는 것입니다. 예배에는 구경꾼이 없습니다. 무슨 일인가가 일어납니다. 그리고 거기에 우리가 연결되어 있습니다.

성 요한의 계시록 안으로 들어가는 일은 쉽습니다. 하나님을 예배하라는 강조가 반복됩니다. 첫 장과 마지막 장 사이에 '예배'라는 단어가 스무 번 넘게 나옵니다. 이와는 대조적으로 중간 부분에는 사람들이 짐승을 예배하는 반反예배가 있습니다. 짐승은 물론 악을 대변하고, 용과 음녀도 마찬가지입니다. 요한은 생생하고 과장된 그림으로 유명합니다.

제7부 "태초에 말씀이 계셨다"

꿍

성 요한의 계시록 중간 즈음에서 제 주의를 사로잡는 은유와 마주친 것을 저는 지금도 기억합니다. 선과 악의 세력 사이에 일어나는 갈등의 미묘함에 대한 묘사가 고조되어 가던 시점이었습니다. 요한은 힘센 천사가 땅과 바다에 다리를 걸친 채 있는 것을 보았는데, 그 천사의 손에는 두루마리 곧 성경이 들려 있었습니다. 그 두루마리에는 "하나님의 신비"계 10:7가 적혀 있었습니다. 그런데 하늘에서 어떤 음성이 요한에게 그 두루마리를 받으라고 말합니다. 그러고는 이 말이 나옵니다. "내가 그 천사에게로 가서 그 작은 두루마리를 달라고 했더니 그가 내게 말하기를, '이것을 받아서 먹어라. 너의 배에서는 쓰겠지만 입에서는 꿀처럼 달 것이다'라고 말했다"계 10:9, NRSV.

책을 먹는 이 은유를 저는 성 요한의 탁월한 언어 중에서 가장 좋아합니다. 물론 이 말의 뜻은, "이 책을 네 몸의 모든 힘줄과 근육과 신경 안에 집어넣어라. 네 머리에만 집어넣는 것으로는 부족하다. 이 책을 네 배와 발에 집어넣어라. 이 구원의 삶을 살고 소화하여라!"입니다.

책을 마치 땅콩버터 샌드위치처럼 먹은 예언자가 성 요한이 처음은 아닙니다. 600년 전에 에스겔도 책을 받아먹으라는 명령을 받았습니다겔 2:8-3:3. 에스겔과 동시대 사람인 예레미야도 하나님의 계시 곧 예레미야 시대 버전의 성경을 받아먹었습니다렘 15:16. 에스겔과 예레미야는 요한처럼, 하나님이 성경에 계시하신 것과는 다른 텍스트를 따라 살라는 압박이 만연하던 시대에 살았습니다. 성경을 먹음으로써 그 세 사람 모두 힘 있는 문장과 명쾌하게 빛나는 은유를 내뿜었고, 용감하게 고통받는 예언자의 삶을 살아냈습니다.

우리는 성경을 제쳐두고 대신에 우리 자신의 경험의 텍스트에 의존하는 습관에 굴복할 위험에 늘 처해 있습니다. 성경에 제대로 집중하기 위해서는 실제적인 하루하루의 삶에 권위 있는 지도가 필요합니다. 거친 인생을 살았던 이 세 예언자—(바빌론 유배에서부터 로마의 박해에 이르기까지) 최악의 시대에 하나님 백성의 영적 형성을 책임졌던 예레미야, 에스겔, 요한—는 하나님의 말씀을 배 속 창자로 받아들여야 한다고 자기 회중을 설득할 수 있는 하나님의 말씀이 자기 안에 필요했습니다. 그래서 책을 먹었습니다.

요한계시록을 가장 흔하게 오독하는 방법은 그것을 미래에 일어날 일을 예견하는 예언으로 읽는 것입니다. 물론 요한계시록에는 과거에 대한 언급도 있고 미래에 대한 함의도 있습니다. 그러나 이 예언자가 두드러지게 강조하는 것은 현재, 곧 이 일상적 삶의 상황에서 우리 가운데 계시는 하나님의 현존입니다. 성경은 미래에 대한 비상한 관심을 경고합니다_{신 18:10-14}.

☙

"하나님을 예배하여라." 요한계시록의 첫 문장은 "예수 그리스도의 계시"_{계 1:1}입니다. 세계의 종말도, 적그리스도의 정체성도 아닌, 날마다 중심을 잡고 다시 잡는 행위입니다. "하나님을 예배하여라." 요한 자신이 밧모섬으로 유배를 가서 그렇게 했고, 매주 모이는 자신의 일곱 회중을 격려하는 계시록을 써 보냄으로써 그들도 그렇게 하도록 훈련시켰습니다. 요한은 자신이 예수님과 함께 있으면서 배우고 실천한 것에 몰입했고, 그것을 계시록에 썼으며, 자기 자신이 따르는 하나의 명령으로 그것을 요약했습니다. "하나님을 예배하여라."

예배는 예수 그리스도께 다시 집중하게 합니다. 이것은 복합적인 일이며, 그의 시적 상상력에 탁월하게 배열된 시각과 소리, 비율과 행동, 숫자와 동물보다 더 복합적인 일입니다. 예배의 행위는 죄로 인해 흩어져 있던 우리의 평범한 삶의 모든 것을 모아 하나님 앞에 두게 합니다. 그리고 동시에, 바쁘게 사느라 잊어버렸을 수도 있는 하나님의 계시의 모든 것을 모아서 우리 앞에 두고 찬송과 순종으로 우리가 그것을 올려 드리게 합니다. 이 모든 것이 단 한 시간의 예배 시간 안에 다 일어나는 게 아닙니다. 그러나 매주, 매해 성실하게 반복하면 점점 더 쌓여서 온전해집니다. 성 요한의 거룩한 상상력이 영감의 보호를 받으며 결론에 도달할 즈음 그 명령은 실천이 가능해집니다. "하나님을 예배하여라! 그래, 하나님을!"

☙

요한계시록을 이해하는 게 쉽다고 말하는 것은 아닙니다. 그러나 요한은 자신이 쓴 것을 읽는 1세대 독자들이 성경을 알고 있다는 가정하에 글을 썼습니다. 그러나 우리의 경우는 좀 다릅니다. 제가 말하고자 하는 것은 요한계시록이 일부러 모호하게 말하는 게 아니라는 것입니다.

성 요한의 신학적 작업의 결과는 시입니다. 그래서 요한계시록을 시로 읽지 않으면 이해가 되지 않습니다. 시인인 성 요한을 다루지 못하기(혹은 거부하기) 때문에 이 책을 많이 오해하고 오독하고 오용합니다.

시는 무엇을 설명하기 위해서 혹은 묘사하기 위해서 말을 사용하는 게 아니라, 무엇을 **만들기** 위해서 사용합니다. (그리스어 '포에테스'*poetes*에서 온) '시인' poet이라는 말은 '만드는 사람'이라는 뜻입니다. 시는 객관적 설명의 언어가 아니라 상상력의 언어입니다. 실재의 이미지를 만들어 내서 우리가 그 안에 동참하게 하는 게 시입니다.

성경에서 마지막 발언을 하는 사람이 시인이라는 것은 매우 적절합니다. 이 마지막 책에 도달할 무렵에는 이미 하나님의 모든 계시가 우리 앞에 있습니다. 우리의 구원과 관련된 모든 것이 믿음의 삶을 사는 방법에 대한 지침과 함께 전부 다 주어졌습니다. 정보가 부족할 위험은 없습니다. 그러나 익숙해서 그리고 지쳐서, 모세, 이사야, 에스겔, 스가랴, 마가 그리고 바울로 우리를 둘러싸는 광채에 집중하지 못할 위험은 있습니다. 성 요한은 익숙한 말들을 가져다가 예상치 못한 리듬으로 배열함으로써 우리를 깨워서 "예수 그리스도의 계시" 전체를 마치 처음 보는 양 보게 해줍니다.

요한계시록은 404개의 구절로 되어 있습니다. 그 404개의 구절에서 앞의 성경 내용에 대한 언급은 518회 나옵니다. 그래서 그 앞에 나오는 내용을 잘 모르면 요한계시록을 이해하지 못하는 게 당연합니다. 성 요한이 좋아하는 책들이 있습니다. 출애굽기와 에스겔과 다니엘을 특히 좋아합니다. 하지만 그가 최소한 암시라도 하지 않는 구약성경의 책은 아마 하나도 없을 것입니다. 그러면서도 예수 그리스도의 삶, 죽음, 부활, 그리고 그리스도 안에서 믿음으로 사는 그리스도인 공동체가 그의 시에 전제되고 포함되어 있습니다.

이러한 통계는 경고이기도 합니다. 그러니까 앞에 나오는 65권을 읽지 않고 이 마지막 책을 정확하게 이해하려는 기대는 하지 말라는 것입니다. 앞에 나오는 것은 다 건너뛰고 소설의 마지막 장만 읽는 게 말이 안 되듯, 성경 전체와 별개로 성경의 마지막 책만 읽는 것은 말이 되지 않습니다. 정경의 맥락과 분리해서 요한계시록을 읽음으로써 많은 불미스러운 일들이 있었습니다.

ᑫᑏ

성 요한의 계시록의 첫 일곱 장은 대부분 순수한 찬양과 축하와 노래와 기도입니다. 이 책이 어떤 책인가에 대한 첫 단서는 3절에 나옵니다. "예언의 말씀을 소리 내어 읽는 자는 복이 있고, 그것을 듣는 자도 복이 있습니다."계 1:3, NRSV.

'복이 있다'는 말은 행복을 함의하는 단어입니다. 예수님은 산상수훈의 도입에서 그것을 아홉 번 사용하셨습니다마 5:1-11. 밧모 섬의 요한도 예수님의 모범을 따라서 '복이 있다'를 사용해서 복을 받은 상황을 보여줍니다. 그것은 바로 그의 비전에 희망과 환호를 더하는 행복입니다. 예수님의 설교와 요한의 비전을 연결시키기 위해서 '복이 있다'는 말이 요한계시록에 여덟 번 반복됩니다계 1:3, 14:13, 16:15, 19:9, 20:6, 22:7, 14. 복이 폭포처럼 계속해서 우리 삶에 쏟아져 들어옵니다. 한스 부르스마Hans Boersma는 이렇게 말했습니다. "그것은 마치 우리가 다시 그 산에 가서 예수님의 발치에 다시 앉아, 그분이 우리에게 주시는 완벽한 복을 기다리는 것과 같다."[7]

4장과 5장에 나오는 하늘의 예배에 대한 비전은 오늘 우리가 예배를 시작할 때 부른 찬송에 나와 있습니다. "거룩하시다, 거룩하시다, 거룩하시다"계 4:8. 이 비전이 일단 분위기를 잡고, 이어지는 두 장에서 그 내용이 자세하게 묘사되는데, "아무도 그 수를 셀 수 없는 큰 무리가……흰 옷을 입고" 하나님의 보좌 주위에서 힘차게 노래합니다. "구원은 보좌에 앉아 계신 우리 하나님과 어린 양께 있도다!"계 7:9-10. 예수님이 하늘 보좌에 앉으신 요한의 비전에는 온통 희열이 넘칩니다. 스물네 명의 장로들이 그 보좌 주위에 둘러서 있고, 그들은 자신의 황금 관을 하늘 높이 던집니다. 마치 미식축구 선수들이 이기고 나서 헬멧을 하늘로 던지거나, 졸업을 축하하기 위해서 사관학교 생도들이 모자를 던지는 것처럼 말입니다.

그러고는 곧 약 30분 정도 하늘이 조용해집니다계 8:1. 많은 일들이 일어나고 있고, 더러는 괴로운 일들입니다. 그래서 그 전에 잠시 숨을 돌릴 시간이 필요합니다. 그리고 나서 우리는 숨을 죽인 채 모든 것이 잘못되어 버린 세상을 맞이합니다. 그 세상은 쓴 쑥계 8:11, '파괴'라는 뜻을 가진 아바돈이라는 왕계 9:11을 따라 바닥 없는 구덩이에서 나오는 메뚜기 떼계 9:2-3, "사자의 머리와 같은" 머리를 하고 "입에서는 불과 연기와 유황이 나오는"계 9:17 말을 타고 달리는 "만에 만을 두 번 곱한"계 9:16 수의 기병대와 같은, 잊지 못할 재난의 은유들로 표현이 됩니다. 그러고는 아마겟돈 전쟁계 16:16, "성도들의 피와 예수의 순교자들의 피로 취한……그리고 음녀들과 혐오스러운 것들의 어미인 큰 바빌론"계 17:5-6의 심판, 그리고 또 많은 것들이 있습니다. 인류가 할 수 있는 최악의 일들을 나타내는 은유를 사용해서 이러한 폭력과 모독을 묘사한 중간 부분이 지나고 나면 천둥 같은 할렐루야가 장엄하게 들립니다계 19:1-4.

◇

요한이 증언하는 예배의 삶에서 결혼식이 중요한 자리를 차지한다는 사실이 저는 흥미롭습니다. 복음서에서 요한은 거의 시작부터 결혼식 이야기를 했습니다요 2장. 그는 우리 가운데 계시는 예수님의 현존과 그분의 사역의 성질을 보여주는 일곱 개의 표적을 뼈대로 자신의 복음서를 신중하게 구성했습니다.

그리고 요한계시록의 마지막 네 장에서계 19-22장 그는, 가나에서의 축하로 시작되었던 그 이야기를 다시 가져와 활기차게 결론을 맺습니다. "어린양의 혼인날이 임했고, 그분의 신부가 준비를 다 마쳤다"계 19:7.

요한이 복음서의 서두에 그리고 이제 계시록의 마지막에 이렇게 결혼식 이야기를 병렬 구조로 쓴 것이 저는 늘 마음에 들었습니다. 천사가 그에게 이렇게 말합니다. "'어린양의 결혼식 만찬에 초대받은 사람은 복이 있다'고 적어라.……나는 그를 경배하기 위해 발치에 엎드렸지만, 그는 내게 말했다. '……하나님을 예배하여라.'"계 19:9-10. 성 요한은 결혼식을 무척 좋아합니다. 예배의 삶을 요약한 그의 글에서는 결혼식이 중요한 역할을 합니다.

이 초대가 있은 뒤에는 신부가 나옵니다. "거룩한 성, 새 예루살렘이 하늘에서 내려온다.……신부가 신랑을 위해 치장한 것 같다. 그리고 내가 보좌에서 큰소리가 나는 것을 들었다. '보아라. 하나님의 거처가 사람들과 함께 있다'"계 21:2-3. 그리고 결혼식에 대한 마지막 언급은 큰 환영의 말입니다. "'오십시오!' 성령과 신부가 말씀하십니다. 이 말을 듣는 이들도 '오십시오!' 하고 외치십시오, 그리고 원하는……사람은 아무런 대가 없이 생명수를 가져가십시오."계 22:17.

❧

우리 가운데서 행하시는 그리스도의 구원 사역이 완성되고 새 예루살렘이 세워지면서 꾸밈없는 그러나 확신에 찬 이 말이 나옵니다. "그리고 그 문이 결코 닫히지 않을 것입니다"계 21:25, ESV.

"결코"라고? 정말로? 성경이 그렇게 말하고 있습니다. 예수님은 이 기쁨을 놓치는 사람이 아무도 없기를 바라십니다.

아멘.

감사의 말

메릴랜드 주 벨 에어에 있는 그리스도 우리 왕 장로교회 회중에게 감사의 빚을 졌습니다. 그들은 29년간 저의 설교를 감사함으로 기꺼이 들었고, 그들의 기도는 제 설교의 중요한 부분이었습니다.

주

머리말

1. Charles Williams, *All Hallows' Eve* (Oxford: Benediction, 2009), introduction.
2. Herman Melville, *Moby-Dick* (New York: Dover, 2003), 43.
3. Gerard Manley Hopkins, *The Poems of Gerard Manley Hopkins*, ed. W. H. Gardner and N. H. Mackenzie (London: Oxford University Press, 1967), 90. (『홉킨스 시선』 지식을만드는지식)

제1부 "하나님께서 말씀하시니 그대로 되었다"

1. Elie Wiesel, *Messengers of God: Biblical Portraits and Legends* (New York: Touchstone, 1976), 181.
2. Apostles' Creed, www.umc.org/what-we-believe/apostles-creed-traditional-ecumenical.
3. "People and Ideas: Madalyn Murray O'Hair", PBS, www.pbs.org/godinamerica/people/madalyn-murray-ohair.html.
4. Eberhard Busch, *Karl Barth: His Life from Letters and*

Autobiographical Texts, trans. John Bowden(Eugene, OR: Wipf and Stock, 1975), 101에 인용됨.

5. Karl Barth, *Church Dogmatics 4.2, The Doctrine of Reconciliation*, trans. G. W. Bromiley(New York: T & T Clark, 2010), 200. (『교회 교의학 4/2』 대한기독교서회)

6. Gerhard von Rad, *Genesis: A Commentary*(Philadelphia: Westminster, 1961), 166.

7. Brevard S. Childs, *The Book of Exodus: A Critical, Theological Commentary*(Louisville, KY: John Knox Press, 2004), 580.

8. Wendell Berry, *What Are People For?*(Berkeley, CA: Counterpoint, 1990), 200. (『나에게 컴퓨터는 필요없다』 양문)

9. 이어지는 발람과 발락의 이야기에는 민수기 22-24장의 『메시지』 성경 번역을 인용하거나 풀어 쓴 부분들이 있다.

제2부 "나의 모든 근원이 네 안에 있다"

1. Calvin G. Seerveld, *Biblical Studies and Wisdom for Living*, ed. John H. Kok(Sioux City, IA: Dordt College Press, 2014), 25.

2. James L. Mays, *Psalms*, Interpretation: A Bible Commentary for Teaching and Preaching(Louisville, KY: Westminster John Knox, 1994), 350에 인용됨. (『현대성서주석: 시편』 한국장로교출판사)

3. T. S. Eliot, *Collected Poems 1909-1962*(Orlando, FL: Harcourt Brace, 1991), 147.

4. James L. Mays, *Psalms*, Interpretation: A Bible Commentary for Teaching and Preaching(Louisville, KY: Westminster John Knox, 2011), 137.

5. Ellen Glasgow, *The Woman Within: An Autobiography*, ed. Pamela R. Matthews(New York: Harcourt Brace, 1954), 15.

6. Saul Bellow, *Ravelstein*(New York: Penguin, 2001), 203.

7. 이 번역에 대해서는 ESV의 9절 각주를 보라.

8. George Adam Smith, *Expositor's Bible: The Book of the Twelve Prophets*, vol. 1, ch. 7, "Atrocities and Atrocities", Christian Classics Ethereal Library, www.ccel.org/ccel/smith_ga/expositorprophets1.

v.iii.html.

9. Karl Barth, *Church Dogmatics 3.3, The Doctrine of Creation* (New York: T & T Clark, 2000), 13. (『교회 교의학 3/3』 대한기독교서회)

10. Elizabeth C. Clephane, "The Ninety and Nine", 1868, public domain, www.cyberhymnal.org/htm/n/i/90_and_9.htm.

11. Robert Browning, *Pippa Passes* (North Charleston, SC: CreateSpace, 2015), 17.

12. Charles Spurgeon, "Psalm 1", in *The Treasury of David*, www.spurgeon.org/treasury/ps001.php.

13. T. S. Eliot, *Collected Poems 1909-1962* (New York: Harcourt Brace, 1991), 79.

제3부 "주의 길을 예비하여라"

1. Nicholas Lash, quoted in Donna Orsuto, "Walter Silvester Memorial Lecture", Melbourne, Australia, October 18, 2010, www.cam.org.au/News-and-Events/Melbourne-News/Article/8948/donna-orsuto-walter-silvester-memorial-lecture#.WJ4gx2_yv4Y.

2. *The Book of Common Prayer* (New York: Penguin, n.d.), 68쪽 "The Order for the Morning Prayer"의 '일반 고해' 부분에서.

3. Elie Wiesel, *Night* (New York: Hill and Wang, 1985), 34. (『나이트』 예담)

4. Wiesel, *Night*, xx.

5. John Calvin, *Commentary on Isiah*, vol. 1, "Isaiah Chapter 11:1-16", Christian Classics Ethereal Library, www.ccel.org/ccel/calvin/calcom13.xviii.i.html.

6. C. S. Lewis, *Miracles*, in *The Complete C. S. Lewis Signature Classics* (New York: HarperOne, 2002), 401. (『기적』 홍성사)

7. Pierre Berton, *The Comfortable Pew* (Toronto: McClelland and Stewart, 1965).

8. Erik Erikson, *Insight and Responsibility* (New York: W. W. Norton, 1994), 106.

9. Eleanor Farjeon, "Morning Has Broken", 1931, www.namethathymn.com/christian-hymns/morning-has-broken-lyrics.html.

10. John Calvin, *Commentary on Isaiah*, vol. 3, "Isaiah 35:1-10", Christian Classics Ethereal Library, www.ccel.org/ccel/calvin/calcom15.iv.i.html.

11. Reinhold Niebuhr, *The Nature and Destiny of Man: A Christian Interpretation*, 2 vols.(New York: Scribner's, 1964), 2:294. (『인간의 본성과 운명 2』종문화사)

12. William Cowper, "Sometimes a Light Surprises", 1779, www.hymnary.org/text/sometimes_a_light_surprises.

제4부 "하늘에서와 같이 땅에서도"

1. Rabbi Akiba, quoted in *Seder Tohoroth: Yadayim*, http://halakhah.com/pdf/taharoth/Yadayim.pdf, 6.

2. C. S. Lewis, *The Voyage of the Dawn Treader*(New York: HarperCollins, 1994), 226. (『새벽 출정호의 항해』시공주니어)

3. Karl Barth, *Church Dogmatics 3.1, The Doctrine of Creation*, ed. G. W. Bromiley and T. F. Torrance, trans. G. W. Bromiley et al.(New York: T&T Clark, 1958), 308. (『교회 교의학 3/1』대한기독교서회)

4. Samuel Terrien, *Job: Poet of Existence*(Eugene, OR: Wipf and Stock, 1957), 68.

5. Thomas Hardy, "God-Forgotten", in Hardy, *Poems of the Past and the Present*(New York: Harper & Brothers, 1902), 329-332.

6. G. K. Chesterton, "O God of Earth and Altar", 1906, www.chesterson.org/a-hymn-o-god-of-earth-and-altar/.

7. Scott R. Burson and Jerry L. Walls, *C. S. Lewis and Francis Schaeffer: Lessons for a New Century from the Most Influential Apologists of Our Time*(Downers Grove, IL.: InterVarsity, 1998), 145. (『루이스와 쉐퍼의 대화』IVP)

8. Ralph Waldo Emerson, *Journals of Ralph Waldo Emerson*, ed. Waldo Emerson Forbes and Edward Waldo Emerson(1914; repr., Charleston, SC: BiblioLife, 2012), 42.

9. Gerhard von Rad, *Old Testament Theology*, vol. 1, trans. D.M.G. Stalker(Louisville, KY: Westminster John Knox, 1962), 456. (『구약성서신

학 제1권』 분도출판사)

10. Ralph Waldo Emerson, "Merlin I", *The Complete Works of Ralph Waldo Emerson* (Cambridge: Riverside, 1903-4), 9:120-21.

11. Saul Bellow, *The Adventures of Augie March* (New York: Penguin Books, 1996), 12. (『오기 마치의 모험』 펭귄클래식코리아)

12. Ellen Glasgow, *The Woman Within: An Autobiography*, ed. Pamela R. Matthews (Charlottesville, VA: University Press of Virginia, 1994), 15.

13. C. S. Lewis, *The Screwtape Letters*, in *The Complete C. S. Lewis Signature Classics* (New York: HarperCollins, 2002), 210, 249. (『스크루테이프의 편지』 홍성사)

제5부 "예와 아멘과 예수"

1. Papias, "Fragments of Papias from the Exposition of the Oracles of the Lord", https://sites.google.com/site/christiantiystudies/home/fragments-of-papias-from-the-exposition-of-the-oracle-of-the-lord.

2. Wallace Stegner, quoted in Hans Boersma, *Sacramental Preaching: Sermons on the Hidden Presence of Christ* (Grand Rapids, MI: Baker Academic, 2016), foreward, https://books.google.com/books?id=Q3tSDAAAQBAJ.

3. Reynolds Price, *Three Gospels* (New York: Touchstone, 1997), 37.

4. Reynolds Price, *A Palpable God: Thirty Stories Translated from the Bible with an Essay on the Origins and Life of Narrative* (San Francisco: North Point Press, 1985), 3.

5. Christian Wiman, *My Bright Abyss: Meditation of a Modern Believer* (New York: Farrar, Straus and Giroux, 2013), 117-118, 190.

6. Annie Dillard, *Holy the Firm* (New York: Harper and Row, 1977), 72.

7. Norbert Wiener, *The Human Use of Human Beings* (Jackson, TN: Da Capo, 1998). (『인간의 인간적 활용』 텍스트)

8. 이 말은 50년 전 카르멜 수도원에서 들었던 강의에서 들은 말입니다.

9. Jean Sulivan, *Morning Light: The Spiritual Journal of Jean Sulivan*, trans. Joseph Cunneen and Patrick Gormally (Mahwah, NJ: Paulist

Press, 1988), 64.

10. John Dominic Crossan, *The Dark Interval: Towards a Theology of Story* (Salem, OR: Polebridge Press, 1994), 57. (『어두운 간격』 한국기독교연구소)

11. Eugen Rosenstock-Huessy, *The Christian Future: Or the Modern Mind Outrun* (Eugene, OR: Wipf and Stock, 2013), 19.

12. Saul Bellow, *It All Adds Up: From the Dim Past to the Uncertain Future* (New York: Penguin, 1995), 310.

13. Mons. Philippe Delhaye, "Pope John Paul on the Contemporary Importance of St. Irenaeus", www.ewtn.com/library/Theology/Irenaeus.htm.

14. 나머지 여섯 개의 기도는, "아버지, 저들을 용서해 주십시오. 저들이 하는 일을 알지 못하기 때문입니다"(눅 23:34); "내가 진실로 네게 말하는데, 오늘 네가 나와 함께 낙원에 있을 것이다"(눅 23:43, NRSV); "아버지, 내 영혼을 아버지 손에 의탁합니다"(눅 23:46, NRSV); "여자여, 여기에 당신의 아들이 있습니다.……네 어머니다"(요 19:26-27, NRSV); "목이 마르다"(요 19:28); 그리고 "이제 다 끝났다"(요 19:30)이다.

제6부 "너희 안에 계신 영광의 소망이신 그리스도"

1. William Wordsworth, "The Tables Turned", Poetry Foundation, www.poetryfoundation.org/poems-and-poets/poems/detail/45557.

2. William Cowper, "God Moves in a Mysterious Way", 1774, www.hymnary.org/text/god_moves_in_a_mysterious_way.

3. Cicero, *The Nature of the Gods*, trans. P. G. Walsh (Oxford: Clarendon, 1997), bk. 1, para. 60. (『키케로의 신들의 본성에 관하여』 나남)

4. John Calvin, *John Calvin: Selections from His Writings*, ed. John Dillenberger (New York: Anchor Books, 1971), 341.

5. Scott R. Burson and Jerry L. Walls, *C. S. Lewis and Francis Schaeffer: Lessons for a New Century from the Most Influential Apologists of Our Time* (Downers Grove, IL: InterVarsity, 1998), 145. (『루이스와 쉐퍼의 대화』 IVP)

6. J. B. Phillips, *New Testament Christianity* (Eugene, OR: Wipf and Stock, 1956), 6.

7. Francis Bacon, *The Essays of Francis Bacon* (Raleigh, NC: Lulu, 2014), n.p., essay titled "Of Truth." (『학문의 진보/베이컨 에세이』 동서문화사)

8. Robert Penn Warren, in *Talking with Robert Penn Warren*, ed. Floyd C. Watkins, John T. Hiers, and Mary Louis Weaks (Athens, GA: University of Georgia Press, 1990), 168.

9. Friedrich von Hügel, *Letters to a Niece* (Vancouver, BC: Regent College Publishing, 2001), 10.

10. T. H. White, *The Book of Merlyn* (Austin: University of Texas Press, 1977), 132.

11. Peter Berger, quoted in "Peter L. Berger," Goodreads, www.goodreads.com/author/show/29173 ,Peter_L_Berger.

12. Dorothy Sayers, *Letters to a Diminished Church: Passionate Arguments for the Relevance of Christian Doctrine* (Nashville: W Publishing Group, 2004), 1. (『기독교 교리를 다시 생각한다』 IVP)

13. T. S. Eliot, "The Love Song of J. Alfred Prufrock", in *The Poems of T. S. Eliot, Volume 1: Collected and Uncollected Poems*, ed. Christopher Richs and Jim McCue (London: Faber and Faber, 2015), 9. (『황무지』 민음사)

14. George MacDonald, *Unspoken Sermons*, Series 1, 2, 3, in *George MacDonald Christian Writings* (Oxford: Benediction Classics, 2013), 72, 원저자 강조.

15. Thomas à Kempis, *The Imitation of Christ*, trans. Ronald Knox (San Francisco: Ignatius Press, 2005), book 1, section 25, paragraph 3. (『그리스도를 본받아』 두란노)

16. Thomas à Kempis, *The Imitation of Christ*, trans. Aloysius Croft and Harold Bolton, ed. Susan L. Rattiner (1940; repr., Mineola, NY: Dover, 2003), 38.

17. Thomas à Kempis, *The Imitation of Christ*, trans. John Payne (Glasgow: William Collins, 1836), 210.

제7부 "태초에 말씀이 계셨다"

1. John Updike, "The Gospel According to Saint Matthew", in *Incarnation: Contemporary Writers on the New Testament*, ed. Alfred Corn(Lincoln, NE: iUniverse, 1990), 2.

2. Austin Farrer, *A Rebirth of Images: The Making of St. Johns' Apocalypse*(Eugen, OR: Wipf and Stock, 1963), 6.

3. Wendell Berry, *Collected Poems*(Berkeley, CA: Counterpoint, 2012), 221.

4. Charles Williams, *The Greater Trumps*(Vancouver, BC: Regent College Publishing, 2003), 41.

5. Maxine Kumin, *To Make a Prairie*(Ann Arbor: University of Michigan Press, 1979), 7.

6. Ralph Ellison, *Invisible Man*(New York: Vintage Books, 1995), 3, 원저자 강조. (『보이지 않는 인간』 민음사)

7. Hans Boersma, *Sacramental Preaching: Sermons on the Hidden Presence of Christ*(Grand Rapids, MI: Baker Academics, 2016), 141.

옮긴이의 말

얼마 전 유진 피터슨의 『사랑하는 친구에게』*The Wisdom of Each Other*가
IVP에서 재출간되었다. 홍성사에서 『친구에게』라는 제목으로 처
음 출간된 지 정확하게 19년 만이다. 이 책이 나와 피터슨의 첫 인
연이었고, 그 후로 홍성사, IVP, 포이에마, 그리고 이번에는 복 있
는 사람과 인연을 맺으며 피터슨의 책을 총 11권 번역했다. 그리
고 4년 전에는 그동안 번역해 온 피터슨의 사상을 소개하는 『유진
피터슨 읽기』라는 책도 썼다. 이래저래 유진 피터슨은 내게 깊은
영향을 미친 목회자이자 작가가 된 셈이다.

　　독보적으로 짧은 시간 안에 거의 전작이 한국어로 번역된
피터슨의 매력은 무엇일까? 지금까지 우리가 접했던 것과는 다른,
새로운 언어로 기독교를 설명한 것이라고 나는 생각한다. 피터슨
은 교리와 몇 가지 종교적인 행위들에 갇혀 있던 기독교를 지금

우리가 사는 이 땅의 이야기로 가져왔다. 성경의 세계와 지금 우리가 사는 이 세계가 별개의 세계가 아니고, 따라서 성경은 지금 이곳에서의 삶을 위한 텍스트가 되어야 한다는 믿음이 그의 모든 글의 기본 전제다. 그래서 그는 성경의 언어를 지금 우리 시대 일상의 언어로 번역하여 『메시지』*The Message* 라는 제목으로 출간하기도 했다. 피터슨에게 그 일상 언어가 20세기 말 미국인들의 언어였다는 것이 우리로서는 다소 아쉬움이 있지만, 그가 목회라는 현장을 중심으로 이루어 낸 그 작업은 우리에게 좋은 모범 사례다.

　이 설교집은 그때, 피터슨이 29년간 메릴랜드 주 벨 에어에 있는 그리스도 우리 왕 교회라는 목회 현장에 있을 때 했던 설교 중 마흔아홉 개의 설교를 선별한 것이다. 그는 회고록에서, 백 년 전에 스코틀랜드에서 목회를 했던 알렉산더 화이트를 자신의 목사로 삼아 20년간 주일 아침마다 그의 설교를 읽었다고 했다. 목사인 그에게도 목사가 필요했고, 화이트의 설교를 주일 아침마다 읽는 행위는 그에게 목사로 사는 길을 배우는 자리였다. 2012년 여름에 그의 집을 방문했을 때, 그는 이미 이 설교집을 작업 중이었다. 그가 은퇴하고 나자, 주변에서 당신은 화이트의 설교를 읽으며 그를 목사로 삼았지만, 우리는 누구를 읽어야 하냐고 묻는 목사들이 있었고, 우리에게도 그렇게 읽을 수 있는 설교집을 남겨 달라는 요청들이 있었다고 했다. 그래서 회고록을 마지막 책으로 삼고자 했던 그의 계획은 뒤집어지고, 이 책을 마지막 책으로 작업하고 있다고 당시 내게 말했다.

　이미 그의 책을 열 권 번역한 사람으로서 이 책에서 새롭게 접하는 내용은 없었다. 그러나 훗날 영성 신학 시리즈로 집대성된 그의 사상이 어떻게 현장에서 영글었는지, 그 과정을 따라가는 아주 소중한 경험을 했다. 나중에 좀 더 정교하게 다듬어진 그의 글들이 처음 태동했던 때의 모습들을 접하면서, 한 사람의 사상을 키운 현장의 힘을 느낄 수 있었다.

내가 새롭게 접하는 내용이 없었다고 해서 이미 아는 내용의 반복에 불과할 것이라고 생각할 수도 있는 독자들을 위해 하고 싶은 말은, 내가 박사 논문을 쓸 때 지도교수로부터 들었던 말이다. "반복하기를 두려워하지 말라." 나는 같은 내용의 반복을 가능하면 피하려 했지만, 지도교수는 중요한 내용들은 계속해서 반복해 주어야 독자들이 제대로 이해한다고 했다. 이 말을 독자의 경험에 적용해 본다면, 반복해서 읽어야 이해가 깊어지는 것이라고 할 수 있다. 예전에 읽었던 글을 되돌아가 다시 읽으면, 처음 읽었을 때와는 또 다른 차원의 이해에 도달하는 경험을 해본 적이 있을 것이다. 믿기 위해서는 들어야 한다는 것을 우리는 안다롬 10:17. 이번에 피터슨의 글에 다시 귀 기울여 보니, 그는 내게 듣고 싶은 것만 듣는 자기에 갇혀서는 안 된다고 말하는 것 같다. 그렇다면 그가 한결같이 강조하는 존재와 행위가 분리되지 않는 자기는 먼저 잘 듣는 자기가 되어야 하리라. 설교의 형식으로 전한 그의 메시지를 다시 한 번 들을 이유가 여기에 있다.

양혜원